btb

Aus Freude am Lesen

Birgit Haubenschoer
8/02

Buch

Es gibt den Schirokko, den Föhn, Monsune, Hurrikane, Tornados, stille Lüftchen und Orkane: Der Wind hat beinahe so viele Namen, wie er Stimmungen verbreitet. Kaum eine andere Naturkraft hat Landschaften und Gewässer, Pflanzen und Tiere, Entdeckungsreisen, Ansiedlungen und Zivilisationen so geprägt wie diese. Kaum ein anderes Phänomen hat solch einen großen Einfluss auf die Geschichte und Seelenlage der Menschheit gehabt. Der Wind begleitet uns durch jeden Tag unseres Lebens, und doch hat er nur selten Erwähnung gefunden – außer im Rahmen des Wetterberichts. Jan DeBlieu verbindet in ihrem Buch das Auge der Wissenschaftlerin mit der Stimme der Poetin. Sie zeigt, wie das Zusammentreffen einiger weniger Moleküle zur Entstehung von Religionen, der Entdeckung von Kontinenten und dem Untergang von Königreichen führen kann. Sie berichtet von ihrem Besuch bei der Wetterstation auf dem Mount Washington, wo einige der höchsten Windgeschwindigkeiten der Erde gemessen wurden. Überlebende eines tödlichen Tornados in Iowa kommen ebenso zu Wort, wie die Faszination des Drachengleitens beschrieben wird. DeBlieu geht weit zurück in die Geschichte der Menschheit, untersucht die Entstehungsmythen der Maori, Navajo und der Ureinwohner des nördlichen Borneo. Kurzum: Dieses Buch ist keine nüchterne Beschreibung einer Naturerscheinung, sondern viel eher eine Liebeserklärung an ein Phänomen, das alle Register zieht – von sanft und zärtlich bis brutal und zerstörerisch.

Autorin

Jan DeBlieu lebt mit ihrem Ehemann in North Carolina. Sie arbeitet als Autorin und Wissenschaftsjournalistin u. a. für die *New York Times, Smithsonian, Audubon* und *Orion.*

Jan DeBlieu

Vom Wind

Wie die Luftströme Leben, Land und Leute prägen

Aus dem Amerikanischen
von Gabriele Zelisko

btb

Die Originalausgabe erschien 1998
unter dem Titel »Wind. How the Flow of Air
Has Shaped Life, Myth and the Land« bei
Houghton Miflin, Boston, New York

btb Taschenbücher erscheinen im Goldmann Verlag,
einem Unternehmen der Verlagsgruppe Bertelsmann

1. Auflage
Deutsche Erstveröffentlichung Juli 2000
Copyright © der Originalausgabe 1998 by Jan DeBlieu
Copyright © der deutschsprachigen Ausgabe 2000
by Wilhelm Goldmann Verlag in der
Verlagsgruppe Bertelsmann GmbH, München
Umschlaggestaltung: Design Team München
Umschlagfoto: AKG, Berlin
Satz: Uhl + Massopust, Aalen
RK · Herstellung: Augustin Wiesbeck
Made in Germany
ISBN 3-442-72611-5

FÜR MEINE ELTERN
in Dankbarkeit und Liebe

No one can tell me,
Nobody knows,
Where the wind comes from,
Where the wind goes.

A. A. MILNE

…Come like the wind and cleanse.

EPISCOPAL PRAYER

INHALTSVERZEICHNIS

1.

In das Drachenmaul

ES BEGINNT mit einem sanften Auftrieb, der durch den Einfall des Sonnenlichts auf die Nebel entsteht, von denen die Erde umhüllt ist. Die Energie dafür entspringt Extremen – der erstickenden Wärme der Tropen, der bitteren Kälte der Pole. Temperaturveränderungen setzen das System in Bewegung: heiße Luft steigt nach oben und fällt während des Abkühlens langsam wieder nach unten. Knoten aus hohem und niederem Druck gewinnen an Kraft oder lösen sich auf, bilden dabei unsichtbare Gipfel und Täler in der gasförmigen Suppe.

Allmählich beginnen die Dämpfe, sich wie in einem siedenden Kessel in Wirbeln zu fangen. Luftmoleküle werden angesaugt und wieder freigegeben. Sie gleiten über Bergrücken hinweg und rasen im Sturzflug hinunter in die barometrischen Tiefen. Die Welt bürstet sie mit ihrer Rotation auf eine Seite, nimmt ihnen aber nichts von ihrer Geschwindigkeit.

Wie sie gemeinsam umherwirbeln, wachsen die Luftpartikel zu einem gewaltigen, unaufhaltsamen Strom an. Ein Teil von ihnen durchkämmt die Erde, zerzaust Gräser und Bäume, prallt gegen Bergwände, zermalmt, was sich in den Weg stellt. Sie sind eine Kraft für sich, eine Kraft, die zu Wasser und zu Land die Welt formt. Sie geben uns Atem und bringen uns Leid. Sie sind zum Wind geworden.

ICH STEHE gegen Abend am Strand und blinzle vorsichtig in das Drachenmaul eines Sturmwinds. Der Luftstrom treibt mir Tränen in die Augenwinkel und weiter über die Schläfen. Ozeanwellen steigen hoch auf und brechen rapide, rollen wie Panzer über den Strand, aufgewühlt zu einem hässlichen, schäumenden Blau-Braun. Es ist einer jener typischen Nordoststürme, wie sie am häufigsten im Frühjahr auftreten, aber auch im Januar oder Juni nicht ungewöhnlich sind.

Dort, wo wir leben, auf den Outer Banks in North Carolina, sind die Tage vom Wind geprägt. Ohne ihn würde das Tosen der Brandung verstummen, der Ozean wäre träge wie ein Teich. Bäume würden überall dort sprießen, wo ihre Samen zufällig auf den Boden fielen. Sie würden die vorderste Düne erklimmen, sich mit breiten Kronen an die 30 Meter in die Höhe schieben. Wir würden uns in einem Vakuum durch das Leben bewegen. Und so empfinden wir die wenigen Momente, in denen der Wind zum Erliegen kommt, als unheilvoll und apokalyptisch. Als hätte die Welt aufgehört, sich zu drehen.

Ich liege mit Freunden am Strand, gemeinsam genießen wir den milden Nachmittag. Es weht eine leichte Brise von Westen her, die sich zunächst legt und dann von Osten her auffrischt. Ihre salzige Zunge wirkt erst angenehm kühl, doch als die Böen 25 Stundenkilometer erreichen, denken wir allmählich daran, einen Unterschlupf zu suchen. Eine Weile bleiben wir noch liegen – wie lange halten wir es wohl noch aus? – bis uns die Sandkörner auf den Wangen brennen und in den Mund dringen. Beim Erklimmen der Düne, die uns vom Parkplatz trennt, bin ich wieder einmal überwältigt, wie flach diese Landschaft ist. Blickt man vom Meer landeinwärts, ragt nichts höher als die Dünenkette. Nichts kann dem steten Brennen, auferlegt vom maritimen Wind, standhalten.

In diesem Flecken Erde, der sich wie ein Bogen 30 Kilometer östlich des Festlandes spannt, muss jeder Baum und jeder Strauch für das Leben im salzgeschwängerten, unbändigen Wind gerüstet sein. Böen mit einer Geschwindigkeit von 80 Stundenkilometern und mehr zertrümmern alles, was nicht die Elastizität von Gummi besitzt. Es gibt hier keinerlei Schutz vor rauem Wetter, wir sind schon zu weit im Meer. Zwischen der Küste und den Höhenzügen der Appalachen, die mehrere hundert Kilometer im Landesinneren liegen, ist nichts, was den sich von Westen her aufbauenden Brisen Einhalt gebieten könnte. Und zwischen den Outer Banks und Afrika ist nichts, was die Kraft der Winde aus dem Osten abschwächen könnte.

In jedem Buch über das Wetter kann man nachlesen, dass Winde durch die ungleichmäßige Erwärmung der Erde entstehen. Kessel mit warmer und kalter Luft treffen aufeinander, bewirken eine Luftströmung und *voilà!*, der Wind beginnt zu blasen. Luft bewegt sich von einer Hochdruckzone zu einer Tiefdruckzone und wird durch die Erdrotation nach rechts oder links abgeleitet. Das ist ein einfacher, physikalischer Vorgang. Ich gebe mir Mühe, dies im Kopf zu behalten, während ich am Strand stehe, gebückt unter der gewaltigen Kraft der Luft, die mich bedrängt, mir das Haar in die Augen presst. Irgendwie verliert die rein wissenschaftliche Erkenntnis dort draußen, umgeben von den Elementen, ihre Bedeutung. Eher will man glauben, im Wind den tosenden Atem einer Schlange zu erkennen, die gleich über dem Horizont herrscht.

DER WIND, der Wind. Es gibt für ihn beinahe so viele Namen, wie er Stimmungen mit sich bringt: Schirokko, Santa Ana, Föhn, Brickfielder, Bora, Williwaw, Chinook, Monsun. Er besitzt die unvergleichliche Macht, Trost oder Leid zu spenden, Wonnen oder Verzweiflung hervorzurufen, Glück zu bringen, Weltreiche auseinander zu reißen, Leben zu verändern. Kaum eine andere Kraft hat die Länder und Gewässer der Erde und

11

die überall auf ihr verstreuten Pflanzen und Tiere so sehr geprägt. Nur wenige andere Phänomene haben Historie und Psyche der Menschheit so tief greifend beeinflusst.

Ob die sanften Luftbewegungen, die an einem Sommernachmittag Blätter und Gräser rascheln lassen, oder die schneidenden Stürme, die Gefahr für Leib und Leben bedeuten, wir alle kommen jeden Tag unseres Lebens mit dem Wind in Berührung. So oft wir uns anziehen, um nach draußen zu gehen, richten wir uns danach, ob er präsent ist oder nicht. Wir huldigen ihm mit Seufzern, Flüchen und Tränen. »Er bläst, ja, er bläst«, sagte der Kapitän eines Fischerbootes an einem stürmischen Tag zu mir, kurz nachdem ich auf die Outer Banks gezogen war. Als ich auf dem vom Salz glitschigen Dock nur mit Mühe Halt fand, musste ich ihm beipflichten. Der Ausspruch wurde daraufhin fester Bestandteil unseres häuslichen Zitatenschatzes. »Er bläst, ja, er bläst«, witzelten mein Mann und ich in jenen ersten Wintern, als uns die arktischen Winde durch Mark und Bein fuhren. Er bläst, ja, er bläst. Aber wer in Gottes Namen ist *er*?

Streng wissenschaftlich betrachtet, könnte man den Wind mit einem Uhrwerk vergleichen, das aus gasförmigen Komponenten besteht. Die Hitze der Sonne und die Rotation der Erde bringen das Gefüge zum Ticken und ziehen es immer wieder neu auf. Als Triebwerk wirkt die natürliche Tendenz der Luft, in erwärmtem Zustand hochzusteigen und beim Abkühlen nach unten zu sinken.

Diese immer den gleichen Regeln folgenden Luftbewegungen halten die Bänder aus Wind und Windstille, die unseren kleinen Erdball umspannen, fest an ihrem jeweiligen Platz. Die Erdmitte umgibt ein beständiges Tiefdruckband, ein Wettergürtel, der den windlosen Streifen schafft, den wir als Kalmenzone kennen. Nördlich und südlich davon bringt der feuchte Atem der Passatwinde Bewegung in den atmosphärischen Kessel. Auf die angenehmen Passatregionen folgen in der nördlichen ebenso wie in der südlichen Hemisphäre die vergleichsweise bewegungsarmen Zonen, die unter der Bezeichnung Rossbreiten bekannt sind. Der Name, so berichtet die Legende, stammt daher, dass die Segelschiffe der frühen Entdecker durch die stehende Luft in diesen Regionen erheblich an Fahrt einbüßten und die Besatzungen Pferde über Bord werfen mussten, um Wasser zu sparen. Ein beachtlicher Anteil der Wüsten auf unserem Planeten liegt in den Rossbreiten. Ober- und unterhalb des 35. Breitengrades, in den beiden windbewegten Zonen, in denen sich der größte Teil Nordamerikas sowie Europa, China, Argentinien, Chile und Neuseeland befinden, erwecken die vorherrschenden Westwinde die Luft wieder zum Leben. Die Westwinde werden schließlich von Bändern leichter Ostwinde abgelöst, die um die entlegensten und kältesten Gebiete der Erde zirkulieren.

Die aufeinander folgenden Fausthiebe der Atmosphäre sind in der südlichen Hemisphäre am deutlichsten zu spüren, wo der Wind auf weit ausgedehnten, offenen Ozeanflächen enorme Kraft sammeln kann. Über den großen Kontinenten der nördlichen Halbkugel halten sich dagegen ständig Hochdruckzellen auf, und der Wind muss sich seinen Weg zwischen Druckkernen und wechselnden Landschaftsformen – Berge, Täler oder Städte – bahnen, die seine gleichmäßigen Strömungen durcheinander bringen und ihn nicht so schnell weiterziehen lassen. Doch im Norden setzt er seine unbändigen Kräfte frei, sei es in Form von Tornados, die ganze Städte zertrümmern, oder von Nordoststürmen, die die Ozeane wie wilde Bestien über die Küsten peitschen.

Die beiden gegensätzlichen Charaktere des Windes – der berechenbare und der launische – verleihen ihm die Aura eines lebendigen Wesens. Der Wind ist, wie der menschliche Körper auch, weit mehr als nur die Summe seiner einzelnen Komponenten. Kühle, sanfte Brisen scheinen dazu geschaffen, zu nähren und zu heilen, während Stürme uns wie der personifizierte Zorn Gottes treffen. »Das ist die auflösende Macht des Sturmes: Sie reißt den Menschen fort von seinesgleichen«, schrieb Joseph Conrad in *Taifun.* »Ein Erdbeben, ein Erdrutsch, eine Lawine überfallen den Menschen sozusagen zufällig – leidenschaftslos. Der Sturm dagegen greift ihn an wie ein persönlicher Feind, lähmt seine Glieder, betäubt seine Stimme, sucht ihm die Seele aus dem Leibe zu reißen.«

Wenn man von der aufgebrachten See draußen bei Sturm in einem Boot umhergeworfen wird, kann man sich nur schwer vorstellen, dass der Wind lediglich als unbeteiligter Spieler an unserem Schicksal Anteil haben soll. Im Leben der Menschen und in der Historie der Völker hat der Wind schon häufig eine Schlüsselrolle gespielt. Frühe Entdecker, von den Polynesiern über die Wikinger bis hin zu den Spaniern, wurden von günstigen Winden auf ganz bestimmte Routen geleitet. So kam es, dass Brasilien mehr als ein Jahrhundert früher von Europäern besiedelt wurde als die Westküste Afrikas und dass Cortez hundert Jahre vor der Landung der Pilgrim Fathers bei Plymouth Rock in das Reich der Azteken einfiel und es zerstörte. Wegen zufälliger Drehungen des Windes wurden entscheidende Schlachten gewonnen und ganze Armeen unterworfen.

Ich finde die Vorstellung interessant, wie es heute auf der Welt aussähe, wenn der Wind sich anders verhalten, sich über physikalische Gesetze hinweggesetzt hätte. Welche Nationen wären dann reich und welche arm? Wo befänden sich die Regenwälder und die großen Wüsten? Welchen Verlauf hätte die Geschichte unseres Landes genommen? Im Jahr 1777 ging George Washington als Sieger aus einem entscheidenden Kampf über Charles Cornwallis hervor, nachdem der Nordwind die schlammigen Straßen entlang des Delaware Rivers gefrieren ließ und dadurch den neuen amerikanischen Bürgern eine schnelle Neuformierung ihrer Artillerie ermöglichte. Wären wir noch heute Untertanen einer weit entfernten Monarchie, hätte nicht dieser Wind eingesetzt?

ZWISCHEN DEM 35. und 36. Grad nördlicher Breite erstrecken sich in einem Band lebhafter Westwinde, die auf dem Weg über die Piedmont-Region hin zum Atlantik an Fahrt gewinnen, die schmalen Inseln der Outer Banks. Die Winde aus Westen formen das Wetter an dieser Küste. Im Winter heulen sie über den Kontinent und schieben dabei ruhigere, mildere Luft weit nach Süden.

Vor der Küste schlängelt sich der breite, warme Golfstrom nach Norden, vorbei am Cape Hatteras, und wendet sich nach einem Abstecher in Richtung Ufer wieder ins Meer hinaus. Für kurze Zeit vereinigt er sich mit den letzten, kalten Ausläufern des südwärts gerichteten Labradorstroms. Im Hinblick auf das Wetter reicht die Berührung dieser beiden Ströme, um alles zum Stillstand zu bringen. Wenn im Winter eine Hochdruckglocke, von der Arktis kommend, nach Südwesten wandert, trifft sie unter Umständen an den Rand des Golfstroms und bleibt dort stehen.

Verweilt sie nun dort oder wird sie über den Golfstrom hinaus aufs Meer geschoben? Nehmen wir an, vor der Küste befindet sich unmittelbar östlich des Golfstroms ein Warmluftkern, und gleichzeitig strömt ein ungewöhnlich starker Jetstream in nordöstliche Richtung. Die beiden Luftmassen treffen wie zwei riesige Luftblasen aufeinander, dabei drängt die kalte Luft nach Osten, während die warme Luft vom Jetstream nach Norden geschoben wird. In der Krümmung zwischen den beiden Luftmassen entwickelt sich ein Turbulenzfeld. Wind strömt ostwärts, wird dann aber abrupt nach Norden umgeleitet. Unfähig, sich den zentrifugalen Kräften zu widersetzen, fängt er an zu rotieren. Dabei entsteht ein sich gewaltig ausdehnendes Tiefdrucksystem.

Das Barometer sinkt, es regnet in Strömen. Weiter nördlich setzen heftige Schneefälle ein. Der westliche Rand des Golfstroms ist der Ort, an dem die großen Winterstürme entstehen. Diese driften dann nach Norden und bescheren den Ou-

15

ter Banks meist Regen, manchmal aber auch Schnee. Und Wind.

Im Frühjahr 1962 baute sich über den Outer Banks völlig unerwartet ein explosives Tiefdrucksystem auf. Getrieben von starken Nordostwinden, hämmerte der Ozean drei Tage lang auf die Küste ein, ergoss sich über die Dünen und die dahinter verborgenen kleinen Ortschaften. Während dieses meteorologischen Ausnahmezustandes, der als Aschermittwochsturm in die Annalen eingegangen ist, wachten die Menschen nachts auf, weil der Ozean in ihre Betten schwappte. Seither hat sich dieser Wetterzyklus unzählige Male wiederholt, doch niemals mehr die Gewalt jenes ersten Males erreicht.

Die plötzlich einsetzenden, heftigen Nordostwinde machen von jeher der Wettervorhersage an den Küsten zu schaffen, und bis zu Beginn der 80er-Jahre vermochte man sie nicht zu erklären. Heute, mit dem Einsatz von Dopplerradar, Satellitenfotografien und Computermodellen der Atmosphäre, können Meteorologen oft im Voraus erkennen, wann sich ein winterliches Tiefdrucksystem über der Küste aufzubauen droht. Mit einiger Zuverlässigkeit können sie die Inselbewohner rechtzeitig warnen, sich für einen Sturm zu rüsten.

Die meiste Zeit jedoch bläst der Wind unbeständig, und man müsste fast mit dem Teufel im Bund sein, um einen plötzlichen Stimmungsumschwung vorherzusehen. Im Zentrum eines Druckkerns nimmt die Windgeschwindigkeit ab, an den Rändern steigt sie dagegen an. Ein starker Hochdruckknoten kann auf seinem Weg über die Küste leichten, über mehrere Tage anhaltenden Wind mit sich führen. Das System stagniert nun bis zu seiner Auflösung, oder es wagt sich aufs Meer hinaus und erweckt dort Stürme zum Leben.

Was macht der Wind morgen? Die Fachleute in den Wetterstationen geben ihre wissenschaftlichen Prognosen ab und wissen dabei genau, dass sie vielleicht wieder an der Nase herumgeführt werden. Aber ganz egal, was er sonst noch anstellt, in jedem Fall wird er die Grundstimmung des Tages festlegen.

EHE ES weltumspannende Systeme zur Wettervorhersage gab, achteten die Inselbewohner auf subtile Veränderungen, um das Verhalten von Wind und Wetter einzuschätzen. Wie eine Mutter die verräterischen Zeichen zu deuten weiß, wenn ihr Kleinkind müde und unleidig zu werden droht, beobachten sie den Himmel und die Tiere. Stehen die Möwen bei leichtem, wechselhaftem Wind mit dem Kopf nach Norden, hat man sich bei Einbruch der Dunkelheit auf beständigen Nordwind einzurichten. Bilden die Wolken einen Hof um den Mond, zähle man die Sterne im Hof. Sind es drei, hat man die nächsten drei Tage lang mit schlechtem Wetter zu rechnen.

Ein Makrelenhimmel, in dem die Wolken wie Fischschuppen aussehen, bedeutet Regen. Eine Nebensonne bei Sonnenuntergang kündigt einen schlimmen Sturm an. Eine milde Periode im Dezember oder Januar gilt als »Brutkasten« für das Wetter, die Folge ist schneidende Kälte zum Winterende. »Warme Weihnacht«, sagte einmal ein älterer Inselbewohner zu mir, »macht den Friedhof voll.«

In dieser Region hängt die Intensität des Wetters immer vom Wind ab, und die althergebrachten Redewendungen versammeln mehr überliefertes Wissen über Stürme und Winde als über irgendeinen anderen Aspekt im Leben. Viel Tau am Morgen bedeutet starken Wind am Nachmittag. Umschwirrt ein Schwarm lästiger Fliegen weit draußen auf dem Meer ein Fischerboot, wird sich eine Brise vom Land auf die See verlagern. Dreht der Wind hart nach Nordost, wird er sich höchstwahrscheinlich nach einem Tag verausgabt haben:

Dreht am Samstag der Wind,
ob spät oder früh,
bleibt er selten bis Sonntag.

Ein- bis zweimal pro Winter harrt ein Nordostwind allerdings bis zu einer Woche aus. Und egal wie er anhebt oder sich legt, laut Überlieferung wird er immer an einem dritten, fünften oder siebten Tag schwächer, niemals jedoch an einem zweiten, vierten oder sechsten Tag.

Bevor es möglich war, Hurrikane per Radar zu erkennen, lebten nur Verrückte unmittelbar am Meer. Auf den Outer Banks drängten sich die Häuser der Einheimischen in den bewaldeten Teilen, die zum Albemarle Sound und Pamlico Sound gewandt sind. Diese Seite galt als die Vorderseite der Inseln, die zum Ozean hin gewandte Seite, an der die Stürme am ärgsten wüteten, als die Rückseite. Sie war das Sprungbrett, von dem aus sich die Abenteuerlustigen, die Schwimmer, Seeleute und Fischer, aus der schützenden Umarmung des Kontinents lösten und in den unberechenbaren, Angst einflößenden Ozean stürzten. Die Inselbewohner sprachen von ihrer Heimat, als wären sie fest entschlossen, immer mit dem Rücken zum Wind zu stehen.

Das Vieh, das im ausgehenden 19. und frühen 20. Jahrhundert ungehindert auf den Outer Banks umherstreifte, schien genau zu wissen, wann ein Wetterumschwung bevorstand und reagierte im Voraus auf einen Wechsel der Windrichtung, um sich vor lästigen Fliegen in Sicherheit zu bringen. Zogen sich die Tiere in den »hinteren Teil des Strandes« zurück, war Ostwind im Anzug. Bewegten sie sich in das Marschland, bedeutete dies, die östliche Brise würde nach Westen drehen. Die meiste Zeit verbrachten die Herden in offenem Weideland und in den Dünen. Machten sie sich auf den Weg in die Dörfer, begannen die Bewohner ihre Fenster mit Brettern zu vernageln, um sich für einen nahenden Hurrikan zu rüsten.

Normalerweise dreht der Wind langsam von Nordost nach Ost, dann nach Südost und Südwest, bewegt sich also antizyklonal im Uhrzeigersinn, wie es für die Hochdrucksysteme der nördlichen Halbkugel typisch ist. Natürlich gibt es dabei Ausnahmen, in denen der Wind sich genau andersherum dreht, gegen den Uhrzeigersinn. Die Einheimischen auf den Inseln wissen seit Generationen, dass auf dieses Phänomen die heftigsten Orkane folgen. Der Wetterumschwung kann sich als lokales Gewitter, aber auch als verheerender Hurrikan äußern, ein rückdrehender Wind ist also immer zu respektieren. Ein altes Sprichwort sagt: »Lieber sehe ich mir Großmutters Schubladen an als einen rückwärts drehenden Wind.«

AUF DEN Outer Banks ist der Wind Kultur und Tradition. Der Wind formt Erde, Pflanzen, Tiere und Menschen. Der Wind macht uns hart, lässt uns zusehen, wie er Berge aus Sand versetzt, und erlaubt uns nicht, traumwandlerisch durch das Leben zu gehen.

In jenem Frühjahr, in dem ich auf die Inseln zog, bewohnte ich ein Haus, das von allen Seiten dem Wind ausgesetzt war. Die Luft drang ungehindert durch die schadhaften Holzwände und pfiff durch das Dach. Das dauernde Rütteln ließ in mir ein Gefühl der Einsamkeit entstehen und nagte an meinen Nerven, doch lieber suchte ich den Schutz dieser Räume, als draußen im kalten Wind zu stehen. Wenn ich das Haus verließ, folgte ich einem festen Ritual: Bevor ich die Tür öffnete, schlüpfte ich in Mantel und Handschuhe, zog den Hut tief über die Stirn und sammelte meine ganzen Kräfte für den kommenden Ansturm.

Ich gewöhnte mich langsam ein, begann mit Spaziergängen in konstantem Wind, die zunächst nicht länger als 20 Minuten dauerten, und hoffte, mich bis auf 45 Minuten steigern zu können. Die Liebe zum Wind war mir von der Natur nicht mitgegeben, ich musste erst lernen, das Gefühl von Luft, die gegen meine Brust hämmerte und über meine Haut tobte, zu mögen. »Schwacher« Wind, so erfuhr ich, blies unter 25 Stundenkilometern.[1] Alles, was unter 15 Stundenkilometern lag, war überhaupt nicht der Rede wert.

Die Kapuze eng um das Gesicht gezurrt, begann ich, auf meinen Spaziergängen darauf zu achten, wie die Tiere mit dem Wind fertig wurden. Den Seeschwalben, den Kamikaze unter den Vögeln, schienen selbst stürmische Winde nichts auszumachen. Ich erinnere mich noch genau, wie ich sie an einem Frühlingsnachmittag am Oregon Inlet beobachtete, während der Wind von Norden her auf uns einheulte und die Wellen aufeinander prallten. Wind und Flut setzten mit vereinten Kräften der Landschaft gewaltig zu, das schäumende Wasser und die hin und her gepeitschten Zweige der Wachsmyrtenbüsche erweckten den Anschein, als würde die Welt in ihren Grundfesten erschüttert. Doch die Möwen standen mit schnellen Flügelschlägen und eifrig miteinander schwatzend noch immer frei in der Luft und suchten mit abwärts gerichteten Schnäbeln das Meer nach Fischen ab.

Bei solchem Wind wagen sich nicht viele Tiere nach draußen. Jene, die es trotzdem versuchen, müssen dann feststellen, dass die normalen Regeln außer Kraft gesetzt sind. Bei anhaltendem Ostwind wird das Wasser in den Sounds gegen das Festland getrieben, sodass riesige Streifen sandigen Untergrunds freigelegt werden. Die Inselbewohner sprechen dann davon, dass die Ebbe ausläuft, und tatsächlich ist dies das einzige Anzeichen von Ebbe an der Westseite der Banks. In diesen Buchten reagiert der Wasserstand nicht auf die Anziehungskraft des Mondes. Die Gezeitenwechsel in den Sounds sind unstet und hängen ausschließlich vom Wind ab: bei Nordostwind tritt das Wasser zurück, bei Westwind steigt es an.

1 Sämtliche Windgeschwindigkeiten werden in Stundenkilometern angegeben. Bei 25 Stundenkilometern haben Wellen weiße Schaumkronen, bei 50 Stundenkilometern wird eine Brise zum Sturm, ab 120 Stundenkilometern gilt ein tropischer Sturm als Hurrikan.

Schon nach kurzem Aufenthalt hier wusste ich, dass Wasser, nachdem es vom Wind viele Kilometer nach Osten getrieben wurde, ganz plötzlich über die normale Uferlinie schwappen kann, wie aus einer Schüssel, die zum Entleeren leicht zur Seite geneigt wird. Eines Morgens, wir hatten schon einige Tage lang leichten Westwind gehabt, parkte ich mein Auto neben einem Fischrestaurant am Pamlico Sound. Ein Einheimischer warnte mich beiläufig: »Vielleicht parken Sie besser woanders, könnte Flut geben.« Ich stellte das Auto an einer höher gelegenen Stelle ab. Binnen einer Stunde war der Parkplatz am Fischrestaurant knapp einen Meter mit Salzwasser überflutet.

Selbst die gefügigeren Winde beeinflussen das Aussehen des Wassers und die Verteilung der Lebewesen darin. Ostwinde lassen die Brandung gegen den Strand hämmern, Westwinde bremsen die landwärts gerichteten Sturzwellen ab und richten sie auf. Die besten Surfwellen entstehen bei einem Nordostwind, der sauber nach Westen dreht. Weht der Westwind aber zu lange, klopft er die Brecher flach. Die Surfer ziehen ab, dafür kommen die Berufsfischer, die in ihren kleinen Booten ein kurzes Stück hinausrudern und die Netze nach Blaubarsch und Forellen auswerfen.

Jeder hier hat seinen Lieblingswind. Die Beobachter der Brandung auf den Outer Banks mögen vor allem die anlandige Brise, denn sie behaupten:

Kommt der Wind von Osten,
beißen die Fische kaum,
Kommt der Wind von Westen,
beißen die Fische am besten.

Eine westliche Brise zieht Forellen, Meeräschen und andere Arten in die ruhigen Gewässer an der Leeseite der Küste. Während der Entenjagdsaison treibt sie die Wasservögel von der Mitte des Pamlico Sounds auf die Inseln zu, wo sie sich als leichte Beute vor den Tarneinrichtungen der Jäger aufreihen. Einen meiner Freunde, einen leidenschaftlichen Jäger und Angler, der auf Hatteras Island lebt, schlug die Brise im Sound so in Bann, dass er gelobte, seinen ersten Sohn Westwind zu taufen. Der Weitblick seiner Frau konnte das gerade noch verhindern – sie nannten das Kind Teal, was Krickente heißt.

Guter oder schlechter Fischfang, mir sind die leichten Ostwinde im Sommer am meisten ans Herz gewachsen. Westwinde trüben den Ozean, die Ostwinde hingegen machen ihn klar. Mit den Westwinden kommen lästige Fliegen an den Strand, die Ostwinde vertreiben sie in das Marschland. Die angenehmsten Sommertage sind jene mit einer Meeresbrise, die kräftig genug ist, um etwas Brandung zu bewirken, aber nicht so stark, dass das Schwimmen zur Gefahr wird. Wellen rollen träge an den Strand, während der Wind sanft meine Lunge füllt, über meine Haut streicht und die Spinnweben aus meinem Kopf fegt. Ich liege in der Sonne, es ist warm und doch kühl genug zum Lesen. Ich gleite lautlos in die klare, grüne Brandung, und während ich mich auf dem Wasser treiben lasse, beobachte ich die gleißenden Sandkörnchen, die zwischen den Wellen hinaus in die offene See taumeln.

INZWISCHEN wohne ich inmitten eines Waldstückes auf der Insel, wo die Baumstämme den Winterwind daran hindern, seine volle Kraft gegen das Haus zu werfen. Nachts lausche ich den Loblolly-Kiefern, die sich hoch droben vor- und zurückneigen, und frage mich, wie viele Jahre die kleinen Häuser am Meer wohl noch den Mächten, die sie so arg bedrängen, standhalten können.

Manchmal stelle ich mir vor, der Wind nimmt verschiedene Gestalten an, wie ein Gott, der sich in jedes beliebige Lebewesen verwandeln kann. Und immer noch erscheint er mir als der Atem eines Drachens, auch wenn er sich für gewöhnlich eher wie Eis denn wie Feuer anfühlt. Das Ungestüme, seine Fähigkeit, überall um mich herum zu sein und mich in die Knie zu zwingen, scheint von mystischer Dimension zu sein, und doch ist er ohne jeden Zweifel *real*. Wenn ich ins Freie gehe, ziehe ich mich nicht mehr so dick an wie früher, und wenn ich ganz ehrlich bin, freue ich mich inzwischen sogar auf die reinigende Kraft einer starken Brise. Doch im Gegensatz zu den Alteingesessenen werde ich den Ozean niemals als die Rückseite der Inseln betrachten. Er ist die vorderste Kampflinie, die erste Front gegen den Wind.

In meinen zwölf Jahren hier habe ich vielleicht an die hundert Stürme erlebt. Einige wenige sind mir im Gedächtnis haften geblieben. Besonders deutlich erinnere ich mich an einen Tag im August, als ich auf der rückwärtigen Veranda meines kleinen, vom Wind gepeinigten Häuschens stand und auf das Vorbeidonnern eines Hurrikans wartete.

Das war 1986, im Jahr des Hurrikans Charley, ein lächerlicher Zwerg von einem Hurrikan, aber mit Böen von 135 Stundenkilometern. Ein Freund war bei meinem Mann und mir zu Besuch und hatte seinen Hund mitgebracht, einen Chesapeake-Bay-Retriever. Der Sturm zog an der Küste vorbei, ließ etwas Ostwind auf uns los, erweckte aber nicht den Anschein, als würde er allzu großen Schaden anrichten wollen. Und dennoch wollte keiner da hineingeraten. Es reichte schon, auf der windabgewandten Seite des Hauses zu stehen und von dort zu beobachten, wie die Lorbeerbüsche Staubwedeln gleich durchgeschüttelt wurden.

In diesem Sommer hatte ein Grasmückenpärchen sein Nest im Pumpenhaus gebaut und dort mehrere Gelege ausgebrütet. Als der Sturm wütete, waren noch Küken darin. In all der Aufregung hatte ich die Vögel ganz vergessen, bis ich unter dem ausrangierten Tisch, auf dem wir sonst unsere Fische ausnahmen, eine fahrige Bewegung wahrnahm.

Unter dem Tisch war ein alter, zusammengefalteter Liegestuhl verstaut. Als ich mich vorbeugte, konnte ich erkennen, wie sich eine der ausgewachsenen Grasmücken am Stuhl festklammerte. Sie war vom Regen durchnässt und, der kauernden Haltung nach zu urteilen, viel zu erschöpft, um den kurzen Weg zum Pumpenhaus zu überwinden. Sie wusste, dass wir sie außerhalb ihres sicheren Hafens erwischt hatten, aber das schien sie nicht zu kümmern.

Die anderen nahmen von der Grasmücke im selben Augenblick wie ich Notiz. Keiner bewegte sich, nicht einmal der Retriever, der den Vogel immerhin mit leichtem Interesse beäugte. Unsere einzige Tätigkeit bestand darin, dem Wind und Regen zuzusehen. Wir standen als eigentümliche Verbündete auf der hinteren Veranda – zwei Männer, eine Frau, ein Hund, ein Vogel – jeder von uns für den Augenblick vom Fluss des Alltags abgeschnitten, Flüchtende vor dem Wind.

2.

Die erste Nahrung der Schöpfung

»IM ANFANG schuf Gott den Himmel und die Erde.« Tief verankert in der kollektiven Gedankenwelt westlicher Kultur findet sich ein Bild der Erde, wie sie damals gewesen sein muss: nebelverhangen und amorph, voll durchdringender Kälte, eine schwarze Weite jenseits aller Vorstellungskraft und ohne jegliche Bedeutung. Auf dem ganzen lautlosen Globus kroch oder flatterte nichts umher. Es existierten weder Gerüche noch Töne. Es gab kein Denken und keine Hoffnung. Und dann, so wird uns gesagt, bewegte sich der Geist Gottes in Form eines Windes über die Wasser.

Heute bläst er mit fast 65 Stundenkilometern, ich stehe an der Nordspitze von Roanoke Island – im Fall dieses Südwestwindes auf der Leeseite der Insel – und sehe zu, wie er über das Wasser streicht. Die dicke Wand aus Immergrüner Eiche in meinem Rücken lässt mich die Munterkeit des Sturms spüren, ohne die übliche körperliche Pein erdulden zu müssen. Äste schlagen über mir zusammen, brechen jedoch nicht auseinander. Blätter seufzen zwischen einzelnen Böen auf und brüllen laut los, wenn sie erneut gepackt werden. Die düstere, graue Oberfläche des Roanoke Sound wird von streunenden Brisen gekitzelt, kleine Wellentupfer in Küstennähe weichen rollenden Brechern, die sich einen halben Kilometer im Meer draußen aufbauen, wo der Wind mit voller Kraft herabstößt. Es sind die flüchtigen Strukturen und Muster in der Nähe des

Ufers, die mich am meisten faszinieren. Swinburne schrieb einmal von der Beobachtung, »wie die Füße des Windes entlang der See aufscheinen«. Mich erinnern diese Kräuselwellen mehr an die nachgezogene Schleppe einer Abendrobe. Sie erscheinen in kräuselnden Reihen, immer drei oder vier auf gleicher Höhe. Da draußen, hoch oben, gibt es etwas, das ungleich größer ist als ich. Vielleicht, so denke ich, sehe ich eben die Gewänder eines vorbeiziehenden Gottes.

STELLEN SIE sich den Wind als Gott und Gott als Wind vor. Stellen Sie sich das flüchtige Element, in dem wir leben, auf das wir angewiesen sind, als göttlichen Strom vor, der uns umgibt, der durch uns hindurchweht und uns zu einem großen, organischen, kaum fassbaren Ganzen verbindet. Mit dieser Vorstellung schließen wir an eine Tradition an, die auf die ersten Regungen der Menschhcit zurückgeht.

Das hebräische Wort *Ruwach* kann mit Geist, Atem oder Wind übersetzt werden. *Strong's Exhaustive Concordance of the Bible* nennt als wichtigste Bedeutung: »Wind; auch *Atem*, d. h., ein merkliches (oder sogar heftiges) Ausatmen.« Als weitere Bedeutungen sind Luft, Windstoß, Geist und Wirbelsturm angegeben. *Ruwach* ist der Atem des Lebens, den Gott den Menschen durch die Sintflut nimmt, ist der Ostwind, der eine Heuschreckenplage nach Ägypten bringt. Moses ruft *Ruwach* zu Hilfe, einen Sturm von Osten, um das Rote Meer zu teilen. Im Alten Testament trägt *Ruwach* 27-mal die Bedeutung Atem, 238-mal Geist und 106-mal Wind. Die beseelte Macht, für die *Ruwach* steht, ist oft zornig und heroisch und kann sowohl Leben spenden als auch nehmen. Das hebräische Wort *Neshawmaw* besitzt ebenfalls mehrere Bedeutungen: es heißt sowohl »*kurzes Ausatmen*, d. h., *Wind*, zorniger oder kraftvoller Atem«, als auch »göttliche *Inspiration, Intellekt*, … Seele, Geist«. *Neshawmaw* war der Atem, den Gott Adam einhauchte, mit dem er ihm Leben und Intellekt verlieh.

Kein Wunder, dass die Verfasser des Alten Testaments Wind als den Abgesandten eines fürsorgenden, gleichwohl eifersüchtigen und rächenden Gottes verstanden. Im Heiligen Land der Bibel (wie über die gesamte Welt hinweg) sind Stärke und Richtung des Windes weitgehend für den Grad der Luftfeuchtigkeit verantwortlich. Folglich gaben die Launen des Windes im Wechsel der Jahreszeiten häufig vor, ob die Verfasser der Bibel sorglos ihren Festen nachgehen konnten oder große Entbehrungen hinnehmen mussten. In den trockenen Sommermonaten sorgten die beständigen, feuchten Winde vom Mittelmeer für Erleichterung von der drückenden Last der Hitze, und die Arbeiter auf den Feldern konnten das Getreide dreschen. Zwischen Sommer und Winter wurde das Land vom periodisch wiederkehrenden Schirokko heimgesucht, einem sengenden Südwestwind, der in gewaltsamen Böen um sich schlägt und meist dichte Staubschleier mit sich führt. Man bescheinigt ihm eine gewisse Ähnlichkeit mit dem Santa Ana in Südkalifornien. (Vermutlich war es auch ein Schirokko, der das Haus von Hiobs ältestem Sohn zum Einsturz brachte und alle zehn Kinder Hiobs tötete.) Im Winter drehte der Wind nach Westen, und unstete Luftmassen brüteten Gewitter aus, die trotz ihrer beängstigenden Gewalt mit Freude begrüßt wurden, führten sie doch auch den kostbaren Regen mit sich.

Wind steht im Alten Testament häufig als Symbol für ungebärdige, unzähmbare Kräfte. Gott reitet auf den Winden in die Wolken und entfesselt Stürme, die auf sein Geheiß handeln. Der Wind entspringt keiner sichtbaren Quelle – Jeremias behauptet, er werde in den Lagerhäusern Gottes aufbewahrt –, und ist er einmal vorbeigezogen, kann man seine Spur nicht mehr nachverfolgen. Oft ist er bösartig, doch selbst dann ist sein Werk heilig, denn auch der Satan stiftet sein Unheil unter dem wachsamen Auge Gottes. Zuweilen symbolisiert Wind in der Bibel auch Vergänglichkeit und Torheit. Im Buch Jesus Sirach erklärt der Prophet, viele der unter den Menschen so hoch angesehenen Ziele, wie das Streben nach Geld und Erfolg, seien nichts weiter als einfältige, fruchtlose Mühen, es verhalte sich mit ihnen wie mit der »Jagd nach dem Wind«.

Das griechische Wort für *Ruwach, Pneuma* (»ein *Luftstrom,* d. h. *Atem*), steht oft für den Geist Gottes und beschreibt seltener die tatsächliche, physische Bewegung von Gasen. Wenn Jesus vor den Augen seiner Jünger dem Sturm auf dem See Einhalt gebietet – »sogar Wind und Wellen gehorchen ihm!« –, wird dafür das lateinische Wort *Anemos* verwendet, dessen ursprüngliche Bedeutung Luft ist und sich ganz eindeutig nicht auf ein beseeltes Wesen bezieht. Aber dennoch kommt dem Wind im Neuen Testament oft die Aufgabe zu, den Willen Gottes auszuführen. An Pfingsten, heißt es, »entstand plötzlich vom Himmel her ein Brausen, wie von einem daherfahrenden, gewaltigen Wind, und erfüllte das ganze Haus, in dem sie saßen«. Noch heute sagt man, der Heilige Geist fahre wie der Wind durch eine Menschenmenge. Gegen Ende der Apostelgeschichte treibt »ein Wirbelwind… der so genannte Nordoststurm« das Schiff mit Paulus und jenen, die ihn gefangen halten, vor Malta auf Grund, doch, wie ein Engel es vorhergesagt hat, wird jeder einzelne Mann gerettet. In der Vision vom Jüngsten Gericht in der Apokalypse des Johannes stehen vier Engel »an den vier Ecken der Erde…, sie halten die vier Winde der Erde fest« und bewahren die Welt vor ihrer Zerstörung.

AN DIE DREITAUSEND Jahre lang haben der Judaismus und das daraus hervorgegangene Christentum unbeirrbar an einer Trennung zwischen Gott und der »Natur« festgehalten, das heißt den Mächten und Kreaturen, aus denen Mann und Frau sich entwickelt haben. Das erscheint umso merkwürdiger, wenn man den ganz eigenen Charakter des unsichtbaren, keiner Form entsprechenden, launischen Windes in Betracht zieht. Er ist zu zärtlichen Liebkosungen fähig, aber auch stark genug, jedes Lebewesen oder jedes Gebilde auf Erden zu zerstören. Es steht in seiner Macht, ungebeten in Erscheinung zu treten, durch die Ritzen in unsere Häuser zu schlüpfen, in unser Leben, und uns zu Boden zu zwingen. Durch all das ist er dem Gott, den wir zu verehren vorgeben (jeder von uns, in unseren unzähligen verschiedenen Religionen) ähnlicher als alles andere im Bereich menschlicher Vorstellungskraft.

An einem Nachmittag kurz vor der Geburt unseres Sohnes ging ich zu einem meiner Lieblingsstrände ganz in der Nähe unseres Hauses. Es war Spätfrühling und heiß. In meinen schmerzenden und geschwollenen Knöcheln pochte es, ich war nicht in der Lage, den Marsch zu unternehmen, den ich mir vorgenommen hatte. Der Kopf des Babys war im Begriff, sich nach unten zu senken, und der dabei entstehende Druck jagte Schmerzen wie Pfeile durch mein Becken. Aber noch schlimmer lasteten persönliche Probleme und Selbstzweifel auf mir. Erst kurze Zeit vorher war ein Schreibauftrag geplatzt, was bedeutete, dass ich wochenlang umsonst gearbeitet hatte. Und eine mir nahe stehende Person hatte mich übel hintergangen. Ich besaß nicht die Energie, einen klaren Gedanken zu fassen, und schon gar nicht, mir einen Weg aus meinem Kummer herauszubahnen.

Auch das Meer schien mir dieses Mal keinen Trost spenden zu können. Graue, von der steifen Südwestbrise so gut wie flach geklopfte Brecher schwappten halbherzig auf den Strand. Fliegen schwirrten um meinen Hals. So stand ich mit schmerzenden Beinen im Auslauf der Wellen, einen brechenden Wind im Rücken, und verspürte den Wunsch, in diese hässliche, lustlose Brandung zu wandern und für immer unterzutauchen. Ich wollte mich in den Sand legen, war aber nicht sicher, ob es mir gelänge, wieder aufzustehen. Also blieb ich lieber stehen, mit geschlossenen Augen, dumpf vor mich hinbrütend, niedergeschlagen, tumb.

Da rief mich ein Hauch kühler Meeresluft wach. Es brauchte nur eine simple Drehung des Windes nach Osten, und schon veränderte sich die ganze Welt. Innerhalb weniger Minuten nahmen die Wellen die Form perlmuttschimmernder Flöten an. Die Sonne auf meinen Armen fühlte sich weich und angenehm wie Flanell an. Die Fliegen verschwanden. Du wirst ein wunderbares Kind bekommen, sagte eine Stimme zu mir, und in wenigen Tagen wird es zur Welt kommen.

Inzwischen gehe ich mit meiner Familie so oft wie nur möglich segeln. Für mich ist es eine Art Erneuerung und Gebet. Unser Boot – es besitzt immer den Charakter, den ihm der Wind gerade zugesteht – erinnert mich an ein großes Pferd. Die Winde liefern sich Zweikämpfe mit uns. Sie wollen sehen, wie gut ich segeln kann. Im Roanoke Sound baut sich eines Nachmittags ohne jegliche Vorwarnung ein Nordwestwind auf, bis die hübsch schaukelnden Wellen Schaumkronen tragen. Das Boot ist solide aber alt, und ich hüte mich, bei Wind mit mehr als 25 Stundenkilometern zu segeln. Es rollt durch die grauen, schäumenden Wellen und reagiert immer weniger auf das Ruder. Von nun an liegt die Verantwortung nicht mehr bei mir. Ich erinnere mich vage an die Geschichte von einem ortsansässigen Arzt, dessen Boot bei gleichem Wind in diesen Gewässern kenterte. Seine Frau ertrank dabei. Ich versuche eine Wende, aber das Boot will nicht gehorchen. Wir werden nach Osten getrieben, wo die See noch rauer und der Wind heftiger wird. Ich atme tief ein, hole das Segel dicht, um mehr Geschwindigkeit zu machen, und drehe das Boot hart in den Wind. Eine Welle schlägt gegen den Rumpf und bricht auf dem Deck. Die Segel killen. Das Boot stampft eine Schrecksekunde lang exakt im Wind, um dann abrupt zu wenden.

Erleichtert steuere ich die geschützteren Gewässer der

Shallowbag Bay an. Nun verspricht mir der Wind eine leichte Fahrt zurück zum Strand, doch dann ändert er an einem Landvorsprung die Richtung und zwingt mich, vom Kurs abzufallen. Das Boot kentert in einer wilden Bewegung, ich richte es auf und versuche den nächsten Schlag. Die nasse Großschot brennt in meiner Hand. »Versuche es noch einmal«, sagt der Wind, »du traust dich ja doch nicht.« Ich nehme die Herausforderung an – und gewinne.

Als ich das Boot zur Pier ziehe, habe ich das Gefühl, mit einem Engel gerungen zu haben.

AM 29. OKTOBER 1991 wurden mein Mann und ich wenige Minuten vor Sonnenaufgang von einem heftigen Wind geweckt. Die Bäume rauschten, Kiefernzweige schlugen wie Geschosse im Dach ein. Wir sahen uns mit weit aufgerissenen Augen an, ließen uns ins Bett zurückfallen und zogen uns die Decke über den Kopf. Wir haben sicher schon stärkere Winde erlebt, bei diesem hier erreichten die Böen maximal 45 Stundenkilometer, aber es herrschte eine Unheil verheißende, geladene Atmosphäre, so als würde sich etwas noch viel Größeres zusammenbrauen.

Die Brandung war an jenem Nachmittag rauer, als ich es jemals zuvor erlebt hatte. Es war der seltene Fall eingetroffen, dass ein draußen über dem Meer vorbeiziehender Hurrikan mit dem lokalen Nordostwind zusammentraf, eine Kombination, die bewirkte, dass die Flut drei Meter höher als üblich stieg. Das Wasser war nicht blau, sondern schäumte weiß. Gewaltige Sturzwellen reichten bis zum Horizont. Als ich mit Jeff auf dem Fußweg oberhalb des Strandes stand, stockte mir angesichts der Höhe dieser Wellen der Atem. Da war kein gleichmäßiger Rhythmus mehr in der Brandung, kein Einschnitt mehr zwischen den berghohen Sturzwellen. »Das erinnert mich an den Blick über die Rockies«, sagte Jeff voller Ehrfurcht. Unser geliebtes Meer hatte sich in eine Landschaft

31

aufwallender und wieder in sich zusammenfallender Gipfel verwandelt.

Am späten Nachmittag des folgenden Tages, einen vollen Tag, nachdem der Wind sich gelegt hatte, gingen wir wieder zum Strand. Die Brandung hatte sich nur geringfügig beruhigt, und ich war noch immer fasziniert, welche Macht in ihr steckte. Jeff suchte mit einem Fernglas den Horizont ab. »Oh, mein Gott«, sagte er plötzlich, »da draußen ist ein Segelboot.«

Durch die schäumende Luft konnte ich das Boot, einen Zweimastschoner mit gesetzten Segeln, der von Welle zu Welle schlingerte, nur mit Mühe erkennen. Wortlos standen wir eine Weile da. »Glaubst du, sie brauchen Hilfe?«, fragte ich schließlich. Jeff antwortete nicht. Wir verständigten die Küstenwache, erfuhren aber nicht, was aus dem Boot geworden war.

EIN KLEINERES Segelboot war viel weiter im Süden noch rauerer See preisgegeben. Janet Shaughnessy war am 21. Oktober zusammen mit ihrem Freund George Ross, dem Skipper, auf der *Saorsa*, einem zehn Meter langen, selbst gebauten Einmaster von Norfolk/Virginia ausgelaufen. Die beiden wollten zu den Bermudas und hatten dafür sechs bis acht Tage veranschlagt. Shaughnessy, eine zarte Person mit leiser Stimme, die als Grafikerin bei einer Zeitung arbeitet, ist ihren eigenen Worten zufolge kein Typ für Abenteuer. Segeln war sie bis dahin noch nie gewesen.

Schon vor dem Törn, so erzählte sie mir, konnte heftiger Wind ihre Stimmung ordentlich drücken. »Ich habe Wind nie besonders gemocht«, sagte sie. »Ich fühle mich dabei immer irgendwie…«, sie suchte kurz nach dem richtigen Wort, »ungeordnet. Verwundbar und nackt. Ich versuche ihm möglichst aus dem Weg zu gehen. Dass ich ihm auf diesem Törn voll und ganz ausgeliefert war, bedeutete für mich eine Art Kapitulation.«

Über eine Woche lang mühte sich die *Saorsa* inmitten von Böen und Gewitterstürmen, die sie weit nach Südwesten von ihrem Kurs abbrachten, vorwärts zu kommen. Ohne Motor war sie völlig von den Launen des Windes abhängig. Als Shaughnessy am Montag, dem 28. Oktober, um vier Uhr morgens aufwachte, herrschte schönes, ruhiges Wetter. »Mond und Sonne standen gleichzeitig am Himmel. Wir dachten, nun würde alles gut werden.« Doch gegen Abend hob der Wind wieder an und der Wellengang wurde stärker. Die beiden suchten in ihrem Radio einen Sender auf den Bermudas und erfuhren, dass sich die Inseln gerade auf den unmittelbar bevorstehenden Durchzug des Hurrikans Grace vorbereiteten, einem Wirbelsturm der Kategorie eins mit Windgeschwindigkeiten bis zu 136 Stundenkilometern. »Für uns war alles aus«, sagte sie.

Zu diesem Zeitpunkt befanden sie sich fast schon am nördlichen Rand von Grace. Bei der rauen See war es zu riskant, die doppelt gerefften Segel noch weiter einzuholen. Gegen Einbruch der Dunkelheit schlossen sie sich in die Kajüte ein und zogen Schwimmwesten an. Das Boot schlug hin und her und warf die beiden von einer Wand zur anderen. Der Wind war ohrenbetäubend. »Da war so ein Drehen«, schildert Shaughnessy weiter, »und wir hörten ein Geräusch wie das Dröhnen eines Motors – vermutlich der Wind in den Segeln –, dann nahm das Boot Fahrt auf und kenterte. Schließlich richtete es sich von selbst wieder auf, und das Dröhnen fing von neuem an.« Zweimal war der Mast völlig untergetaucht. Wasser drang in die Kajüte. »So ist es also, wenn man stirbt, dachte ich.«

Sie lagen in der Kajüte, horchten, sprachen kaum und hielten sich an den Händen. Über ihre Ruhe waren sie selbst erstaunt. Shaughnessy kam schweigend zu dem Schluss, sie könnte, wenn es denn sein müsste, ihr Leben beenden, ohne etwas bereuen zu müssen. Ross überlegte sich einen Plan, wie man in das Rettungsboot gelangen könnte, wenn die *Saorsa* auseinander zu brechen drohte. Als Erstes wollte er das Boot aufpumpen, Shaughnessy sollte so lange mit gefüllten Wasserflaschen auf der Kajütstreppe warten. »Keiner von uns beiden wollte das«, sagte Shaughnessy. »Die Vorstellung, von der *Saorsa* in dieses Meer hineinzuspringen, war einfach furchtbar.«

Bei Tagesanbruch war Grace vorbeigezogen. Die Windgeschwindigkeit war auf etwa 70 Stundenkilometer gesunken, aber aus allen Richtungen bedrängten riesige Wellen das Boot. Vom Himmel war nicht mehr zu sehen als ein kleiner, grauer Fleck unmittelbar über ihnen. Bei Tageslicht fasste Shaugnessy wieder Hoffnung, auch wenn der Hurrikan das Hauptsegel zerfetzt hatte. Sie strich ein Erdnussbutterbrot für Ross, »was gar nicht so einfach war, so wie wir durchgeschaukelt wurden«. Ross rief, nachdem er an Deck die Höhe der Wellen begutachtet hatte, zu ihr hinunter: »Das ist machbar.« Aber ohne Hauptsegel konnten sie sich lediglich treiben lassen und versuchen, das Boot aufrecht zu halten. Ross aktivierte den Notrufsender. »Ich glaube, es fiel ihm sehr schwer, sich so eine Niederlage eingestehen zu müssen«, meint Shaugnessy. Nach einigen Stunden wurden sie von einem Rettungsflugzeug der Küstenwache gesichtet, doch in den gewaltigen, aufeinander prallenden Wellen konnte die Rettungsmannschaft sie nicht vom Boot holen.

Abwechselnd übernahmen sie das Ruder, verhinderten mit Mühe ein Kentern des Bootes und waren vor Erschöpfung wie betäubt. Die Besatzungen von Rettungsflugzeugen sprachen über Funk mit ihnen und versicherten ihnen, sie würden bald in Sicherheit sein. Ein vorbeifahrender Tanker blieb nachts in ihrer Nähe, sein blassgrünes Positionslicht, das zwischen den dunklen Wogen aufschien und wieder abtauchte, wirkte beruhigend auf Shaughnessys Nerven. Als sie in den frühen Morgenstunden am Ruder stand, spürte sie eine große, ruhige Kraft hinter sich. »Ich hätte geschworen, es war ein Schutzengel, der mich wach hielt«, erzählt sie. Der Himmel klarte auf, und die Sternbilder schienen so hell wie in der Ferne leuchtende Feuer.

Am Mittwoch schlugen Ross und Shaughnessy das Angebot des Tankerkapitäns aus, sie von der *Saorsa* zu holen. »Das hätte bedeutet, sie aufzugeben, und das brachte Geordie einfach nicht übers Herz«, erzählt Shaughnessy weiter. Sie war müde wie noch nie in ihrem Leben, und ihre Emotionen wechselten von Hoffnung und Freude darüber, mit dem Leben davongekommen zu sein, zu Verzweiflung, als der Regen wieder einsetzte. An diesem Nachmittag erreichte sie ein Fahrzeug der Küstenwache. Zusammen mit einem Schlepptau ließ ihnen die Besatzung zwei Steaks zum Abendessen zukommen. »Noch nie im Leben hat mir etwas so gut geschmeckt«, sagte Shaughnessy. Am nächsten Tag erreichten sie die Bermudas.

Drei Jahre später stieß ich per Zufall auf einen alten Zeitungsartikel über dieses Abenteuer. Da ich immer noch an den unbekannten Schoner vor den Outer Banks denken musste, folgte ich einer Laune und rief Shaughnessy einfach an. Wie fühlt man sich, fragte ich sie, wenn man, hunderte von Kilometern von zu Hause weg, diesem Wind, dieser See ausgesetzt ist?

Sie schwieg einen Moment lang. »Ich glaube, es dauerte ein Jahr, bis ich wieder richtig im Lot war«, sagte sie. Doch obwohl der Wind alle Macht über sie hatte und sie und Ross sich manchmal wie an eine übernatürliche Macht an ihn gewendet hatten, war es ihr niemals in den Sinn gekommen, ihn für Gott oder einen seiner Abgesandten zu halten. Es war eine Sache zwischen ihr, Ross und der *Saorsa* auf der einen und dem Hurrikan Grace auf der anderen Seite.

Diese Empfindung wurde mir bestimmt ein halbes Dutzend Mal in Gesprächen mit anderen Personen bestätigt, die Stürme der unterschiedlichsten Art überlebt haben. In der westlichen Kultur betrachtet man den Wind nicht als göttliche Macht, selbst wenn Fischer, die draußen auf dem Meer in einen peitschenden Nordostwind geraten, gelegentlich halb im Scherz ausrufen: »Ist schon gut, du da oben, wir wissen jetzt, dass wir Sünder sind, nun kannst du es wieder gut sein lassen.« Auf Hatteras Island gibt es einen Kapitän, der für seine Blasphemien überall bekannt ist und von dem man weiß, dass er Gott in starken Stürmen beschimpft. »Ich sah ihn draußen auf dem Vordeck stehen, mit erhobener Faust und wild brüllend«, erzählte mir ein Besatzungsmitglied. »Böse Stürme und Wellen in der Höhe eines zweistöckigen Hauses. Als er ins Ruderhaus zurückkam, fragte ich ihn, was er denn gerufen habe. ›Ich habe dem Herrn gesagt, verdammt noch mal, du hast mir schon zweimal ein Boot unter den Füßen versenkt, aber dieses hier nicht. Dieses Mal wirst du mich nicht besiegen.‹ Nach diesem Vorfall bin ich nie wieder mit ihm auf Fischfang gegangen.« Bei genauerem Nachfragen würde von den Personen, mit denen ich gesprochen habe, jedoch niemand im Wind die ganze Macht Gottes sehen. Er ist eine von Gott gesandte Probe oder eine zufällige Katastrophe, durch die sie der Glaube an Gott sicher führt. Er ist allmächtig, das schon. Und manchmal scheint er ein lebendes Wesen zu sein. Aber er ist keine Inkarnation Gottes.

Diese Betrachtungsweise unterscheidet unsere christlich-jüdische Weltsicht ganz deutlich von den Eingeborenenreligionen, die zutiefst in der Natur verankert sind. In den meisten Mythologien sind die Winde Götter oder Göttinnen, die auf die Erde herunterkommen und sich häufig in die Angelegenheiten der Menschen einmischen. Vielleicht haben wir ganz einfach Angst vor dem Gedanken, mit Yahweh zusammenzutreffen, Tag für Tag von einer real existierenden göttlichen Macht gestreift zu werden. Vielleicht sind wir zu feige, um uns vorzustellen, dass Gott nicht nur in einem weit entfernten Himmel sitzt, sondern sich in der Luft um uns herum bewegt.

Ein Tornado wirbelt durch eine Marina auf Hatteras Island, zerstört fünf Fischerboote und bringt deren Besitzer um einen halben Jahreslohn. Ein weiterer baut sich im Croatan Sound auf, vollführt unter den Augen der aufgescheuchten Bewohner einen Bocksprung über Roanoke Island, fegt dann weiter östlich, um bei Nags Head einen Streifen Küstenwaldes zu verschlingen. Überlebende von Tornados und Hurrikanen wirken oft benommen und orientierungslos, wie Menschen, die eine andere Welt geschaut haben. Innerhalb eines Augenblicks veränderte sich ihr Leben, wurde ihnen ihre Sterblichkeit vorgeführt. Sie fragen sich: Hat mich ein Gott berührt oder ein Teufel? Oder waren es einfach nur Luftpartikel, die sich mit immenser Geschwindigkeit bewegen?

WENN DER Wind uns Gott auch nicht als greifbare Existenz nahe gebracht hat, so hat er doch den frühen Juden – und der gesamten Menschheit – eine Erde voller Ordnung und Leben beschert.

Im sechsten Jahrhundert vor Christus, noch bevor wahrscheinlich die Genesis und andere frühe Kapitel der Bibel verfasst wurden, verbrachten die Israeliten 50 bis 70 Jahre in babylonischer Gefangenschaft. In jedem Frühjahr begingen die Babylonier den Jahreswechsel mit einem Fest. Am vierten Tag der Feierlichkeiten rezitierten die Teilnehmer ein Schöpfungsepos, das wir als *Enuma Elisch* kennen (der Titel leitet sich von den ersten Worten der Erzählung ab: »Als oben«). Das Epos erzählt von einem großen Kampf zwischen den elterlichen Gottheiten Apsu und Tiamat und deren ungebärdigen Söhnen, die Tiamat durch ihr ungestümes Verhalten im Himmel störten. Apsu und Tiamat sind von monströsen Ausmaßen, können sich aber nicht von der Stelle bewegen. Sie repräsentieren zwei unbewegliche Kräfte, süßes Grundwasser und Salzwasser. Schließlich gehen aus ihnen ein Himmelsgott, ein Gott des fließenden Wassers, ein Gott der Weisheit und der Zauberformeln sowie einige weitere Götter hervor. Doch als diese Kinder von der Freiheit, sich zu bewegen, Gebrauch machen, werden Apsu und Tiamat über die Maßen eifersüchtig.

Apsu geht zu Tiamat und bittet sie, mit ihm gemeinsam ihre Söhne auszulöschen. Doch wie jede gute Mutter weigert sich Tiamat. »Wie können wir vernichten, was wir schufen?«, fragt sie. »Auch wenn ihr Benehmen Missfallen verursacht, lasst uns gütig Disziplin fordern.« Daraufhin ersinnt Apsu einen Plan, wie er seine Söhne alleine umbringen kann. Doch unglücklicherweise erfahren die jungen Götter davon und erschlagen Apsu, noch ehe er handeln kann.

Als die Nachricht von Apsus Tod zu Tiamat dringt, ruft sie eine Streitmacht aus Skorpion-Menschen, brüllenden Drachen und grimmigen Dämonen zu sich, alle »hatten scharfe Zähne, waren gnadenlos«, um in die Schlacht gegen ihren rebellischen Nachwuchs zu ziehen. Die Söhne versammeln sich voller Angst und beraten, was zu tun sei. Ea, der klügste von ihnen, nimmt sich eine Frau und zeugt Marduk, einen Sturmgott und die oberste Gottheit in der babylonischen Mythologie. Ein weiterer Sohn erschafft die vier Winde und schickt sie aus, um Tiamat zu quälen, indem sie auf ihrer Oberfläche Wellen aufwühlen und ihr Wasser mit Schmutz durchsetzen. Die Göttin ist dadurch so erzürnt, dass sie keinen Schlaf mehr findet. Voller Wut versammelt sie ihre Ungeheuer um sich, angeführt von dem wildesten unter ihnen, einem Gott namens Kingu, an dessen Brust Tiamat die »Schicksalstafeln« befestigt.

Marduk, der sich als Einziger nicht von Tiamat einschüchtern lässt, besteigt einen Sturmwagen, der von vier schnellen, giftschnaubenden Pferden gezogen und von Winden, Hurrikanen, Blitz und Donner begleitet wird. Er nähert sich Tiamat mit einem großen Netz, das er über sie werfen will. Die erzürnte Göttin öffnet ihren Mund, um ihn zu verschlingen.

Doch Marduk ahnt dies voraus und schickt einen bösen Wind gegen sie, der ihren Körper aufbläht und sie hindert, die Kiefer zu schließen. Mit einem vergifteten Pfeil durchbohrt er ihr Herz. Als sie tot ist, geht Marduk her und »teilte sie wie einen Stockfisch in zwei Teile«. Daraus erschafft er den Himmel und die Erde. Die Schicksalstafeln fordert er für sich.

Hier handelt es sich um eine vertraute Geschichte, die Geschichte eines Gottes der »die Wasser unter dem Firmament von den Wassern über dem Firmament« trennt. Man stelle sich die Israeliten vor – ein Volk im Exil, aufgebracht, von ihren Kindern über den eigenen Gott befragt und gezwungen, Jahr für Jahr den Rezitationen von *Enuma Elisch* beizuwohnen. Die Schöpfungsgeschichte, die sich in der jüdischen Kultur herausbildete, besitzt erstaunliche Ähnlichkeit mit dem babylonischen Epos, was die Rolle des Windes betrifft, der das Chaos im Wasser ordnen soll.

Überall auf der Welt existieren Schöpfungsmythen, in denen der Wind eine Schlüsselrolle spielt. Der hinduistische Schöpfergott entsandte, ebenso wie der Gott der Quiché-Indianer in Mexiko, den ersten Wind, um während der Genesis das Wasser von der Erde zu fegen. In der japanischen Mythologie erfüllten Winde den letzten Akt der Schöpfung, indem sie die Nebel auflösten, von denen die Inseln umhüllt waren. Im indischen Rigveda wird der Wind als Atem Varunas beschrieben. (In den Meditationsübungen vieler östlicher Religionen ist das bewusste Atmen ganz besonders wichtig, denn durch den Atem geht jede einzelne Person eine Verbindung mit der gesamten Schöpfung ein.) Sowohl die alten Ägypter als auch die nordamerikanischen Eskimos und die Azteken besaßen Wörter, die gleichzeitig für Atem, Wind, Seele und einen großen Geist standen. Und natürlich entwickelten sich bei verschiedenen, weit verstreuten Volksstämmen auch Erzählungen von Jungfrauengeburten, weltweiten Überschwemmungen und Entwendung des Feuers von den Göttern. Joseph

Campbell rühmt die Vielschichtigkeit dieser Erzählungen, die seiner Schilderung nach »überall wieder in neuen Kombinationen auftreten, und dabei doch, wie die Teilchen in einem Kaleidoskop, nur gering an der Zahl und stets gleich sind«.

In seinem Buch *Heaven's Breath* beschreibt Lyall Watson die Winde als »die direkten Abkömmlinge von Mutter Erde. Sie sind aber keine gewöhnlichen Kinder, sondern eine launische und etwas randalierende Nachkommenschaft, die man kaum oder überhaupt nicht zu steuern vermag«. Watson betrachtet den Wind als einen Samenspender, der die weibliche Erdgottheit befähigt, andere Lebewesen zu schaffen. Er verweist darauf, dass frühere Völker dem Wind die Fähigkeit zur Befruchtung zuschrieben.

Geier galten in Ägypten durchweg als weiblich und wurden vom Wind befruchtet. Homer schrieb von Stuten, die ihr Hinterteil dem Nordwind entgegenstreckten und von ihm Fohlen empfingen, die so leichten Fußes über Felder mit aufrecht stehenden Ähren galoppierten, dass nicht ein einziger Halm entwurzelt wurde. Der große Iroquois-Krieger Hiawatha erwachte im Bauch seiner Mutter nach einem Besuch des heiligen Westwinds zum Leben. Watson schließt mit einer Beschreibung des Windes als »mächtige und schöpferische Kraft, eine sehr fruchtbare Sache, doch ohne jeglichen Anstand. Die Winde sind, so könnte man es auch ausdrücken, ohne Frage männlich.«

Ich höre eine Brise durch die Kiefern über meinem Haus rauschen und denke dabei an das laute Rascheln von Taft, an das Vorbeirauschen eines gigantischen Petticoats. Warum sollte der Wind mit all seinen unterschiedlichen Charakteren nicht gleichermaßen männliche und weibliche Züge tragen? Die griechische Göttin Athene war die Göttin der frischen Luft und der lauen Westwinde. Eine Brise, die durch eine Höhle am Meer heult, kann durchaus wie eine Sirene klingen, eine jener singenden Meerjungfrauen, die griechische und römische Seeleute in den Tod lockten. Ohne Frage männlich? Bei diesen Worten Watsons muss ich heftig den Kopf schütteln. Kein Mensch kann ein so wankelmütiges Wesen auf ein bestimmtes Geschlecht festlegen, wie auch weder Mann noch Frau Gott ein Geschlecht zuordnen können.

WENN DIE alten Völker zu erklären versuchten, warum der Wind weht, berücksichtigten sie dabei die sehr verschiedenartigen Charaktere der Brisen und fühlten sich in besonderem Maße jenen religiösen Überzeugungen verbunden, in denen vielerlei Naturphänomenen, vor allem den Berggipfeln, göttliche Macht zugeschrieben wurde.

Die Stämme Zentralasiens glaubten, der Wind komme aus einer Öffnung in einem Berg, konnten aber die exakte Lage dieser Öffnung nicht bestimmen. Im 13. Jahrhundert fand ein katholischer Mönch bei der Erforschung des Dsungarischen Beckens im Nordwesten Chinas »einen Berg, in dem sich der Sage nach ein Loch befindet, aus dem im Winter so heftige Stürme hervortreten, dass Reisende nur selten und unter großer Gefahr diesen Weg passieren können«. Nachfolgende Forscher entdeckten einen erloschenen Vulkan, der sich aus dem Alakol-See erhob, und in unmittelbarer Nähe davon einen Pass im Alatau-Gebirge, die so genannte Dsungarische Pforte. Dieser Pass verengt sich innerhalb kürzester Distanz von 40 auf nur zehn Kilometer Breite und bündelt die vom See her wehenden Winde. Die mongolischen und türkischen Nomaden der Region verbreiten noch immer die Botschaft, der Vulkan bringe wilde Stürme hervor und entsende sie durch einen Spalt in den Felswänden.

Das Volk der Tempasuk Dusun in den entlegenen, gebirgigen Regenwäldern Nordborneos verehrt einen Gott, der als Schmied die Seelen hämmert und umformt. Wenn die Seelen abgenutzt sind, was allen unweigerlich widerfährt, schmiedet er sie zu Winden und platziert sie in einem Loch an einem Berg. Der neuseeländische Gott Maui kann auf den Winden reiten, diese aber auch in Höhlen gefangen halten, deren Eingänge er mit großen Felsen abdichtet. Aber trotz seiner Macht, so schrieb der Völkerkundler Edward Tylor im Jahr 1871, kann Maui »weder den Westwind einfangen, noch seine Höhle finden, um einen Stein vor ihre Öffnung zu rollen, und so behält dieser die Oberhand«.

Geschichten mit den gleichen Grundbausteinen entwickelten sich eigenständig auch auf dem nordamerikanischen Kontinent. Die Iroquois in den Wäldern des Ostens glaubten an einen Geist namens Gäoh, der die Brisen in einem Haus der Winde tief in den Bergen verwahrte. Edward William Nelson erwähnt in seinem 1899 erschienenen Buch *The Eskimo about Bering Strait* eine Sage, in der ein kinderloses Paar eine Puppe aus einem ganz besonderen Baum schnitzt. Die Puppe erwacht zum Leben und macht sich auf den Weg zur Himmelswand, wo sie eine Reihe von Öffnungen entdeckt, die mit Darmhäuten abgedeckt sind. Sie legt jede einzelne Öffnung einige Minuten frei, gerade so lange, dass ein heftiger Wind in die Welt treten und Geschenke wie Rentiere, Bäume, Büsche, Ozeane, Regen und Schnee mitbringen kann. Dann deckt sie die Öffnungen wieder ab und beauftragt die verschiedenen Winde, »manchmal stark zu blasen, manchmal sanft und manchmal überhaupt nicht«.

In den Mythen der Abenaki, die die Nadelwälder im Norden des heutigen New England bevölkerten, macht sich ein Schelm namens Gluskap auf, einem starken Wind Einhalt zu gebieten, der ihm die Entenjagd schwer macht. Mehrere Tage lang wandert er in den Wind hinein, bis er auf einen Berggipfel gelangt, auf dem ein Adler thront. Dieser große Vogel versetzt durch seinen Flügelschlag die Luft über der ganzen Welt in Bewegung. Als Gluskap sich dem Gipfel nähert, werden die Stürme so heftig, dass sie ihm nicht nur alle Kleider vom Leib reißen, sondern auch sein Haar. Doch es gelingt Gluskap, den Adler zu überlisten, ihn mit einem Schiffstau zu fesseln und in eine Felsspalte zu werfen. »Nun«, sagt er, »ist es Zeit, ein paar Enten zu jagen.« Doch die Welt, in die er zurückkehrt, ist heiß und unwirtlich, und in der Bucht, in der er jagen will, steht alles still. Ernüchtert kehrt Gluskap zur Felsspalte zurück, sucht den Adler und befreit ihn.

Die meisten Eingeborenenvölker Nordamerikas stellten sich den Wind als vier unterschiedliche Existenzen vor, ein Glaube, den sie mit den alten Griechen teilten. Der griechische Gott Äolus erhält von Zeus die Gewalt über die Winde. Dieser hatte sie ursprünglich in einem Felsen im Tyrrhenischen Meer in Verwahrung gehalten, fand sie aber zu ungestüm, um sie ohne Mühe unter Kontrolle zu halten. Äolus schließt seine Schützlinge – den sanften Westwind Zephyros, den kalten Nordwind Boreas, den regenbringenden Südwind Notos und die übel gelaunte östliche Brise Eurus – in einer Höhle ein, bis Odysseus ihn besucht. Äolus lässt sich überreden, Zephyros freizulassen, damit dieser Odysseus sicher nach Hause trage, und gibt dem Abenteurer in einem Sack aus Ziegenhaut noch drei stürmischere Winde mit auf den Weg. Der Sack ist so fest verschlossen, dass nicht der geringste Lufthauch daraus entweichen kann. Aber unglücklicherweise wird Odysseus vom Schlaf übermannt, als Ithaka bereits in Sichtweite ist, und seine habgierigen Begleiter öffnen den Sack, weil sie Gold darin vermuten. Der daraufhin einsetzende Sturm wirft das Schiff einige Tage lang unerbittlich über das Meer, treibt es zurück zu Äolus (der sich weigert, den so geplagten Seeleuten zu helfen) und schließlich in das Land der Lästrygonen, einem Stamm kannibalischer Riesen.

Gierig verschlinge ich diese Mythen, fühle mich wie von einem roten Faden von einer Quelle zur nächsten gezogen. Ich befinde mich tief in Campbells Kaleidoskop. Ich weiß, dass Wind nichts weiter ist als eine Mischung von Gasen, die durch Sogwirkungen um Klumpen und Löcher in der Atmosphäre bewegt werden, und doch fühle ich mich als Teil einer Überlieferung, die älter als unsere Geschichtsschreibung ist. Und auch unter meinen Zeitgenossen finde ich gute Gesellschaft. Ich habe zwei Freunde, Barbara und David, sie Atheistin, er Agnostiker, deren Passion für das Windsurfen beinahe religiöse Hingabe annimmt. Sie unterhalten sich scherzhaft darüber, dem Wind Opfergaben darzubringen, damit er auch stark genug wehe, nicht nur 15 oder 30 Stundenkilometer, nein, 50 oder 65. »Wenn ich auf dem Meer bin und alles läuft wie geschmiert«, sagt David, »und ich bin hart am Wind, das Brett nur wenige Zentimeter im Wasser, schreie ich laut ›Yaaaa!‹. Ich fühle mich als Teil von etwas, das viel größer ist als ich selbst oder alles, was ich kenne. Und dann überhole ich jemanden, und der schreit ebenfalls laut«. Ist das eine Form des Betens? Dave lacht und zuckt die Achseln. »Ich würde es nicht so nennen, aber es ist sicher die Art von Gebet, die für mich noch am ehesten in Frage käme.«

Ich lese und lese. Der chinesische Gott des Windes, so erfahre ich, ist ein alter Mann namens Feng Po, der stolz einen langen weißen Bart und eine blau-rote Mütze trägt und in einem über die Schulter geworfenen Sack die Winde mit sich führt. Wenn er will, dass ein Wind aus einer bestimmten Himmelsrichtung bläst, hält er die Öffnung des Sackes dorthin. Diese Gottheit tritt angeblich auch in der Gestalt eines Draches (eines Drachens!) mit Namen Fei Lien auf. Ich mag dieses Bild von Gott als mächtiges, launisches Tier, das gewaltige Luftströme vom äußersten Ende einer Welt entsendet, die in meiner Vorstellung als einziger Ozean existiert.

In vielen Eingeborenenkulturen symbolisiert der Wind die ruhelosen Seelen der Toten, und bei den Stürmen handelt es sich um die unversöhnlich und unglücklich Verstorbenen.

Bei den See-Dajak auf Borneo übernimmt der Windgeist die Rolle des Boten in die Unterwelt, wenn ein Mensch stirbt.

Seine Reise beginnt mit der Durchquerung einer endlosen Ebene und dem Besteigen eines Baumes, um von dort aus den richtigen Weg zu suchen. Er muss seinen Weg mit großer Sorgfalt wählen, denn es gibt 77 mal sieben verschiedene Wege in das Reich der Toten. Sobald er den besten Weg gefunden hat, fegt der Windgeist in Form eines Hurrikans auf diesem Weg entlang. Wenn er sich nähert, erzittern die Toten vor Angst. »Jemand ist gestorben«, sagt der Windgeist, »und ihr müsst euch beeilen, seine Seele zu holen.« Die Toten machen sich voller Freude auf den Weg und rudern in einem Boot zum Haus dieses Menschen. Sie ergreifen seine Seele, die einmal laut aufschreit und dann in Frieden mit den Geistern geht.

TIEF IM INNEREN der von roten Felsen überzogenen, windzerklüfteten Landschaft des amerikanischen Südwestens lebt ein Volk, dessen Religion vielleicht stärker als alle anderen der Erde vom Wind geprägt ist. Die Diné oder Navajo glauben, die Menschen werden von *Nilch'i,* dem heiligen Wind, zum Leben erweckt, der Ringe an den Kuppen unserer Finger und Zehen hinterlässt, uns weise Worte ins Ohr flüstert und die Zahl der Tage bestimmt, die wir auf Erden verbringen.

Für sein 1981 erschienenes Buch *Holy Wind in Navajo Philosophy* unterhielt sich James Kale McNeley mit zehn Angehörigen des Diné-Stammes über die verschiedenen Kräfte, die dem Wind zugeschrieben werden. Acht dieser Männer waren Sänger aus dem Kreis der Ältesten und zuständig für die Ausübung der Zeremonien und Heilsgesänge, die den Kern der Navajo-Religion ausmachen, darunter ein Ritus namens *Windway*, mit dem Krankheiten geheilt werden, für die Winde, Schlangen, Kakteen, Wolken, die Sonne oder der Mond verantwortlich sind. Da die Sänger mit der Bewahrung der Stammestraditionen betraut sind, besitzen ihre Worte ganz besonderes Gewicht.

Entgegen dem westlichen Verständnis von Wind ist er bei den Diné eine spirituelle Kraft, eines der heiligen Wesen. Die Schöpfungsmythen der Diné beginnen in einer Unterwelt mit dem »nebelverhangenen Aufsteigen« unterschiedlich gefärbter Lichter – im Osten ein Licht so weiß wie der Anbruch des Tages, im Süden so blau wie der Mittagshimmel, im Westen gelb wie das Glühen der Dämmerung und ein tiefschwarzes Leuchten im Norden. Dann kam der *Wind.* »Der Wind hat seit dieser Zeit den Menschen und Kreaturen Stärke verliehen«, erzählte 1933 ein Navajo Pater Berard Haile, »denn am Anfang waren sie eingefallen und schlaff, bis er sie aufblies, und der *Wind* war die erste Nahrung der Schöpfung.«

Der *Wind* war nicht nur der Ursprung allen Lebens und Atems, er brachte den Menschen auch (wie in der biblischen Genesis) die Macht des Denkens. Zunächst zogen alle Stämme ziellos durch die Unterwelt, unfähig, Pläne zu schmieden, doch dann trafen sie den *Wind* in der Gestalt eines Menschen. »Ich werde mich um euch kümmern«, sagte der *Wind* zum Ersten Mann, zur Ersten Frau, zum Sprechenden Gott und zum Rufenden Gott. »Ich weiß, was in dieser Erde ist und was auf ihr ist. Ich bin der *Wind*!« Die Menschen konnten nicht sprechen, doch der *Wind* unterrichtete sie darin. Er setzte sich in die Windungen ihrer Ohren, und war auf diese Weise immer als ihre Gewissen und ihr Führer bei ihnen. Und die Stämme sahen, dass die Vorhersagen des Windes immer eintrafen.

Eines Tages stiegen einige Heilige Leute durch zwölf Schilfgürtel hinauf zur Erdoberfläche. Der *Wind* begleitete sie in Form der vier kardinalen Winde, zwei von ihnen waren männlich und zwei weiblich. Sie wurden zum Atem der heiligen Berge, die den Horizont des Navajo-Kosmos begrenzen. Der heiligste unter ihnen, ein weiblicher Wind, ließ sich im Osten nieder. Zur gleichen Zeit wurden zwei Winde aus der Erde geboren, zwei aus dem Wasser und zwei aus den Wolken. Sie alle trafen zusammen und vermischten sich und »es bildeten sich sechs Winde oben und sechs unten«, schreibt McNeley. »Wir leben unter ihnen… sie alle wirken auf uns, und manche bringen uns Probleme und Krankheiten… Es gibt nur einen *Wind,* [doch] dieser hat zwölf Namen.«

Nach dem Aufstieg der Heiligen Leute aus der Unterwelt wurden aus vorhandenen Zutaten wie Erde, Blitz und Wasser – einer anderen Version nach aus Getreide vermischt mit Edelsteinen wie Türkis und Perlmutt – Oberflächenmenschen geformt. Diese Elemente verliehen den Oberflächenmenschen ihre äußere Form, doch eine heilige Brise, bekannt als *Kleiner Wind* oder Kind des Windes, hauchte ihnen Atem ein und half ihnen, aufrecht zu stehen. Die Haltung eines Menschen, sein Gleichgewichtsgefühl und die Fähigkeit zu sprechen sind Geschenke der Winde, die in ihm wohnen. »Wir können nur durch den *Wind* sprechen. Er sitzt auf unserer Zungenspitze«, erzählte einer der Sänger McNeley. Auch aus den weichen Stellen an unserer Schädeldecke und den geschwungenen Linien an unseren Fingern und Zehen »treten Winde hervor«. »Die Ringe an unseren Zehenspitzen verbinden uns mit der Erde. Jene an unseren Fingerspitzen verbinden uns mit dem Himmel. Ihnen verdanken wir, dass wir nicht fallen, wenn wir uns bewegen.«

Wird ein Kind gezeugt, sind dazu ein Wind der Mutter und ein Wind des Vaters nötig. Diese beiden liegen übereinander – wie es der Überlieferung nach auch bei den Winden zu Beginn der Schöpfung der Fall war – und vereinen sich zum eigenen Wind des Kindes. Vier Monate nach der Zeugung veranlasst dieser »Wind, der in uns steht« das Kind zu seinen ersten Bewegungen. Bei der Geburt empfängt das Kind mit seinem ersten Atemzug einen weiteren Wind, der heiligen Ursprungs ist und sein Leben lenken wird. Die ersten Missionare, die zu den Navajos kamen, hielten den inneren Wind für so etwas wie die Seele, doch in Wirklichkeit ist dieser Glaube weitaus komplexer und kann nicht so einfach in die Gedankenwelt der westlichen Kultur übertragen werden. Der innere Wind zehrt permanent von anderen Winden und verbindet den Menschen mit der gesamten wirbelnden, heiligen Atmosphäre. »Es scheint, dass sich jener in unserem Inneren vom Mund aus nach unten richtet«, sagte ein Sänger. »Wir atmen durch ihn, wir leben durch ihn. Er bewegt alle Teile, sogar unser Herz.«

UNTER DEN ganzen Glaubensvorstellungen der Navajo ist jene am faszinierendsten, dass die Winde, die in eine Person eindringen, auch für deren Verhalten verantwortlich sind. Der Charakter des Einzelnen hängt nicht von seiner Erziehung ab oder von Fehlfunktionen in seinem neurologischen Schaltplan, sondern davon, welche Winde er sich als Führer durch das Leben aussucht. Damit ist jeder Mensch auf noch engere Weise mit der Welt der Natur verbunden, denn sein Glaube und sein Handeln – ja sein ganzes Denken – sind nicht sein Eigentum, sondern das der heiligen Luft.

Viele Navajo glauben, der Wind diene als Bote zu den vier heiligen Bergen sowie zur Sonne und zum Mond. Wenn ein Mensch Schlechtes denkt oder im Bösen handelt, trägt der Wind die Nachricht davon zu den Heiligen Leuten. Er tritt dabei in Gestalt der Kleinen Winde auf, jenes Gewissens, das auch im Ohr jedes Einzelnen haust und ihm weisen Rat einflüstert. Bei einigen *Windway*-Zeremonien werden die Kardinalwinde in den Sand gezeichnet. Sie werden dabei als große, geometrisch angelegte Menschen dargestellt, denen die Kleinen Winde Worte ins Ohr flüstern.

Die Heiligen Leute schicken jedem einzelnen Menschen ganz besondere Kleine Winde, die sich von jenem Wind unterscheiden, der den Menschen von Geburt bis zum Tod durchs Leben geleitet. (Aber alle Winde werden als kleine Strömungen in der heiligen Atmosphäre betrachtet.) Die Kleinen Winde leiten den Menschen zu rechtschaffenem Sprechen und Handeln an und schützen ihn vor Gefahren und schädlichen äußeren Einflüssen. Hört ein Mensch auf seine Winde, schlägt er einen guten Weg ein und macht keine Fehler. Ignoriert er sie jedoch permanent, werden sie ihn verlassen. Doch ohne die Unterstützung der Kleinen Winde wird auch der Wind im Inneren eines Menschen immer schwächer und muss den bösen Winden weichen. »Ganz in der Nähe scheint ein böser Wind zu warten«, sagte einer der Sänger. »Und hier scheint der eine, durch den er wirklich lebte, seine Arbeit einzustellen. Dann fährt der böse Wind hier hinein [zwischen die Augen]. Nun passieren schlimme Dinge.« Der Mensch wird in seinem Denken beeinträchtigt – so plant er zum Beispiel nicht mehr voraus, oder er lässt sich von Eifersucht überwältigen –, und er handelt töricht, rücksichtslos, ja sogar heimtückisch.

Eine Person, die wirklich Böses im Schilde führt, ruft vielleicht auch noch Zauberkräfte herbei, um die Herrschaft über den Wind eines anderen zu erlangen. Oder sie will die Winde verleiten, gefährliche Tiere zum Angriff eines Feindes zu beordern. Ist der innere Wind des Feindes stärker, wird sie in ihren böswilligen Bestrebungen keinen Erfolg haben. Ändert sie ihr Verhalten nicht, wird der Wind in ihr noch schwächer. Ihre körperliche Stärke wird schwinden, und sie wird krank werden. Schließlich wird sie sterben. Die Navajo haben Angst vor den Geistern der jung Verstorbenen, denn ein früher Tod ist der Beweis für einen schlechten inneren Wind. Diese Winde werden vielleicht zu wilden Staubteufeln, die über die Wüste fegen und der Sonne entgegenwirbeln, also genau das Gegenstück zu den guten Winden bilden, die sich auf ihrer Reise durch den Himmel in die gleiche Richtung wie Sonne und Mond wenden.

Jung zu sterben heißt in der Kultur der Navajo, als Verdammter zu sterben. Doch alt zu werden ist ein Zeichen dafür, dass man dem Rat der Kleinen Winde gefolgt ist und somit auch dem Rat der Heiligen Leute. Der Wind im Inneren des Menschen stirbt, wie es sein soll, in Frieden und im Einklang mit Körper und Geist.

IN ANBETRACHT der großen Vielfalt an Mythen über den Wind und seine rätselhaften Eigenschaften würde man nun vielleicht erwarten, die ersten wissenschaftlichen Theorien über sein Entstehen seien eine Mischung aus religiösen Anschauungen und objektiver Beobachtung. Doch die ersten Ansätze einer Forschung nach dem Prinzip von Ursache und Wirkung markierten den Beginn einer neuen Religion und das unvermeidliche Dahinscheiden jener Götter, die bis dahin im Himmel das Sagen hatten. Die ersten wissenschaftlichen Erklärungsversuche über den Ursprung des Windes waren zwar nur roh geformt, kamen aber der Wahrheit schon ziemlich nahe.

Im sechsten Jahrhundert vor Christus schrieb Anaximander, ein griechischer Philosoph aus der Schule von Milet, Erde und Himmel und alles, was zwischen ihnen liegt, seien entstanden, als Verdunstung und göttliche Feuer einen großen Ursee trockenlegten. Sämtliche atmosphärischen Phänomene, so fuhr er fort, seien das Produkt gegensätzlicher Kräfte – Hitze und Kälte, Trockenheit und Feuchtigkeit, Licht und Dunkel –, die auf Feuer, Wasser und Luft einwirken. Und der Wind sei eine »Strömung«, die in Bewegung gerät, wenn Nebel oder Dämpfe von der Sonne »zum Schmelzen gebracht würden«.

Hundert Jahre später veranschaulichte Empedokles mithilfe eines Himmelsgewölbes, dass bewegte Luft Kraft auf Wasser ausüben kann. Nach seiner Theorie waren Wind und bewegte Luft ein und dasselbe. Der mazedonische Astronom Andronikus baute im ersten oder zweiten Jahrhundert vor Christus am Rande des Marktplatzes in Athen eine Wasseruhr, die sich in einem achteckigen Bauwerk befand. Jede Seite dieses Turms der Winde war mit einem Fries verziert, auf dem der jeweilige Wind personifiziert dargestellt war: der in warme Kleider gehüllte Boreas oder Nordwind, der eine Muschelschale in der Hand hält, durch die er heult; der strenge, betagtere Kaikia, der Wind aus Nordwest, dessen Hände mit Hagel gefüllt sind; der lieblich anzusehende, fruchtbringende Apeliotes oder Ostwind, mit dem Fruchtbarkeit und Überfluss nach Griechenland kommen, und so weiter. Sämtliche Figuren waren mit dem Gesicht nach dem Uhrzeigersinn ausgerichtet, so wie sich in der nördlichen Hemisphäre bei normaler Wetterlage die Winde bewegen. Neueren archäologischen Forschungen zufolge könnte der Turm das Kernstück einer komplizierten Kosmologie gewesen sein, in der griechisch-römische Schöpfungsgeschichten mit meteorologischen, chemischen, physikalischen und medizinischen Theorien verschmolzen. Auch in der islamischen Welt hat sich möglicherweise eine komplexe, auf dem Wind basierende Kosmologie entwickelt. In alten Schriften ist zu lesen, dass die vier Seiten der Kaaba in Mekka danach ausgerichtet waren, was die Araber für die vier kardinalen Winde gehalten hatten.

Um 340 vor Christus erklärte Aristoteles, Wind sei aus Dampf geboren, einer »trockenen Ausdünstung« der Erde. Auf den ersten Blick klingt das, als hätte er völlig richtig erkannt, dass Winde durch das Aufsteigen warmer Luft entstehen. Aber Aristoteles benutzte die trockenen Ausdünstungen auch, um die Existenz von Kometen, Sternschnuppen, Blitz und Donner zu erklären. Darüber hinaus beharrte er darauf, Wind könne keine bewegte Luft sein. Vielmehr müsse eine unsichtbare Kraft die Luft in Bewegung versetzen, denn wie er in seiner *Meteorologie* erläutert, sei die Luft immer gleich, egal ob sie in Bewegung ist oder stillsteht. Die Sonne, so glaubt er, treibe die Winde an und kontrolliere ihre Geschwindigkeit. Erdbeben würden durch unterirdische Winde ausgelöst, die gelegentlich durch Höhlen an die Oberfläche treten, ähnlich wie die Erschütterungen im Magen eines Herren (und, der Gedanke drängt sich auf, dem gelegentlichen, ungewollten Entweichen von Gasen), deren Auslöser »in unserem Leibe die Spannkraft der abgeschnittenen Windluft« sei. Und in der Erde habe die Windluft ähnliche Wirkung: »Wie es öfter nach dem Urinlassen sich einstellt: durch den Körper läuft es dann wie ein Beben, wenn die äußere Luft nach innen geballt den Platz wechselt.«

»Leute«, so schreibt er, »die besonders klug reden wollen, erklären, alle Winde seien im Grunde nur einer, weil ja auch die bewegte Luft immer ein und dieselbe sei.« Solche Theorien hält er für unsinnig. »Das wäre geradeso, als wollte man behaupten, alle Flüsse seien nur ein Fluss. Daher hat das Volk, ohne nachzudenken, es diesmal besser getroffen als die, deren Nachdenken solches Ergebnis zeitigt.«

Auch wenn er in vielen Fällen irrte, waren Aristoteles' Theorien erstaunlich neu und kreativ und, für die damalige Zeit, ausgesprochen fundiert durchdacht. Über viele Jahrhunderte hinweg stellte sie niemand ernsthaft in Frage, nicht zuletzt auch, weil die Verbreitung des Christentums einem wissenschaftlichen Hinterfragen der Natur und ihrer Mechanismen größtenteils Einhalt gebot. Die frühen Christen wurden immer wieder ermahnt, die in der Bibel enthaltenen Darstellungen über die Erschaffung von Kräften durch die Hand Gottes nicht in Frage zu stellen. Die wenigen neuen Sichtweisen der Natur, die in jenen finsteren Tagen verbreitet wurden, hatten ihren Ursprung zumeist in göttlichen Visionen, wie im Fall der Hildegard von Bingen.

Hildegard war Benediktinerin und eine der bemerkenswertesten Frauen des Mittelalters. Wäre sie ein Mann gewesen, hätte man sie wohl auf der ganzen Welt als große Denkerin gefeiert. Von 1141 bis 1179 diktierte sie Mönchen zahlreiche Schriften, diese übersetzten sie dann vom Deutschen ins Lateinische. Viele ihrer Schriften enthalten genaue Beschreibungen ihrer Visionen und Gedanken über Gott, daneben trug sie aber auch Nachschlagewerke zusammen und verfasste Bücher zu naturwissenschaftlichen Themen und über den menschlichen Körper. Die genauen Darstellungen in Letzteren machen deutlich, wie scharf sie beobachten konnte.

In der Schilderung einer ihrer Visionen schreibt Hildegard: »Ich schaute und sieh!, der Ostwind und der Südwind setzten mit ihren Hilfswinden durch gewaltiges Stürmen das Firmament in Bewegung und ließen es sich vom Osten bis zum Westen über der Erde rings hinwälzen.« Sie glaubte, die Atmosphäre bestehe aus vier konzentrischen Schichten und jede von ihnen beherberge einen kardinalen Wind. Der Ostwind liege dabei unter dem Westwind, diesem folgten zuerst der Nordwind und schließlich, der Sonne am nächsten, die heißen Südwinde. In den Schichten befänden sich zudem die Himmelskörper: Wolken, Mond und Sterne, Blitz und Sonne wohnen in einzelnen Stockwerken, wie mehrere Familien in einem vierstöckigen Haus. Die Winde verlassen diese Behausungen, um die Jahreszeiten zu bestimmen, um Regen zu bringen oder zurückzuhalten und – wenn es sein Wunsch ist – die Befehle Gottes auszuführen.

Selbst als die Kirche das Verbot naturwissenschaftlicher Forschung allmählich lockerte, behielten Aristoteles' Ansichten über den Wind noch bis weit in das 16. Jahrhundert hinein ihre Gültigkeit. Allerdings fügten einige Denker der Frage, ob dem Wind tatsächlich das Recht der Erstgeburt zustehe, neue und reizvolle, wenn auch manchmal an den Haaren herbeigezogene Aspekte hinzu. Francis Bacon war der Meinung, Wind entstehe durch Dämpfe, die ihr Volumen um ein Hundertfaches erweitern und auf diese Weise zu Luft werden. Er schrieb, »die Orte, an denen sich große Mengen an Dämpfen sammeln, [sind] die ursprüngliche Heimat der Winde«.

Um die Mitte des 17. Jahrhunderts erfand Evangelista Torricelli, ein Schüler Galileos, das Barometer und gab damit der Welt das erste Instrument an die Hand, um meteorologische

Vorgänge zu messen. Torricelli hatte erkannt, dass Luft von Hochdruckzonen zu Tiefdruckzonen strömt, und damit den Grundstein für alles neuzeitliche Wissen über den Wind gelegt. Auf Grund seiner Erfindung schlossen sich Naturbeobachter aus ganz Europa zusammen, um Temperatur- und Luftdruckwerte zu sammeln und zu vergleichen.

Edmund Halley, der als Erster die Bahn des nach ihm benannten Kometen berechnete, legte 1686 der Royal Society in England eine bahnbrechende Schrift vor. Halley behauptete, durch den unterschiedlichen Luftdruck über dem Wasser und an Land werde die Luft aufgewühlt und in Bewegung versetzt. Die Passatwinde, auf die die Seefahrer so sehr angewiesen sind, fügte er hinzu, entstünden durch die starke Wärmeentwicklung der Sonne am Äquator.

Über Jahrzehnte hinweg fanden Halleys Theorien keine breite Anerkennung, was wohl nicht zuletzt daran lag, dass noch mindestens ein anderes Mitglied der Royal Society eine widersprüchliche Meinung vertrat. Zwei Jahre zuvor hatte ein gewisser Dr. Martin Lister eine Arbeit vorgestellt, in der er die These vertrat, Wind entstehe durch das Atmen der großen Matten aus verschlungenem, gelbem Seegras in der Sargasso-See, dem salzigen Kerngebiet des atlantischen Stromrings. Listers Argumentation nach müsse eine so dichte, an einer Stelle konzentrierte Pflanzenmasse ein immenses Volumen ausatmen. Und wie sonst sollte sich dieser gewaltige Atem äußern, wenn nicht als Wind?

ES IST eine Ironie des Schicksals, dass in genau der Epoche, in der die wissenschaftliche Erforschung des Windes große Fortschritte machte, auch viel neuer Aberglaube entstand, wie der Wind zu beschwören und zu beherrschen sei. Die berühmtesten Erzählungen handeln von Zauberern aus Lappland, Finnland und Schottland, bei denen man schon allein auf Grund ihrer geographischen Heimat die engste Verbindung zum Ursprung der nördlichen Stürme vermutete (und folglich auch das größte Wissen darüber).

Legenden über Windzauber in Lappland und Finnland gehen bis in das Jahr 1179 zurück, und die unveröffentlichte Abhandlung eines unbekannten Verfassers aus dem 13. Jahrhundert berichtet von dem Usus, Winde zu verkaufen. Seeleute, die in eine Flaute geraten waren, erwarben einen verzauberten Strang oder Lederriemen, der drei feste Knoten aufwies. Löste man den ersten Knoten, setzte ein sanfter, angenehmer Wind ein, beim Lösen des zweiten folgte eine kräftige, auffrischende Brise und beim dritten ein rasender Sturm. In Schottland banden Hexen einen angefeuchteten, verzauberten Stoffrest um ein Stück Holz, klopften damit dreimal gegen einen Stein und wiederholten dreimal hintereinander die Worte:

Ich schlage diesen Stoff auf Stein
um im Namen des Teufels den Wind zu rufen.
Er höre nicht eher auf, als ich es will.

Ein ähnlicher Gesang sollte den Wind wieder abstellen. Die schwarze Kunst der Windbeschwörung konnte nur jemand ausführen, der erst getauft worden war und sich dann wieder von Christus lossagte. Aus diesem Grunde missbilligte die Kirche das Feilbieten und Kaufen von Winden zutiefst.

Gestärkt wurde der Glaube an solchen Zauber von den überlieferten Sagen und den unvorhersehbaren Launen der Winde auf See. Im Jahr 1560 machte sich König Erich von Schweden auf, um Englands Königin Elisabeth zu freien, gab sein Vorhaben jedoch wieder auf, nachdem seine Flotte vor der Küste Norwegens von heftigen Windstößen bedrängt worden war. Für sein Pech, so berichtet die Legende, trugen einige übermütige Hexen am Strand die Verantwortung. In Shakespeares 1606 entstandenem Drama *Macbeth* machen sich die drei Hexen zum Zeichen ihrer Freundschaft gegenseitig

Winde zum Geschenk. Der große Gustav Adolf, König von Schweden, wurde im Dreißigjährigen Krieg auf seinem Vormarsch nach Deutschland angeblich von Windzauber unterstützt, den die Lappen und Finnen in seinem Heer praktizierten.

Mitte des 17. Jahrhunderts versuchten eine Reihe von Autoren, den Glauben in die Hexerei mit dem Wind zu zerstreuen. Der Engländer Thomas Ady veröffentlichte 1656 ein Buch, in dem er die Behauptung aufstellte, die Knoten knüpfenden Windhändler seien in Wahrheit »Betrüger«, die »mit irgendwelchen gewieften Astrologen…, [die] anhand der Sterne beurteilen können, wann ein solcher Wind anheben wird«, unter einer Decke steckten. Der Aberglaube blieb aber weiterhin bestehen und wurde noch weiter geschürt durch Gelehrte wie Pierre Martin de la Martinière, einen französischen Arzt, der 1653 an einer Expedition nach Lappland teilnahm. In den seichten, schwarzen Gewässern nahe dem nördlichen Polarkreis geriet sein Schiff in eine Flaute. Eine Gruppe von Männern ruderte an Land und gelangte in ein kleines Dorf, wo der örtliche Zauberer sich anbot, im Tausch gegen ein Pfund Tabak und zehn Silberkronen ein etwa 30 Zentimeter langes Stoffstück am Focksegel zu befestigen. Der Kapitän ging auf den Handel ein, löste den ersten Knoten, und schon segelte das Schiff unter »einem Wind aus Westsüdwest, dem angenehmsten der Welt«, auf und davon.

Zwei Tage später, schreibt de la Martinière weiter, als der Wind der ersten beiden Knoten verbraucht war, löste der Kapitän den dritten. Sofort begann ein ungestümer Nordwestwind zu blasen. »Es kam uns vor, als würden sämtliche Himmel auf unsere Köpfe herunterstürzen«, heißt es bei de la Martinière. Nach drei Tagen in gewaltsam tosender See wurde das Schiff gegen einen Felsen geworfen. Voller Verzweiflung begann die Mannschaft zu beten, woraufhin Wind und Wasser sich beruhigten.

Die Kunst der Windbeschwörung folgte den Siedlern nach

56

Nordamerika, wo sie in das Volksgut Neuenglands und der kanadischen Küstenprovinzen einfloss. In Maine glaubten die Seeleute, man könne Wind kaufen, indem man Geld über Bord werfe. In seinem Buch *Buying the Wind* erzählt Richard Dorson die aus dem Jahr 1890 stammende Geschichte eines Kapitäns aus Neuengland, der Gott verwünscht, als sein Schiff, bis obenhin mit verderblichem Fisch beladen, auf See in eine windstille Zone gerät. Ein frommer Schiffskoch sieht sich durch die Flüche des Kapitäns zu großer Sorge veranlasst und drängt diesen, »den Herrn anzurufen, ihm als Zeichen des guten Willens eine Versöhnungsgabe darzubringen und ihn zu bitten, einen kleinen Wind zu schicken«.

Der Kapitän zuckt mit den Achseln, erhebt den Blick zum Himmel und sagt: »Herr, wenn du wirklich so gut bist, wie dieser Kerl sagt, sende mir einen kleinen Wind.« Dann wirft er einen halben Dollar über Bord.

Kaum hat die Münze das Wasser berührt, setzt ein Hurrikan ein und treibt das Schiff mit 130 Stundenkilometern auf die Küste zu. Der Kapitän überlebt, ist allerdings fast zwei Meter tief unter Fischen und ertrunkenen Seeleuten begraben. Als er sich endlich befreit hat, begrüßt ihn der Koch – unversehrt und voller Begeisterung – mit den Worten: »Du hast deinen Wind bekommen, Kapitän, du hast deinen Wind bekommen!«

Der Kapitän verschiebt eine Ladung Tabak in die andere Backe, sieht sich die Bescherung an – »die Körper seiner Männer, die in der Brandung liegen, die Fische in den Bäumen, die Takelage entlang der Küste verstreut« – und nickt. »Ja«, antwortet er, »aber bei Gott, wenn ich gewusst hätte, dass sein Wind so verdammt billig ist, hätte ich weniger bestellt.«

EINEN TAG, nachdem ich im Norden von Roanoke Island vom Strand aus das Spiel des Windes auf dem Wasser verfolgt habe, ist vom Sturm nur noch eine Linie getrockneten Schilfs zu erkennen, die auf der dem Sound zugewandten Strandseite aufgeschichtet ist, und eine verklumpte Schicht Kiefernzapfen in meinem Garten. Die Luft strotzt vor Frische. Normalerweise fühle ich mich nach einem Sturm rein gewaschen und mit neuem Leben erfüllt, doch heute, nach einer Nacht mit so windreichen Träumen, bin ich müde. Ich sitze auf der rückwärtigen Veranda und beobachte einen Schwarm Seidenschwänze durch die Kiefern flattern. Sie bewegen sich ohne Unterlass, kleine, keilförmige Gebilde aus Licht und Dunkel, die vom tiefsten Schatten in die volle Sonne flattern.

Ich wiege mich von einer Seite zur anderen, einen Becher Kaffee mit den Händen umfassend, und lasse in Gedanken noch einmal die Geschichten über den Wind vorbeiziehen. Zwei ganz bestimmte wollen mir einfach nicht aus dem Kopf gehen. Die erste ist eine Fabel, die ein Palästinenser auf der West Bank erzählte. Darin geht es um einen Tag des Jüngsten Gerichts, an dem Gott einen gelben Wind aus der Hölle schicken wird. Die Araber nennen ihn *Rih asfar*. Ein sengender Ostwind, der alle paar Generationen einmal kommt, um die Welt in Flammen aufgehen zu lassen. Die Menschen werden sich vor ihm in kühlen Höhlen verstecken, doch er wird unermüdlich nach ihnen suchen, vor allem nach jenen, die grausam zu anderen waren. Er wird mit seinen heißen Zungen durch Risse und Spalten lecken und die Ungerechten in ihren Zufluchtstätten versengen. Danach werden die Berge zu einem Pulver zerfallen, welches das Land, so beschreiben es die Palästinenser, wie mit gelber Baumwolle überziehen wird.

Die zweite ist eine freundlichere Geschichte und stammt von den Indianern Mexikos und Mittelamerikas. Sie berichtet von einer Zeit unmittelbar nach der Erschaffung der Welt, in der die Menschen genügend zu essen, aber keinen echten Grund zu leben hatten. Liebe existierte nur in Form einer schönen Jungfrau namens Mayahuel, die von einer hochbetagten Gottheit bewacht wird. Eines Tages findet Ehecatl, der

Gott des Windes, Mayahuel und ihren Beschützer schlafend vor. Mit seinen Winden ruft er das Mädchen wach und überredet sie, ihn auf die Erde zu begleiten.

Ich stelle mir vor, die Liebe kam in einer Welle bewegter Luft auf die Erde, liebkoste ganz viele Menschen, sickerte ungefragt in all unsere Poren. Liebe gehört wohl zu den wenigen Erscheinungen, die genauso allgegenwärtig sind wie der Wind. Ich denke an eine Jungfrau, die vor zweitausend Jahren in Galiläa lebte, und wüsste zu gerne, ob sie auch so gerne wie ich auf ungeschützten Hügeln in stürmischen Winden betete. Ist sie in einer winderfüllten Nacht vielleicht hinaus in die Wildnis gegangen, auf der Suche nach etwas Heiligem, in der Hoffnung, einen Blick auf das Antlitz Gottes zu werfen? Hat sie vielleicht ganz allein da draußen, unter heulenden Sturmböen, ein Kind empfangen, das die Botschaft der Liebe in die ganze Welt tragen sollte?

3.

Den Lauf der Geschichte lenken

ES IST KURZ vor Tagesanbruch, und wir sitzen auf einer der Inseln des Barrierensystems südlich von Cape Hatteras fest. Genauer gesagt, ich glaube, wir sitzen fest. Das Licht ist noch zu schwach, als dass ich das genaue Ausmaß unserer Lage beurteilen könnte. Vor zwei Tagen kam unsere Familie gemeinsam mit einer Gruppe von Freunden auf Portsmouth Island an, heute Morgen wollten wir eine Fähre zurück nehmen. Doch kurz nach Mitternacht fiel ein Nordostwind, einer jener brutalen, aus dem Nichts auftauchenden Frühlingsstürme, wie aus einem Hinterhalt auf den Strand ein. Wenn er bis zum Sonnenaufgang noch schlimmer wird, können wir nicht weg.

Mein Mann und mein Sohn schlafen, obwohl die Brandung nun 50 Meter von unseren Betten entfernt an den Strand donnert und zwei Nordfenster in ihren dilettantisch gezimmerten, halb vermoderten Rahmen rattern. Die »rustikale Hütte« die wir gemietet haben, ist kaum mehr als eine Anglerunterkunft, die vor 30 Jahren aus Teerpappe und wahllos aufgesammeltem Holz zusammengeflickt worden war. Bei dem leichten Südwestwind von gestern war sie ganz gemütlich, aber dass sie einem stärkeren Sturm standhalten würde, kann ich mir kaum vorstellen.

Ich ziehe einen Pullover über und öffne die Eingangstür gerade so weit, dass ich schnell hinausschlüpfen kann. Die Kraft des Windes lässt mich den Atem anhalten. Im Eilschritt laufe ich die Treppen hinunter, um die windgeschützte Seite der Hütte herum und durch ein kleines unbebautes Grundstück hinüber zur Nachbarhütte. Dort brennt Licht. Meine Freundinnen Marcia und Nancy sind schon wach und machen gerade Kaffee.

Marcia öffnet mit großen Augen die Tür. »Wie schlimm ist es da draußen?«

»Ich würde sagen um die 45.« Wir sind es gewohnt, Windgeschwindigkeiten mit der gleichen Schnelligkeit wiederzugeben wie etwa die Namen von Kindern. Eine konkrete Zahl, ein bestimmter Charakter und eine Reihe von Problemen. Als wolle er antworten, fängt sich der Wind heulend im Abzug eines alten Holzofens.

Marcia schließt die Tür hinter sich, lehnt sich dagegen und seufzt. Ihr Sohn Patrick, der oben in einer Koje untergebracht ist, grunzt und zieht sich ein Kissen über den Kopf. »Du«, sage ich zu ihm, »du kannst morgen vielleicht nicht in die Schule. Vielleicht kannst du eine ganze Woche nicht in die Schule.«

Nancy lacht. »Lass uns kein Drama daraus machen.« Ich strecke ihr die Zunge entgegen. Ich fühle mich gut, auch wenn wir kaum noch das Essen für einen weiteren Tag haben.

»Ich wüsste gerne, wie oft Leute hier draußen von der Außenwelt abgeschnitten sind«, sagt Marcia. »Bestimmt nicht mehr so oft wie früher.« Vermutlich nicht. Aber ich bin aufgeregt. Ich möchte vom Wind festgehalten werden, solange nicht zu viele Unannehmlichkeiten und zu große Gefahren damit verbunden sind. Und nachdem sich die Sonne über den Horizont geschoben hat, sieht es auch eine Stunde lang so aus, als würde mein Wunsch in Erfüllung gehen. Das Meer hat sich in Richtung Küste geneigt und schleudert eine schäumende Welle nach der anderen auf den Strand. Doch die Marina, wo wir unsere Autos geparkt haben, befindet sich südwestlich von uns auf dem Festland, das heißt, wenn das als Fähre eingesetzte 45-Meter-Boot ausläuft, hat es die Dünung des Core Sound im Heck. Um halb elf Uhr lässt der Wind etwas nach, also laden wir unsere Ausrüstung auf dem Deck der Fähre ab und treten die nasse Überfahrt nach Hause an.

Aber was wäre geschehen, wenn der Wind nicht nachgelassen hätte? Wenn er tagelang ohne Unterlass wie eine Todesfee, wie ein Unglücksbote geheult hätte? Wenn sich der Ozean über die Dünen ergossen und die Inseln unter Wasser gesetzt hätte, wie es schon passiert ist?

In unseren modernen Häusern, den nach allen Regeln der Ingenieurskunst gebauten Bürogebäuden, den weit ausladenden, hochseetüchtigen Schiffen fühlen wir uns vor den täglich wechselnden Launen des Windes in Sicherheit. Abgesehen von den Extremfällen, den seltenen Hurrikanen oder Tornados, dem Jahrhundertsturm, wiegen wir uns in dem Glauben, Wind habe genauso wenig mit unserer persönlichen und unserer Kulturgeschichte zu tun wie etwa die Zahl der Sternschnuppen, die unseren Himmelsabschnitt kreuzen. Aber es wäre nach wie vor ein großer Fehler, sich diesem Glauben hinzugeben.

Das Klima auf der Erde wird zu einem großen Teil vom Verhalten der vorherrschenden Winde geprägt, vor allem den Westwinden, die in auf- und absteigenden Wellen über die gemäßigten Breiten wehen und dabei einen Großteil der Atmosphäre in Bewegung versetzen. Wissenschaftler nehmen an, dass die Wanderungen dieser großen Luftmassen eine Schlüsselrolle in den Klimaveränderungen der Vergangenheit gespielt haben. Im Bereich der Westwinde der oberen Troposphäre (der am dichtesten abschließenden Schicht innerhalb der Erdatmosphäre) bildet sich von Zeit zu Zeit eine lang gezogene Schleife und führt diese näher an den Äquator heran, als es normalerweise der Fall ist. Dann breiten sich Gletscher wieder weiter nach Süden aus, der Sommer wird zur flüchtigen Jahreszeit und die Ozeane sind zu stürmisch, um sie zu befahren. Gleichzeitig kann es einige tausend Kilometer östlich von dieser Schleife, wo die für die Stürme verantwortlichen Westwinde nach Norden zurückdrehen, so heiß und trocken sein, dass die Ernten in Gefahr sind.

Dabei spielen natürlich noch andere Faktoren eine Rolle. Die globalen Wettersysteme sind unglaublich komplex, und Klimaverschiebungen hängen von einem Dutzend verschiedener Komponenten ab, wie dem Verlauf von Meeresströmungen, den Oberflächentemperaturen und Druckverhältnissen in den Ozeanen, Schwankungen in der Erdumlaufbahn, Vulkaneruptionen und den Ausmaßen von Eis- und Schneedecken. Aber die Bewegung der Luft ist nicht nur ein Phänomen, das unsere Phantasie anregt und unsere Haut reizt. Über die gesamte Erde hinweg besitzt sie maßgeblichen Einfluss auf die Entfaltung von Leben.

EINEN ÜBERBLICK über die globalen Winde verschafft man sich am einfachsten, indem man vom Äquator ausgeht, wo die durch intensive Sonneneinstrahlung erwärmte Luft ansteigt und sich zu den Polen hin bewegt. Bodenwinde, die von dem Vakuum angesogen werden, das durch die aufsteigende Luft entstanden ist, bewegen sich sowohl von Norden als auch von Süden in Richtung Äquator, werden aber durch die Kraft der Erddrehung nach Westen gelenkt, ein Phänomen, das als Corioliskraft bekannt ist. Diese so genannten Ostwinde (weil sie aus östlicher Richtung her strömen) sind die Passatwinde, die beständigsten und zuverlässigsten Brisen auf der ganzen Erde. Auch sie werden erwärmt, steigen nach oben und driften zu den Polen. All dies geschieht in der Troposphäre, der Heimat unseres Wetters.

Ab etwa 30 Grad nördlicher oder südlicher Breite – dort, wo die Subtropen enden, auf der Höhe von New Orleans und dem Nordrand Afrikas – beginnt die aufgestiegene Luft wieder zu sinken. Ein Teil dieser Luft wandert zum Äquator zurück und tritt wieder von vorne in den Kreislauf ein, ein anderer Teil bewegt sich in die mittleren Breiten. Dieser wird unterwegs durch die Corioliskraft leicht im Uhrzeigersinn in die nördliche Halbkugel umgelenkt oder ebenso leicht gegen den Uhrzeigersinn in die südliche Halbkugel. Aus der Luft, die vom Äquator wegströmt, entwickeln sich die bodennahen Westwinde der mittleren Breiten. Treffen diese auf kühle Luft, die von den Polen zum Äquator strömt, vermischen sie sich mit ihr, wirbeln durcheinander und bilden jene durchziehenden Fronten, die das unbeständige Wetter der gemäßigten Zonen ausmachen. In der oberen Troposphäre erzeugen die aufeinander treffenden Luftmassen atmosphärische Wellen, die von Westen her um die Erdkugel strömen.

Um die Pole wehen leichtere, variablere Bodenwinde, die tendenziell von Osten kommen. (Damit will ich aber keineswegs behaupten, für die Polargebiete seien leichte Brisen typisch. Windströmungen in der Antarktis bewirken, dass Luftmassen an Berghängen abrupt abstürzen und dabei Spitzengeschwindigkeiten erreichen.) In den äußersten Regionen der Erde türmt sich kalte Luft auf und führt damit zur Entstehung starker Hochdruckzonen. Schließlich strömt diese kalte Luft von den Polen weg. Wenn sie den 60. Breitengrad erreicht (der Breitengrad, der durch die Südspitze von Alaska und Grönland läuft), erwärmt sie sich etwas und steigt hoch, dabei schafft sie relativ stabile Tiefdrucksysteme. Gleichzeitig entsteht in den Rossbreiten (zu denen auch die trockenen Regionen im Südwesten Amerikas und des Mittleren Ostens zählen) ein Hochdruckgebiet, in dem kühle Luft über dem Festland nach unten sinkt. Die Hoch- und Tiefdruckgebiete – sowohl die stagnierenden Zellen als auch die durchziehenden Systeme, die uns abwechselnd sonnige und stürmische Perioden bescheren – haben großen Einfluss auf die atmosphärische Zirkulation, denn sie wirken wie Gipfel und Täler. Luftpartikel, die den Weg des geringsten Widerstands suchen, gleiten um die Ränder der Hochdruckzonen und sinken in die wie Saugrohre wirkenden Tiefdruckzonen ab. Die Drucksysteme beeinflussen schließlich auch die Richtung des Windes: Auf der nördlichen Halbkugel wird die Luft um Hochdruckzellen herum im Uhrzeigersinn geleitet und in Tiefdruckrinnen gegen den Uhrzeigersinn, auf der südlichen Halbkugel gilt genau das Gegenteil. Vor allem in den gemäßigten Zonen schlängelt sich die Luft von einem Drucksystem zum nächsten, bis sie wieder zum Äquator driftet, um das Spiel von neuem zu beginnen.

Das ist eine vereinfachte Darstellung der Bodenwinde. Ihre genauen Bewegungsmuster hängen von einer ganzen Reihe Faktoren ab, zum Beispiel von der Jahreszeit und davon, ob die Luft über das Festland oder den offenen Ozean zieht. Über dem Wasser kann die Luft kontinuierlicher strömen, teils weil eine flüssige Oberfläche in der Regel flacher ist als ein mit Bäumen, Gebäuden, Hügeln und Bergen überzogenes Terrain, teils weil Wasser sich gleichmäßiger abkühlt oder erwärmt als das Festland. Selbst die so verlässlichen Passatwinde weichen über den Kontinenten von ihrem typischen Verhalten ab. Die Bewegung der Luft über der Erdoberfläche wird auch sehr stark von den Jetstreams beeinflusst, jenen mächtigen westlichen Luftströmen in der oberen Troposphäre, die die Stürme lenken, sowie von den sanft dahingleitenden stratosphärischen Winden, die den Hurrikanen die Spitze kappen können, ehe diese ihre volle Kraft erreichen, und die möglicherweise größeren Auswirkungen auf klimatische Ausschläge besitzen, als die Wissenschaft bis heute zu beurteilen vermag.

IN PRÄHISTORISCHER ZEIT, als die Erde ein eben entstandener Schmelzofen ohne jegliches Leben war, wurde sie von einer Suppe aus Wasserstoff, Methan und Ammoniak umspült. Da extreme Temperaturen herrschten, waren wohl heftige Winde und gewaltige Unwetter die Regel. Doch davon abgesehen nimmt man an, dass das vorherrschende System globaler Winde den gleichen grundlegenden Zirkulationsmustern folgte wie heute. Die lokalen Winde waren natürlich ganz anderer Natur, da die Kontinente zu einer großen Landmasse verschmolzen waren. Wissenschaftler gehen aber davon aus, dass seit Entstehung der Erde die Passatwinde mit unveränderter Zuverlässigkeit wehen, die gemäßigten Breiten von den Westwinden bedrängt werden, die wechselhaftes Wetter mit sich führen, und die Gegenden um die Pole von leichten Ostwinden umschmeichelt werden. Die Untersuchung von Sedimenten, die von Winden abgelagert wurden, dienen der Wissenschaft zur genauen Lagebestimmung des nordamerikanischen Kontinents während verschiedener geologischer Epochen. Spuren von Ascheregen aus den Vulkanen in den Appalachen und einigen anderen Bergzügen im Westen lassen darauf schließen, dass ein großcr Teil des Kontinents im Paläozoikum, vor 600 bis 230 Millionen Jahren, im Passatwindgürtel lag. Im Mesozoikum, dem Zeitalter der Dinosaurier und üppig gedeihenden Pflanzen, das bis vor 65 Millionen Jahren andauerte, driftete der Kontinent nach Norden, in die Westwindzone.

Durch die ganze Erdgeschichte hindurch war und ist die Präsenz oder das Fehlen von Wind mit weit reichenden Konsequenzen verbunden, sowohl was Temperaturschwankungen angeht als auch – und das ist vielleicht der wichtigere Punkt – die Verteilung von Feuchtigkeit.

Vor 40 bis 50 Millionen Jahren brachen Südamerika und Australien vom Megakontinent Gondwana los und ließen die Antarktis isoliert am Südpol zurück, dessen gewölbte Hand noch heute nach der wegdriftenden Spitze Feuerlands greift. Bis dahin hatte Gondwana die starken Westwinde abgebremst, die zwischen dem 35. und 50. Breitengrad wehten. Doch nachdem der Kontinent zerteilt war, konnten die Winde mit ungebremster Kraft über das offene Meer jagen. (Diese

Gürtel – auch Roaring Forties genannt, der heulende Vierziger – ist unter Seeleuten wegen seiner heimtückischen Stürme und Gewässer berüchtigt.)

Die verstärkten Winde erzeugten zyklonale Stürme, die Wasser nach Norden trieben und die antarktische Konvergenz bildeten, eine Trennlinie im Meer aus eisigem Wasser, die den ganzen Kontinent umfasste. Während der Eiszeiten der letzten 1,8 Millionen Jahre ergoss sich dann Tiefen- und Oberflächenwasser aus der Antarktis in Meeresströmungen, die nach Norden flossen und bis zur Westküste Australiens, Afrikas und Südamerikas reichten. Auf Grund der kühleren Strömungen entstanden größere Temperaturgradienten, die möglicherweise zu einer Stärkung der vorherrschenden Westwinde führten und damit zu einer Ausdehnung der regenarmen Zonen am Fuße von Gebirgsketten. Die Regentätigkeit veränderte sich über ganze Kontinente hinweg drastisch. Einstmals üppige Landstriche wurden zu Wüsten. Der große amazonische Regenwald teilte sich in einige vereinzelte Eilande auf, die von Savanne umgeben waren. In das Kongobecken schoben sich stellenweise nordwärts wandernde Finger der Kalahariwüste. Während einer Reihe von Eiszeiten – ihre Zahl liegt irgendwo zwischen mindestens vier und höchstens zehn – wurden tropische Lebewesen, die bis dahin die weitläufigen Waldgebiete bevölkert haben, in immer weiter schrumpfende und zunehmend isolierte Lebensräume zurückgedrängt. Die feuchten Bedingungen, auf die diese Arten zum Überleben angewiesen waren, fanden sich nur noch in sehr tief liegenden Gebieten abseits der Regenschatten am Fuß von Bergen. Jede Isolierung dauerte tausende von Jahren an. Die Lebewesen in den Wäldern veränderten sich während jeder dieser Perioden geringfügig und begannen, sich ein klein wenig von ihren Verwandten in andern Gebieten zu unterscheiden. Diese Meinung vertreten jedenfalls eine ganze Menge Biologen. Aber die Theorie ist umstritten und kann nicht mit Sicherheit überprüft werden. Dennoch zählen die großräumigen Veränderungen der atmosphärischen Zirkulation und der Regentätigkeit wohl zu den wichtigsten Auslösern für die Entwicklung der großen Artenvielfalt in den heutigen Tropen.

Vielleicht haben diese Veränderungen auch bestimmt, ob und wann welche Kulturen große Blüte erreichten und andere untergingen. Seit den 50er-Jahren versuchen einige Klimaforscher, aus archäologischen Funden und Pollenuntersuchungen eine historische Übersicht der globalen atmosphärischen Zirkulation zusammenzusetzen. Eine Veränderung im massiven Zustrom von Luftmassen aus Westen ist eine der maßgebenden Ursachen für die klimatischen Umwälzungen und hat den Lauf der Geschichte dadurch viel einflussreicher gelenkt als irgendeine Religion oder Regierung.

Die Winde im Westwindgürtel reichen bis zu 15 000 Meter Höhe und ziehen über große Gebiete sowohl der nördlichen wie auch der südlichen Halbkugel hinweg. Zeitweise dringen sie bis in Äquatornähe vor, können sich aber genauso gut bis zum 75. Breitengrad polwärts ausdehnen. Sie enthalten die bodennahen Westwinde der gemäßigten Zonen, breiten sich aber auch, ähnlich wie der obere Teil eines Ambosses, über den polaren Ostwinden und den Passatwinden aus. Zwischen ihnen liegen die Jetstreams. Auf der nördlichen Halbkugel kann man das Ende des Westwindgürtels nachverfolgen, indem man auf den Wetterkarten die Spur des Polarfront-Jetstreams nachzieht.

Die Westwinde tragen die Hauptverantwortung für das Wetter auf der Welt. Mit schöner Regelmäßigkeit ziehen sie um den Globus und schlagen dabei in Wellen, die sich normalerweise Sommer für Sommer und Winter für Winter über den gleichen Regionen vollziehen, nach Norden und Süden aus. Von Zeit zu Zeit bilden sie jedoch eine Reihe eigenartiger, lang gezogener Schleifen, die dem Nordosten Nordamerikas Kälte und Regen im Juli oder Mitteleuropa mildes Klima im Dezember bescheren. Niemand weiß mit letzter Sicherheit, warum sich diese Schleifen bilden.

Um 6500 vor Christus, so schreibt der britische Klimaforscher Hubert Lamb, müssen die in großen Höhen über der nördlichen Halbkugel wehenden Westwinde eine Ausbuchtung erfahren haben, was dazu führte, dass sie sich in Nordamerika weit nach Süden erstreckten, während sich die Luftströmung in Europa wohl wieder zurück nach Norden, in Richtung des Pols, wandte. Wenn sich eine solche Rinne bildet, drängt sie die Westwinde aus ihrer gewohnten, wellenförmig verlaufenden Bahn. Westlich der Rinne strömt polare Luft zum Äquator, östlich von ihr fließt tropische Luft zum Pol. Aus Pollenuntersuchungen weiß man, dass der Großteil Nordamerikas zu dieser Zeit tatsächlich noch immer unter den Gletschern der Wisconsin-Eiszeit eingeschlossen war, während Europa bereits aufzutauen begann. Die Eisschicht über Nordamerika war fünfmal dicker als jene über Europa, entsprechend länger dauerte auch der Schmelzprozess. Aber Lamb merkt auch an, dass starke, möglicherweise durch eine vorhandene Rinne begünstigte Südwestwinde Pollen vom heutigen Süden der Vereinigten Staaten bis nach Grönland und Island trugen.

Ein anderer namhafter Klimaforscher, Reid Bryson von der University of Wisconsin in Madison, hat ein Computermodell entwickelt, mit dem sich nachweisen lässt, wie das Verhalten der atmosphärischen Zirkulation den Aufstieg und Untergang von Kulturen in allen Teilen der Erde bewirkte. Bryson reiste zu Beginn der 60er-Jahre zusammen mit einigen Studenten in die unberührten Gegenden der Nordwestterritorien, um die Frosttätigkeit an den Seen im Norden zu untersuchen. Eines Tages wurde Bryson an einem Felsen am äußersten Ende eines der Seen auf eine merkwürdige Bodenlinie aufmerksam. Es handelte sich um fossile Erde, die Hinterlassenschaft eines borealen Waldes, der einst den Landstrich überzogen hatte. »Ich war schon einige Male vorher an dem See gewesen und habe diese Erde nie bemerkt«, erzählt Bryson. »Ich denke, ich war nicht unbedingt überrascht von dem Fund – aber ich war hocherfreut.«

Bryson und seine Studenten fanden auf einem ungefähr 130 Quadratkilometer großen Areal noch mehr solcher Ablagerungen. Später bestimmte er zusammen mit einigen Mitarbeitern unter Einsatz der Radiocarbonmethode das Alter von Bodenproben aus über 400 000 Quadratkilometern Tundralandschaft und konnte auf diese Weise rekonstruieren, wie die Waldfläche innerhalb eines Zeitraums von 3000 Jahren zu- und abnahm.

Bis kurz vor 3000 vor Christus gab es bis weit im Inneren der Nordwestterritorien Nadelbäume, ihre Vegetationsgrenze lag also etwa 300 Kilometer weiter nördlich als heute, im Norden Manitobas. Ein paar hundert Jahre später gingen die Bäume im Norden plötzlich ein. In den folgenden Jahrhunderten verschob sich die Waldgrenze immer wieder etwas nach Norden oder Süden und reichte schließlich um 1100 nach Christus wieder weit nach Norden. Doch um 1200 verlagerte sie sich rasant nach Süden, als hätte sich der Einflussbereich arktischer Luft ganz plötzlich ausgedehnt.

Für die Ureinwohner der Great Plains war die Zeit um 1200 eine Epoche des Aufbruchs. Viele kleine Dörfer östlich der Rocky Mountains wurden verlassen, und um 1300 waren auch die großen Siedlungen im Südwesten bei Mesa Verde und im Chaco Canyon verschwunden. Die Menschen dort hatten sich in erster Linie von Getreide ernährt. Für Bryson stellte sich die Frage, ob die Kulturen möglicherweise durch eine längere Dürreperiode ausgelöscht wurden, die als Folge veränderter Windsysteme einsetzte. Zusammen mit dem Völkerkundler David Baerreis erforschte er den Zusammenhang zwischen Windströmungen und Siedlungsdichte in den Great

Plains im 12. und 13. Jahrhundert. Ausgehend von der borealen Waldgrenze legten die beiden eine Karte der Windsysteme an, die damals vermutlich über dem Kontinent wirksam waren. Ein Abdriften der arktischen Luft nach Süden hätte die Westwinde über den Great Plains intensiviert, den Regenschatten an den Rocky Mountains ausgedehnt und dadurch in weiten Gebieten eine Dürreperiode hervorgerufen.

Bryson und Baerreis fanden Hinweise auf eine solche Dürreperiode in fossilen Pollen und Küchenabfällen der Mill-Creek-Kultur im Norden Iowas. Aus den Überresten dreier Dörfer ließ sich ein schneller und drastischer Wandel in der Ernährungweise ableiten. In Abfallschichten, die etwa auf die Zeit um 900 nach Christus datiert wurden, fanden sich jede Menge Knochenreste von Rotwild, ebenso wie Scherben von Tongefäßen, in denen die Bewohner vermutlich Getreide aufbewahrt hatten. In der Region wuchsen Eichen, später Weiden. Doch nach länger anhaltender Dürre traten robuste Steppengräser an die Stelle der Bäume. Rotwildknochen verschwanden aus den Abfallsammelstellen, dafür stieg der Anteil an Bisonknochen. Um 1300 hatte die Menge an Tierknochen und Gefäßscherben deutlich abgenommen. Um 1400 waren die Siedlungen schließlich aufgegeben.

In seinen gemeinsam mit Thomas Murray verfassten Buch *Climates of Hunger* geht Bryson davon aus, dass die Jahrhunderte vor jener Zeit, als die Ackerbau treibenden Eingeborenen aus den Great Plains verschwanden, im Gebiet des Nordatlantik und in Europa mild gewesen sein müssen. Der Nordatlantik hätte nämlich östlich der atmosphärischen Rinne gelegen, und warme Südwinde wären weit nach Norden geströmt. Iren und Normannen siedelten während dieser Epoche in Island. Um 982 erkundete Erich der Rote die Küste einer Insel, der er den Namen Grönland gab. In England gediehen Weinstöcke – vorher war es in dieser Region zu kalt dafür gewesen, und das ist es heute auch wieder. Doch das milde Wetter hielt nicht lange an. In Grönland starben die letzten Siedlungen im 15. Jahrhundert aus. Nach dem Ersten Weltkrieg fand man bei Ausgrabungen die Körper zwergwüchsiger Menschen, die durch unzureichende Ernährung entstellt und von Krankheiten gezeichnet waren. Die atmosphärische Rinne war verschwunden, so Bryson und Murray, und im Norden war es wieder einmal kalt geworden.

DER EXTREME Temperaturrückgang im Europa des 14. Jahrhunderts setzte so plötzlich ein, dass die mittelalterliche Gesellschaft in ihren Grundfesten erschüttert wurde. Gegen Ende des 13. Jahrhunderts hatte der durch eine deutliche Abkühlung der arktischen Gewässer veränderte Temperaturgradient bewirkt, dass sich über der Nordsee und im Nordatlantik heftige Stürme entwickelten. Bei katastrophalen Überschwemmungen starben an den Küsten Dänemarks, Hollands und Deutschlands tausende von Menschen. Die Stürme verschlangen ganze Inseln und schnitten die Zuidersee in die Küstenlinie hinein. 1315 konnte in ganz Europa die Getreideernte nicht reifen. Das war der Beginn einer 175 Jahre anhaltenden Periode feuchtkalten Wetters. Auf die fehlgeschlagene Getreideernte folgte Hungersnot. Ganze Rinder- und Schafherden starben durch Epidemien, die sich in den überfluteten Landstrichen ausbreiteten. Eine giftige Pflanzenfäule schwärzte die Roggenkörner. Schon der Verzehr eines einzigen verfärbten Getreidekorns rief eine schlimme Krankheit hervor, die Mutterkornvergiftung, bei der die Gliedmaßen austrockneten und sich schwarz färbten. 1348 trat schließlich die Beulenpest auf.

Wir werden niemals genau erfahren, inwiefern Veränderungen der atmosphärischen Zirkulation für die klimatischen Umwälzungen verantwortlich sind, die so großes Leid verursachten. Die Temperaturen wurden um 1500 wieder gemäßigter, doch schon nach fünfzig Jahren hielt die nächste Kälteperiode Einzug. Aus Wetteraufzeichnungen, Steuerlisten und Kirchenchroniken aus dem 16. Jahrhundert schließen Klimaforscher, dass um 1550 die Westwinde eine (nach heutigen Verhältnissen) ungewöhnliche Schleife ausführten, die arktische Luft über Europa führte. Damit setzte die kleine Eiszeit ein, die etwa von 1550 bis 1850 andauerte. In den schlimmsten Jahren erlebten die skandinavischen Länder, die Britischen Inseln und Europa einige der kältesten Temperaturen, seit es entsprechende Aufzeichnungen gibt, während Sibirien durch den Einfluss der warmen, südlichen Winde östlich der Rinne in den Genuss ausgesprochen warmer Perioden kam.

Hubert Lamb schließt aus historischen Aufzeichnungen, dass die Oberflächentemperatur im Nordatlantik vor Grönland während der kleinen Eiszeit um neun Grad niedriger lag als heute. Dies führte zur Entstehung heftiger zyklonaler Stürme, die alles, was wir im 20. Jahrhundert an Stürmen erlebt haben, bei weitem übertrafen. Großer Schaden entstand durch verheerende Sandstürme, die sich von der Küste aus landeinwärts richteten. In Schottland und den Niederlanden wurden dabei ganze Landstriche ausgelöscht, so begrub zum Beispiel ein einziger Sturm im Jahr 1697 eine viertausend Jahre alte Siedlung auf den Hebriden. In Dänemark wurde innerhalb von nur wenigen Wochen hügeliges Weideland in eine mit Dünen durchzogene Wüstenlandschaft verwandelt.

Arktisches Kaltwasser verteilte sich im europäischen Nordmeer, was sich auf die Fischerei verheerend auswirkte. Manche Teile Europas erlebten Jahr für Jahr heftigste Schneefälle, während andere kaum davon berührt wurden. Diese Unregelmäßigkeit, schreibt Lamb, entstand durch die jährlich wechselnde Position der Kaltrinne, die sich von der Arktis aus südwärts verlagerte. Je nachdem, über welche Teile der nördlichen Halbkugel sich die Rinne ausdehnte, litten immer wieder andere Länder unter schlimmen Kälteeinbrüchen. In der Schweiz wurden die extremsten Temperaturen im Winter

1684/85 verzeichnet, ein Jahr später als in England. Ebenso wie Europa machte auch China im 17. Jahrhundert eine Reihe sehr strenger Winter durch. Die Kältewellen traten dort jedoch 20 Jahre später als in Europa auf, als wäre die eisbringende Rinne ganz langsam nach Osten gedriftet.

Während sich die Länder im Norden in den Fängen einer mörderischen Kälte befanden, machte die Sahelzone im Westen Afrikas eine harte Dürreperiode durch. Dies legt den Schluss nahe, dass sich der Feuchtigkeit führende Monsun in Kälteperioden nicht so weit vom Äquator wegbewegt wie in Wärmeperioden. Die Monsunwinde der Erde driften im Zusammenspiel mit der innertropischen Konvergenzzone (im allgemeinen Sprachgebrauch als Kalmen bekannt), in der die Passatwinde der nördlichen und südlichen Halbkugel aufeinander treffen, nach Norden und Süden.

In jüngster Zeit bewegte sich die Konvergenzzone häufig bis zum 20. Breitengrad der nördlichen Halbkugel. Doch es scheint, als hätte die ungewöhnliche atmosphärische Zirkulation auf dem Höhepunkt der kleinen Eiszeit die Konvergenzzone an ihrem sonst üblichen Abstecher nach Norden gehindert, vor allem in den südlich von Europa gelegenen Gebieten. Historische Aufzeichnungen belegen sowohl in Afrika als auch in Indien ein häufiges Ausbleiben und unregelmäßigen Verlauf der Monsunwinde.

Wissenschaftler nehmen an, dass in der Antarktis zu dieser Zeit ein weitaus milderes Klima herrschte als heute. Ich finde es interessant, dass der bitteren Kälte in großen Teilen der nördlichen Halbkugel ein vergleichsweise mildes Klima im tiefen Süden gegenüberstand – als würde die Erde auf eine Art globale Symmetrie achten, ein klimatisches Yin und Yang.

IM HOCHSOMMER steigt oder fällt die Temperatur im Meer vor den Outer Banks mit den Drehungen des vorherrschenden Nordost-Südwest-Windes. An einem Julitag komme ich

74

früh von der Arbeit nach Hause, mache mich auf den Weg zum Strand und hoffe, dort eine angenehme, blaugrüne Brandung vorzufinden, die von einer leichten, östlichen Brise sanft auf den Strand gebürstet wird. Und tatsächlich ist das Meer so klar und schön, dass ich die Sandbänke durchscheinen sehe. Ich springe hinein und lasse mich auf dem Rücken treiben, umspült vom warmen Oberflächenwasser des Ostatlantik.

Wir leben am Kreuzungspunkt zweier Ozeane, der eine flüssig, der andere aus Luft bestehend. Die Strömungen, die meinen Körper sanft drehen, sind jenen nicht unähnlich, die die Atmosphäre erfüllen und aus dem Widerstreit zwischen Kalt und Warm entstehen. Leicht vergisst man, dass Luft eine Flüssigkeit ist und sich wie Wasser verhält, sich zwischen Handgelenke und Finger, zwischen Kabbelungen und Wellen hindurchschlängelt. Hätten wir heute Südwestwind, würde das klare Oberflächenwasser vom Strand verdrängt und kühles, trübes Wasser aus zwölf Metern Tiefe in die Uferbereiche hochgesaugt werden. Auf ebensolche Weise könnte ein starker Wind eine Warmfront zurückdrängen und die Region unter für die Jahreszeit zu kühlen Temperaturen frösteln lassen. Luft und Wasser – zwei große, uns umgebende Ozeane, ähnlich in ihrer Gestalt und jeder des anderen Regungen bestimmend.

Vor über 400 Jahren, im Juli 1587, leitete ein günstiger Wind drei Schiffe mit Siedlern aus England genau in diesen Küstenabschnitt der für sie Neuen Welt. Die Neuankömmlinge, die an einem Fort, das schon vorher von britischen Soldaten an der Nordspitze von Roanoke Island errichtet worden war, von Bord gingen, waren voller Hoffnung, in dem Land, das sie Virginia nannten, eine blühende Ansiedlung zu errichten. Um zu den Outer Banks zu kommen, hatten sie sich die gleichen Winde und Strömungen zu Nutze gemacht, die Kolumbus nach Westindien geführt hatten. Ob Kolumbus nun ein außergewöhnlich fähiger Kapitän war oder einfach nur viel Glück hatte, sei dahingestellt, in jedem Fall erwies sich die Route, die er gewählt hatte, als die einfachste Überfahrt, und zwar sowohl mit den Passatwinden über den Atlantik nach Nordamerika als auch mit den Westwinden der mittleren Breiten zurück nach Europa.

Die gut 150 Männer, Frauen und Kinder, die auf Roanoke an Land gingen, fanden das Fort zerstört vor und machten sich sofort an die Arbeit, die wenigen Häuser der Ansiedlung wiederherzustellen. Obwohl sie ohne Zweifel von der Vorstellung schockiert waren, dass Indianer die Soldaten niedergemetzelt hatten, begannen sie, dem dichten, sumpfigen Wald eine »Cittie of Raleigh« abzuringen. Nach einem Monat reiste der Gouverneur der Kolonie, John White, nach England zurück, um Nachschub zu besorgen.

Der Krieg Englands gegen Spanien trug im Wesentlichen die Schuld daran, dass drei Jahre vergingen, bis White wieder nach Roanoke Island zurückkehrte, und dann nur als Passagier auf einer aus drei Schiffen bestehenden Flotte. Die Siedlung war verschwunden. In einem Baum in der Nähe des Wassers war ein Hinweis auf ihr Schicksal eingeritzt, die Buchstaben »CRO«. Ein weiterer Baum in der Nähe des Forts trug die Inschrift »CROATOAN«. White schloss aus den Inschriften, dass sich die Siedler den freundschaftlich gesonnenen Indianern auf Croatoan angeschlossen hatten, dem heutigen Hatteras Island. Er wollte die Kapitäne der Expedition dazu bewegen, weiter nach Süden zu segeln, um dort nach den Anzeichen eines Dorfes zu suchen. Doch noch ehe ein Kurs festgelegt werden konnte, erhob sich ein heftiger Wind, der die Ankerkette eines der Schiffe löste. Als der Sturm sich legte, kamen die Kapitäne überein, keine Zeit mehr verschwenden zu können, und segelten Richtung England zurück.

Dem Wind ist es zuzuschreiben, dass die erste englische

Kolonie in den Breiten des mittleren Atlantiks gegründet wurde, und dann verhinderte ein Sturm, dass die Siedler (wenn sie überhaupt noch am Leben waren), gerettet wurden. Von den Menschen, die White zurückgelassen hatte, fand man nie mehr auch nur die geringste Spur. Erst 1607 mit der Gründung von Jamestown in der Chesapeake Bay, konnten die Engländer richtig Fuß auf dem Kontinent fassen. Die Outer Banks blieben bis 1680 unbesiedelt. Was aber wäre geschehen, wenn White die Siedler unter den Indianern in Croatoan angetroffen hätte? Wäre die Geschichte dieser Region und des gesamten kolonialen Amerikas vielleicht ganz anders verlaufen?

TAUSENDE VON Jahren waren die Seefahrer auf den Wind angewiesen, um über die Grenzen ihrer Heimat hinauszugelangen. Es gibt keine gesicherten Hinweise, wann das Segel allgemein gebräuchlich wurde, Archäologen gehen jedoch davon aus, dass es als Erstes am Nil und im Persischen Golf Verwendung fand, und zwar schon im vierten Jahrtausend vor Christus. Nubische Felszeichnungen aus dieser Zeit zeigen zahlreiche Darstellungen von Schilfbooten mit kunstvoll geschwungenem Rumpf und einem in der Mitte befestigten Segel. Wenn die Zeichnungen realistische Darstellungen sind, waren die Boote groß genug, um Vieh und bis zu 50 Personen aufzunehmen. Die ersten Segel wurden vermutlich aus Häuten gefertigt, später dann aus Schilfmatten, und von zwei aufrecht stehenden Stangen gehalten.

Um das dritte Jahrtausend vor Christus tauchten auf dem Mittelmeer Segelschiffe auf. In den Aufzeichnungen eines Schriftkundigen, die ungefähr aus dem Jahre 2650 vor Christus stammen, finden sich Hinweise auf die Ankunft von 40 Schiffen, die mit 100 Ellen Holz der berühmten Zedern aus dem Libanon beladen waren. Die ersten Wasserfahrzeuge wurden hauptsächlich mithilfe von Rudern bewegt, denn ihre einfachen, quadratischen Segel konnten nur Rückenwind nutzen. Das Lateinsegel oder Dreiecksegel trat erst wesentlich später auf. Manche Historiker glauben, dass es schon im Römischen Reich, im ersten Jahrhundert vor Christus, auf kleinen Schiffen zum Einsatz kam. Wenn das zutrifft, vergingen aber noch einmal mindestens tausend Jahre, bis Seeleute lernten, große Wasserfahrzeuge so mit Segeln zu bestücken, dass sie mit gleicher Zuverlässigkeit in alle Richtungen reisen konnten.

Selbst die geschicktesten und erfahrensten Seeleute hatten Mühe, die vorherrschenden Strömungen und Winde richtig zu nutzen. Im ersten Jahrhundert nach Christus kamen die Griechen hinter ein Geheimnis, um das indische Kaufleute schon seit hunderten von Jahren wussten: Die saisonal auftretenden Monsunwinde würden sie im Winter über das Arabische Meer nach Osten führen und im Sommer wieder zurück nach Westen. Mit dieser Entdeckung konnten die Griechen nun endlich die Gewürzinseln des Fernen Ostens ansteuern. Vom siebten bis zum Ende des neunten Jahrhunderts besiedelten normannische Entdecker den Nordatlantik – mit den leichten Ostwinden, die um die Pole wehen, segelten sie in unbekannte Länder, bewegten sich von Insel zu Insel und erreichten vielleicht sogar den Nordamerikanischen Kontinent. Doch als im 14. Jahrhundert das Klima abkühlte, wurden die Meere immer stürmischer und füllten sich mit Eis. Der nördliche Seeweg geriet in Vergessenheit und damit auch die Ansiedlungen, die als Stützpunkte entlang dieser Route gedient hatten.

Wenn europäische Seeleute vor der Westküste Afrikas nach Süden segeln wollten, wurden sie immer wieder von nordwärts gerichteten Strömungen und Winden zurückgedrängt. 1487 umrundeten die Portugiesen endlich das Kap der Guten Hoffnung und kehrten auf schnellstem Weg wieder nach Hause zurück. Als Vasco da Gama 1498 seine historisch bedeutsame Reise unternahm, stellte seine Besatzung fest, dass die Menschen an der Ostküste Afrikas mit großer Selbstverständlichkeit feinste Seide trugen und mit Reisenden aus fernen Ländern Handel trieben. Über die billigen Glasperlen, mit denen da Gama ihre Freundschaft gewinnen wollte, konnten die einheimischen Könige nur lachen. Die Chinesen kamen dank günstiger Winde und Strömungen schon seit achtzig Jahren in diese Gebiete. Nach 1500 führte die Standardroute von Europa um das Kap der Guten Hoffnung die Seefahrer tausende von Meilen von ihrem eigentlichen Kurs ab. Anstatt sich direkt nach Süden zu wenden, lavierten die Schiffe von den Kanarischen Inseln westwärts, fast bis nach Brasilien, um sich dann von den *Roaring Forties* wieder nach Osten treiben zu lassen.

In allen Epochen der Geschichte schwärmten Forscher auf der Suche nach neuem Land über die Ozeane aus und segelten entlang den tropischen Breitengraden meist mühelos von Ost nach West. Doch sobald sie versuchten, die gleiche Route in umgekehrter Richtung einzuschlagen, kamen sie nur sehr mühsam voran. Spanische Entdecker, die sich von Mexiko und Mittelamerika aus nach Westen wagten, erreichten ziemlich schnell die Philippinen – innerhalb von acht bis zehn Wochen –, waren jedoch nicht mehr zur Rückkehr in der Lage. Wer versuchte, am Rand der Passatwindzone einen gegenläufigen Wind einzufangen, saß wochenlang in den Rossbreiten oder Kalmen fest. Der einzige Weg zurück in die Neue Welt, so schien es, führte über die Umsegelung des ganzen Globus, um dann wieder von Osten her dort anzukommen. 1564 oder 1565 entdeckten Seefahrer dann endlich den großen Stromring, der sie in östliche Richtung über den Pazifik führte. Zunächst segelten sie mit dem Kuroschio-Strom vor der Küste Asiens nach Norden. Dann nutzten sie die Westwinde der gemäßigten Breiten bis zur Westküste Nordamerikas und wandten sich von dort nach Süden. Die Reise war schwierig, vor allem die letzte Etappe in den unbeständigen Winden der nordamerikanischen Küste, und dauerte vier bis sieben Monate.

Die spanischen Eroberer stellten mit großer Überraschung fest, dass die Bewohner der Westküste Südamerikas geübte Seefahrer waren. Ihre Schilfboote, die so genannten Balsas, waren mit Steuerrudern und großen Segeln ausgerüstet und schon seit etwa 2000 Jahren in Gebrauch. Manche waren, wie die Karavellen der Europäer, zwanzig bis fünfundzwanzig Meter lang. Sowohl die Eingeborenen des Südpazifiks als auch die Chinesen bedienten sich eines Schwertes oder eines Steuerruders, um hoch am Wind kreuzen zu können. Die Polynesier befestigten Ausleger an ihren Kanus, um sie zu stabilisieren, und dreieckige Segel, die mit dem spitzen Winkel nach unten zeigten (im Vergleich zu heute also genau verkehrt herum). In seinem Buch *Wege über das Meer – Völkerwanderungen in der Frühzeit* zitiert Thor Heyerdahl einen spanischen Freibeuter, der in seinen Aufzeichnungen aus dem Jahr 1680 berichtet, dass die Balsaboote der Inkas »ausgesprochen gut« segelten, und frustriert feststellen musste, dass sein Schiff nicht in der Lage war, eines dieser Boote, das bei steifer ablandiger Brise in der Nähe der Galapagosinseln unterwegs war, einzuholen.

Wie ausführlich erkundeten die Eingeborenenvölker im Südpazifik die Meere, von denen sie umgeben waren? Heyerdahl ist der Meinung, dass Inkas und Polynesier sich mit ihren technisch ausgefeilten Flößen und Kanus ziemlich weit vorwagten, nach Westen und Norden segelten und bis zu den Aleuten reisten, die ihnen möglicherweise als Sprungbrett zu den Kulturen im Westen dienten. (Andere Autoren halten es für möglich, dass die Chinesen die gleiche Route befahren haben.) Laut Heyerdahl weisen einige Stämme des Malaiischen Archipels in Physiognomie und Kultur erstaunliche Ähnlichkeit mit der Bevölkerung im brasilianischen Urwald auf, sogar das Gift in ihren Blasrohren sei verwandt. Einige

Studien sprechen auch von Übereinstimmungen zwischen Felszeichnungen im Nordwestpazifik und auf den Hawaii-inseln und schließen daraus, dass die beiden Kulturen irgend-wann einmal in engem Kontakt miteinander standen. Zu Beginn des 20. Jahrhunderts, schreibt Heyerdahl, trieben hun-derte von Redwoodstämmen von den Flüssen im Nordwesten an die hawaiianischen Strände. Warum sollten die Schiffe der reisenden Eingeborenenvölker nicht den gleichen Weg ge-nommen haben?

So überzeugend Heyerdahls Argumentation auch klingen mag, wird sie doch von archäologischen Funden in Frage ge-stellt, die darauf hinweisen, dass sich die polynesischen Urein-wohner nach Osten bewegten. Vor etwa 3000 Jahren, so glauben Archäologen, begannen die Lapita-Völker, von den Salomonen aus 400 Kilometer ostwärts zu den Santa-Cruz-In-seln zu reisen, von dort aus nach Süden zu den Neuen Heb-riden und schließlich wieder 800 Kilometer östlich nach Fid-schi, Tonga und Samoa. Wenn das wirklich zutrifft, müssen ihre seglerischen Fähigkeiten wirklich beeindruckend ge-wesen sein, sonst wären sie niemals in der Lage gewesen, die vorherrschenden Strömungen und Winde auf diese Weise zu nutzen.

Welche Route sie auch immer auf ihren Erkundungsfahrten einschlugen, die Völker Polynesiens waren dem Wind in einer Weise verbunden, die wir uns kaum vorzustellen vermögen. Viele Stämme schrieben dem Wind die Fähigkeit zu, Mythen, Legenden, Neuigkeiten und Klatsch über ihre Könige weiter-zuleiten. Auf offener See lasen die Steuermänner, die ohne Hilfe von Instrumenten navigieren mussten, aus der Sprache der Dünungen, die von den globalen Winden hervorgerufen wurden, den Weg von Insel zu Insel. Bei diesen sanft schau-kelnden Wellen ist die Entfernung von einem Kamm zum nächsten größer als bei den Oberflächenwellen, die durch die regionalen Winde entstehen, und sie ziehen langsamer vorbei.

Ihre einheitliche Form unterscheidet sie außerdem ganz deutlich von jenen Wellen, die von Bodenformen beeinträchtigt werden. Als zusätzliche Wegweiser dienten den polynesischen Navigatoren Windrichtung, fluoreszierendes Plankton, das Verhalten der Meeresvögel und die Wolkenbildung.

David Lewis, ein auf den Cook-Inseln und Neuseeland aufgewachsener britischer Abenteurer, beschäftigte sich in den 60er-Jahren intensiv mit den traditionellen polynesischen Navigationsmethoden und unternahm den Versuch, einen Katamaran ohne Instrumente von Tahiti nach Neuseeland zu segeln – eine Distanz von 3500 Kilometern. Begleitet wurde er von einem ausgebildeten Bootsführer, der die Karten und modernen Navigationsinstrumente fest unter Verschluss hielt. Ein einziges Mal musste er durch sein Eingreifen verhindern, dass Lewis die Cook-Inseln verfehlte und aufs offene Meer hinaussteuerte. Abgesehen von dieser einen Ausnahme kam Lewis ohne fremde Hilfe in Neuseeland an, und zwar nur 42 Kilometer südlich seines angepeilten Zielortes.

Nach seinem Experiment war Lewis voller Respekt, mit welcher Sicherheit seine eingeborenen Lehrer die Sprache der Ozeane entziffern konnten. Er beschreibt die Dünungen vor den Santa-Cruz-Inseln, die aus Nordwest und Südost kommen, hunderte von Kilometern zurücklegen und wie »die ineinander verschränkten Finger zweier Hände« exakt ineinander laufen.

Auf den Karolinen bat er einen seiner Lehrer, ihm zu demonstrieren, wie man in unbekannten Regionen die Dünungen lesen kann. »Er beobachtete sie in häufigen Intervallen, immer mehrere Stunden lang, und wenn nötig, legte er ihre Richtung morgens und abends nach dem Stand der Sonne fest, bis er Form und Charakter jeder einzelnen Dünung wieder erkannte«, schreibt Lewis. »Waren sie erst einmal geordnet und im Kopf ›mit Etiketten versehen‹, konnte er die verschiedenen Dünungen wie die Gesichter von Menschen unterscheiden.« Beim Lesen dieses Berichts befällt mich Traurigkeit – ich muss daran denken, dass dieses überlieferte Wissen über den Wind und die Welt unweigerlich in Vergessenheit gerät, seit wir uns bei der Bestimmung unserer Routen voll und ganz auf moderne, elektronische Geräte verlassen.

KENNTNIS der Windsysteme verschaffte den frühen Kulturen auch Vorteile in Handel und Kriegsführung. Im 15. Jahrhundert vor Christus, als das Reich der Ägypter in voller Blüte stand, verschafften sich indoeuropäische Eroberer Zugang zur Insel Kreta und unterwarfen die Minoer. Damit bereiteten sie den Boden für die Hochblüte der griechischen Kultur, wie sie in den Epen Homers besungen wird.

Vieles deutet darauf hin, dass die Griechen in ihrer Frühzeit Segler (und Ruderer) waren, voller Abenteuerlust und sowohl dem Handel als auch der Piraterie aufs Engste verbunden. So mancher Historiker hält es auch für möglich, dass nicht die Entführung Königin Helenas der Auslöser für den Trojanischen Krieg war, sondern Streitigkeiten über die Handelsrouten im Mittelmeer.

Das erste Volk, das in der westlichen Welt echte Kunstfertigkeit im Umgang mit dem Segel entwickelte, waren die Phönizier, die mithilfe des Polarsterns zu navigieren wussten und von 1200 bis 900 vor Christus das Mittelmeer beherrschten. Anstatt wie die Griechen von einer Insel zur nächsten zu »hüpfen«, machten sich die Phönizier von ihren Bollwerken im Osten aus auf den Weg zur Iberischen Halbinsel (dem heutigen Spanien und Portugal), segelten Tag und Nacht, brachten Weizen, Öl, Wein und Zinn mit nach Hause und kolonisierten die Küsten Nordafrikas. Man hält es nicht für ausgeschlossen, dass sie als erstes westliches Volk die Südspitze Afrikas umsegelten.

Mehrere Jahrhunderte lang lagen ein halbes dutzend Kulturen im Wettstreit um die Handelsrouten im Mittelmeer, unter ihnen die Phokäer, die Etrusker und die Bewohner der östlichsten phönizischen Kolonie, die Karthager. Gegen Ende des sechsten Jahrhunderts vor Christus unternahmen die Perser einen entschlossenen Versuch, das Reich der Griechen zu vernichten. Sie eroberten die Ägäischen Inseln, doch ein plötzlich eintretender Sturm hinderte die persische Flotte daran, auf das Festland vorzudringen. Dutzende von Schiffen der Invasoren zerschellten an Felsen.

Das Ringen zwischen diesen beiden Mächten um die Vorherrschaft in der Region dauerte über die nächsten beiden Jahrzehnte an. Nachdem sie die Griechen mitsamt ihren Verbündeten in ihren letzten Rückhalt auf der Insel Salamis zurückgedrängt hatten, versammelten sich die Perser 480 vor Christus zur entscheidenden Schlacht. Die Streitkräfte der Griechen waren umzingelt und zahlenmäßig bei weitem unterlegen, Athen und die Akropolis standen in Flammen. Es schien unmöglich, dass die Griechen mit ihren nur 360 Schiffen der persischen Flotte mit 1400 weitaus größeren Schiffen standhalten konnte. Xerxes, der König der Perser, rechnete wohl kaum damit, dass das Kräfteverhältnis von der Richtung des morgendlichen Windes verändert werden könnte.

Ausgangspunkt der griechischen Kampfstrategie war eine Kriegslist des athenischen Flottenbefehlshabers Themistokles, der Xerxes als arrogant und stur kannte. Themistokles entsandte einen Boten, der an Xerxes die Nachricht »durchsickern« lassen sollte, dass die Griechen sich im Schutz der Dunkelheit aus Salamis zurückziehen wollten. Dieser Rückzug könne aber nur unter äußerster Geheimhaltung gelingen. Die Griechen hatten ein schmales, niedriges Schiff entwickelt, die so genannte Triere, die mit beinahe 200 Ruderern besetzt war, aber nachts und ohne Wind nur maximal vier Knoten Geschwindigkeit erreichte. In den engen Seewegen um Salamis würden die Griechen mindestens sechs Stunden Vorsprung benötigen, um den Persern zu entkommen. Andernfalls würden sie die Feinde mit ihren größeren Schlachtschiffen übermannen und niedermetzeln.

Die historischen Berichte über diesen Kampf, die Herodot der Nachwelt hinterließ, erwecken nicht den Eindruck, als hätte Xerxes jemals in Erwägung gezogen, ein derartiges Juwel strategischer Raffinesse könne eine Täuschung sein. Der Köder muss wohl zu verlockend gewesen sein. Würde es ihm gelingen, die fliehenden Griechen einzuschließen, könnte er ihre ganze Seestreitmacht mit einem einzigen Schlag ausmerzen und sich damit eine Reihe langwieriger Einzelschlachten ersparen. Er schickte einige Schiffe los, um die Meerenge bei Megara auf der Westseite von Salamis zu blockieren und damit einen Fluchtweg abzuschneiden. Dann rüsteten sich die Perser und ihre Verbündeten, die normalerweise nach Einbruch der Dunkelheit nicht einmal regelmäßig Nachtwachen postiert hatten, für eine lange Kriegsnacht.

Mitternacht ging vorbei, der Morgen nahte. Bei Tagesanbruch muss Xerxes' Schiffsführern wohl klar geworden sein, dass man sie getäuscht hatte. Aber sie fürchteten sich so sehr vor dem Zorn des Königs, dass keiner vorzubringen wagte, an der Sache könne etwas faul sein. Bald nach Sonnenaufgang konnten Xerxes und seine Oberfehlshaber, bequem auf einem Berg postiert, von dem aus sie freien Blick auf die Küstengewässer hatten, beobachten, wie die griechische Flotte ungeordnet nach Norden glitt. Das persische Kommando hatte einen Rückzug nach Süden erwartet. Stattdessen schienen die Griechen um die Nordspitze von Salamis herumsegeln und durch die Meerenge von Megara entkommen zu wollen, als hätten sie nicht bemerkt, dass diese blockiert war. Auf Befehl von Xerxes nahm der Großteil der persischen Flotte die Verfolgung auf.

Man kann mit großer Sicherheit annehmen, dass keiner der Verfolger die Bedeutung einer Wolkenwand einzuschätzen vermochte, die eine aufziehende Brise ankündigte. Als die

Perser in die Meerenge östlich von Salamis einfuhren, wandten sich die Griechen plötzlich zum Kampf. »Zuerst da schallte von den Hellenen freudiger Gesang herüber, und den Kriegsruf jauchzt zurück des felsigen Eilands tausendstimmiger Widerhall«, schrieb der griechische Dramatiker Aischylos.

Am späten Vormittag röhrten die Etesien, kühle, böige Winde aus Nordwest, über die See und erzeugten dabei Dünungen von solchem Ausmaß, dass die kopflastigen persischen Kriegsschiffe hin- und herschaukelten und keinen Kurs mehr halten konnten. Die Schiffe an vorderster Front versuchten noch, in offene Gewässer zurückzustoßen, doch ihnen folgten Dutzende, deren Schiffsführer entschlossen waren, in den Kampf zu segeln. Die schlanken Trieren der Athener waren selbst auf kabbeligem Wasser noch leicht zu manövrieren und begannen, die Gefährte der Perser zu rammen. Innerhalb nur weniger Stunden war das Wasser von Wrackteilen und menschlichen Körpern übersät. Eine »riesige Anzahl persischer Schiffe – viele übel zugerichtet, mit herunterhängenden Spieren und losem Tauwerk, die Ruder oben abgebrochen, das Spantenwerk zerborsten oder von den schrecklichen, bronzebewehrten Rammspornen aufgeschlitzt, trieben davon«, schreibt der Historiker Peter Green.

Die Perser waren bezwungen, doch die Griechen realisierten das zunächst nicht. Sie machten sich an die Arbeit, ihre beschädigten Schiffe zu reparieren, und warteten auf einen neuerlichen Angriff von Xerxes. Doch seine Seemacht war völlig demoralisiert, und so machte er sich auf den Weg zurück in die Heimat. Die Freiheit Griechenlands, schreibt Green, stand nun nicht mehr »auf Messers Schneide. In der elften Stunde wurde Griechenland gegen alle Erwartungen gerettet, und nicht einmal seine erbittertsten Feinde – und derer hatte es viele, sowohl zu Hause als auch in fremden Ländern – konnten leugnen, dass es die Rettung Themistokles zu verdanken hatte«. Themistokles und dem Wind.

Seither haben Winde noch oft entscheidend in Schlachten mitgewirkt oder dem Lauf der Geschichte eine unerwartete Wende gegeben. Khublai Khan gab seinen Plan, Japan zu unterwerfen, auf, nachdem seine Schiffe 1275 von einem gewaltsamen Sturm und sechs Jahre später, 1281, von einem Taifun zurückgeworfen worden waren. 1524 vereitelten heftige Südwinde das Vorhaben des spanischen Eroberers Francisco Pizarro, entlang der Pazifikküste Mittel- und Südamerikas nach Süden zu segeln. Als seine Fürsprecher daraufhin Zweifel an seiner Glaubwürdigkeit hegten, musste er seinen Feldzug gegen das Inkareich um einige Jahre verschieben. Während dieser Zeit starb der letzte starke Inkakönig, und die Rivalität seiner Söhne stürzte das Reich in einen Bürgerkrieg. Im Jahr 1588 war die spanische Armada auf dem besten Weg, England im Sturm zu nehmen, als beständige Südwestwinde ihre schweren Kriegsschiffe daran hinderten, ebenso flink zu manövrieren wie die wendigeren Kampfschiffe der Engländer. So zumindest wird die Schlacht in der Überlieferung beschrieben. Die Orden, die den englischen Schiffsoffizieren verliehen wurden, trugen die Inschrift: »God breathed and they were scattered« (Gott atmete und sie wurden in alle Richtungen verstreut). Differenziertere historische Berichte zeigen auf, dass die Engländer einfach besser manövrierten und über mehr Gewehre verfügten. Wie auch immer, die Armada wurde Stück für Stück auseinander genommen, bis sich ihr durch eine Drehung des Windes nach Norden ein Fluchtkorridor öffnete. In den folgenden Stürmen sanken viele spanische Schiffe, und die Engländer gingen als klare Sieger hervor.

Das ganze Zeitalter der Segelschifffahrt hindurch formte der Wind den Lauf der Geschichte – die Chinesen kreuzten mit ihren neunmastigen, 120 Meter langen Dschunken auf den Ozeanen (zu Beginn des 15. Jahrhunderts besaß die Ming-Dynastie eine Seestreitmacht mit 3500 Schiffen), die Europäer segelten auf Koggen, Karavellen und Galeonen. Irgendwann im 15. Jahrhundert wurde das toppgetakelte Schiff perfektioniert, die Bootsbauer verstanden es nun, weitaus größere Schiffe zu konstruieren, wodurch sich auf den Meeren weiter reichende Reisemöglichkeiten eröffneten als jemals zuvor. Englische Vollschiffe beherbergten zwei und drei Geschützpforten, holländische *Fleute* kreuzten gewandt von Hafen zu Hafen. Ab 1840 umrundeten die großen Klipper das Kap Hoorn in Südamerika, um Gold aus Kalifornien zu holen. Im gleichen Jahrzehnt eröffneten die Briten allerdings auch eine Dampfschifflinie zwischen Liverpool und Nordamerika, damit erfuhr das Zeitalter des Segels ein jähes Ende. Einige wenige Segelschiffe verkehrten noch bis um 1940 zwischen Nordamerika und Australien, doch im Nordatlantik wurde das Segel sehr schnell vom Dampf verdrängt.

Seither gestaltete sich der Einfluss des Windes auf die Geschichte weniger drastisch. Doch auch in unserem postindustriellen Zeitalter können Winde den Verlauf einer Schlacht und das Schicksal von Menschen noch entscheidend lenken. Von 1932 bis 1937 stürzte ein Anschwellen der Westwinde über Nordamerika die Farmen im Mittleren Westen in eine Katastrophe. Trockene Winde aus den Rocky Mountains fegten über das Gebiet, dörrten das Land aus, rissen die einstmals von Steppengräsern befestigte Erde auf und trugen sie in siedend heißen Wolken nach Osten. Am 12. Mai 1934 berichtete die *New York Times,* dass die Luft dick mit Staub aus den Plains geschwängert war und über Manhattan mitten am Tag eine eigenartige Dämmerung lag. Dass diese vom Wind verursachte Verwüstung zeitlich mit der großen Depression zusammenfiel reichte, um die Nation an Körper und Seele zu zeichnen.

Während des Nordafrikafeldzugs im Zweiten Weltkrieg waren alliierte und deutsche Truppen mehrmals gezwungen, mitten in einem Kampf innezuhalten, weil der Kamsin, ein heißer Wüstenwind mit einer Geschwindigkeit bis zu 145

Stundenkilometern, heftige Sandstürme auslöste. Vom Wind aufgewirbelte Sandkörner nahmen den Soldaten die Sicht und verursachten elektromagnetische Störungen, die jeden Kompass nutzlos machten. Im Mai 1942 führte man eine Explosion, durch die ein Munitionslager der Alliierten zerstört wurde, auf vom Wind verursachte statische Aufladung zurück. Später musste die D-Day-Invasion wegen schlechten Wetters verschoben werden und die Truppen, die darauf warteten, die Küste der Normandie angreifen zu können, wurden durch das Schaukeln in den von Stürmen aufgepeitschten Wellen fürchterlich seekrank. Die Invasion verlief zwar insgesamt erfolgreich, doch auf Grund der geschwächten Kondition der Truppen und der schlechten Manövrierbarkeit der Schiffe im hohen Wellengang gab es an diesem Tag sehr viele Tote.

Ende der 60er-Jahre nahmen die Westwinde der nördlichen Halbkugel an Stärke zu und verlagerten sich in südliche Richtung über Afrika. Dabei drängten sie die Feuchtigkeit führenden Monsunwinde ebenfalls weiter nach Süden ab. Die Folge war große Trockenheit in den Ländern vom Senegal bis Äthiopien, einem quer durch den ganzen Kontinent verlaufenden Band. Wie die Land- und Seewindzirkulation, die jeder Küstenbesucher kennt, entstehen auch die Monsunwinde auf Grund von Temperaturunterschieden über dem Festland und über dem Meer. Wenn die innertropische Konvergenzzone sich vom Äquator wegbewegt, nehmen ihre Wolken über dem Meer Feuchtigkeit auf. Ziehen diese Wolken über Asien, Indien und Afrika, gelangt die Feuchtigkeit in Form heftiger, saisonaler Regenfälle auf die Erde. Weicht die Zone aber von ihrem üblichen Weg ab, müssen Millionen von Menschen unter den Folgen leiden. In den ausgehenden 60er-Jahren begann die typische Hitze der Sahara weiter nach Süden, in die halb trockene Sahelzone, zu kriechen. Ein trockenes Jahr folgte auf das nächste, 100 000 Menschen verhungerten. Nur durch riesige Getreidelieferungen aus dem Ausland konnte man verhindern, dass die Zahl der Toten noch weiter anschwoll.

Mit einem denkwürdigen Todesstoß beendete der Wind im Mai 1980 einen Versuch, Geiseln aus der amerikanischen Botschaft im Iran zu befreien. In der besagten Nacht steuerten sieben Hubschrauber des Typs Sea Stallion ein mitten in der iranischen Wüste gelegenes Basislager an. Ein achter Hubschrauber hatte wegen eines technischen Problems nicht starten können. Die verbleibenden Piloten flogen im Schutz der Dunkelheit und wollten, weil sie es nicht riskieren konnten, den Feind durch Funksprüche in Alarmbereitschaft zu versetzen, in Sichtweite voneinander bleiben. Doch sie hatten noch nicht einmal die Hälfte der Flugstrecke zurückgelegt, als ihnen Staub, der von einem schlimmen Sandsturm aufgewirbelt wurde, völlig die Sicht nahm. Sie flogen aus einer Wolke heraus und sofort in die nächste hinein. Als bei einem Hubschrauber die Geradlaufapparatur ausfiel, verlor der Pilot die Orientierung und flog wieder zurück. Bei einem weiteren Hubschrauber traten Probleme mit einer hydraulischen Pumpe auf. Da es viel zu gefährlich war, mit nur fünf Hubschraubern einen Rettungsversuch zu unternehmen, wurde das ganze Vorhaben abgeblasen. Als die Hubschrauber für den Rückflug betankt wurden, kollidierten zwei von ihnen, dabei starben acht Menschen.

Später wurde Kritik laut, das Einsatzkommando sei zu schlecht vorbereitet gewesen und Jimmy Carter hätte als Befehlshaber versagt. Doch hätte der Sandsturm den zweiten Hubschrauber nicht zur Umkehr veranlasst, wäre der Einsatz sehr wahrscheinlich erfolgreich verlaufen, und die Geiseln wären befreit worden. Und dann wären die Wahlen des Jahres 1980 und die politischen Ereignisse des folgenden Jahrzehnts vielleicht völlig anders verlaufen.

AUF DEN Outer Banks haben wir wieder einmal einen milden Sommertag, ohne drohenden Sturm oder Wetterumschwung. Ich stehe bei leichtem Nordostwind auf einer Düne, hinter mir das Meer, und versuche eine alte meteorologische Grundregel nachzuvollziehen, die unter dem Namen Buys-Ballot-Regel bekannt ist und besagt, wenn man den Wind im Rücken spürt, liege ein Hochdruckgebiet zur Rechten. Diese Regel gilt allerdings nur für die Nordhalbkugel, wo sich die Schönwetterwinde im Uhrzeigersinn bewegen. Auf der südlichen Halbkugel müsste ich zu meiner Linken Ausschau halten.

Hochdruck rechts von mir, im Westen also. Gut, denke ich. Schönes Wetter am Wochenende. Ich sehe mich um und kann nichts als blauen Himmel prophezeien. Ein Umschwung wird eintreten, wenn die Winde nach Südost drehen und die Hochdruckzone zuerst nach Norden und schließlich aufs Meer hinauszieht. Wieder erscheint mir der Wind auf den Outer Banks wie ein Drache. Dieses Mal dreht sich das große Monster im Kreis, dreht und dreht sich und legt vielleicht das Gras flach, um sich einen Liegeplatz zu bereiten. Sollte es sich jemals nach hinten wenden gegen den Uhrzeigersinn, zyklonal, und so blitzartig, als wäre es in einen Dorn getreten, weiß ich, dass das Wetter verrückt spielen wird.

Auf den Inseln warnte der Volksmund vor den schlimmen Gefahren rückdrehender Winde schon lange bevor wissenschaftlich erforscht war, dass sie zum Zirkulationsverhalten von Tiefdruckzonen gehören. Ich mag die Vorstellung, dass traditionelle und moderne Betrachtungsweisen des Windes nebeneinander bestehen können, und damit stehe ich nicht allein.

Als die Wissenschaft von Wind und Wetter noch in den Kinderschuhen steckte, drängte Robert FitzRoy, der britische Kapitän der *Beagle,* mit der Charles Darwin die Welt bereiste, schon darauf, wissenschaftliche Beobachtungen und traditionelle Methoden der Wettervorhersage zusammenzuführen.

»Je sorgfältiger wir vergleichen und Ausgangsmaterial für Vorhersagen aus zwei verschiedenen Quellen kombinieren, umso zufriedenstellender werden die Ergebnisse sein«, schrieb er in *The Weather Book*, einem berühmten Werk, das in den 60er-Jahren des 18. Jahrhunderts sowohl in Englisch als auch in Russisch veröffentlicht wurde. Auf der Basis seiner Erfahrungen als Navigator und seiner autodidaktisch erworbenen Kenntnisse über die Spielarten des Wetters konnte FitzRoy so versiert Stürme und heftige Winde vorhersagen, dass englische und schottische Fischer sich ganz auf seine Prognosen verließen.

1805 stellte der Fregattenkapitän (und spätere Admiral) der britischen Marine, Francis Beaufort, die Beaufort-Windstärkenskala vor. Sie basiert auf den Kräften, mit denen Winde verschiedener Stärken auf ein Kriegsschiff in voller Takelage einwirken. Beauforts ursprüngliche Skala war in zwölf Grade oder Stärken eingeteilt, von der Windstille bis zum Hurrikan. Windgeschwindigkeiten wurden dabei nicht berücksichtigt. Später wurde die Beschaffenheit der Meeresoberfläche in die Skala mit einbezogen. Bei starkem Wind der Stärke 6 bilden sich allmählich große Wellen, oft mit weißen Schaumkronen, und die Marssegel müssen erstmalig gerefft werden. Bei schwerem Sturm der Stärke 10 peitscht der Wind die Wellen hoch auf, es bilden sich weit überhängende Wellenkämme, die See wird weiß durch Schaum, und ein Schiff kann nur noch das gereffte Hauptsegel und die Fock tragen. Ein Sturm erreicht Hurrikanstärke, wenn die Luft mit Gischt angefüllt ist und ein Schiff überhaupt keine Segel mehr setzen kann.

1874 übernahm die internationale meteorologische Organisation die Beaufortskala als Standard in der Wettervorhersage. Allerdings dauerte es noch bis zu Beginn des 20. Jahrhunderts, bis Physiker exakte Gleichungen entwickelten, um die Windstärke mit der Windgeschwindigkeit in Relation setzen zu können. Die heute gebrauchte Beaufortskala, in der jeder Windstärke eine bestimmte Windgeschwindigkeit zugeordnet wird, wurde auf internationaler Ebene erst 1939 eingeführt. Doch seit die Anemometer präziser geworden sind, wird die Beaufortskala von Meteorologen kaum mehr benutzt.

Mitte des 19. Jahrhunderts wurde in vielerlei Hinsicht der Grundstock für die moderne Windvorhersage geschaffen. Bis dahin war es schwierig gewesen, Windgeschwindigkeiten zu messen, ganz zu schweigen davon, Windprognosen zu erstellen. Beim einfachen Schalenkreuzanemometer treiben rotierende Hohlschalen einen Drehzahlmesser an – mit ähnlichen Geräten hatte man im Orient schon mehrere tausend Jahre lang die Windgeschwindigkeit eingeschätzt. Doch erst 1850 veröffentlichte ein irischer Physiker namens T. R. Robinson eine vereinfachende und, wie sich herausstellen sollte, fehlerhafte Theorie zur Kalibrierung des Gerätes. Sechs Jahre später brachte der Amerikaner William Ferrel seine *Essays on the Winds and Currents* heraus, ein wichtiges Werk, in dem er vollkommen richtig darlegte, wie der Wind durch die Corioliskraft abgelenkt wird.

Die Schiffskapitäne auf den viel befahrenen Handelsrouten wussten eine Menge über die regionalen Windsysteme, doch die Wissenschaft bemühte sich nicht, ihre Sachkenntnis zu nutzen. 1842 verfasste der amerikanische Marineoffizier Matthew Fontaine Maury ein Rundschreiben, in dem er dringend darum bat, die Kapitäne mögen nach Beendigung jeder Reise ihr Logbuch an das Archiv für Karten und Instrumente in Washington senden, sodass er sie nach Informationen über Strömungen und Winde durchforsten könne. Maury hoffte, einen Atlas über die Winde, Sturmsysteme und Meeresströmungen auf der Welt erstellen zu können – ein Unterfangen von wahrhaft gigantischen Ausmaßen –, doch anfangs kamen nur wenige Kapitäne seinem Wunsch nach. Enttäuscht konzentrierte sich Maury zunächst auf eine einzige Route, die Überfahrt von New York nach Rio de Janeiro. Er analysierte die spärlichen Aufzeichnungen, die ihm zur Verfügung standen, und erstellte einen Kurs, auf dem, so behauptete er, die Schiffe alle Strömungen und Winde optimal ausnutzen konnten. Kurz darauf berichtete ein Kapitän, er habe durch Einhalten des von Maury vorgeschlagenen Kurses für die Fahrt nach Süden anstatt der gewohnten 41 Stunden lediglich 24 Stunden benötigt. Dies sprach sich herum, und Maury erhielt auf einmal Monat für Monat dutzende von Logbüchern. Ab 1851 veröffentlichte er eine Reihe von Karten, die ihm internationales Ansehen einbrachten. Wenn sie sich an die von ihm empfohlenen Routen hielten, segelten Schiffe in nur 135 anstatt 180 Tagen von New York nach Kalifornien, und für die Strecke von England nach Sydney in Australien brauchten sie statt 250 nur noch 130 Tage. Maury zeichnete eine der ersten genauen Karten globaler Windsysteme und Strömungen und erhielt dafür in allen Ländern großen Zuspruch.

Gegen Ende des 19. Jahrhunderts war allgemein bekannt, dass zwischen schlechtem Wetter und barometrischem Tiefdruck ein Zusammenhang bestand. Meteorologen lernten, Linien gleicher barometrischer Druckverhältnisse, die Isobaren, in Wetterkarten einzuzeichnen, um so die Verlagerungen von Wettersystemen festhalten und ihre Veränderungen beobachten zu können. Barometerwerte wurden telegrafisch von einer Station zur nächsten weitergegeben. Dennoch konnten Meteorologen allenfalls ansatzweise Prognosen aufstellen: Das Wetter in einer bestimmten Region würde am folgenden Tag entweder trocken oder nass oder stürmisch sein.

Zu Beginn des 20. Jahrhunderts begannen Wissenschaftler, mit Wetterballonen zu experimentieren, und fanden auf diese Weise heraus, dass die Windgeschwindigkeiten in der Höhe zunehmen. Die Aerologen, wie sie sich selbst nannten, entdeckten auch, dass die Winde unmittelbar über der Erdoberfläche manchmal aus einer anderen Richtung wehen als in 300 Meter Höhe oder noch weiter oben. Die Forscher stießen auf eine Luftschicht um die Erde, eine planetarische Grenzschicht, in der ungeheure Turbulenzen entstehen, wenn Luft über Berge, Ebenen und Städte zieht und durch Konvektion heiße Luftmassen himmelwärts gelenkt werden. Diese Grenzschicht ist mit der untersten Wasserschicht im Ozean vergleichbar, in der ungeordnete Strudel Strömungen bilden und über Canyons und Riffe hinwegziehen. Sie liegt in der unteren Troposphäre und erstreckt sich, je nach Geländeformen, zwischen eineinhalb und knapp fünf Kilometer in vertikaler Richtung. So weit die Aerologen es damals beurteilen konnten, waren die Luftbewegungen von der Grenzschicht bis zum äußeren Rand der Erdatmosphäre sehr gleichmäßig.

Der zunehmende Einsatz von Flugzeugen und der Ausbruch des Zweiten Weltkrieges rückten die Erforschung der Winde wieder in den Vordergrund. Plötzlich wurde es zur vordringlichen Frage, wann Flugzeuge starten können, wie Bomben zu Boden fallen und wann man am besten Gasangriffe durchführte. Aber obwohl man nun mehr über die atmosphärischen Strömungssysteme wusste, gab es nach wie vor keine Erklärung für das Verhalten von Tiefdruckkernen. Bis in die 20er-Jahre unseres Jahrhunderts verließ man sich in der Wettervorhersage mehr auf statistisches Material als auf aktuelle Beobachtung der atmosphärischen Vorgänge. Die Meteorologie als Wissenschaft steckte noch in ihren Anfängen, und niemand verstand wirklich, wie sich Wettersysteme bilden und weiterentwickeln.

Am Morgen des 22. Oktober 1921 versetzten die Barometerwerte den für die Wettervorhersage zuständigen Mitarbeiter am dänischen meteorologischen Institut in Kopenhagen in Alarmbereitschaft vor einem nahenden Tiefdrucksystem. Er nahm an, es würde schnell nach Osten weiterziehen und sagte bis zum Nachmittag ein Nachlassen der starken, morgendlichen Winde vorher. Die Sturmwarnungen wurden aufgehoben. In Kopenhagen trat auch tatsächlich die Sonne hervor, und der heftige Wind legte sich. Doch im Norden Dänemarks fiel ein Sturm mit Böen in Hurrikanstärke über die Küste her, versenkte dutzende von Schiffen und überschwemmte viele Dörfer. Als der Wind noch mehr zulegte, wurden sämtliche Kommunikationswege unterbrochen. Der Meteorologe erfuhr erst einen Tag später von den Verwüstungen.

Der Fehler des dänischen Meteorologen mag zu entschuldigen sein, wenn man den rudimentären Stand der Wissenschaft in jener Zeit bedenkt, doch Kollegen in Norwegen und Schweden hatten den mächtigen Sturm exakt vorausgesagt. Die Norweger und Schweden waren ausgesprochen versiert in der Anwendung einer neuen Technik, die eine Gruppe von Meteorologen um den norwegischen Physiker Vilhelm Bjerknes entwickelt hatte. Bjerknes hatte als Erster erkannt, dass Wetter aus der permanenten Bewegung von Luftmassen und Fronten entsteht. Gemeinsam mit seinen Kollegen entwickelte er auch ein neues Modell der Tiefdrucksysteme in den mittleren Breiten, die unter Meteorologen als außertropische Zyklone bekannt sind. Diese Theorien revolutionierten die Wissenschaft der Wettervorhersage.

Durch Bjerknes' Erkenntnisse waren Meteorologen zum ersten Mal in der Lage, die Entstehung von Drucksystemen zu untersuchen sowie ihre Bewegungen und wechselnden Formen vorherzusagen. Durch die Beobachtung der Fronten konnten sie außerdem Richtung und Böigkeit der Winde vorhersagen. Aber nach wie vor reichten ihre Kenntnisse nicht aus, um die globalen Wettersysteme zu analysieren, und dementsprechend vage – und häufig auch ganz einfach falsch – waren ihre Vorhersagen. Auch wussten sie kaum etwas über die atmosphärische Zirkulation in den oberen Luftschichten. Der schwedische Meteorologe Tor Bergeron ging 1928 davon aus, dass sowohl auf der nördlichen als auch auf der südlichen Halbkugel drei parallele Windzellen oder -gürtel zirkulieren. Bergeron war der Meinung, der Luftbewegung unmittelbar über der Erde stehe in höheren Schichten ein Luftstrom in entgegengesetzter Richtung gegenüber. In seinem Modell strömten tropische Bodenwinde nach Osten, stiegen hoch und strömten wieder zurück nach Westen. Ebenso verhielt es sich an den Polen. In den gemäßigten Breiten wurden die westlichen Bodenwinde von starken Ostwinden überlagert. Diese großen, rotierenden Windzellen verursachten eine permanente Drehung der Atmosphäre und sorgten stets für Ausgeglichenheit. Bergerons so genannte trizelluläre Theorie war einfach, leicht verständlich und fand allgemein Zustimmung. Doch wie die Ereignisse im Zweiten Weltkrieg auf dramtische Art beweisen sollten, war sie falsch.

Im Mai 1945 befand sich der Klimatologe Reid Bryson als Unteroffizier im Army Air Corps auf Saipan. Unmittelbar vor Beginn eines Bombardements militärischer Einrichtungen an der japanischen Küste erhielt sein Kollege William Plumley den Auftrag, für den folgenden Tag die Windgeschwindigkeit in 10 000 Meter Höhe zu prognostizieren. Plumley und Bryson hatten schon in Hawaii ähnliche Berechnungen erstellt und gingen mit ziemlicher Sicherheit davon aus, dass die Winde in großer Höhe – entgegen der trizellulären Theorie – von Westen wehen. Sie untersuchten bekannte atmosphärische Strömungssysteme, bemerkten das Nahen einer Kaltfront, berechneten die Temperaturunterschiede in verschiedenen Höhen und kamen schließlich auf eine anzunehmende Westwindgeschwindigkeit von 168 Knoten (308 Stundenkilometer). »Es dauerte keine fünf Minuten«, erzählt Bryson, »bis der General in unserem Büro stand, uns zur Schnecke machte und sich fragte, von wem wir nur so viel Dummheit geerbt haben. Dann wollte er, dass wir unsere Berechnungen überprüfen.« Wieder kamen Plumley und Bryson auf Westwinde mit 168 Knoten. Am nächsten Tag gerieten die Piloten, die in 10 000 Meter Höhe Richtung Japan flogen, in starke Luftströmungen von Westen. Sie registrierten 170 Knoten. »Der General war ein Ehrenmann«, sagt Bryson, »und entschuldigte sich bei uns.« Letztlich bedeuteten die Westwinde in den oberen Luftschichten das Ende der trizellulären Theorie und zwangen das Oberkommando der amerikanischen Armee dazu, von den geplanten Bombardements militärischer Einrichtungen aus über 10 000 Meter Höhe abzusehen. Stattdessen flogen die Piloten unter Befehl von General Curtis LeMay aus geringerer Höhe Brandbombenangriffe gegen japanische Städte.

Die Piloten der alliierten Streitkräfte, die in großer Höhe flogen, um sich außer der Reichweite von Flugabwehrgeschützen zu bewegen, entdeckten in den letzten Jahren des Zweiten Weltkriegs etwas, was die Japaner während dieses Krieges schon früher angetroffen hatten: die heute als Jetstreams bekannten, tosenden Luftströmungen. 1944 und 1945 ließen die Japaner hunderte von unbemannten, aber mit Bomben bestückten Wasserstoffballons aufsteigen, die der Jetstream innerhalb von drei Tagen über eine Distanz von 8000 Kilometern bis nach Nordamerika trieb. Ein solcher Ballon erreichte die Küste von Oregon und explodierte in der Nähe einer Gruppe von Sonntagsschülern, die gerade ein Picknick veranstalteten. Dabei wurden fünf Kinder und die Frau des Pastors getötet. Ein weiterer ging bei Hanover im Bundesstaat Washington nieder, geriet in eine Starkstromleitung und setzte den Reaktor außer Betrieb, in dem das Plutonium für die Atombombe aufbereitet wurde, die später über Nagasaki abgeworfen werden sollte. Weitere Ballons wurden im Meer entdeckt, in Alaska, Arizona, Montana, Kansas und Sasketchewan. Einer gelangte nach Farmington in Michigan, ganz in der Nähe von Detroit. Die meisten von ihnen richteten keinen Schaden an. Aber allein die Angst vor negativen psychologischen Auswirkungen – feindliche Bomben kommen mit dem Wind! – veranlasste das Kriegsministerium dazu, Berichte über die Ballons vor der Öffentlichkeit geheim zu halten.

Die Japaner entsandten die Ballons mit dem Polarfront-Jetstream, dem Strom, der die Wettersysteme über dem amerikanischen Kontinent und über Europa steuert. Nach dem Krieg wurden nach intensiver, internationaler Erforschung der Atmosphäre vier verschiedene Jetstreamsysteme auf der nördlichen Halbkugel entdeckt: Der Polarfront-Jetstream, ein subtropischer Jetstream und ein polarer Wirbelwind, die alle von Westen wehen, sowie ein tropischer, östlicher Jestream. Jeder von ihnen ist tausende von Kilometern lang, über 100 Kilometer breit und dehnt sich mehrere Kilometer in vertikaler Richtung aus. Zuweilen können sie Geschwindigkeiten bis zu 650 Stundenkilometern erreichen.

Welchen Weg die Jetstreams einschlagen, hängt von den Temperaturdifferenzen entlang des Äquators und an den Polen ab. Im Winter, wenn der Unterschied am größten ist, driften sie näher an den Äquator. Der subtropische Jetstream bewegt sich in östliche Richtung, wagt ein Tänzchen mit dem Polarfrontjet, kommt ihm ganz nahe und geht schließlich wieder auf Distanz. Über Nordamerika, Europa und Japan greifen beide Systeme zuweilen ineinander und wachsen zu einem immensen, rasch vorwärts eilenden Strom an, der wolkenbruchartige Regenfälle und heulende Blizzards mit sich führt. Zur gleichen Zeit entsteht der Polarnacht-Jetstream und fließt in östlicher Richtung um den Pol. Diese Systeme finden ihre Entsprechung auf der südlichen Halbkugel. Über der Antarktis umschließt der Polarnacht-Jetstream dort, wo die Ozonschutzschicht schon alarmierend dünn ist, eine große Luftmasse. Dieses Ozonloch bildet sich jeden Winter, wenn der Polarnacht-Jetstream ein Vermengen der Luft über dem Südpol mit der restlichen Atmosphäre verhindert.

Im Sommer lösen sich Polarnacht-Jetstream und subtropische Strahlströme auf, ihren Platz nimmt dann auf der nördlichen Halbkugel, über Indien und Äquatorialafrika, der östliche, tropische Jetstream ein.

In den äußeren Bereichen der Jetstreams herrschen extreme Windscherungen mit innerhalb nur weniger Meter unvermittelt wechselnden Windgeschwindigkeiten. Diese können zu einem heftigen Aufwühlen der Luftströmungen führen, den so genannten Clear-Air-Turbulenzen. Näher am Boden, wo Wüsten, Ackerflächen und Städte Wärme konzentrieren, entstehen durch Konvektion Luftgeysire, die durch die unsichtbare Haut der Grenzschicht hindurch nach oben schießen. Die gleichmäßige Strömung, die Meteorologen früherer Generationen in der oberen Atmosphäre vermuteten, existiert nicht. Vielmehr ist die Luft über uns mit Wellen und krachenden Brechern erfüllt, deren Kämme manchmal an der Bildung kleiner Wolken zu erkennen sind, mit breiten, sanften Strömungen, die die Wolkendecken zu geriffelten Bergzügen auseinander ziehen, mit unterschiedlichen Luftschichten, die in verschiedene Richtungen driften und abstürzenden Eiskristallen die Feuchte entziehen, um daraus Pferdeschweife zu formen. Beobachten Sie die Wolken – sie sind der Beweis für die in so vielerlei Formen auftretende Rastlosigkeit unserer Atmosphäre. Nur in ihnen manifestiert sich für das Auge sichtbar der unsichtbare, schaumlose Ozean, der die Erde umgibt.

DER WIND, der Wind. Täglich höre ich beim Aufwachen, wie er durch die Kiefern über unserem Haus streift. Nach dem Frühstück stelle ich unser ramponiertes Wetterfunkgerät an, um herauszufinden, in welcher Gestalt er sich heute zeigt. »Guten Morgen«, sagt der Sprecher sachlich, »hier ist die Acht-Uhr-Wetterübersicht für die Region. Norfolk, klar, Wind von Nord mit fünfzehn Knoten. Elizabeth City, teils wolkig, Wind von Nord mit zehn.« Die einzelnen Ortschaften werden in der Windvorhersage von Norden nach Süden aufgezählt:

Duck, Nordost mit fünfzehn. Manteo, Nordost mit fünzehn. Frisco, Ost mit zwölf. Hatteras Inlet, Südost mit zehn. Und so weiter, bis ich genau weiß, welchen Weg sich der Drache für heute ausgesucht hat.

Ich denke daran, welche Fortschritte in der Prognose von Winden bereits erzielt wurden und werde nachdenklich. Wind und Wetter haben schon so viele ihrer Geheimnisse preisgegeben, dass selbst altgediente Wetterexperten sich fragen, was überhaupt noch zu entdecken bleibt.

Vor einigen Monaten besuchte ich den Meteorologen Bob Rice in den Räumen seines privaten Wetterdienstes, dem Weather Window in Wolfeboro/New Hampshire. Als Erstes hörte ich, wie stolz Rice darauf war, die Windvorhersage für einige Champions bei Heißluft- und Heliumballon-Wettfahrten in Albuquerque getroffen zu haben. 1978 war Rice meteorologischer Berater des *Double Eagle II* von Maxie Anderson gewesen, dem ersten bemannten Ballon, der den Atlantik überquerte. Ich hatte vorher schon einige Male mit ihm telefoniert. »Wenn man einen Ballon in die Luft schickt«, erzählt er gerne, »verhält er sich genau wie ein Luftpartikel. Mit einem Ballon kann man gut herausfinden, was hoch oben passiert. Aber bei einer Wettfahrt kommt es natürlich darauf an, schon *vor* dem Start zu wissen, was da oben los ist.«

Rice ist unter Regattaseglern ebenso berühmt wie unter Ballonfahrern. 1995 verbrachte er sieben Monate mit der Mannschaft Neuseelands in San Diego und half ihr, den America's Cup zu holen. Während ich mich in den Büros von Weather Window aufhielt, gingen ein halbes Dutzend Anrufe von Regattaseglern aus Frankreich und England ein.

Rice hat dickes, schlohweißes Haar, einen kurz geschorenen Bart und eine tiefe, volle Stimme. Wir unterhielten uns kurz über das merkwürdige Wetter dieses Sommers. An der Ostküste war es ungewöhnlich kühl und regnerisch gewesen, und in den Vieh- und Ackerbauregionen Texas, Arkansas und Oklahoma richtete eine längere Dürreperiode großen Schaden an. Eine lange, nach Süden ausgedehnte Westwindschleife hielt trockene Luft über der Westhälfte des Kontinents fest und trieb heftige Regenfälle in den Osten. »Es ist nicht ungewöhnlich, dass sich in dieser Position eine Welle bildet«, erklärt Rice, »ungewöhnlich ist lediglich ihre Ausschlagweite.« Er erzählte, eine ähnliche Schleife habe sich 1993 über den Rocky Mountains gebildet, als der Mittlere Westen im Regen versank und im Einzugsgebiet des Mississippi tausende von Häusern in den Fluten untergingen. »Über den Bergen befand sich eine lange Wellenrinne, durch die der Jetstream blies, sodass kalte Luft plötzlich auf warme Luftmassen traf. Es gab Gewitter im Übermaß. Diese Dinger gingen einfach der Reihe nach los, eines nach dem anderen. So viel auf einmal konnte der Boden nicht aufnehmen.«

Rice war mit der Meteorologie zum ersten Mal bei der Air Force im Koreakrieg in Berührung gekommen. »Bis dahin«, so sagt er, »dachte ich nicht mehr und nicht weniger über das Wetter nach als jeder andere normale Mensch auch. Was mich faszinierte, war die Vorstellung von Wetter als lebendes, atmendes Etwas. Sie tippen nicht einfach nur einen Haufen Zahlen und Daten ein. Vor ihren Augen entsteht ein Bild. Sie sehen Wellen, Sie sehen Gewitterwolken, Sie sehen das ganze System.«

40 Jahre lang hat Rice nun mitverfolgt, wie die Methoden der Wettervorhersage immer ausgefeilter wurden. Zu Beginn der 70er-Jahre konzentrierte sich alles auf das Wetter des nächsten Tages. »Wir brauchten so lange, um eine 24-Stunden-Prognose aufzustellen«, so Rice, »dass wir kaum noch Zeit für eine 48-Stunden-Prognose zur Verfügung hatten. Und als es an die 72-Stunden-Prognose ging, hätten wir ebenso gut Dartpfeile auf eine Tafel werfen können. Luftbewegungen über Geländeformen können so kompliziert sein. Jede kleine Drehung führt zu einer Veränderung. Heute stehe ich vol-

ler Respekt vor manchen der Modelle, die heute im Einsatz sind.«

1994 suchte Rice den besten Kurs für die *Enza,* einen 29-Meter-Katamaran, mit dem Kapitän Peter Blake die Jules-Verne-Trophy gewinnen wollte, die für die schnellste Weltumseglung vergeben wird. Er hielt über Telefon und Fax Kontakt mit Blake. Als die *Enza* die südliche Halbkugel erreichte, hoffte Rice, sie in mäßigem Westwind am äußersten Rand der Roaring Forties halten zu können. Doch als sich das Boot Neuseeland näherte, zeigte eine Computersimulation die Entstehung eines Tiefdrucksystems, in dem sich östliche Stürme zu entwickeln drohten. »Ich sah schon sechs oder sieben Tage im Voraus, wie es sich aufbaute. Ich hatte Zeit, das Boot weiter nach Süden zu führen und im Bereich der Westwinde zu halten. Die Sache ist nur die, dass ich 15 Jahre früher nicht die leiseste Idee von der Entwicklung dieser Zelle gehabt hätte. Zumindest nicht eine Woche im Voraus. Ich hätte vielleicht zwei Tage Vorwarnzeit gehabt, und das wäre nicht genug gewesen.« Es war zu einem großen Teil den Lotsendiensten von Rice zuzuschreiben, dass Blake sein Vorhaben in knapp unter 75 Tagen schaffte und damit die Trophy gewann.

Die enorme Verbesserung der Vorhersagen setzte sich in den 90er-Jahren nicht mehr mit dieser Geschwindigkeit fort. »Im Moment tut sich nicht viel«, sagte Rice. »Da draußen kursieren eine ganze Reihe von Modellen, gute und schlechte. Es sind noch einige große Fragen offen, und ich bin mir nicht sicher, wie gut sie beantwortet werden können. Wodurch entstehen die Wellen mit großen Amplituden? Ich weiß nicht, ob jemand die Antwort kennt.« El Niño, die Ansammlung warmen Wassers, die sich unvorhersehbar im Südpazifik bildet, mag eine Rolle spielen. Zumindest muss sie in irgendeiner Form die atmosphärische Zirkulation beeinflussen. Doch Rice meinte: »Ich hasse es, wenn eine Sache als Erklärung für alles herhalten muss – Hitze, Kälte, Trockenheit, Akne,

Schweißfüße –, so wie es mit El Niño gemacht wird. Es gibt so viele Faktoren, die alle ineinander greifen. Ich kann mir nicht vorstellen, dass nur einer allein die Ursache sein soll.«

IN UNSEREM Wissen über den Wind in sämtlichen Höhen klaffen noch große Lücken. Mitte der 90er-Jahre wurde vom National Weather Service die Installation eines Dopplerradarsystems abgeschlossen, das Windprofile über den ganzen Kontinent hinweg aufzeichnen kann. Der Radar verfolgt die Bewegungen von Regentropfen, Insekten und Staub und kann so die Luftbewegungen nachverfolgen. Er kann die Bahn eines Tornados bereits 15 Minuten vor Berührung des Bodens vorwegnehmen. Doch da er den Horizont von festgelegten Punkten aus absucht und dabei schräg nach oben bis in 15 000 und 18 000 Meter Höhe schweift, kann er keine Böen und Wirbel in Bodennähe erkennen und auch nicht die isolierten Sturmböen, die sich vielleicht gerade über einer bestimmten Region aufbauen.

Auch am äußeren Rand unserer Atmosphäre wehen komplexe Winde, über die man noch viel zu wenig weiß. In Äquatornähe liegt ein eigenartiger Gürtel, in dem die Winde der Stratosphäre 12 bis 15 Monate lang von Osten um den Globus blasen. Dann drehen sie unvermittelt und wehen 13 bis 16 Monate lang von Westen. Diese komplette Umkehr des Windes, die so genannte Quasi-biennial-Oscillation oder quasizweijährige Schwingung, wurde erst Mitte der 60er-Jahre entdeckt. In langsamen Schritten erforschen nun Wissenschaftler diese Schwingung, um mögliche Auswirkungen auf das Weltklima feststellen zu können. Dabei handelt es sich um ein eigenartiges Phänomen, das ganz offensichtlich durch atmosphärische Wellen eintritt, die auf Grund von Konvektion entstehen.

Möglicherweise beeinflusst die Quasi-biennial-Oscillation die Intensität von Hurrikanen, jenen verheerenden Wirbelstürmen, deren Wege so schwierig vorherzusagen sind. Seit 1983 feilen Meteorologen um William Gray an der Colorado State University an einem Modell zur Prognose von Hurrikanen. Berücksichtigt werden dabei Temperaturen und Druckverhältnisse an den Meeresoberflächen, die Regentätigkeit in der Sahelzone und im Golf von Guinea in Westafrika, die Quasi-biennial-Oscillation, das Auftreten oder Nichtauftreten von El Niño und weitere Faktoren. Bei diesem Modell verwendet man Statistiken über die Beschaffenheit der Atmosphäre in den vergangenen Jahren als Grundlage, um Vorhersagen über die nächste Saison treffen zu können. Gray und seine Mitarbeiter haben zwar herausgefunden, dass sich nach regenreichen Jahren in der westlichen Sahelzone und im Golf von Guinea mit größerer Wahrscheinlichkeit starke Hurrikane bilden, doch über das Warum können sie nur Vermutungen anstellen. (Ebenso wenig können sie vorhersagen, wie viele Stürme während einer Saison auf das Festland übertreten und dort ihre mörderischen Kräfte loslassen.) Sie wissen auch, dass sich ganz heftige Hurrikane seltener zusammenbrauen, wenn die Oszillation von Osten weht. Während der östlichen Phase entwickelt sich eine intensive Windscherung, die wie eine riesige Säge wirkt und den tropischen Stürmen ihre Spitze kappt.

Vielleicht werden Atmosphärenforscher bald das Geheimnis der Hurrikanentstehung lüften. Vielleicht werden wir in absehbarer Zeit auch vorhersagen können, wann sich in den für die Stürme verantwortlichen Westwinden der höheren Schichten eigenartige Schleifen bilden und uns Wetter bescheren, das in Relation zu unserer relativ milden Periode weit außerhalb der Norm liegt. Vielleicht werden wir aber auch über das bereits vorhandene Wissen hinaus nichts wesentlich Neues mehr erfahren. Genau wie Bob Rice betrachtet auch William Gray die Methode, klimatische Entwicklungen auf Grund von Wind- und Wetterbeobachtungen der Vergangenheit vorherzusagen, mit Skepsis. »Die Atmosphäre ist viel zu komplex, als dass man sie mit Computern simulieren könnte«, meinte Gray, als ich ihn in seinem Labor besuchte. »Ich glaube nicht, dass wir dazu jemals in der Lage sein werden. Schon allein der Vorsatz wäre überheblich.«

Andere sind jedoch davon überzeugt, dass atmosphärische Simulation möglich ist und wir in nicht allzu ferner Zeit in der Lage sein werden, über einen Zeitraum von mehreren Jahren Prognosen zu erstellen, wie Wind, Wetter und Klima sich verhalten werden und warum. Vielleicht können wir eines Tages sogar voraussagen, wann die Erde in eine neue Eiszeit eintreten oder ob sie sich, wie das Innere eines Treibhauses, aufheizen wird. Aber ich halte es mit den Rices und Grays dieser Welt. Am Ende, das ist meine Meinung, werden wir feststellen, dass es doch nicht möglich ist.

Schließlich ist der Wind keine simple Heizungsanlage sondern ein lebender Organismus, der sich aus vielen Einzelkomponenten zusammensetzt und viele Charaktere in sich trägt. Dieses Wissen tröstet mich. Und die Vorstellung, dass er sich nicht in Fesseln legen lässt – weder als physische Existenz noch verstandesmäßig – und dass er immer wieder für eine Überraschung gut sein wird, gibt mir neuen Mut.

4.

Die Meister der Brise

ICH FAHRE MIT dem Auto so schnell ich kann nach Süden, rase mit einem rosigen Licht bis an die Nordspitze von Hatteras Island um die Wette. Wir haben Anfang Oktober, und es ist 6.45 Uhr morgens. Gestern Abend legte sich eine Kaltfront, der erste kräftige Atem des Winters, über die Outer Banks und tat mit einem kräftigen Nordostwind seine Anwesenheit kund. Sämtliche Gedanken an einen faulen, beschaulichen Sommer sind wie weggeblasen, die Tiere der ganzen Region sind im Aufbruch begriffen. Für heute ist wieder eine mäßige nordöstliche Brise angekündigt, und ich bin unterwegs in ein Naturschutzgebiet, wo ich die Raubvögel beobachten will, die mit großer Sicherheit dort vorbeiziehen werden.

Ich überquere die geschwungene Brücke über Oregon Inlet, ohne vom Gas zu gehen, um den fließenden Tanz des elfenbeinfarbenen Sandes und der tiefblauen Brandung zu bewundern. Je früher ich mein Ziel erreiche, umso mehr Vögel werde ich vermutlich zu sehen bekommen. Die Brücke entlässt mich auf den Grat der Insel, unmittelbar westlich einer hohen Dünenkette. Bis zu dem Fußweg, der zu einer Aussichtsplattform mitten im Pea-Island-Nationalpark führt, sind es noch sechseinhalb Kilometer.

Dieser Straßenabschnitt, auf dem ich mich gerade befinde, ist bekannt für häufige Geschwindigkeitskontrollen, also beuge ich mich angestrengt über das Steuerrad und konzentriere mich darauf, die Tachonadel unter 100 Stundenkilometer zu halten. Ich denke an die Falken, die ich vielleicht verpasse, und verfluche meine morgendliche Trägheit, die halbe Stunde Schlaf, die ich noch herausgeschunden habe. Die Straße ist inzwischen zu einem Hohlweg geworden, nichts existiert außerhalb der engen Begrenzungen. Doch als ich in eine lange Gerade komme, zwingt mich ein blauschwarzes Geschoss zu bremsen. Ein Wanderfalke stößt bis kurz über meinem Laster herab und verschwindet auf der dem Meer zugewandten Seite der Dünen.

Einen Augenblick lang verweile ich regungslos auf der Straße. Als meine Sinne wiederkehren, gebe ich Gas und verfolge den Falken nach Süden, bei einer Geschwindigkeit von 120 Stundenkilometern sehe ich ihn links von mir über den Kamm gleiten. Ich bremse auf 80 ab und halte mich auf gleicher Höhe, gleite mit ihm dahin, als würde die Luft auch mich tragen, bewundere den Anblick seiner Henkersmaske und Flügel, deren Enden wie Speerspitzen aussehen. Einen halben Kilometer weiter südlich türmen sich die Dünen zu einer bröckelnden Wand auf und trennen uns.

Die Sonne schiebt sich hinter einer Wolke in den blassgrünen Himmel vor. Goldenes Licht gleitet über die sandigen Grasniederungen und Marschen. Ich atme kräftig aus, sinke in den Sitz zurück und fahre die Küste entlang.

KURZE ZEIT SPÄTER stehe ich in der prallen Sonne auf der Aussichtsplattform. Die Kaltfront, inzwischen über dem Meer, hat ihren Griff gelockert, der Wind ist leichter und weht mehr aus östlicher Richtung als vorhergesagt. Doch davon haben sich die Vögel nicht aufhalten lassen. Im Westen mache ich einen Streifensperber aus, der seinem wohl bekannten Flugverhalten folgt: Schwingen, schwingen, gleiten – schwingen, schwingen, gleiten. Ein Artgenosse folgt ihm wenige Minuten später. Eine Phase der Stille, dann fliegt ein Merlinfalke Richtung Inselmitte. Er bricht leicht nach Osten aus, als hätte mein Anblick ihn erschreckt, ist aber immer noch so nahe, dass ich die Löcher in seiner grimmigen Hakennase erkennen kann.

Der Wind hat mir diese Vögel geschickt, oder, besser gesagt, eine Kombination aus Wind und nahendem Wetter hat sie hierher getrieben. Die Luftströmung zwischen einzelnen Fronten ist nur einer von vielen Faktoren, die Zeitplan und Kurs von Tierwanderungen bestimmen, aber sie ist einer der wichtigsten. Das Szenario dieses Herbstes wird sich im Frühjahr nicht wiederholen. Die regionalen Winde werden dann vor allem von Süden wehen und die Vögel in einer breiten Bahn nach Norden treiben. Und die Falken und Sperber, die ich heute Morgen gesehen habe, werden dann mit großer Wahrscheinlichkeit zu ihren Brutplätzen im Mississippi Valley fliegen und dort bleiben, bis das Wetter kühler wird und die Nordwinde im Oktober sie wieder in den Himmel über den Outer Banks treiben.

Ich stelle mir gerne vor, die Luft, die uns umhüllt und am Leben erhält, sei mit sich ständig verschiebenden Boulevards und hochrankenden Straßen durchzogen. In meiner Phantasie ersteht eine Atmosphäre voller Wege, die unsichtbar bleiben und von den meisten Menschen weitgehend ignoriert werden, doch von denen eine Menge Lebewesen abhängig sind, wenn es um ihre Fortbewegung geht, um die Suche nach Nahrung, um wichtige Signale, wo sie Beute jagen oder sich vor Jägern verstecken können, wo sie Schutz finden und wo sie sich paaren können. Und meine Vorstellung ist gar nicht einmal so weit hergeholt.

Für Tiere, vor allem für die Vögel und Fluginsekten, ist der Wind ein flinker Wagen, der sie trägt, ein Kompass, den sie ablesen können. Er ist eine Informationsquelle, und zwar nicht nur über die momentanen Bedingungen, sondern auch über das Wetter der nächsten Zeit. Nirgendwo tritt dies deutlicher zu Tage als auf einer vorgelagerten Insel, wo der genaue Beobachter die Veränderungen der Wettersysteme zwischen den weiten unverstellten Horizonten genau verfolgen kann. Wetterfronten scheinen hier in ganz ungewohnter Manier greifbar nahe zu sein. Man kann ihren Durchzug an den Wolkenbewegungen verfolgen, man kann ihr Verhalten anhand der beunruhigenden Stille vorwegahnen, die einer drastischen Änderung der Windrichtung vorangeht. Und wenn man die Landschaft schon eine Weile beobachtet hat, kann man auch vorhersagen, wie sie die Welt der Tiere in Aufruhr versetzen.

Im vergangenen Winter hielt ich mich Mitte Januar zusammen mit Vic Berg, einem Führer für Wasservogeltouren, der seit 30 Jahren auf den Outer Banks jagt und fischt, einen Tag lang hinter einem Entenschirm versteckt. Plaudernd und schäkernd überspielte der hagere, strohblonde Berg die intensive Konzentration, mit der er aus dem Versteck heraus seine Umgebung absuchte. Er gilt als einer der besten Jäger auf der Insel.

Der Morgen, den ich mir für die Tour mit ihm ausgesucht hatte, war einer der kältesten des Jahres, die Temperaturen bewegten sich um plus fünf Grad Celsius, aber der Himmel war bleigrau, und es wehte ein schneidender Nordwestwind. Wir verließen festen Boden um 5.15 Uhr und fuhren in der Dunkelheit mit einem Motorboot durch ein Sumpfgebiet unmittelbar innerhalb des Oregon Inlet. Exakt im Norden wanderte das blaßgelbe Signallicht des Leuchtturms auf Bodie Island träge über die Landschaft. »Gutes Jagdwetter«, sagte Berg munter, als sich schwaches Tageslicht zeigte und wir uns in einer offenen Kiste hinter einem Bündel Wachsmyrte einrichteten. »Das ist immer ein guter Platz. Man hat den Eindruck, ein kleiner Windkanal treibt die Enten, die in den Tümpeln am Leuchtturm nach Futter suchen, hier herunter.«

Ein ganzer Schwarm Schwäne flog, zu einem V formiert,

über unsere Köpfe hinweg, leuchtend weiß hoben sie sich gegen die Wolken ab. Zickzackförmig hintereinander angeordnet, bewegte sich eine Gruppe Kormorane nur wenige Flügellängen über dem Wasser nach Norden. Aus dem Sumpf hinter uns drangen vermutlich die Rufe irgendeiner Rallenart. Wir waren uns nicht ganz sicher, weil wir sie wegen des Windes nicht richtig hören konnten.

Ich fragte Berg, warum das Jagen an windigen Tagen immer besser ist. »Weil der Wind die Plätze limitiert, an denen sich die Vögel auf dem Wasser niederlassen können«, erklärte er mir. »Du hast einen windstillen Tag, und sie verteilen sich über den ganzen Planeten. Aber bei einer ordentlichen Brise fallen zwei Drittel ihres Lebensraumes weg. Sie wühlt weiße Schaumkronen auf. Schwimmenten lassen sich niemals auf weißem Wasser nieder, sie suchen ein geschütztes Plätzchen wie hier.« Er wandte sich zu der seichten Stelle vor dem Versteck, wo er 80 selbst gemachte Entenfallen aufgestellt hatte. »Da draußen ist eine längliche Sandbank, die die Wellen abschwächt.«

»Tauchenten setzen sich auch auf weiße Schaumkronen, aber selbst die mögen keine hohen, rollenden Wellen. Sie wollen kein Wasser ins Gesicht geklatscht bekommen. Und dann spielt es auch noch eine Rolle, wie der Wind die Wasseroberfläche verändert. Wenn er das Wasser aus einem Abschnitt wegbläst, sodass Gras zum Vorschein kommt, ist das für die Enten wie eine Einladung in ihr eigenes Café.«

Ich fröstelte, als eine Bö mir die Kapuze vom Kopf wehte. Berg, der sich gerade umgedreht hatte, um den Himmel hinter sich abzusuchen, schien die Kälte überhaupt nicht wahrzunehmen.

»Enten lassen sich vom Wind tragen«, fuhr er fort. »Man kann ihnen dabei zusehen. Manchmal sieht man eine Schar Vögel eine bestimmte Schneise entlangfliegen und niedergehen, und dann folgt ihnen die nächste Schar in genau der gleichen Schneise. In so einem Fall postiert man sich genau darunter, weil dort eine Windscherung oder so etwas herrscht. Man hat den Eindruck, die Vögel hätten am Morgen eine Besprechung abgehalten und sich alle auf die gleiche Flugroute geeinigt.«

Einen halben Kilometer westlich glitt eine Traube Spieß- und Pfeifenten schnell vorüber und ignorierten die Rufe, die Berg aus einer der drei Entenlockpfeifen abgab, die er um den Hals hängen hatte. Ein Gänsesägerpaar zog tief vor dem Versteck vorbei, aber Berg schoss nicht. »Sie schmecken nicht besonders gut«, sagte er.

Ich erzählte Berg, dass mir ein befreundeter Fischer vor einigen Tagen geschildert hatte, wie Fische sowohl im offenen Meer als auch in den geschützteren, flacheren Buchten in Küstennähe auf die geringsten Winddrehungen reagieren. Am ersten Tag, an dem man nach einem sommerlichen Nordoststurm wieder auslaufen kann, so erzählte er mir, scheinen Hochsee-Charterboote immer Tunfisch zu fangen, als würde der Wind die Fische dazu anhalten, sich in Schwärmen zusammenzurotten und näher zur Küste zu wandern. Ein starker Nordwestwind im Herbst dagegen treibt den als Speisefisch beliebten Red Drum an die Westseite von Hatteras Island.

»Das ist wahr«, fiel Berg ein. »Das Wasser wird vollkommen aufgewühlt, und die Red Drums wissen, dass sie dort eine Menge Krabben finden werden. Genau umgekehrt ist es beim Flunderfischen. Wenn man Flundern fangen will, muss man nach klarem Wasser Ausschau halten. Im Sommer, wenn es von Südwesten bläst, kann man das Fischen hier drin vergessen. Dann fangen sie Flundern in Manns Harbor, weil dort das Wasser klar ist, ja.« Er schob seine Jagdkappe zurück und rückte mit dem Daumen die Sonnenbrille zurecht. »Die beste Ausrüstung hilft einem nicht, wenn man nicht da ist, wo sich die Vögel oder die Fische naturgemäß aufhalten. Dazu muss man ortskundig sein. Deshalb braucht man einen einheimischen Führer.«

Eine eigennützige Behauptung, das mag sein, aber sie trug auch viel Wahrheit in sich. Ich dachte darüber nach, was ich selbst an Ortskenntnis besaß – dass es Grasmücken aller Art, die im Frühherbst nach Süden ziehen, vor allem in einige wenige niedrige Wachsmyrtenhecken im Naturschutzgebiet von Pea Island verschlägt. Ich sah auf das schäumende Wasser am Inlet hinaus und überlegte, dass die Fische mithilfe von Unterwasserströmungen ihren Weg finden, ohne dass dies für uns sichtbar wird. Die Bewegungen des Wassers sind jenen der Luft ganz ähnlich, nicht nur physikalisch, sondern auch im Hinblick auf die Vorgaben, die sie den Tieren machen. In diesem sausenden Wind an einem Morgen mit stählernem Wasser und Himmel schienen die Inseln der Outer Banks wie ein nachträglicher Gedanke in einer flüssigen Welt, wie der dunkle, leere Spalt, der sich zwischen zwei geöffneten Lippen auftut. Wir sind anormale Wesen, schoss es mir plötzlich durch den Kopf. Wir Landratten sind eigenartige, schwerfällige Existenzen, wir hängen fest zwischen zwei Firmamenten, in denen es von fliegenden und schwimmenden Tieren nur so wimmelt.

DA WIND durch eine Reihe im Großen und Ganzen doch prognostizierbarer Ereignisse entsteht, nehmen Biologen an, manche Tiere bedienen sich vorherrschender Brisen, um durch ihre Welt zu navigieren. Ein solches Verhalten kann in Regionen mit konstanten Winden aus gleich bleibender Richtung besonders stark ausgeprägt sein, wie etwa in den Passatgürteln. Bei Versuchen mit unechten Karettschildkröten fanden Forscher in Florida heraus, dass frisch geschlüpfte Nachkommen, die in den Atlantik entsandt werden, sofort auf Wellen schwimmen, die von östlichen Winden verursacht werden und auf diese Weise rasch ins offene Meer hinaus zum Golfstrom gelangen. Einige Arten afrikanischer Wüstenameisen verlassen sich offenbar weitgehend auf die Position der

Sonne, um die Spuren zu ihren Nestern zurückzuverfolgen, doch an bewölkten Tagen finden sie mithilfe des Windes nach Hause.

Keine der vielen verschiedenen Arten, wie Tiere auf Wind reagieren, ist so gut erforscht, aber auch so verblüffend wie das Phänomen des Vogelzugs. Wissenschaftler haben Kenntnis davon, dass vorherrschende Windsysteme weltweit zur Ausbildung wichtiger Flugrouten beigetragen haben und extreme Winde kleinere Arten tausende von Kilometern über ihren normalen Aktionsradius hinaus forttragen können. Nach starken Westwinden tauchen nordamerikanische Schmetterlinge, Insekten und Singvögel häufig in größerer Zahl auf den Britischen Inseln auf. Andererseits aber ist das Wissen darüber, wie Vögel sich im Wind fortbewegen, erstaunlich dürftig.

Bis in die 50er-Jahre stützten sich Biologen, die Vogelwanderungen erforschten, ausschließlich auf saisonale Bestandszählungen und wieder aufgefundene Ringe, die in der Regel von toten Vögeln stammten. Ein Großteil des heutigen Wissens über Flugrouten wurde aus den immensen Datenbanken der Beringungsstation des U. S. Fish and Wildlife Service in Laurel, Maryland, herausgefiltert. Aber Beringungsauswertungen liefern lediglich Informationen über die Gesamtbewegung von Vogelpopulationen, nicht jedoch über vereinzelte umgebungsbedingte Impulse, die sie möglicherweise auf ihrem Zug anspornen und leiten. Bodenzählungen, selbst wenn sie von gewissenhaften Vogelbeobachtern durchgeführt werden, überschätzen eher die Zahl der in niedrigen Höhen durchziehenden Vögel und berücksichtigen jene überhaupt nicht, die in größeren Höhen ziehen. (Frühere Forscher hatten angenommen, Vögel würden von Gegenwinden zu ihren Wanderungen animiert, weil der Himmel bei den südlichen Winden während des Herbstzuges so stark bevölkert ist. Dabei zogen sie nicht in Betracht, dass die Zugvögel bei Gegenwind ganz einfach näher am Boden fliegen.) Durch den Einsatz von Radar wissen die Forscher heute, dass Vögel in mehreren Kilometern Höhe fliegen können, wenn die Winde dort günstig sind. John Richardson, der als Umweltberater in Toronto arbeitet, hat Küstenvögel verfolgt, die in der dünnen Atmosphäre in 6000 Meter Höhe bis nach Westindien gezogen sind.

Allerdings sind auch Radaruntersuchungen nur limitiert einsetzbar, was in der Natur der Sache liegt. Zum einen können Beobachter im Normalfall einzelne Arten nicht unterscheiden, es sei denn, die Vögel ziehen per Zufall vor dem Mond vorbei oder durch ein Ceilometer, einen senkrecht nach oben gerichteten Lichtstrahl. Zum anderen erfasst der Radar viele tief fliegende Vögel nicht, wodurch diese Zählungen genau umgekehrt verfälscht werden wie die Zählungen vom Boden aus. »Eines der größten Probleme in diesem Forschungsbereich liegt darin, dass es fast nicht möglich ist, gute Versuche zu entwickeln«, sagt Richardson. Bei der Erforschung des Vogelzugs haben wir es mit einer riesigen Anzahl von Arten zu tun, mit unterschiedlichen Altersgruppen – erfahrene Zugvögel auf der einen, unerfahrene auf der anderen Seite – und mit unterschiedlich langen Routen. Und dann verhalten sich die Vögel auf den einzelnen Etappen vielleicht auch noch unterschiedlich.«

Im Allgemeinen warten Vögel mit dem Beginn ihrer Reise, bis sie Rückenwind nutzen können, um selbst möglichst wenig Energie einsetzen zu müssen. Das trifft ganz besonders auf kleine Vogelarten zu, die vom Wind sehr leicht von ihrem Kurs abgedrängt werden können, und auf jene, die große Wasserflächen oder Wüsten zu überqueren haben. Vögel können anhand des Drucks, der in ihren Ohren herrscht, schon geringfügige barometrische Veränderungen wahrnehmen und verfügen damit über ein natürliches Instrument zum Aufspüren von Wettersystemen und möglicherweise auch zur Vorausberechnung der Windrichtungen. Und anscheinend sind sie darüber hinaus noch empfindsam für meteorologische Fingerzeige wie Temperatur- und Feuchtigkeitsniveau, Wolkendecke und barometrische Schwankungen, dass manche Menschen davon überzeugt sind, sie können das Nahen einer Front exakt voraussehen und die damit verbundene Winddrehung als Navigationshilfe nutzen. Auf ihren Reisen werden sie manches Mal von Turbulenzfeldern und rollenden Auftriebswellen wie Treibgut auf dem Meer zu Bündeln zusammengetrieben.

Ein kleiner Vogel auf einem langen Flug wird, wenn er nicht gerade über unwirtliches Land oder Wasser fliegt, eher eine Pause einlegen und auf einen Wetterumschwung warten, als einem Gegenwind die Stirn zu bieten. Der Ornithologe Sidney Gauthreaux jr. von der Clemson University führt seit den 50er-Jahren Radarbeobachtungen durch und hat schon tausende von Grasmücken umkommen sehen, wenn über dem Golf von Mexiko während des Frühjahrszuges ein so genanntes *Blue Norther*, ein schlimmer Nordsturm, einsetzte. »Die meisten Grasmücken haben eine Fluggeschwindigkeit von nur 20 Knoten (37 Stundenkilometer)«, berichtet er, »und wenn sie auf Gegenwinde mit 30 Knoten treffen, kommen sie nicht dagegen an.« Die Vögel kämpfen sich, so dicht sie sich trauen, über der Wasseroberfläche, wo die Windgeschwindigkeit am niedrigsten ist, nach Norden fort. Bei der ersten Gelegenheit, die sich bietet, lassen sie sich nieder und sitzen dann in erbärmlichen Ansammlungen auf Leuchttürmen, Schiffsrelingen und Bohrplattformen. »Ich habe schon Bohrtürme gesehen, die nach solchen Stürmen über und über mit toten und erschöpften Vögeln bedeckt waren«, erzählt Gauthreaux.

In den 60er-Jahren begann Gauthreaux mittels Radar zu untersuchen, welcher Zusammenhang zwischen den vorherrschenden Winden und den Wanderungen der Singvögel durch Teile des Südostens besteht. Aus Statistiken für den Lake Charles in Louisiana konnte er ablesen, dass die Bodenwinde zum Höhepunkt des Frühjahszuges zwar variierten, aber hauptsächlich aus Südosten wehten. In 900 Meter Höhe allerdings kamen die Winde beständig von Süden und erreichten eine durchschnittliche Geschwindigkeit von 29 Stundenkilometern. Die Winde in den höheren Schichten eigneten sich entschieden besser für die Migration und, wie Gauthreaux herausfand, wurden sie von vielen Arten genutzt.

Eine starke Kaltfront im Frühjahr zwang die Zugvögel auf den Boden zurück. Trafen sie hingegen auf eine schwache Kaltfront, stiegen sie einfach in höhere Schichten und flogen oberhalb des Keils nördlicher Luftmassen weiter. Größere und schnellere Arten, wie Wasser- und Küstenvögel, wurden von Gegenwinden weniger beeinträchtigt als Singvögel. Gauthreaux beobachtete auch, dass Gleiter wie Adler und Geier um die Tagesmitte zogen, wenn die Thermik am stärksten war. Langsame Flieger bewegten sich nachts, wenn sie nicht gegen aufsteigende Luftströmungen ankämpfen mussten. Insgesamt war er nach Abschluss der Studie davon überzeugt, dass sich die Vögel nicht nur auf dem Boden die für sie jeweils beste Umgebung aussuchen, sondern auch im Ozean der Lüfte immer die geeignetsten Strömungen nutzen. »Die Wissenschaftler waren so naiv zu glauben, alle Arten würden den Wind auf die gleiche Weise nutzen«, sagt Gauthreaux.

Eine Reihe von Biologen überdenken mittlerweile auch die konventionellen Theorien über die Drift, zu der es kommt, wenn starke Winde die Zugvögel von ihrem Kurs abdrängen. Wenn Vögel immer die kürzest möglichen Flugrouten anstreben (und davon ging man bis vor kurzem aus), müssten sie auf weiten Teilen ihrer Reise auf starke Seitenwinde treffen und gelegentlich auch auf Gegenwinde. Die kräftigsten und schnellsten Flieger können dagegen ankommen, Singvögel jedoch nicht. Häufig suchen sie einfach Zuflucht am Boden und warten, bis gegenläufige Winde einsetzen. Dadurch ist es in bestimmten Gegenden so interessant, im Frühjahr und Herbst Vögel zu beobachten. Doch der Vogelzug ist eine heikle Angelegenheit. Liegt ein Vogel in der Wahl seiner Zeitplanung nur ein wenig daneben, kann er von rauem Wetter festgehalten werden oder zu spät in sein Brutgebiet gelangen, um seine Nachkommen aufzuziehen. Zahlreiche Forscher glauben heute, Vögel seien mit irgendeinem Mechanismus ausgestattet, um den richtigen Weg durch Luftströmungen zu finden, die sie sonst vielleicht weit von ihrem Kurs wegführen könnten.

Ein schwedischer Wissenschaftler namens Thomas Alerstam stellte 1979 eine neuartige Theorie über die Winddrift vor, die erst in den 90er-Jahren Beachtung fand. Alerstam ging davon aus, dass ein Abweichen vom Kurs nur dann größere Probleme verursache, wenn die Vögel um jeden Preis exakt die direkte Luftlinie einhalten wollten. Aber was würde passieren, wenn bestimmte Vogelarten Ellipsen ausflogen, die sich nach den vorherrschenden regionalen Winden richteten? Ein Braunbrust-Waldsänger, der zum Brüten in Ontario war, könnte in sein Winterquartier in Mittelamerika gelangen, indem er mühsam gegen Seitenwinde ankämpft und in einer Loxodrome über den Mittleren Westen fliegt. Aber er könnte auch mit saisonalen Nordwestwinden wie auf einer großen Rutsche ganz ohne Mühe die Ostküste erreichen. Alerstam entwickelte mehrere Modelle, um aufzuzeigen, auf welche Weise Vögel den Wind optimal nutzen. Zu Beginn eines Fluges gleiten sie möglicherweise in großen Höhen, selbst wenn sie dabei weit nach Osten oder Westen abdriften sollten. Näher am Ziel gehen sie dann vielleicht tiefer, um mit den leichteren und variableren Bodenwinden zu fliegen. Meine imaginäre Grasmücke könnte im Frühjahr, wenn sie auf dem Weg nach Norden ist, die vorherrschenden Südwinde nutzen und einen Bogen nach Westen über die Appalachen einschlagen. Die Flugrouten könnten je nach Wetterverhältnissen jedes Jahr anders verlaufen. Dies wäre für die Vögel nicht nur einfacher, so die Meinung von Alerstam, sondern auch schneller.

Doch wie John Richardson es formuliert: »Es gibt in diesem Bereich noch immer keine Theorie, die man als absolut stichhaltig betrachten könnte. Trotz all der Arbeit, die wir schon geleistet haben, trotz all der Hilfsmittel, die uns zur Verfügung stehen, wissen wir immer noch nicht genug.«

AUCH DIE GÜNSTIGSTEN Winde führen einen Vogel nicht unmittelbar an sein Ziel, sondern im günstigsten Fall lediglich in einen Umkreis von mehreren hundert Kilometern davon. Um seinen Weg exakter festlegen zu können, muss er sich auf eine ganze Reihe von Navigationshilfen verlassen. Die genaue Untersuchung der einzelnen Navigationstechniken eines Vogels hat sich als eine der schwierigsten Aufgabenstellungen in der Ornithologie erwiesen, denn auch hier ist es unmöglich, Versuche zu entwickeln, die sämtliche äußeren Einflüsse, mit denen ein Vogel während eines ausgedehnten Fluges in Berührung kommt, simulieren. Einige Forscher haben jedoch Zugvögel festgehalten und ihre Orientierungsfähigkeit unter verschiedensten Bedingungen getestet.

Anfang der 50er-Jahre beobachtete der deutsche Forscher Gustav Kramer an Staren, die während ihres Zuges eingefangen und in runden Käfigen gehalten wurden, eine anhaltende Tendenz, sich mit dem Kopf in Richtung ihres Zielortes zu wenden. Durch unterschiedliche Ausrichtung von Lichtern um den Käfig wies Kramer nach, dass bestimmte Vogelarten für die richtige Routenwahl in starkem Maß von der Position der Sterne abhängig sind. Spätere Studien belegten, dass Vögel sich auch an polarisiertem Licht, Sternkonstellationen und vorherrschenden Windrichtungen orientieren können. Versuche mit den Champions unter den Navigatoren, den Brieftauben, zeigten, dass manche Vögel möglicherweise eine Art mentale Landkarte entwerfen, auf der sie regionale, im Wind enthaltene Gerüche und Geräusche festhalten.

In anderen Untersuchungen wurde nachgewiesen, dass Tauben auf Infraschalltöne reagieren, die weit unterhalb der menschlichen Hörgrenze liegen. Die Atmosphäre ist ein permanentes Schwirren von Geräuschen, die vom Wind befördert werden – das Krachen der Meeresbrandung in 320 Kilometer Entfernung, das Rauschen von Luft über einer Bergkette, die Vibration des Sandes auf Dünen in der Wüste. Einige Biologen sind der Ansicht, solche Geräusche könnten zu den akustischen Streckenposten zählen, anhand derer Zugvögel ihre Routen wählen. Doch dazu merkt Gauthreaux an: »Einen bestimmten Faktor zu manipulieren und die Vögel darauf reagieren zu lassen ist nicht gleichzeitig der Beweis, dass sie ihn tatsächlich zum Navigieren einsetzen. Damit würde man eine Art Quantensprung vollführen.«

Das Ergebnis jahrzehntelanger wissenschaftlicher Erforschung der Interaktionen von Vögeln und Wind ist eine Ansammlung von Literatur mit bruchstückhaften und oft widersprüchlichen Erkenntnissen. Experimente, die Gauthreaux mit einem Kollegen in den frühen 70er-Jahren durchführte, zeigten auf, dass Singvögel, die nachts den Südosten der Vereinigten Staaten überquerten, ausnahmslos mit dem Wind flogen, selbst wenn sie dabei im Herbst wieder zurück nach Norden und im Frühjahr zurück nach Süden mussten. Spätere Studien belegten, dass Singvögel in Kanada dazu neigten, gegen Winde anzukämpfen, die sie für die Jahreszeit in die falsche Richtung getragen hätten. Warum aber sollte die gleiche Vogelart auf verschiedenen Etappen ihres Zuges so vollkommen gegensätzliches Verhalten an den Tag legen? Gauthreaux erklärt, dass die saisonalen Winde für den Vogelzug im Südosten zuverlässiger sind als in Kanada. »Wenn sich Vögel im Südosten rückwärts bewegen, dann nur über kurze Strecken«, merkt er an. »Sie drehen schnell wieder um und schlagen die richtige Richtung ein. Ich bin schon seit langem der Meinung, dass Zugvögel unterschiedliche Taktiken anwenden, je näher sie an ihr Ziel herangekommen sind.«

Wenn man in Betracht zieht, dass sich Vögel ihr ganzes Leben lang von einem Ort zum anderen begeben und dabei aufmerksam von jeder geringfügigen Wetteränderung Notiz nehmen, sollte es uns nicht weiter überraschen, dass uns manche Aspekte ihres Verhaltens Rätsel aufgeben. Wie sicher sie den Weg in weit entfernte Wälder oder Buschlandschaften finden, bleibt bemerkenswert und ist eines der großen Wunder des Lebens.

AN EINEM Spätnachmittag im April, Säulen sonnenerwärmter Luft lassen dunstige Schatten auf meinem Wohnzimmerboden tanzen, nehme ich mir Arbeit mit auf die beschattete Veranda hinaus. Die Luft ist frühlingsfrisch, und die Hartriegelbüsche stehen in voller Blüte. Mein Vorsatz zu arbeiten schwindet dahin wie Wasser in einem Sieb. Ich versuche es mit Lesen, doch immer wieder schweift mein Blick auf das Spiel des Sonnenlichts in den Bäumen, die träge im Hof liegende Katze, das Flattern einer Grasmücke. Seit sechs Jahren brütet ein Grasmückenpärchen (vielleicht immer die gleichen beiden Vögel) unter der Dachrinne des Hauses. Inzwischen habe ich mich ganz und gar der Faulheit hingegeben und sehe der Grasmücke zu, wie sie in den Piniennadeln pickt. Da fällt mir ganz plötzlich ein glänzender Faden auf, der sich nur wenige Meter von mir entfernt in der warmen Luft nach oben richtet.

Eine Spinnwebe – nein, zwei Fäden in dreißig Zentimeter Abstand – winkt aus der Azalee vor der Veranda heraus.

Mit einem Mal weiß ich, was sie bedeuten. Ich erinnere mich an die jungen Spinnen, die gegen Ende des Kinderbuchklassikers *Wilbur und Charlotte* von E. B. White ihr Tun erklären:

Wir müssen mit dem warmen Aufwind fortfliegen. Unsere Zeit ist gekommen. Wir sind Ballonflieger und ziehen in die Welt hinaus, um unsere Netze zu bauen.

»Aber wohin?«, fragt Wilbur.

»Wohin der Wind uns trägt. Aufwärts. Abwärts. In die Nähe, in die Ferne. Nach Osten oder Westen, nach Norden oder Süden. Wir treiben mit dem Wind, wie es ihm gefällt.«

Charlotte und ihre Töchter erwiesen sich als nichts weiter als graue Spinnen, die erwachsen »etwa so groß wie eine Kugel Kaugummi« waren. Ein paar Tage, nachdem sie ausgeschlüpft waren, setzten sie ganze Spinnwebenballons ab und trieben fort. Wilbur, das Schwein, ließen sie verwirrt zurück. Von den Spinnen in meinen Büschen (falls tatsächlich welche dort sind), hat jede nur einen einzelnen Faden gesponnen. Ich gehe hinunter, um nachzusehen, wie sie befestigt sind, doch da sind sie verschwunden. Ich fahre mit meiner Hand durch die Stelle in der Luft, wo ich sie vermute) und greife ins Leere. Als ich wieder auf die Veranda hochsteige, tauchen sie erneut auf, wehen träge hin und her wie silberne Gaze in einem Lichtkegel.

Vielleicht sind es *Epeira*-Spinnen, jene mit kräftigen Beinen ausgestatteten, kosmopolitischen Kreaturen, die Jean Henri Fabre zu Beginn dieses Jahrhunderts in Frankreich erforscht hat. In seinem Buch *Das Leben der Spinnen* schilderte Fabre seine Beobachtungen der Kreuzspinne, *Epeira diadema,* die einen einzigen Faden spinnt, diesen zu einem kleinen Paket zusammenrollt, damit einen hoch gelegenen Punkt erklimmt und dort wartet, bis es der Wind auseinander faltet. Indem er die Luft in seinem Labor mithilfe eines Rechauds erwärmte, bewirkte Fabre eine Thermik, die die jungen Spinnen bis unter die vier Meter hohe Decke beförderte. Dann öffnete er ein Fenster und überließ sie dem Wind.

Es ist einfach überwältigend, sich vorzustellen, welches Leben in jedem Kubikmeter Luft enthalten ist, Leben, dessen Fortbestehen von Luftbewegungen abhängt, die durch Sonnenlicht erzeugt werden. Spinnen, Schmetterlinge, Blattläuse,

Käfer – sie alle benutzen solche Strömungen, um von den Orten, an denen sie geschlüpft sind, zu passenden Nischen in nah und fern zu gelangen. Einige durchqueren ganze Stromgebiete oder lassen sich auf weit entfernten Inseln im Ozean nieder. Sie suchen sich nicht die kräftigen Winde aus, sondern die trägen Wallungen, die wie blubbernde Bäche sechzig Meter und höher nach oben steigen.

Fünfzig Kilometer südwestlich von meinem Haus, in den sumpfigen Ausläufern des Festlandes von North Carolina, unterhält die U. S. Air Force einen Truppenübungsplatz, auf dem Piloten den Abwurf von Bomben auf Ziele aus Fetterbush und Farnen üben. Im Frühjahr 1994 heuerten Beamte der Air Force den britischen Falkner und Radarexperten Adam Kelly an, der die Bewegungen der Vogelpopulationen in diesem Gebiet beobachten sollte. Zweck dieser Studie war es, die Gefahr von Kollisionen zwischen Flugzeugen und Vögeln, vor allem der größeren Arten wie Truthahngeier oder Trompeterschwan, zu reduzieren, die durchaus ein Flugzeug zum Absturz bringen konnten.

Kelly richtete sich in einem Wohnwagen neben einem bunkerähnlichen Gebäude ein, das als Hauptquartier diente. Neben dem Wohnwagen befanden sich ein schmaler Abwasserkanal sowie zwei Radartürme mit rotierenden Kegeln. Ödes, zeckenverseuchtes Gebiet erstreckte sich in alle Richtungen. »Man hat mir erzählt, hier draußen wäre es hässlich wie auf einer Mondlandschaft«, sagte Kelly. »Am ersten Nachmittag, als ich herausfuhr, sah ich etwa alle vierzig Sekunden einen Streifensperber über mich hinwegfliegen. Dann fuhr ich nach Manns Harbor zurück und sah den Sonnenuntergang über dem Croatan Sound. Ich dachte, hier könnte ich es gut eine Weile aushalten. Das ist ein Paradies.«

An einem der letzten Märztage bemerkte Kelly morgens auf dem Bildschirm einer der beiden Radaranlagen hunderte kleiner grüner Impulse. Er ging nach draußen, um den Himmel abzusuchen, konnte jedoch nichts entdecken. Verwundert legte er sich neben einem der kegelförmigen Überwachungstürme auf den Rücken und überprüfte die Luft mit einem Fernglas. »Ich sah nicht viele Vögel, vielleicht alle paar Minuten einen«, erzählte er. »Ich schaute wirklich angestrengt, meine Augen tränten. Schließlich wurde mir klar, dass ich eine Unmenge von Schmetterlingen vor mir hatte.« Da waren tausende, die in dichten Wolken in 220 bis 450 Meter Höhe in leichtem Südwind flogen. Ohne den Radar hätte er sie niemals entdeckt. »Ich glaube, große Insektenwanderungen werden von Menschen überhaupt nicht registriert«, so Kelly. »Zum einen kann man vom Boden aus nur schwer feststellen, was da oben in der Luft vor sich geht. Zum anderen sind Insekten klein, und wir sind nicht daran gewöhnt, auf sie zu achten. Im Grunde haben wir uns daran gewöhnt, sie möglichst zu ignorieren.«

Kelly justierte den Empfang des Radars neu, sodass nur noch Objekte von der Größe eines Vogels angezeigt wurden. Doch an einem schwülen Nachmittag zwei Monate später wurde eine andere Anlage von einem plötzlich auftauchenden Insektenschwarm lahm gelegt. »Ein Bauer hatte unmittelbar südlich von hier am Morgen ein Feld mit der Egge bearbeitet«, erzählte er »und durch den Einfall des Sonnenlichts auf die dunkle Erde bildeten sich eine Reihe von Konvektionsströmungen. Man konnte auf den Bildschirmen verfolgen, wie die Insektenschwärme pilzförmig über Hyde County aufgingen.

»Wir fuhren über das Feld, und unser Laster war buchstäblich mit Insekten überzogen.«

Keine andere Gruppe von Lebewesen ist so völlig von der Gunst des Windes abhängig wie Insekten. Tritt er in seiner wohlwollenden Gestalt auf, also in Form einer Konvektion, sammelt er sie zu Millionen oder gar Milliarden auf und verteilt sie weithin. (Das soll jedoch nicht heißen, sie werden willkürlich irgendwohin befördert. Biologen haben schon oft erlebt, dass Insekten einen ganz bestimmten Moment für ihren Aufbruch wählen, wie etwa vor dem Einsetzen eines leichten Gewitterregens mit westwärts gerichteten Winden, um so vermutlich in geschützte, nahrungsreiche Gebiete zu gelangen.) In der Luft sind sie auf ihrem weiten Weg von horizontalen Strömungen abhängig. Häufig treiben sie eine ganze Nacht lang dahin. In den oberen Luftschichten treffen sie auf Turbulenzwellen und Schichten unterschiedlicher Dichte, die sie in kompakte Schwärme unterteilen und verdichten. Vielleicht driften sie in geschlossenen Gruppen durch waffelförmig angeordnete thermische Aufwinde dahin und landen schließlich sanft in irgendeinem Paradies für einen Tunichtgut – einem Blumengarten, einem frisch angepflanzten Gemüsebeet. Oder es nimmt sie ein auffrischender Sturmwind weiter mit auf die Reise, schleudert sie hinaus aufs Meer und presst sie rüde ins Wasser.

Viele Insekten sind flügellos, zumindest im Larvenstadium, und müssen sich zur Fortbewegung ausschließlich auf den Wind verlassen. Und jene, die fliegen können, besitzen weder genügend Masse noch ausreichend Kraft, um Gegenwinden zu trotzen. Also reisen sie mit der Brise, vielleicht passiv, vielleicht nach einem exakten, kollektiven Plan. Bei einigen Arten rotten sich die Einzelwesen wie ein Schwarm zusammen und drehen sich wie ein geschlossener Organismus. In Studien aus den 50er-Jahren legten Blattläuse, die von Westwinden aus den bewässerten Oasen Südkaliforniens in das trockene Wüstenbecken Colorados getragen wurden, ein schier unheimliches Geschick an den Tag, für sie bereitgestellte, eingetopfte Alfalfapflanzen ausfindig zu machen. Manche Forscher stellen Überlegungen an, Spinnen und andere driftende Lebewesen könnten ihre Flughöhe vielleicht über die Länge der Fäden, die sie nach oben befördern, steuern. Im Augenblick gibt es in der Wissenschaft jedoch keinerlei Beweise, ob reisende Insekten auch nur ansatzweise über Fähigkeiten verfügen, sich gezielt von einem Habitat zum nächsten zu bewegen.

Noch in den 20er-Jahren wussten Forscher nicht, dass Insekten bis hinauf in die Troposphäre überleben können. Aber schon seit einem Jahrhundert war bekannt, dass die kleinsten Insekten mit Leichtigkeit vom Wind transportiert wurden. 1827 und dann wieder 1924 entdeckten britische Arktisforscher auf der norwegischen Insel Spitzbergen lebende Kieferläuse und Schwebfliegen. Offensichtlich hatte sie der Wind von Russland aus 1300 Kilometer fortgetragen. Monarchfalter wurden 500 Kilometer vom Festland entfernt über dem Südpazifik beobachtet, und ein einziges Mal wurde ein Schwarm Wanderheuschrecken über dem Nordatlantik, 2400 Kilometer vom Festland entfernt, gesichtet. Als sich zu Beginn der 20er-Jahre im Osten der Vereinigten Staaten die europäischen Zigeunernachtfalterlarve ausbreitete, wurde der Erforschung der Insektenwanderung besondere Dringlichkeit zuteil.

1926 unternahm Perry Glick, ein Insektenforscher aus Louisiana, eine Reihe von Flügen, auf denen er die Fauna der Luft einsammelte. Zu diesem Zweck hatte er Fallen in Form von Drahtschirmen an den Tragflächen eines kleinen Doppeldeckers befestigt. Nur wenige Wissenschaftler hatten bis dahin versucht, das Leben in der oberen Atmosphäre zu erforschen, und Glicks Arbeit gilt als Pionierleistung auf diesem Gebiet. In 60 Meter Höhe fand er Insekten in großen Mengen und eine Vielzahl von Arten. Mit Abstand die größte Beute machte er bei Windgeschwindigkeiten zwischen acht und dreizehn Stundenkilometern. Schwächere Winde schienen den Insektenflug zu hemmen, stärkere machten ihn schier unmöglich.

Ab 90 Meter dünnten sich die Insektenpopulationen schnell aus. Aber Glick fing auch noch in 1500 Meter Höhe einige Spinnen und Fliegen. Er fand nie eine zuverlässige Methode zur Messung der Konvektionsströmung in den oberen Schichten der Atmosphäre. Doch an den Tagen, an denen das Flugzeug auf Luftturbulenzen traf, fing er in 300 Meter Höhe weitaus mehr Insekten, als hätte sie eine starke Thermik so ungewöhnlich hoch bugsiert. Innerhalb von fünf Jahren sammelte Glück 700 bestimmbare Arten. Am Ende seiner Nachforschungen rechnete er aus, dass der Himmel über Louisiana an einem normalen Hochsommertag auf einer Fläche von 2,6 Quadratkilometern mehr als 14 Millionen Insekten beherbergt.

Viele Insekten bewegen sich nachts, vielleicht um den durch Konvektion hervorgerufenen Turbulenzen in den oberen Luftschichten aus dem Weg zu gehen. Die meisten von ihnen durchmessen im Laufe ihres Lebens höchstens eine Distanz von acht Kilometern. Nur wenige Arten begeben sich auf ausgedehnte, saisonal bedingte Wanderungen, und dann nur, weil sie sich in der Nähe günstig verlaufender Windrouten befinden. Monarchfalter wählen für ihre Wanderung vom Osten der Vereinigten Staaten zu ihren Überwinterungsgebieten in Mexiko Routen, die parallel zu den wichtigsten Vogelzugbahnen verlaufen. Im Inneren Nordamerikas sowie im Norden Chinas und Japans (Regionen also, in denen die Winter meist besonders streng sind) bewegen sich einige Schmetterlingsarten zu Beginn des Frühlings mit warmen Jetstreams nordwärts.

Sehr gut dokumentiert ist die Beziehung zwischen wandernden Insekten und dem Wind am Beispiel der Heuschrecken in den Wüsten Afrikas, die sich analog zu den saisonal bedingten Verlagerungen der innertropischen Konvergenzzone in großen Schwärmen bewegen. Im biblischen Ägypten brachten Ostwinde eine Heuschreckenplage, und tatsächlich ist der Wind einer der Schlüsselfaktoren (aber bei weitem nicht der einzige) bei den gelegentlichen Explosionen von Heuschreckenpopulationen und dem Zug dieser gefräßigen Erntekiller rund um die Welt.

Die ruhige, feuchte Luft der Konvergenzzone treibt wie ein

Schatten über den mittleren Breiten der Erde und dehnt sich dabei zwischen 560 und 880 Kilometer aus, ihre Position ändert sie in Abhängigkeit von dem jährlichen Drall der Erde. Über dem Festland folgen Horden von Insekten jeder ihrer Bewegungen. In Afrika verlassen die Heuschrecken Regionen, die zunehmend trockener werden, und wälzen sich, immer der feuchten Luft folgend, in großen Schwärmen hunderte von Kilometern dahin. Andere Heuschreckenarten fallen in die regenreichen Gebiete Westafrikas ein, die sich unmittelbar im Norden an die Konvergenzzone anschließen, meiden aber ihre südlichen Ausläufer, da die schweren Regenfälle dort zum Ertrinken der Kolonien und zum raschen Ausbreiten tödlicher Pilze führen würden. Solche großräumigen Wanderungen, die ganz deutlich mit saisonalen Windmustern im Zusammenhang stehen, sind möglicherweise beispielhaft für andere, nicht so deutlich nachvollziehbare, ökologische Wechselwirkungen. Vielleicht reagieren Insekten überall auf der Welt auf kleinste Wetterveränderungen – Schwankungen der Temperatur und der Luftfeuchtigkeit oder Drehungen des Windes, die so minimal sind, dass sie von Menschen kaum wahrgenommen werden –, indem sie sich in Massen forttreiben lassen.

IM RAHMEN VON Schutzmaßnahmen für Wälder und Ernten gegen Schädlinge wie Milben, Schildläuse, Raupen und Zigeunernachtfalter achtet man seit den 70er-Jahren verstärkt auf die Rolle des Windes in der Verteilung von Insekten. Sehr Erfolg versprechend sind Schädlingsbekämpfungsmethoden, die mit Pheromonen arbeiten, jenen unsichtbaren, durch die Luft übermittelten Liebestropfen, die die Insektenwelt ebenso dringend zu brauchen scheint wie die Menschen Gestik und Lächeln beim Flirten.

Kurz nach der Jahrhundertwende entdeckten Biologen, dass Insekten zum Anlocken von Paarungspartnern in großem

Maß Substanzen einsetzen, die man damals als Sexuallock-stoffe bezeichnete. Aber trotz dieser wichtigen Entdeckung machte die Forschung auf diesem Gebiet nur langsam Fort-schritte. In den 50er-Jahren gelang es schließlich, Bombykol zu isolieren, das wichtigste Sexualpheromon des Seidenspin-nerfalters.

Dieser Forschungsbereich expandierte in den 70er- und frü-hen 80er-Jahren gewaltig. Die Pheromonforschung erfordert ausgesprochen genaues und geduldiges Vorgehen. Die For-schungsobjekte sind klein und empfindlich, und selbst unter idealen Voraussetzungen geben sie nur winzige Mengen der zu untersuchenden chemischen Substanz ab. Darüber hinaus ist nur schwierig nachzuweisen, dass ein bestimmter Stoff auch tatsächlich eine vermutete Reaktion hervorruft. Wenn die Biologen in Windkanälen arbeiten, können sie jeweils nur eine gewünschte Variable verändern. So ist es ihnen inzwi-schen gelungen, die exakten Bedingungen herauszufinden, bei denen verschiedene Arten am ehesten ihre Fahnen mit duf-tendem Köder abgeben. Doch nach wie vor können sie nicht feststellen, wie sich die Gerüche über Äcker und Wälder ver-teilen oder welche Distanzen paarungswillige Tiere gegen den Wind zurücklegen, um die Quelle ausfindig zu machen.

Nach fast einem Jahrhundert sporadischer Forschungen können Wissenschaftler immerhin einige wesentliche Schlüsse ziehen. Erstens muss ein Insekt, will es eine Duftfahne ausset-zen, seinen Geruch auffächern, und zwar durch Flügelschlag oder indem es den Duftstoff im Wind freisetzt. Das Entleeren der Pheromon produzierenden Drüsen erfordert also in Pha-sen sanfter Brisen weniger Energie. Doch wenn nötig, beginnt ein Insekt auch bei absoluter Windstille mit dem »Locken«, wie die Biologen es nennen. Kommt starker Wind auf, wird die Freisetzung von Pheromonen eingestellt, da das Insekt nun Schutz suchen muss. Zweitens setzt jede Insektenart ihre Duft-signale auf spezifischen »Kanälen« ab, die vornehmlich von den Artgenossen wahrgenommen werden. Das heißt, sie gibt bestimmte Duftzusammensetzungen in bestimmten Intervallen zu bestimmten Tageszeiten und nur zu bestimmten Jahreszeiten ab. Dieses Phänomen ist besonders gut anhand von Schmetterlingen und Motten dokumentiert.

Verfolgt ein Insekt eine Pheromonspur, bewegt es sich nicht auf geradem Kurs, sondern in einem komplizierten Zickzack-Flugmuster, das es anscheinend abwechselnd in die Duftfahne hinein- und wieder hinaus führt. Eine Duftfährte wird auf die gleiche Weise wie jede andere Substanz auch in die Luft abgegeben, eine Windböe kann sie dann zu einer Fahne lang ziehen oder rückwärts drehen. Durch das Hin- und Zurückbewegen können Insekten anscheinend nachvollziehen, auf welche Weise ein Duft vom Wind in die Länge gezogen wurde und dadurch leichter zu seiner Quelle gelangen. Neuere Experimente im Windkanal, von Thomas Baker und Neil Vickers an der Iowa State University durchgeführt, zeigten, dass männliche Tobacco Budworms (Heliothis virescens), die auf Stränge duftgeschwängerter Luft treffen, hart gegen den Wind fliegen. Sind sie jedoch von permanenten Pheromonduftwolken umgeben, wirken sie zunehmend desorientiert und bewegen sich nicht mehr in Richtung der Pheromonquelle. Es scheint, als würden die Duftimpulse und die zwischen ihnen liegenden Felder reiner Luft als Richtungssignale dienen. Je schneller die männlichen Budworms auf Pheromenspuren treffen, umso schneller fliegen sie auch zu deren Quelle.

Eine Reihe von Pheromonen werden inzwischen synthetisch hergestellt und früher oder später sicher in großem Stil als natürliche Pestizide vermarktet. Bei einer dieser Methoden wird der Ort der Fortpflanzung mit einem einzigen Duftstoff geimpft, wodurch die Flugrouten effektiv blockiert werden, sodass die Schädlinge keine Paarungspartner mehr finden können. Pheromone finden auch in Fallen Verwendung, mit deren Hilfe die Ausbreitung von Insektenpopulationen überwacht wird, sowie – wenn auch mit weniger Erfolg – als Köder in Experimenten, die sich mit der zahlenmäßigen Kontrolle von Populationsgrößen beschäftigen. Wenn sie eine Duftfahne gegen den Wind verfolgen, werden die potenziellen Übeltäter in Käfigen oder auf klebrigen Platten eingefangen und werden so zum sprichwörtlichen Opfer.

WIND IST ein Fuhrmann Gottes, ein lebender Besen, der fliegende Tiere zu großen Wirbeln und Haufen zusammenfegt. Er trägt sie über Flüsse und Meere und in aufsteigenden Säulen über Bergketten. Zuweilen setzt er sie in öden Winkeln in großer Höhe ab, wo nur die besonders robusten Organismen überleben können.

Lawrence Swan ist emeritierter Professor der Biologie an der San Francisco State University. Zu Beginn unserer einführenden Unterhaltung erzählte er mir, er sei »im Himalaja geboren und aufgewachsen« (dabei legt er die Betonung nachdrücklich auf die zweite Silbe – »das bedeutet in Sanskrit die Heimat des Schnees«). Sein ganzes Leben lang war er von den Bergen fasziniert. Auf ihrer Hochzeitsreise im Jahr 1946 kundschafteten er und seine junge Frau gemeinsam den Citlaltepetl aus, einen 5600 Meter hohen Berg in Mexiko. »Wir verloren uns, und ich ließ sie aus Versehen allein auf dem Gipfel zurück. Das hat sie mich nie vergessen lassen«, erzählt er.

Swan nahm 1954 an der ersten amerikanischen Himalajaexpedition nach dem Zweiten Weltkrieg teil. Er hatte einen ganz speziellen Anlass für die Reise. Bei der Besteigung des Citlaltepetl auf besagter Hochzeitsreise waren ihm einige Eidechsen aufgefallen, die sich in ungewöhnlich hohen Lagen ernähren konnten, und er hatte die Absicht, in Indien nach einer ähnlichen Art zu suchen. Außerdem hatte eine britische Expedition schon 30 Jahre vorher auf dem Mount Everest in 6600 Meter Höhe eine merkwürdige, springende Spinne entdeckt. Alle Spinnen sind Räuber. Wovon konnte sie sich in über sechs Kilometer Höhe ernähren, fragte sich Swan. Als er sich mit seinen Gefährten mühsam den Mount Makalu hochkämpfte, wühlte er während einer Pause einen zwei Meter hohen Steinhaufen durch. »Es ist so eine Art biologisches Diktum, dass Tiere in Regionen ohne Grünpflanzen nicht überleben können«, erzählt er. »Also fing ich an, ein wenig herumzugraben und fand einige kleine Collembolas oder Springschwänze. Und der Teufel sollte mich holen, wenn da nicht etwas an einem Felsen aufschien. Ich nahm ein Stück Papier und schabte es ab.« Das, was aufgeschienen hatte, waren Pollen. In den Felsspalten entdeckte Swan dünne, aus Pflanzenfragmenten, Samen, Sporen, Körperteilen von Insekten bestehende Schichten. Nahrung, die der Wind auf den Berg getragen hatte.

Sechs Jahre später kehrte Swan zu einer längeren Exkursion in den Himalaja zurück. Über sechs Monate lang wanderte er an die 1500 Kilometer durch das Gebirge und trug eine der weltweit umfangreichsten Sammlungen der Tiere und Pflanzen Nepals zusammen.

Dabei fand er seine Vermutung bestätigt, dass in einer der trockensten und sauerstoffärmsten Landschaften der Erde ein bis dahin unbekanntes Ökosystem existiert, das ausschließlich vom Wind versorgt wird. In seinen nachfolgenden Forschungsarbeiten auf dem Citlaltepetl beschrieb Swan die terrestrischen, aquatischen und nivalen – darunter versteht man die vom Schnee eingeschlossenen – Komponenten dessen, was er selbst als äolische Biome titulierte. »Ich benannte sie, wie könnte es anders sein, nach dem griechischen Gott des Windes.«

Die äolische Zone beginnt etwas über der Tundrenzone und besteht aus einem Flickenteppich isolierter ökologischer Nischen, die dort entstehen, wo Windströmungen nach Einbuße an Geschwindigkeit und Stärke einen Algen- und Insektenregen ablassen. Zuweilen nehmen die Schneefelder in der äolischen Zone unter der Berieselung mit mikroskopisch kleinen, vom Wind abgeladenen Pflanzen grüne oder rosa Färbung an.

Die Algen- und Insektenkadaver ziehen winzige, aber widerstandsfähige Reinigungstrupps an: Springspinnen, Weberknechte, springende Borstenschwänze und Ringelwürmer, die, von Eis umhüllt, überleben können. Diese wiederum dienen Eidechsen, Salamandern, Klapperschlangen sowie einigen wenigen Vogelarten als Nahrung. Durch die Schneeschmelze formen sich kleine Tümpel, in denen sich empfindliche Springschwänze und zarte Shrimps tummeln. Dort, wo sich Wasser in schlammigen Rinnen aus Gletscherzungen ergießt, versammeln sich Steinfliegen in dichten Wolken und holen sich ihre Nahrung aus den vom Wind angetragenen Ablagerungen, die vielleicht schon seit mehreren hundert Jahren im Eis eingeschlossen waren.

Das Leben in solchen Höhen, unter intensiver Sonnenstrahlung und in dünner Luft, muss extremen Temperaturumschwüngen standhalten können. Bakterien, die Swan 1963 von einer Mount-Everest-Expedition in 8300 Meter Höhe einsammeln ließ, zeigten Anpassungen an das sich täglich wiederholende Frieren und Schmelzen. Eine Art unterschied sich so sehr von allen anderen auf der Erde, dass sie in kein Klassifizierungsschema passte. »Sollten einmal irgendwelche vom Wind beförderten, organischen Nährstoffe auf den Mars gelangen«, schrieb Swan, »dann wäre dieser oder ein ähnlicher Organismus der beste Überlebenskandidat auf diesem Planeten.«

1992 veröffentlichte Swan in der Zeitschrift *BioScience* einen Beitrag, in dem er sein Lebenswerk zusammenfasste. In seiner Schlussbemerkung hielt er es für durchaus möglich, dass vom Wind abhängiges Leben überall in der Welt existieren könne. Insbesondere erwähnte er in diesem Zusammenhang das Innere der Antarktis, wo vom Wind transportierte Nährstoffe möglicherweise einer ganzen Schar von Tieren, die zu klein sind, um zufällig entdeckt zu werden oder auf Fotografien erkennbar zu sein, eine Lebensgrundlage bieten. Durch die Erkenntnis, dass sich in den kältesten und entlegensten Regionen der Erde ähnliche äolische Ökosysteme entwickelt haben, konnten Wissenschaftler die Antarktis »in das reguläre Forschungsgebiet der Biogeografie« mit einbeziehen, schrieb Swan. »Der Ausdruck *äolisch* könnte auch unter Kartografen gängige Bezeichnungen wie *Ödland, vergletschert* oder *Schnee und Eis* ersetzen, mit denen fälschlicherweise völlige Unfruchtbarkeit assoziiert wird.«

Swan schloss mit einer provokanten Frage. Was ist, wenn nicht, wie bisher angenommen, Pflanzen als erste Organismen auf der Erde existierten, sondern Tiere, die sich von Nährstoffen ernährten, die über den Wind aus dem Meer zu ihnen gelangten? Er wies darauf hin, dass man selbst heute noch im Schnee auf einigen der höchsten Berggipfel der Erde Bestandteile aus verdunstetem Meeresschaum entdecken kann, die reich an organischen Bestandteilen sind. Dazu beschrieb er einen Borstenschwanz, den er lebend auf dem Barungletscher im Himalajagebiet entdeckt hatte: »Zwischen den wankenden Felsbrocken inmitten der sich bewegenden Gletscherspalten, in einer Umgebung, die unter den Nischen aller nur denkbaren Tierchen ihresgleichen sucht. Er überlebte dank vom Wind antransportierter Ablagerungen, ein Pionierwesen der äolischen Zone«. Kann man eine Verbindung zwischen ihm und den frühen Borstenschwänzen der Devon-Periode herstellen? Hatten vielleicht auch Lebewesen, die sich vor 390 Millionen Jahren entwickelten, ihr Überleben ausschließlich dem Wind zu verdanken?

Die Zeitschrift erhielt dutzende von Anfragen über einen Nachdruck, aber zu Swans Enttäuschung keinerlei wissenschaftliches Echo. »Wenn Sie jemandem ein äolisches System

134

aufzeigen, wird er ihnen zunächst einmal nicht glauben«, sagt Swan. »Jeder denkt, dort gibt es in Wirklichkeit nichts. Man braucht eine Weile, bis man das Modell verstandesmäßig erfasst hat – sachkundige Wissenschaftler bilden dabei keine Ausnahme –, bis man realisiert hat, wie viele Insekten und Tiere von dem leben, was der Wind ihnen zuträgt.«

WIEDER ein Nachmittag im April, nur wenige Tage nachdem ich von der Veranda aus den Spinnenfaden wehen sah. Ich denke nicht über die Migration von Tieren oder äolische Biome nach, sondern über ein viel akuteres Problem, nämlich wie man sich in schneidendem Wind warm hält. Ich wandere verbissen an meinem Lieblingsstrand nach Norden, abgestumpft, einem reißenden Luftstrom entgegen. Die Brandung hat das Blau des tiefen Winters abgelegt, eine frische Planktonblüte verleiht ihr nun einen hellen, Wärme vortäuschenden Jadeton. Meine Bewegungen sind steif, mit der Hand halte ich die Kapuze meines Mantels unter dem Kinn zusammen, sodass sie meinen Kopf eng umschließt. Irgendwann einmal habe ich gelesen, man könne an der Stirn das Befinden des ganzen Körpers ablesen: ist die Stirn kalt, friert auch der Rest. Seit heute glaube ich es.

Wohin ich schaue, erkenne ich die Handschrift des Windes. In Wassernähe ist der Sand verkrustet. Die kleinsten Körner werden nach Westen auf eine Dünenkette gepeitscht, wo sie am Ende der Böen zu Boden taumeln. Winzige, messerscharfe Grate ragen hinter verstreut liegenden Muscheln vor. Ich gebe es auf, nach Norden zu marschieren, und mache kehrt Richtung Süden. Ein paar Sanderlinge hüpfen auf der Suche nach Futter in der Gezeitenzone entlang. Vor mir sind noch mehr, ein Schwarm von gut dreißig. Wegen des hoch gewehten Sandes kann ich sie nicht besonders deutlich erkennen. Sie stehen eng zu einer Gruppe formiert, das Gesicht gegen den Wind, verschwinden in Wolken und erscheinen wieder. Ich muss an das Foto eines Telefonpfostens in der Wüste denken, das ich irgendwann einmal gesehen habe, sein Fundament war vom Sand völlig zerfressen. Wenn vom Wind verwehte Sandkörner behandeltes Holz verschlingen können, welchen Schaden können sie dann erst einem Küstenvogel zufügen?

Die Antwort, so finde ich später heraus, ist: nur sehr geringen, solange der Vogel sich wie eine Wetterfahne nach dem Wind richtet. Andernfalls würde sich Sand zwischen den aufgeplusterten Federn einnisten und seine Fähigkeit, Wärme zu speichern, beeinträchtigen. Strandläufer suchen bei starkem Wind oft Schutz hinter kleinen Erhebungen, doch selbst dann stehen sie eng zusammen, das Gesicht dem Gegner entgegengerichtet, die Augen von beweglichen Membranen geschützt. Da sie sich unmittelbar am Boden befinden, bekommen sie nicht die ganze Kraft des Windes zu spüren. Aber dennoch leben sie in einer Höhe, wo starke Turbulenzen Sand in unberechenbaren Wirbeln durch die Gegend fegen.

Jedes wild lebende Wesen hat eigene Mechanismen entwickelt, um sich vor Auskühlung durch den Wind zu schützen oder sich in heißen Klimaten optimal dem Wind auszusetzen. In den Great Plains suchen die Wachteln während der Winterstürme Zuflucht hinter Grasbüscheln. Von Weißkopfadlern an der Pazifikküste im Nordwesten weiß man, dass sie von den Flüssen, aus denen sie ihre Nahrung holen, kilometerweit zu ihren Nachtlagern in Nadelwäldern fliegen, die besseren Schutz bieten als Laubwälder. In der sengend heißen Namibwüste erklimmen Antilopen und Käfer am Spätnachmittag höher gelegene Stellen, um sich in den Meeresbrisen zu erfrischen, die über dem Westatlantik aufgewühlt werden. Und brütende Strauße erheben sich bis zu einem Meter aus ihren Nestern, sodass der Luftzug ihnen und vielleicht auch ihren Eiern etwas Kühlung verschaffen kann.

In den Rocky Mountains fegt der Wind zuverlässig Schnee von Hängen und legt Weideland für Dickhornschafe und Ziegen frei. Er massiert das schwere Fell der Tiere und verhindert so eine Überhitzung durch intensive Sonneneinstrahlung an sonnigen Nachmittagen. Aber immer ist er auch ein hinterhältiger Gefährte. Die wissenschaftliche Literatur ist voller Berichte über Tiere, die durch das urplötzliche Einsetzen brutaler Stürme dem Kältetod preisgegeben waren, über Hurrikane, die kleine Vögel zu hunderten gegen Gebäude schleuderten, über Windstöße, die Meerenten gegen Felsklippen katapultierten.

Mich faszinieren jene Schilderungen am meisten, in denen Tiere den Wind für ihre Zwecke nutzen.

An den sandigen Straßen und in Mulden zwischen den Dünen im südlichen Teil der Outer Banks ist ein merkwürdiges Spinnentier beheimatet, das den Namen Turret Spider trägt. Den Eingang des 60 Zentimeter tiefen Baus umgibt ein daumennagelhoher, mit Spinnenfäden überzogener Erdwall. Steven Vogel, Zoologe an der Duke University, beschäftigt sich schon seit langem mit Turret Spiders. Vor Jahren begann er, während eines Ausflugs an die weitläufigen Strände der Barrier Islands vor North Carolina, in ihren Erdlöchern herumzustöbern. »Warum bauen sie diese Türmchen?«, diese Frage interessierte ihn. »Schutz vor Überschwemmung? Er ist nur wenige Zentimeter hoch. Eine Falle? Eher nicht, das wäre zu offensichtlich. Ich glaube, er soll Luft einfangen.«

Wieder an der Duke University zurück, konstruierte Vogel ein winziges Anemometer, das man ungefähr zwei Zentimeter tief in den Bau einer Turret Spider absenken konnte. Bei seinem nächsten Ausflug an den Strand fiel ihm auf, dass schon ganz leichte Brisen, die über den Bau strichen, einen Luftzug nach oben hin zur Öffnung verursachten. »Sand ist loser Boden«, sagt Vogel, »und die einzelnen Körner sind von feuchter Luft umhüllt. Die Spinne hat ein einfaches, windbetriebenes System entwickelt, in dem die Luft, die zwischen den einzelnen Sandkörnern durchströmt, in den Bau hinein und von dort wieder nach oben geleitet wird.« Mit diesem Verfahren zapft sie eine Feuchtigkeitsquelle inmitten eines wüstenähnlichen Lebensraums an.

Vogel vermutete nun, dass möglicherweise eine ganze Reihe von Tieren, die in Erdlöchern leben, ihre Unterkünfte absichtlich so bauen, dass in ihnen Luftströmungen entstehen. In einem der folgenden Sommer nahm er Kontakt mit einem Biologen auf, dessen Familie eine Farm in Kansas besaß, und bat ihn um Unterstützung für eine Studie über den Lebensraum des Schwarzschwanz-Präriehundes.

Wenn man inmitten einer florierenden Präriehund-Stadt steht, fühlt man sich von hunderten versteckter Augenpaare fixiert. Die trockene, harte Erde ist mit Löchern gespickt, die bis zu drei Meter in die Tiefe führen können. Die meisten Erdhöhlen bestehen aus einem einzigen Gang, der zwei Öffnungen verbindet. Eine dieser Öffnungen befindet sich in einem etwa oberschenkelhohen Wall, die andere ist ein unauffälliges, oft hinter einem Büschel Sagebrush oder Gras verstecktes Loch. Von den Wällen aus, die Biologen lange Zeit für Schutz vor Überschwemmungen oder Aussichtspunkte gehalten hatten, stoßen Wächter abgehackte Warnrufe aus.

»Ich frage mich, wie Tiere, die so viel Zeit unter der Erde verbringen, ihren Sauerstoffbedarf decken können«, erzählt Vogel. Mit Hilfe von Messtechniken, die der Biologe aus Kansas zur Verfügung gestellt hatte, baute Vogel, zusammen mit einem Kollegen, in einer Plexiglaskammer, die mit einem Ventilator versehen war, einen Bau nach – im Prinzip ein einfacher Windkanal. »Das Modell entsprach etwa einem Zehntel der Größe eines normalen Baus«, so Vogel. »Dann verstärkten wir die Windgeschwindigkeit eines normales Tages in der Prärie um das Zehnfache.« Die erhöhte Windgeschwindigkeit kompensierte den geringeren Umfang des unterirdischen Ganges.

Die Ergebnisse waren selbst für Vogel überraschend. Genau wie der Turm der Spinne verursachte der Wall am Eingang einen Luftzug nach oben, sobald Wind darüber hinwegwehte. Dies führte zu einem Einsaugen von Luft durch den kleineren, versteckten Eingang. Die Form beider Öffnungen sowie der Winkel, in dem der Gang nach unten verlief, schienen exakt so ausgerichtet zu sein, dass die Luftströmung optimal genutzt wurde. Schon eine sanfte Brise mit eineinhalb Stundenkilometer Geschwindigkeit reichte aus, um die Luft im Bau alle zehn Minuten komplett auszutauschen.

1978 veröffentlichte Vogel einen Artikel in *Scientific American,* in dem er fast ein Dutzend Beispiele beschrieb, wie Tiere Bewegungen der Luft und des Wassers nutzen, um sich Kühlung oder Nahrung zu verschaffen. Neben Turret Spiders und Präriehunden schrieb er über afrikanische Termiten, die ihre drei Meter hohen Erdhügel mit Belüftungslöchern überziehen, um auf diese Weise kühle Luft in die Brutkammern im Inneren zu leiten, über Schwämme, die genau jene Form annehmen, mit der sie nährstoffreiche Strömungen am vorteilhaftesten nutzen können, oder über eine Napfschnecke, die fließendes Wasser durch eine »Schlüsselloch«-Öffnung unter der Lippe ihrer Schale durch und wieder nach oben leitet.

»An all dem fasziniert mich besonders, dass Tiere Technologie ganz ähnlich einsetzen wie der Mensch«, merkt Vogel weiter an. »Die Arbeiter der Opalminen im australischen Busch bauen sich unterirdische Häuser, die so geplant sind, dass sie von Luftströmungen profitieren. An wen erinnert uns das? Und im Iran gibt es Häuser mit umlaufenden Öffnungen in den Dächern, durch die kühlende Luft zirkulieren kann. Und überall wirkt das gleiche Prinzip.«

AUF DEM Heimweg vom Strand an einem Nachmittag im April fahre ich über eine hohe, bogenförmige Brücke. Von ganz oben erkenne ich den Ozean hinter mir und das kilometerbreite Marschland, das Roanoke Island säumt, vor mir. Ich bin, so scheint es, nicht die Einzige, die den Blick genießt. Östlich der Brücke hängen drei Möwen mitten im Himmel, die Nase im Wind. Sie bewegen sich weder vorwärts noch suchen sie das Wasser nach Fischen ab. Sie sehen, wenn mich nicht alles täuscht, so aus, als hätten sie einfach nur Spaß. Und warum nicht?

Warum nicht ein paar Augenblicke stehlen, um sich dem Gleiten hinzugeben als eine Möwe an einem Frühlingsnachmittag? Warum nicht ein wenig die Kraft des Windes zur reinen Belustigung für sich arbeiten lassen? Wind tröstet uns, fordert uns, nährt uns – körperlich und geistig. Er hilft uns, die Maschine des Lebens am Laufen zu halten. Ich fahre in feierlicher Stimmung nach Hause, meine Seele schwebt ganz oben, auf Wellen aus Luft.

5.

Die Stimmen der Bäume

IN DER NACHT des 24. August 1992 wurde die Küste Floridas, unmittelbar südlich von Miami, von einem Sturm heimgesucht, der schon mehr als zehn Jahre überfällig war. Das Auge des Sturms, der als Hurrikan Andrew bekannt wurde, zog südlich am Zentrum von Miami vorbei, verschonte die alten Art-déco-Hotels, den Finanzdistrikt und die beliebtesten Wohngegenden. Der eng rotierende Kern mit Winden, für die mehr als 232 Stundenkilometer gemessen wurden, überquerte den südlichen Teil von Dade County, rollte über die Städte Florida City und Homestead hinweg und wirbelte durch den Everglades-Nationalpark. Im Hinblick auf den Schaden, den er der natürlichen Landschaft zufügte, hätte der Sturm kaum einen schlimmeren Weg einschlagen können.

Am darauf folgenden Tag bestieg der Biologe Joe Maguire zusammen mit einigen Kollegen eine Plattform auf dem Dach des in der Biscayne Bay gelegenen Charles-Deering-Hauses, um von dort aus das verwüstete Land zu überblicken. Das Deering-Anwesen, erbaut in den Jahren 1918 bis 1922, war eine botanische Schatzkammer, in der auf einer Fläche von 153 Hektar *Hardwood Hammocks* (Altwasser-Waldsümpfe mit subtropischer Vegetation) und Kiefern (Pinus elliottii) in uraltem Küstengestein wurzelten. Der Besitz hatte Andrews ganze Kraft zu spüren bekommen: Die Flutwelle hatte sich fünf Meter hoch aufgetürmt, um mit ihren Wogen gegen die

Fenster im ersten Stock des Steinhauses zu krachen. Ein riesiger Haufen Sperrgut – abgebrochene Äste, zersplittertes Holz, sogar einige Autos – war unter die Mangroven gespült worden, die den Übergang zwischen Küstenlinie und *Hardwood Hammock* markierten. Die stehen gebliebenen Bäume waren vollkommen entlaubt. Ihre nackten, verwundeten Gestalten wirkten gänzlich verloren, wie aus einer anderen Welt. Das einzige Anzeichen von Leben war etwas weiter westlich auszumachen, wo eine Gruppe Kiefern (Pinus elliottii) noch die meisten ihrer langen, eleganten Nadeln trugen. »Wir alle dachten, toll, wenigstens die Kiefernfelsregion übersteht das Ganze«, sagte Maguire. »Zumindest hat sie eine Chance.«

Doch im Laufe der folgenden neun Monate begannen die Kiefern zu kränkeln und einzugehen. Während die Mangroven ein leuchtendes Kleid aus jungen Blättern anlegten und die tropischen Hartholzbäume wieder zu knospen begannen, während Kletterpflanzen sich in Gehölze wanden, die einst im Schatten riesiger Gumbos und wilder Tamarindenbäume gelegen waren, warfen die Kiefern ihre Nadeln ab und starben. Sie unterlagen dem Angriff von Insekten, die in Millionen auftraten, an vorderster Front Borken- und Rüsselkäfer.

Nach verheerenden Klimaereignissen sind Insektenplagen normal. Die Kiefernfelsregion hatte schon viele solcher Angriffe überstanden. Doch dieses Mal konnten sich die Bäume nicht mehr ausreichend zur Wehr setzen. Irgendetwas hatte sich in ihrer Gesamtkonstitution verändert, sodass sie es nicht mehr schafften, genügend Harz zu produzieren, um all die Löcher zu füllen, die die Käfer gebohrt hatten. Und so türmte sich in gut einem Jahr nach Andrew über einem Gewirr aus neuem, großteils exotischem Bewuchs ein Friedhof aus Baum- und Aststümpfen auf. Zwischen den abgestorbenen Kiefern und in den Überresten von *Hardwood Hammocks* wucherten Air Potato, eine Kletterpflanze sowie ein hohes Gras namens Burma reed und der buschige Brasilianische Pfeffer.

142

In den Jahren seit Andrew sehen sich Maguire und andere Landschaftsschützer mit einem mächtigen Feind konfrontiert, gegen den sie noch lange, nachdem die Siedlungen der Menschen wieder aufgebaut sind, einen Krieg führen. Es ist ein Krieg gegen eindringende Pflanzenarmeen, die allesamt die besten Voraussetzungen mitbringen, um in den verstümmelten Wäldern Südfloridas hervorragend zu gedeihen. Jede dieser Arten ist robuster und aggressiver als die einheimischen Pflanzen, und die meisten von ihnen wurden vom Wind angetragen.

ICH KRIECHE auf allen vieren im Schlamm der Everglades, vor meinen Augen tanzen eigenartige Muster hin und her. Trocken liegende Wurzeln, sprießende Gräser, zarte Kräuter, wie ich sie noch niemals vorher gesehen habe und deren Namen ich nicht kenne, winzige Blätter, abgerundet oder mit gezackten Rändern, mit dünnen, purpurnen Venen durchzogen. Eine verkrustete, faserige Masse aus Mikroorganismen, der so genannte Periphyton, überzieht die Erde wie getrockneter Klebstoff.

Schon seit einigen Stunden durchkämme ich eine mit Riedgras überzogene Prärielandschaft im Gebiet von Chekika im Everglades-Nationalpark, um nach Sämlingen eines in der Nähe wachsenden *Melaleuca*-Baumes zu suchen. *Melaleuca quinquenervia* stammt aus Australien und ist eine schöne Zierpflanze mit papierner Rinde und langen, eleganten Blättern und ausgesprochen schnellwüchsig. Seit den 50er-Jahren stellt sie eine massive Bedrohung für die einheimischen Pflanzengemeinschaften in Südflorida dar.

Ich bin an einem Januartag mit drei Biologiestudenten der Rutgers University hier herausgefahren. Sie führen Untersuchungen durch, wie schnell sich *Melaleuca* in neuen Gebieten ausbreitet. Die Landschaft ist karg, ja öde, eine ebene Riedgrasfläche, mit dezenten braunen und grünen Farbtupfern durchsetzt. Der Himmel ist wolkenverhangen. Inmitten dieser Ebene steht, umgeben von leuchtenden rosa und gelben Markierungsfähnchen, ein einzelner *Melaleuca*-Baum.

Sylvan Kaufman, eine schlanke Doktorandin mit langem Zopf, untersucht eine markierte Parzelle und trägt eine Null auf ihrem Datenbogen ein. Ich bücke mich neben den beiden anderen Studenten, Michelle Hughes und Andy Bersch, über eine weitere Parzelle in der Nähe. Unsere Augen wandern auf der Suche nach den schlankblätterigen Sämlingen, die Kaufman uns gezeigt hat, langsam über den Boden. Sie sind alles andere als auffällig. »Das ist Leben im Kleinstformat«, meint Hughes scherzhaft.

Ich weiche vor einem Büschel Riedgras zur Seite und achte darauf, meine Hände nicht an den rasiermesserscharfen Blättern aufzuschneiden. Daneben finde ich zwei daumenhohe, hellgrüne *Melaleuca*-Sämlinge. Gesund und munter stehen sie da, ihr Laub schimmert sogar in dem stumpfen, grauen Licht. »Ich habe hier zwei«, sage ich, woraufhin meine Begleiter stöhnen.

Im Osten Australiens ist *Melaleuca* ein relativ bescheidenes Mitglied in einem Ökosystem, das weitgehend vom Fortschritt zerstört worden ist. In Nordamerika hingegen zeigt sich die Pflanze selbst unter denkbar ungünstigen Umständen beängstigend fruchtbar. Jeder ausgewachsene Baum bringt Milliarden von Samen hervor und kann sie über Jahre hinweg aufbewahren, bis er durch einen äußeren Einfluss, etwa ein Feuer, einen Hurrikan oder eine Trockenperiode, dazu veranlasst wird, sie abzuwerfen. Verteilt werden sie dann vom Wind und vielleicht auch vom Wasser.

Vor acht Monaten, im April, war diese Ebene abgebrannt, nachdem ein Müllfeuer außer Kontrolle geraten war. Ungefähr 14 Tage später ließ der *Melaleuca*-Baum seine Samen niederregnen. Nun durchsuchen wir einzelne Abschnitte, die, vom Baum ausgehend, nach Norden, Süden, Osten und Westen verlaufen. Die meisten Samen wurzeln im Osten, vermutlich wurden sie von einer westlichen Brise dorthin geweht.

Die Verwandlung einer mit Riedgras bewachsenen Prärielandschaft in ein Dickicht aus *Melaleuca* ist ein erstaunliches Phänomen. Ein oder zwei Pioniere wurzeln auf Neuland und wirken nicht bedrohlicher als, sagen wir, eine alte Eiche auf einer Wiese. Doch auf einmal sind diese Pioniere von dutzenden Artgenossen umgeben. Das ist die Art und Weise, wie Exoten sich ausbreiten: hinterhältig, mit großer Geschwindigkeit und, so erscheint es mir, äußerst listig. Biologen nennen das den Guerillaeffekt.

Unsere Bestandsaufnahme der Prärielandschaft um diesen einen Baum herum hat beinahe doppelt so lange gedauert, wie Kaufman gehofft hatte. Wir ziehen die Fähnchen aus dem Boden und wandern zu einem Baum, der 400 Meter weiter östlich steht. Dabei treten wir behutsam auf die fast quadratischen, grauen Steine, die wie Schotter über die Prärie verstreut sind. Das Riedgras wird dünner. Trostloser grauer Periphyton bedeckt den unebenen Boden. Zwischen den zu Tage tretenden Steinen liegen Vertiefungen, in denen weicher, karamellartiger Sumpf darauf wartet, unsere Stiefel einzusaugen, sobald einer von uns hineinfällt. Mein Sehvermögen schwimmt mit den eigenartigen Formen und Farben der Erde dahin, ich bleibe stehen – einen Augenblick lang bin ich zu benommen, um mich zu bewegen. Ich schließe die Augen ein paar Sekunden, öffne sie wieder und gehe weiter.

Beim Baum angekommen, reicht Kaufman jedem von uns einige Markierungsfähnchen. »Wir legen ein Gittermuster an, fünf Meter auf jeder Seite des Baumes«, erklärt sie uns. Wir markieren eine Reihe von jeweils zehn quadratischen Parzellen in östliche und westliche Richtung, und dann zehn in nördliche und südliche. Wir flaggen mehr und mehr Quadrate aus, bis der Baum im Zentrum hunderter markierter Parzellen steht. Schweigend übernimmt jeder von uns eine Reihe und beginnt, die abgestecken Felder abzusuchen, eines nach dem anderen.

VOR ALLEM in gemäßigten Klimazonen hat der Wind an Pflanzen und Bäumen Spuren hinterlassen, seit diese zum ersten Mal an Land Wurzeln geschlagen haben. Die ersten Bäume, die jemals ihre Äste emporstreckten, waren aller Wahrscheinlichkeit nach primitive Organismen, die ausschließlich vom Wind bestäubt wurden. Und bis heute sind die nacktsamenden Pflanzenarten, zu denen auch die Nadelbäume zählen, zur Verteilung ihrer staubähnlichen Samen auf den Wind angewiesen. Jedes Jahr im April setzen die Loblollykiefern um unser Haus herum grüne Staubwolken ab, die unseren Hof, unsere Autos, unsere Veranden und sämtliche Werkzeuge und Spielsachen, die draußen herumliegen, überziehen. Gräser entwickeln vergrößerte, gefiederte Narben – eine gute Anpassung, um Pollen aus der Luft aufzufangen – und produzieren Samen, die sich leicht vom Wind verteilen lassen. Wind ist auch für viele Getreidearten wichtig, darunter Mais, Weizen und Sorghum. Sie werden von den Landwirten in senkrecht zur vorherrschenden Windrichtung verlaufenden Reihen und speziellen Schemata gepflanzt, um die Bestäubung zu optimieren und den Bodenverlust durch Erosion möglichst gering zu halten.

Von den trockenen Ebenen im Westen bis zu den gemäßigten Waldgebieten im Nordosten senden Pflanzen ihre Nachkommenschaft mit dem Wind auf die Reise. Die Stängel des Weißen Fuchsschwanzes brechen bei starken Sturmwinden ab, sodass sie beim Wegrollen die Pflanzensamen verstreuen können. Orchideen geben staubähnliche Sämereien ab, die durch Luftzüge auf einfache Weise fortgetragen werden. Löwenzahn und Schwalbenwurz bringen die von Kindern so geschätzten seidigen Kelche hervor, und Ahornbäume werfen jene geflügelten Früchte ab, die Henry David Thoreau mit so meisterhaften Worten pries: »An allen unseren Ahornbäumen ... wird ein wunderschöner dünner Sack um die Samen gewoben und mit einem Griff versehen, sodass der Wind sie fassen kann ... und dies übernimmt er so zuverlässig, als würden die Samen vom Patentamt in einer ganz anderen Art von Sack verschickt. Es gibt ein Patentamt, dort wo die Regierung des Universums sitzt, dessen Verwalter ein so starkes Interesse an der Verteilung von Samen haben, wie man es sich für ein Amt in Washington nur wünschen könnte, und ihre Maßnahmen sind ungleich umfassender und kontinuierlicher.«

Doch wie im Fall allen anderen Lebens auch, schwingt der Wind für die Pflanzen ein zweischneidiges Schwert. Nicht nur, dass er für die Verteilung der Arten sorgt, er besitzt auch ungeheure Macht, Stängel und Blätter auszutrocknen und salzhaltigen Sprühnebel aus dem Meer fortzutragen, der die Blätter verbrennt. Auf Berggipfeln und vorgelagerten Inseln wachsen Büsche und Bäume unter der dauerhaften Bedrängnis des Windes in verwundenen und verkrüppelten Formen.

Ich bin in die Gegend von Miami gereist, um mich dort mit einer biologischen Anomalie zu beschäftigen, die durch Siedlungsmuster entstanden ist. Der Süden Floridas wird in der Mitte durch eine vom Menschen gezogene, senkrecht verlaufende Linie unterteilt. Der westliche Abschnitt, die Everglades, ist der Natur vorbehalten, der östliche Teil gehört den mit dekorativen, exotischen Pflanzen angefüllten Ziergärten. Sammlungen exotischer Pflanzen sind ebenso wichtiger Bestandteil der Kultur Miamis wie die spanische Sprache und kubanische Sandwiches, sie alle tragen zu einer wunderbaren Mixtur aus nordamerikanischen und karibischen Ingredienzien bei. Doch Pflanzengemeinschaften halten sich nicht an solche Trennlinien.

Um die radikale Veränderung der Landschaft Südfloridas seit den 50er-Jahren verstehen zu können, muss man zunächst einmal wissen, dass die Spitze der Halbinsel von einem urzeitlichen Riff gebildet wird, dem so genannten Miami Rock Ridge. In seiner unberührten Erscheinung wirkt das Riff sehr eigenartig, wie Zement, der zum Teil von Säuren angefressen ist. Klobige Gesteinsvorsprünge, so genannter Kegelkarst, erheben und senken sich ungleichmäßig in dem flachen Terrain. Ausgewachsene Löcher, manchmal nur wenige Zentimeter groß oder bis zu sieben Meter breit und tief, liegen unter der Vegetation versteckt und machen eine Wanderung oder Autofahrt auf unbekanntem Gebiet zu einem gefährlichen Unterfangen.

Auf Grund des Riffes beschränkte sich eine verdichtete urbane Entwicklung auf den sandigen Boden im Norden von Dade County, wo inzwischen praktisch keinerlei unberührte Natur mehr existiert. Die karstigen Gebiete im südlichen Teil des Bezirks galten für eine Bebauung als zu verworfen und ungastlich. Doch mit der Erfindung eines als Felspflug bezeichneten Gerätes zum Abtragen von Gestein bot sich Siedlungsplanern nun die Möglichkeit, Karstgestein zu Kiesboden zu zermalmen und diesen für landwirtschaftliche Zwecke zu ebnen. In Gebieten, die für Wohn- und Gewerbenutzung vorgesehen waren, wurde der mit dem Felspflug bearbeitete Untergrund abtransportiert und mit Sand aufgefüllt. Durch die daraufhin explosionsartig einsetzende Entwicklung wurden die Kiefernwälder in den Felszonen außerhalb des Everglades-Nationalparks auf 17 Hektar reduziert, das sind weniger als drei Prozent des vor der Besiedlung vorhandenen Kiefernwaldbestandes. Der Großteil der heute noch bestehenden Felsbewaldungen liegt innerhalb von County-Parks oder privaten Besitzungen. Das identische Schicksal ereilte die *Hardwood Hammocks:* außerhalb geschützter Gebiete wurden sie abgeholzt.

Nach dem Durchzug von Andrew machten sich in den *Hardwood Hammocks* zunehmend importierte Kletterpflanzen breit. Ausgewachsene *Hammocks* verfügen über einen sehr dichten Baldachin, unter dem eine offene, schattige Zone liegt, in der sich Exoten nicht halten können. Doch der Sturm knickte so viele große Bäume, dass mit einem Mal selbst in den dichtesten Gehölzen exotische Kletterpflanzen gedeihen konnten.

Ganz anders als die Gegend um Miami, schienen die Everglades von größerem Schaden durch den Hurrikan verschont geblieben zu sein, zumindest anfänglich. Die meisten Kiefern im Nationalpark hatten überlebt. Vor dem Sturm hatte eine Einsatzgruppe an der Ostseite des Parks eine sechs Kilometer breite, von *Melaleuca* bereinigte Pufferzone geschaffen. »Unmittelbar nach Andrew machte man sich vor allem wegen der vom Wind ausgesäten Exoten große Sorgen«, erzählt die Pflanzenökologin Jean Marie Hartman von der Rutgers University. »Dabei vergaß man aber ganz, dass die exotischen Bäume genauso viel abbekommen hatten wie die einheimischen. Eine Weile waren sie nicht in der Verfassung, sich groß auszubreiten.« Aber viele ausgewachsene *Hammocks* waren vernichtet, und Biologen fürchteten, die schnell vordringenden Arten könnten nachhaltig Fuß fassen.

Als Hartman 1993 eingehend zu erforschen begann, in welcher Weise der Hurrikan für die Verbreitung vier exotischer Arten (*Melaleuca,* Kasuarinen, Brasilianischer Pfeffer und eine nicht heimische Ardisie) in den Everglades verantwortlich war, wurde ihr sehr schnell deutlich, dass man ausgesprochen wenig darüber wusste, wie exotische Pflanzen in neue Gebiete vordringen. Sie musste mit sehr grundlegenden Experimenten beginnen. In den vorhergegangenen Jahren war es ungewöhnlich feucht gewesen, und viele dachten, dies würde die Keimtätigkeit von *Melaleuca*-Samen hemmen. Doch bald gelang es einem ihrer Studenten, *Melaleuca* in stehendem Wasser zu ziehen. Damit war die landläufige Meinung, diese Spezies könne nur auf trockenem Boden keimen, widerlegt. Im Nationalpark selbst wuchs sie in Gebieten mit knietiefem Schlamm. »Die Literatur ist falsch«, sagt Hartman. »Es handelt sich um eine Wasserpflanze.«

Das Forschungszentrum, in dem sich auch Hartmans Außenstelle in den Everglades befindet, liegt in einem Abschnitt mit dem Namen *Hole in the Donut*, einem 4000 Hektar großen, mit wuchernden, exotischen Pflanzen bewachsenen Rechteck, das von natürlichem, urspünglichem *Hammock,* Prärielandschaft, Zypressenkuppeln und Kiefernwäldern gesäumt ist. Als 1934 der Everglades-Nationalpark gegründet wurde, wurde dieses Gebiet als landwirtschaftliche Fläche ausgenommen. Nachdem der Nationalpark das Gebiet Ende der 70er-Jahre erworben hatte, wurden viele der aufgelassenen Felder von Brasilianischem Pfeffer überwuchert, einem buschigen, exotischen und sich schnell vermehrenden Baum, der mit dem Giftsumach verwandt ist. Seine Samen werden vom Wind zerstreut.

Die Straße zum Forschungszentrum ist auf beiden Seiten mit endlos scheinendem Dickicht aus Brasilianischem Pfeffer gesäumt. Die niedrigen, unkrautartigen Bäume wachsen so eng aneinander, dass sie mir nur etwa einen Meter tief Durchblick gewähren. Diese Art macht sich schnell auf Arealen breit, die abgeholzt, flach gewalzt oder brandgerodet wurden. »Die einzige Möglichkeit, die man hier gefunden hat, um die natürliche Vegetation wiederherzustellen, besteht darin, sämtliches loses Gestein auf den Äckern abzuräumen, bis der Untergrund wieder freigelegt ist,« erklärt Hartman. Sie zeigt mir ein Feld, auf dem alle Schichten entfernt wurden, sodass unter einem partiellen, dünnen Überzug aus Erde wieder Karstgestein zu erkennen ist. In der Ferne sind lange Windzäune aus Brasilianischen Pfefferbäumen zu erkennen, die mit den Wurzeln ausgehoben wurden. Schmutzige, gelbe Planierraupen rollen langsam über das Feld und schieben loses Gestein vor sich her. »Selbst das reicht nicht aus, um Brasilianischen Pfeffer von hier fern zu halten«, klärt Hartman mich auf. Als Letztes muss man mit irgendwelchen Gerätschaften anrücken, in der Art von Straßenkehrmaschinen, und die ganze Erde entfernen. Es darf nichts mehr da sein als blankes Gestein.«

Das Ganze ist ein ziemlich ernüchterndes Spektakel. Die Bemühungen, den Urzustand des *Hole in the Donut* wiederherzustellen, werden 44 Millionen Dollar verschlingen und nach heutiger Einschätzung bis ins Jahr 2012 andauern. Wie traurig ist doch die Vorstellung, dass so viel Geld und Zeit notwendig ist, um einem Gebiet wieder annähernd die Gestalt zurückzugeben, die es vor seiner Besiedlung einmal hatte – eine Gestalt, in der die Einwohner Floridas vor noch gar nicht langer Zeit keinerlei Nutzen entdecken konnten.

Wir wandern über eine Parzelle wiederhergestellten Riedgraspräriebewuchses hinaus auf ein Forschungsfeld, auf dem Hartman mit ihren Studenten vor kurzem 200 *Melaleuca*-Samen sowie einige Schösslinge und zwischen 200 und 500 australische Kiefernsamen ausgebracht hat. Hartman erhoffte sich Erkenntnisse darüber, wie Exoten unter verschiedenen Bedingungen gedeihen. In den Everglades können sich Bodentypen und Wasserspiegel innerhalb nur weniger hundert Meter gravierend verändern. Doch die Experimentierfelder sind bis auf wenige Schösslinge und heimische Gräser leer. »Das sollte unsere trockenste Stelle sein«, seufzt Hartman, »dann hatten wir das Wasser zehn Zentimeter hoch hier stehen. Nun können Sie sich vorstellen, wie es an unseren ›nassen‹ Stellen aussah.«

»Wir steckten Samen in gedüngte Erde, in nicht gedüngte Erde, wir setzten sie der Sonne aus, und wir beschatteten sie. Wir versuchten, das ganze Spektrum abzudecken. Beinahe alle gingen ein. Die Ergebnisse waren so minimal, dass wir keinerlei Schlüsse daraus ziehen konnten.«

Hartman sorgt sich vor allem wegen zweier Punkte, die in Zusammenhang mit ihren Forschungen stehen. Erstens testet das amerikanische Landwirtschaftsministerium ausländische Sorten in Gewächshäusern und auf Versuchsfeldern, um zu überprüfen, ob sie ohne Risiken eingeführt werden können. »Doch wenn wir schon nicht im Stande sind, die Sorten zu züchten, die uns bereits als problematisch bekannt sind, wie können wir dann annehmen, dass die Tests, die dort durchgeführt werden, Gültigkeit besitzen?«, fragt sie. »Was ist mit Pflanzen, die durch Gentechnologie entstehen? Wie will jemand mit Sicherheit vorhersagen, wie eine bestimmte Sorte sich verhält, wenn sie in die freie Natur ausgesetzt wird?«

Zweitens werden die ursprünglichen Wasserläufe der Everglades, die aus entwicklungspolitischen Gründen und zu Gunsten einer landwirtschaftlichen Nutzung zum Großteil abgeleitet worden waren, nach und nach wieder in den ursprünglichen Zustand zurückversetzt. Sollte *Melaleuca* nun tatsächlich eine Wasserpflanze sein, wie Hartman vermutet, würde der neuerliche Wasserzulauf ein riesiges neues Vegetationsgebiet für sie schaffen. Im Osten des Nationalparks wurden breite Pufferzonen angelegt, die von *Melaleuca* gereinigt sind. Doch sollte die Spezies in die frisch unter Wasser gesetzten Bereiche eindringen können, könnte sie tausende von Quadratkilometern überwuchern. »Bisher hat noch niemand eine gute Herbizidkombination erfunden, mit der man *Melaleuca* in stehendem Wasser zuverlässig ausmerzen kann«, sagt sie.

Hartman führt mich auch zu einer morastigen Stelle mit hübschem Bewuchs aus Gräsern und Kräutern. Innerhalb eines Quadratmeters gedeihen ungefähr ein Dutzend verschiedener Arten. »Das sind alles einheimische Pflanzen«, erklärt sie mir. »Diese Art von Rückentwicklung tritt ein, wenn man die Gesteinsschichten von den Feldern abräumt.

Jede der hier stehenden Pflanzen, die größer als 30 Zentimeter ist, wird vom Wind vermehrt. Wind hat hier draußen eine absolute Schlüsselfunktion. Deshalb ist man auch in so großer Sorge wegen der exotischen Pflanzen, die angeweht werden.«

FÜR DIE Menschen außerhalb Floridas ist nur schwer nachvollziehbar, welches Ausmaß an Sachschäden, aber auch welche Absonderlichkeiten und Störungen in den kommunalen Einrichtungen mit Andrew einhergingen. Straßen waren unpassierbar. Und selbst nachdem sie freigeräumt waren, fanden sich Autofahrer in der Stadt nicht mehr zurecht, weil so viele Straßenschilder und Orientierungspunkte zerstört waren. Einige Stadtviertel hatten drei Monate lang keinen elektrischen Strom. Planierraupen walzten Häuser und Waldstücke nieder, die eigentlich hätten stehen bleiben sollen.

Affen und andere Wildtiere entkamen aus dem Metro Zoo in Miami und vielen privaten Gehegen und zogen durch die Ruinen. Ein sechsjähriges Mädchen entdeckte unter einem Busch im Hofe ihres Elternhauses einen umherirrenden Puma. Inmitten dieses Chaos mussten die mit der Pflege der Naturschutzgebiete Südfloridas betrauten Landschaftsschützer bis zu einem Jahr auf Gelder, Unterstützung und Ausrüstung warten, die sie benötigten, um eine Ausbreitung exotischer Arten unter Kontrolle zu halten.

An einem heißen Morgen durchstreifte ich das dunkle Zentrum eines 22 Hektar großen Hartholzbestandes im Castellow-Hammock-Park, einem der Aushängeschilder unter den Naturschutzgebieten im Dade County. Unter Andrew verloren die meisten großen Bäume Äste oder wurden umgeknickt, dabei hinterließen sie große Lücken im Blätterdach. Das Unterholz wurde von herabfallenden Ästen und umstürzenden Bäumen eingedrückt. »Es war deprimierend«, sagte Sandra Vardaman Wells. »Das ganze Gebiet war ein einziges Chaos, man konnte keinen Meter hineingehen. Und es herrschte eine ganz merkwürdige Stimmung. Kleinigkeiten waren nicht mehr an ihrem Platz. Sämtliche Baumschnecken waren auf Augenhöhe, anstatt hoch oben in den Ästen.«

Vardaman Wells räumt zusammen mit einer Einsatzgruppe seit September 1993 Trümmer vom Boden weg und schneidet eindringende Kletterpflanzen aus dem Baldachin heraus. Dabei arbeiten sie immer in abgegrenzten, 50 mal 50 Meter großen Abschnitten. Als Erstes gingen sie gegen Dickichte aus Brasilianischem Pfeffer, Jasmin und Hawaiischer Holzrose vor, die mit jeder Woche undurchdringlicher wurden. Sie stützten einheimische Hartholzbäume, die zwar umgestürzt, aber noch nicht abgestorben waren. Später durchsuchten sie die Gebiete nach exotischen Eindringlingen, zogen Schösslinge aus dem Boden und besprühten ausgewachsene Pflanzen mit Herbiziden. Einige Monate später kehrten sie zurück, um die einzelnen Abschnitte erneut zu durchforsten.

Nun, viereinhalb Jahre sind seit dem Hurrikan inzwischen vergangen, kauern wir im Schatten eines Miniaturbaldachins. Junge Hartholzbäume bilden ein dichtes Dach, das uns vor der intensiven Sonne Floridas schützt. Es ist wunderbar kühl und feucht hier unten. Ein sanfter, abgeschwächter Wind hat uns die verbliebenen Tropfen eines frühmorgendlichen Regens auf Kopf und Rücken sickern lassen. Über eine Lücke im Astwerk ziehen einige Truthahngeier weg und verschwinden wieder, stumm wie Geister. Der Baldachin schließt sich in 1,70 Meter Höhe über dem Boden – nur wenige Zentimeter über dem Kopf von Vardaman Wells –, doch mit der Zeit wird er sich nach oben heben. Unter den höchsten Bäumen öffnet sich das Unterholz, wie man es von einem voll ausgebildeten *Hammock* kennt, und Schösslinge spitzen aus dem Blätterteppich hervor. »Bis dieser *Hammock* wieder so ist, wie er einmal war, werden vermutlich dreißig Jahre vergehen«, sagt Vardaman Wells, »aber das ist immerhin ein Anfang.«

Vardaman Wells arbeitet beim Amt für Park- und Erholungsgebiete im Dade County und ist dort zusammen mit Joe

Maguire für die Naturschutzgebiete zuständig. Nach dem Hurrikan erhielt die Abteilung 5,4 Milionen Dollar aus staatlichen und privaten Stiftungen für die Wiederherstellung der so schlimm in Mitleidenschaft gezogenen, geschützten Waldgebiete. »Die Leute wussten, dass die Naturschutzgebiete im Handumdrehen verschwinden würden, wenn nichts zu ihrer Rettung unternommen wird«, sagt Vardaman Wells. Allein für die Wiederaufforstung dieses einen Parks hat der Bezirk in den letzten fünf Jahren eine halbe Million Dollar aufgewendet.

Wir verlassen das Gehölz und wandern auf einem Naturpfad tiefer in den Wald hinein. Rötliche Wurzeln schlängeln sich quer über den Weg. An manchen Stellen spitzt Karstgestein, das wie verkalkter Schweizer Käse aussieht, durch die Erde. Die Inseln aus Hartholzbäumen, die als tropischer *Hammock* bezeichnet werden, wachsen in erster Linie auf Felsen, der etwas härter ist und höher liegt als die umliegenden Kiefernwälder. Auf dieser alten Kalksteinformation können nur wenige Dezimeter Höhenunterschied immense Veränderungen in der Vegetation bedingen.

Wir sind tief in den Subtropen, wo es nur so wuchert an kräftigem, fruchtbarem Leben. Wohin ich meinen Blick wende, sehe ich mahagonifarbene Äste mit fleischigen, grünen Blättern. Über uns beugt sich der glänzend rote Stamm eines Gumbo in den Wald hinein. Hier drinnen erscheinen mir die öden, von der Sonne ausgebleichten Straßen in Miami und Umgebung wie auf einem anderen Kontinent.

Und genauso ergeht es mir mit den gemäßigten Waldvegetationen, die ich in jenen Gegenden kennen lernte, in denen ich bisher gelebt habe. Während sie den Pfad entlangwandert, zupft Vardaman Wells immer wieder Blätter ab und zerkrümelt sie, um ihren Geruch festzustellen. Eines riecht nach Lakritz, ein anderes nach Abwasser. Der Geruch ist für sie ein wichtiger Faktor zur Bestimmung von Pflanzen. Die Blätter der verschiedenen Arten sehen für mich alle hoffnungslos ähnlich aus, aber Vardaman Wells erläutert mir feine Unterschiede: tropfenförmige Spitzen, rund gelappt, wellige Ränder. Die Namen klingen wie Poesie: Lancewood, vermutlich Oxandra lanceolata, Paradise Tree, Pigeon Plum, Satin Feaf. Ich bewundere ihr Wissen über diese kleine botanische Wildnis.

Wir bewegen uns weiter durch den Wald und unterhalten uns dabei. Andere Biologen in den Everglades haben Vardaman Wells vorsichtig kritisiert, die Notlage, in der sich die Naturschutzgebiete von Dade County befinden, übertrieben darzustellen, doch sie kontert: »Die arbeiten in einem natürlichen System, das im Grunde genommen intakt ist. Aber wir haben hier nur noch einige Überreste. Nach Andrew war die Verwüstung überall genauso schlimm, wie wir befürchtet hatten.«

Sie führt mich zu einem sonnigen Gehölz mit vielen hoch gewachsenen Potato Trees, die schiefergrüne, samtige Blätter und orangefarbene murmelgroße Früchte tragen. Der Boden, auf dem wir stehen, war Jahre vorher, nach einem von Brandstiftern gelegten Feuer, von Schwertfarnen in Beschlag genommen worden, die eine Höhe von fast zwei Metern erreichten. Die Vorstellung von marodierenden Zimmerpflanzen erscheint mir reichlich surreal. Das gibt es auch nur in Südflorida, denke ich. »Potato Tree ist eine der ersten nachfolgenden Pflanzen«, erklärt sie mir. »Harthölzer wachsen ziemlich schnell in die Höhe und verdrängen sie durch ihren Schatten.«

Tiefer im Inneren des *Hammocks* kriecht sie einen felsigen Abhang hinunter und in ein drei Meter tiefes Korrosionsloch hinein. Ich folge ihr und finde mich in einem von Felswänden begrenzten Zylinder unterhalb des dicken, umgestürzten Baumstammes wieder. Das Loch hat einen Durchmesser von ungefähr viereinhalb Metern, die Wurzeln einer Ficus aurea hängen wie Seile hinein. Ich fühle mich wie in einem Urwald, weit entfernt vom nordamerikanischen Kontinent. Der eigenartige, von Tannin fleckig verfärbte Fels, der das Loch umrandet, ist an den Rändern unregelmäßig gewellt, die Form erinnert mich an rostendes Eisen. Doch er ist zu hart, um abgetragen oder verformt zu werden, und teilweise von Moos und Farnen bedeckt. Spärliches Licht fällt ein. Der umgestürzte Baum und die Kletterpflanzen beschatten das Loch dauerhaft. »Ich bin gerne hier unten«, sagt Vardman Wells. »Früher war hier alles voller Wasser, doch der Grundwasserspiegel ist gesunken, und damit liegen die meisten Korrosionslöcher nun trocken.«

»*Hammocks* mit Korrosionslöchern waren hier überall«, fügt sie an, »und die Leute betrachteten sie als selbstverständlich. Nun, im Zuge der ganzen Entwicklung, sind fast keine mehr übrig geblieben. Was ist ihre Rettung wert? Wie viel sind die Menschen bereit, für die *Hammocks* und Wälder zu bezahlen, die es hier seit tausenden von Jahren gibt?«

Das ist eine brennende Frage. Andrew war seit 35 Jahren der erste große Hurrikan, der Südflorida heimsuchte, doch starke Stürme treten an der Küste alle 15 bis 20 Jahre auf. Ehe Castellow Hammock, der Deering-Besitz und all die anderen noch erhaltenen Oasen sich völlig erholt haben, haben sie vielleicht schon den nächsten Wirbelsturm gleicher Stärke mitgemacht. Biologen wissen, dass die natürlichen Lebensgemeinschaften Südfloridas ohne Erhaltungsmaßnahmen, die genau auf die Größe des bedrohten Gebietes zugeschnitten sind, nicht mehr überleben können, und je kleiner das Schutzgebiet ist, umso größere Heldentaten sind zu seiner Rettung vonnöten. Doch selbst in den Everglades müssen die Biologen weiterhin auf der Hut vor exotischen Eindringlingen sein. Der Wind entwickelt einfach zu großen Fleiß in der Verbreitung von Fremdlingen.

Ich verlasse Florida einige Tage nach meinem Besuch bei Vardaman Wells. Während ich am Flughafen an der Gepäckkontrolle warte, inmitten einer Gruppe von Menschen, die sich in den verschiedensten Sprachen verständigen, genieße ich das bunte Treiben, wie es durch das Aufeinandertreffen unterschiedlicher Kulturen entsteht. Wie schade, dass alles auf Gleichmachung hinausläuft, auf eintönige Verwestlichung. Ich denke an die Worte von Vardaman Wells. Was gehört dazu, um eine Vielfalt zu bewahren? Was sind Menschen bereit aufzugeben, was sind sie bereit zu zahlen?

WIEDER EINMAL zurück auf den schlanken Inseln, die ich mein Zuhause nenne, verfolgen mich noch immer die Eindrücke von Andrew. Ich frage mich, was ein Hurrikan mit Windgeschwindigkeiten von 230 Stundenkilometern hier anrichten würde, nicht mit den Behausungen und Läden, sondern mit der natürlichen Landschaft. Ein so gewaltiger Sturm hat die Outer Banks seit vielen Jahrzehnten nicht mehr heimgesucht. Wir sind in einer glücklicheren Lage als Südflorida, bei uns gibt es nicht so viele botanische Eindringlinge. Aber wir können trotz allem nicht absehen, in welcher Weise Küstenwälder und Marschen, die bereits unter den Einflüssen des Fortschritts leiden, durch einen heftigen Sturm Schaden nehmen würden.

Die Vegetation wird auf den Outer Banks, ebenso wie auf allen anderen Inseln im Meer, nicht nur von Stürmen, sondern auch von Salz bedrängt, das mit dem Wind anfliegt. Die härtesten Bedingungen herrschen unmittelbar an der Küste. Die einzigen Pflanzen, die an der dem Strand zugewandten Seite der Dünen wachsen, sind Gräser und niedrige Kräuter, deren Stängel und Wurzeln sich unter dem fliegenden Sand zu biegen und winden vermögen. Dank ihrer Biegsamkeit sind die Gräser resistent gegen Risse, ein wichtiger Aspekt in einem natürlichen System, in dem Verletzungen an Stängeln und Blättern zu einer tödlich wirkenden Aufnahme von Salz führen können.

Büsche und Zederngewächse finden nur dort ein Auskommen, wo hohe Dünen Schutz vor Nordostwinden bieten, neben den Hurrikanen die stürmischsten und salzhaltigsten Winde. An den wenigen Stellen, an denen Zederngewächse jenseits der Dünenkette wachsen, weisen ihre skelettähnlichen Äste durchweg nach Südwesten, wie in einem Köcher voller Speere. Betrachten Sie jede beliebige Pflanze oder jeden Busch auf einer vorgelagerten Insel, werden Sie immer mindestens ein Charakteristikum feststellen – die Höhe der Baumkrone, die einseitige Anordnung der Äste, die Schräglage des Stammes –, das vom Wind geprägt wurde. Einige hundert Meter landeinwärts wachsen, entlang dem Rückgrat der Inseln, massige Immergrüne Eichen, die an der windzugewandten Seite noch die Stummel abgestorbener Äste tragen. Sie wirken eher wie Büsche denn Bäume, und von der Seite betrachtet erinnern sie mich an die Brecher im Ozean. Sie wachsen allmählich in die Höhe, die nordöstliche Seite windet sich nach oben und endet in einem abgerundeten Gipfel, um dann abrupt nach Westen hin abzurollen. Salzhaltiger Sprühnebel verleiht ihnen diese Form, indem er neue Triebe verbrennt. Das gleiche Phänomen ist an anderen Pflanzenarten auf den Inseln zu beobachten, wie zum Beispiel Wachsmyrte und Stechpalmen: Im Lauf der Zeit nehmen sie unter der Bedrängnis fliegenden Sandes kompakte, stromlinienförmige Gestalt an, die sie extrem resistent gegen Wind macht. Die jüngeren, tief im Inneren der Büsche liegenden und dadurch geschützteren Blätter sind größer und intensiver grün gefärbt. Ihre robuste Kutikula verliert nur langsam Feuchtigkeit und bietet damit den Bäumen zusätzlichen Schutz gegen Sonne, Hitze und fliegenden Sand. Selbst auf Roanoke Island, mehrere Kilometer westlich des exponierten Strandwalles, spiegelt die Wachstumsform der Kiefern das unwirtliche Inselwetter wieder. Die Loblollykiefern in unserem Hof stehen nicht aufrecht. Jede neigt sich leicht nach Südwesten, als hätte der Wind sich ihr ganzes Leben lang gegen sie gelehnt.

An stürmischen Tagen suche ich manchmal Trost in Nags Head Woods, einem Küstenwald, der seine Existenz (so vermuten Biologen) einer hohen Dünenkette zu verdanken hat, die ihn vor salzhaltigen Winden abschirmt. Am Nordostrand des Waldes leitet eine zwanzig Meter hohe Düne mit dem Namen Run Hill den Wind wie ein gigantischer Schirm nach oben. Südwestlich der Anhöhe gedeihen Buchen, Ahornbäume, Dogwoods, Farne und kleine Orchideen, eine üppige Gemeinschaft an Pflanzen, die eigentlich nicht auf eine vorgelagerte Insel gehören. Marmorierte Salamander jagen in feuchten Gängen unter umgestürzten Bäumen. Maisenwaldsänger bauen verwuschelte Nester aus Virginiamoos. Wenn ich auf einem Vorsprung unmittelbar unter Run Hill stehen bleibe und nach unten auf ein sanftes Bett aus Blättern, Farnen und Blumen blicke, stelle ich mir oft vor, nicht auf den Outer Banks zu sein, sondern in einer Höhle tief in den Appalachen.

Nags Head Woods ist ein Beispiel dafür, wie die Bewegung von Luft über Ebenen hinweg, an Bergen hoch und wieder hinunter in Täler zur Entstehung von kleinen Enklaven beiträgt, in denen sich die Wetterbedingungen deutlich von der restlichen Umgebung unterscheiden. Gebiete mit einem solchen Mikroklima kann man anhand ihres ungewöhnlichen Pflanzenbewuchses erkennen. Eine Gruppe verkrüppelter Nadelbäume an einem Nordhang im Gebirge ist ein deutlicher Hinweis auf Höhenwinde, während ein Dogwood-Gehölz an einem Südhang auf eine geschützte, sonnenbeschienene Nische hinweist. In manchen Fällen können sich die Vegetationsbedingungen innerhalb nur weniger Meter gravierend unterscheiden. Im Mittelalter pflanzten die Bauern in windreichen Regionen Europas ihre Obstbäume nahe an Steinmauern. Die Mauern schützten die Bäume und strahlten Wärme ab, die zur Reifung der Früchte beitrug.

In Gegenden, wo Bäume als Nutzholz kultiviert werden,

müssen die Wälder mit großer Sorgfalt ausgedünnt werden, weil die verbleibenden Bäume sonst anfälliger für Windbruch wären. Die Luftströmungen innerhalb eines Baldachins – nicht nur in Wäldern, sondern auch bei Gräsern – führen häufig zu Wirbelbildungen, die zwischen Stängeln, Stielen und Halmen entlang nach unten fahren und dabei bewirken, dass die Pflanzen ins Schwanken geraten und sich möglicherweise an ihren Nachbarn reiben. An einem windigen Tag kann man den Durchzug von Wirbeln an den rhythmischen Wellenbewegungen erkennen, die etwa über ein Weizenfeld streichen. In einem Baldachin mit großen Lücken kann der wirbelnde Wind weiter nach unten fahren und die Bäume und Pflanzen stärker beeinträchtigen als in Bereichen mit dichtem Bewuchs. Großräumige Böen können die Wirbel verstärken, das Gleiche gilt für hügeliges Gelände. Verschiedene Windschichten werden, wenn sie an einem Berg hochsteigen, verdichtet. Auf der anderen Seite des Berges entspannt sich die Situation ganz plötzlich wieder. Dabei entsteht eine Rückströmung mit großen Turbulenzen, die enormes Schadenspotenzial aufweisen können.

Ist eine Pflanze dauerhaft starkem Wind ausgesetzt, macht sich das in allen Bereichen ihres Daseins bemerkbar. Wenn ein Baum zu wachsen beginnt, streckt er sich auf der Suche nach Sonnenlicht nach oben, wird er jedoch zu schlank, besitzt sein Stamm nicht ausreichend Substanz, um den Belastungen des Windes standhalten zu können. Hier muss ein ausgewogenes Verhältnis erreicht werden, und jüngere wissenschaftliche Abhandlungen enthalten auch Hinweise auf »Entwurfsvorgaben« für Bäume, so als wären die Dimensionen eines jeden Organismus sorgfältig im Voraus geplant. Aber der »Entwurf« eines Baumes erfolgt erst im Lauf seines Wachstums. Die Belastungen, die durch ein Schwanken im Wind entstehen, scheinen kompakteren Wuchs zu fördern. Seitliche Neigung im Wind könnte beispielsweise den Faserverlauf im Inneren eines Stammes beeinflussen und die Produktion von biochemischen Substanzen stimulieren, die das Wachstum regeln. Darüber hinaus sind Bäume in windreichen Gebieten sehr stark auf ihre Wurzeln angewiesen, die sie im Boden verankern. Studien im Windkanal haben ergeben, dass Sitkafichten und europäische Lärchen, die extremen Winden ausgesetzt sind, auf der dem Wind zugewandten Seite um 60 Prozent mehr Wurzeln entwickeln, so als würde der Baum ganz absichtlich den Boden stärker fassen wollen.

Wälder können aber durch ein Fehlen von Wind ebenso stark geprägt werden wie durch permanente Stürme. In den Regenwäldern der Tropen bilden die höchsten Bäume einen dichten, vom Wind gebürsteten Baldachin, aber die feuchte Luft am Boden bewegt sich nur wenig. Die Pflanzen im Regenwald lassen Pollen und Samen nicht vom Wind verteilen, sondern sind in erster Linie auf die Beförderung durch Tiere und Insekten angewiesen. Daher haben sie auffällige Blüten und schillernd gefärbte Früchte entwickelt, von denen Tiere auf Nahrungssuche angelockt werden. Diese Methode dient auch zur Lösung eines Problems, das durch die große Artenvielfalt in den Tropen entsteht. In gemäßigten Klimazonen wachsen normalerweise größere Mengen der gleichen Pflanzenart innerhalb des Radius, in dem der Wind die Samen zu verteilen vermag. Wenn nun die Bäume ihre Pollen mit einem Windhauch auf die Reise schicken, stehen die Chancen äußerst gut, dass zumindest einige von ihnen auf die eigene Art treffen. Bei Alfred Russel Wallace, dem großen Naturforscher des 19. Jahrhunderts, heißt es über die tropischen Regenwälder, »wenn der Reisende von einer bestimmten Art Kenntnis nimmt und noch mehr Exemplare finden möchte, lässt er oft vergeblich den Blick in alle Richtungen schweifen. Bäume in unterschiedlichen Formen, Abmessungen und Farben umgeben ihn, doch nur selten sieht er einen von ihnen ein zweites Mal.« Für die Pflanzen im Regenwald ist es nicht sinnvoll,

Pollen in großen Mengen zu produzieren – ein aufwendiges Unterfangen, wenn man von der dafür benötigten Energie ausgeht –, um diesen weiterhin vom Wind verteilen zu lassen.

Im Wind, so schreibt der britische Autor Xan Fielding, »bekommen Bäume Zungen, und jede Art hat ihre eigene Stimme«. Selbst an Tagen, an denen ich mich im Haus verschanze, bei geschlossenen Fenstern, mit laufender Musik und einer anregenden Unterhaltung, nehme ich die Anwesenheit des Windes dadurch bewusst wahr, dass er den Bäumen Stimmen verleiht. Das Geräusch von Luft, die durch Blätter und Nadeln, durch Äste und Zweige rauscht, ist mit keinem anderen vergleichbar, ein Geräusch, das sich von Ort zu Ort leicht verändert und, zumindest was mich betrifft, Erinnerungen an bestimmte Umgebungen lebendig werden lässt.

In jenem Herbst, in dem ich am Rande der Blue Ridge Mountains in Virginia wohnte, in einer Landschaft mit großen Hartholzwäldern und vergleichsweise leichten Winden, fiel mir immer wieder Fieldings Vergleich ein. An den wenigen Tagen, an denen die Luft tobte, erfolgte dies in kurzen Ausbrüchen. An Nachmittagen mit mäßigem Wind klapperten getrocknete Pappelblätter wie brüchige Dachziegel zu Boden. Stämme knarrten und Äste rauschten. Dem Wind waren eine Lautstärke und ein Gewicht zu Eigen, wie ich es bis dahin nicht kannte, und all das auf Grund seiner Einwirkung auf die Bäume.

An einem Abend um Halloween, die Blätter hatten den Höhepunkt ihrer Farbenpracht bereits überschritten und etwa die Hälfte waren schon abgefallen, zog ein unerwarteter Sturm vorbei. Ich saß alleine in der grell erleuchteten Küche, mein Herz pochte. Das Poltern des Windes war mir so fremd wie eine unbekannte, kriegerische Sprache, die ganze Nacht über machte ich mir Sorgen, er würde das Dach forttragen. In diesen langen Stunden hatten Geister und Kobolde alles Spaßige verloren. Es schien, als wären böse Geister auf die Stadt losgelassen worden.

Am Tag darauf, das Wetter war ruhig und klar, erfuhr ich, dass in Baltimore, wohin der Wind gezogen war, einige Häuser zerstört worden waren. Der Wind hatte vor meiner Tür eine Geschwindigkeit von lächerlichen 58 Stundenkilometern erreicht. In meiner Umgebung hatte er nichts zerstört, sondern lediglich ein noch intensiveres Farbenspiel der noch vereinzelt an den Bäumen verbliebenen Blätter bewirkt. Die nächsten Wochen über schwelgte ich in einem neuen Rausch an Gold- und Rottönen, einer frischen Rahmung in Orange.

Nach wir vor fällt mir überall auf, wie Pflanzen sich an den Wind angepasst haben. An einem Osthang in den Colorado Rockies, auf dem Gelände einer Ranch, die einem Freund von uns gehört, bleibe ich stehen, um die verkrümmten Äste einer kurz gewachsenen Kiefer genauer in Augenschein zu nehmen. Sie sind beinahe so biegsam wie die Glieder einer Gummipuppe. Dank dieser Geschmeidigkeit können sie den brutalen Fallwinden, die dort als Chinooks bekannt sind, standhalten.

In der Nähe von Livingston in Montana, wo die Südwinde von Yellowstone her fegen und Geschwindigkeitsrekorde auf dem Kontinent erreichen, treffe ich auf Weideland, das dürftig mit kurzem, drahtigem Gras bewachsen ist, was vermutlich zu gleichen Teilen auf das Einwirken der Viehherden sowie des Windes zurückzuführen ist. Amerikanische Pappeln und Weiden wachsen nur in den feuchten, geschützten Niederungen entlang von Bachläufen. An der kühlen Küste Nordkaliforniens schlingt sich Eiskraut um Felsvorsprünge oberhalb des Ozeans. Von der Sonne ist es rot gefärbt, seine dicke Haut und das saftige Fleisch können gut die Feuchtigkeit speichern, die sonst durch das salzige Sprühwasser aufgezehrt würde. Die Handschrift des Windes ist von Küste zu Küste und um den ganzen Globus zu erkennen.

DER ZOOLOGE und Physiker Steven Vogel hält seinen Wohnort Durham in North Carolina für einen der windärmsten Orte der Erde. »Es ist exakt das Gegenteil von den Outer Banks«, erzählt er mir, als ich ihn in seinem Labor an der Duke University besuche, »doch gelegentlich haben wir einen ordentlichen Sturm. Und Stürme bringen manchmal Bäume zu Fall.«

In seinem Artikel »Wenn Blätter den Baum retten« erläutert Vogel, dass praktisch das gesamte Gewicht eines Baumes in seinem Stamm und den Ästen steckt, die Blätter hingegen den Großteil seiner Oberfläche ausmachen. Dadurch entsteht ein interessantes Paradoxon, wenn der Wind ins Spiel kommt. Bei vielen Laubbäumen entfalten sich die Blätter in horizontaler Richtung, um möglichst viel Sonnenenergie aufnehmen zu können, um Wasser zu speichern und zur Kühlung des Baumes beizutragen. Das Gewicht des Holzes und die Haltekraft der Wurzeln sind für seine Verankerung im Boden verantwortlich. Doch die Zugkraft der Blätter kann bei einem Sturm so groß werden, dass der Baum umstürzt und einen beachtlichen Wurzelballen mit aushebt. Entwurzelte Bäume, erklärt Vogel, sind so gut wie immer voll belaubt. Die Zugkraft ist bei den Bäumen am größten, deren Stämme sich biegen und hin und her neigen. Ein unbeweglicher Stamm bildet ein effektiveres Gegengewicht.

Vogel hatte in den 60er-Jahren eine Versuchsreihe durchgeführt, die zu dem Ergebnis führte, dass gelappte Blätter sich bei leichten Winden am wirkungsvollsten Kühlung verschaffen können, weil die Luft beim Durchzug durch die gelappten Ränder Strudel bildet und dadurch einen größeren Teil ihrer Oberfläche streift. »Das war eine interessante Studie«, erzählt Vogel. »Dabei zeigte sich, dass gelappte Blätter nicht so schnell schlaff werden wie anders geformte Blätter.« In einer darauf aufbauenden Studie führte er an den Unterseiten der Blätter Temperaturmessungen durch, um Erkenntnisse zu gewinnen, wie schnell sie sich erhitzen und abkühlen. »Sie schwanken innerhalb weniger Sekunden um fünf Grad Celsius«, berichtet Vogel.

Viel später begann Vogel sich für die Frage zu interessieren, ob manche Bäume bestimmte Techniken entwickelt hatten, um die bei starkem Wind auf sie einwirkenden Zugkräfte zu vermindern.

Der 7,5 Meter lange Windkanal an der Duke University ist nicht die hoch technisierte Anlage, die ich erwartet hatte, sondern ein simpler Metallschacht, der eine Testkammer von gut zwei Quadratmetern Grundfläche beherbergt. An einem Ende befindet sich ein Gebläse, das von einem 40-PS-Motor angetrieben wird, am anderen Ende ein Rost sowie einige fast quadratische Blasvorrichtungen, mit deren Hilfe die vom Ventilator ausströmende Luft in eine Gerade gelenkt wird. »Die meisten Windkanäle blasen nicht, sondern saugen«, sagt Vogel. »Die Luft kommt hier extrem turbulent aus dem Ventilator. Aber genau diese Art von Bewegung wollte ich haben, als ich begann, die Blätter zu untersuchen.«

Für sein Experiment, wie Blätter sich in höheren Winden verhalten, sägte Vogel von den verschiedensten Bäumen kleine Äste ab und brachte sie umgehend in sein Labor, um sie möglichst frisch zu verwenden. Er platzierte sie unmittelbar unter einem Ventilator, wo sie dessen ganze Leistung auffingen, dann beobachtete und fotografierte er sie bei Windgeschwindigkeiten von 18, 35, 53 und 70 Stundenkilometern. Erstaunt stellte er fest, dass viele Blätter mit zunehmender Windgeschwindigkeit zu ausgesprochen aerodynamischer Form komprimiert wurden. Tulpenbaumblätter falteten zuerst die breiteren Lappen unmittelbar am Stiel zusammen und rollten sich dann der Länge nach ein. Bei 35 Stundenkilometern erinnerte ihre Form an Papierflieger. Nach weiterem Ansteigen der Windgeschwindigkeit rollten sich die Blätter des Tulpenbaums noch stärker ein, bis sie dünne, feste Zylinder mit sehr geringer Zugkraft bildeten.

Stechpalmenblätter drückten sich flach aneinander und bildeten einen dünnen Stapel. Die kompakten Blätter der Scheinakazie, die an langen Stielen aufgereiht sind, krümmten sich als lange, schlanke Röhrchen aneinander. Die Blätter der Amerikanischen Weißeiche hingegen verblieben beinahe alle in horizontaler Lage. Vogel fragte sich, ob sich diese Spezies im Hinblick auf ihre Standsicherheit auf das größere Gewicht ihres Holzes verlässt, sodass die Blätter weiterhin Sonnenlicht aufnehmen können. Doch als er einen anderen, dicht belaubten Eichenast testete, stellte sich heraus, dass sich die Blätter zu einem Bündel zusammenballten, das weitaus fester und weniger anfällig für Zugkräfte war als lose flatternde Einzelblätter. »Vielleicht gibt es auch noch andere Mechanismen, wie Blätter die auf sie einwirkenden Zugkräfte verringern können, die man nicht so einfach feststellen kann«, sagt er. »Wer weiß, welche Arten der Anpassung Bäume noch entwickelt haben?«

Nach dem Treffen mit Vogel fahre ich aufgewühlt nach Hause, halte zwischendurch an, um an den Bäumen hochzusehen und, so wünsche ich es mir, Zeuge zu werden, wie sich die Blätter zu Röhrchen formen. Unterwegs über die Städte Wake Forest und Williamston, Plymouth und Columbia, beobachte ich einen Westwind mit einer Geschwindigkeit von 32 Stundenkilometern, der in den Kronen von Ahornbäumen, Eichen, Hickorys und Ziertannen rüttelt. Die Blätter einer Amerikanischen Weißeiche sind nach wie vor der Sonne entgegengestreckt, nur bei ganz starken Böen drängen sie sich zu einem ungeordneten Büschel zusammen. Bei den Tannen fällt es mir zunächst schwer, ihr Verhalten festzustellen, weil sie sich so stark hin und her neigen. Nach einigen Minuten entdecke ich, dass sie ihre Äste nach hinten biegen, weg vom Wind, und ihre mit Nadeln besetzten Finger wie Banner von sich strecken.

Das Verhalten der Hickorys ist schneller zur erkennen. Jedes der kompakten Blätter verhält sich wie ein Wimpel mit sechs bis sieben einzelnen Blattteilen, die sich um den Stängel falten und dabei die kompakte Röhre bilden, von der Vogel gesprochen hatte. Ein Origamiwerk, das vom Wind gefaltet wurde. Die Ahornbäume und Tulpenbäume pressen ihre Blätter zu fast kegelförmigen Büscheln, aber ich kann nicht feststellen, wie sich die Blätter im Einzelnen verhalten. Ich sehe lediglich ein großes Neigen und Wegdrehen vom Wind, ganze Äste bewegen sich wendig wie die Hände und Arme von Menschen, falten sich einwärts, hin zum Körper des Baumes.

Es ist eine Woche mit viel Wind. Zwei Tage später, ich bringe gerade unseren Sohn zur Vorschule, beobachte ich immer noch Bäume. Auf dem Parkplatz redet eine andere Mutter auf mich ein und erzählt mir von einer bevorstehenden Wohltätigkeitsveranstaltung, einem Spaghettiessen. Sie spricht gerade von irgendwelchen Desserts und wie diese zum Mitnehmen eingepackt werden sollten, als von Nordosten her Böen einsetzen. Ich sehe, wie hoch über unseren Köpfen ein Silberahorn seine Blätter aneinander presst und deren weiße Unterseiten weiß aufscheinen. Der Wind bläst sie harsch zur Seite und zieht weiter.

Die andere Mutter hört auf zu sprechen und folgt meinem Blick in den Baumwipfel. »Ist da oben irgendetwas?«, fragt sie.

FAST AM nordöstlichen Rand der Vereinigten Staaten tritt eine terrestrische Anomalie auf, die ankommende Luft wie ein gigantisches Gebläse komprimiert. Auf seinem Weg über Vermont taucht der Wind ab, um das Tal des Connecticut River zu streifen, und steigt abrupt wieder auf zum Kamm der hochaufragenden Presidential Range. In seinem Volumen immer mehr verdichtet, zieht er an den Bergwänden hinauf. »Es ist, als würde man einen Schlauch in der Mitte mit dem Finger zusammendrücken. Durch den zusätzlichen Druck schießt das

Wasser – oder in diesem Fall der Wind – mit großer Kraft hinaus«, erklärt der Meteorologe Ken Rancourt. Das untere Ende der Strömung prallt gegen die Berge. Die Spitze trifft in die als Tropopause bekannte, dichte Atmosphärenschicht. Wenn der Wind 1886 Meter Höhe erreicht, streift er über den Gipfel des Mount Washington, wo lange Zeit die höchsten Windgeschwindigkeiten der Erde gemessen wurden.

An einem schönen Sommertag besteigt unsere Familie einen Wagen der Mount Washington Cog Railway, um eine langsame, zuckelnde Fahrt zum Gipfel zu unternehmen. Jeff und ich wären lieber zu Fuß nach oben gegangen, doch die kurzen Beinchen des vierjährigen Reid hätten den Anstieg nicht geschafft, und tragen wollten wir ihn auch nicht. Also mit der Zahnradbahn nach oben. Reid thront auf Jeffs Schoß, die Augen weit geöffnet, als die Dampfmaschine laut zischt und sich mit einem Ruck in Bewegung setzt.

Der Mount Washington mit seinen frostigen Temperaturen und trockenen Winden ist für Pflanzen einer der unwirtlichsten Lebensräume außerhalb der Arktis. Auf dem Gipfel übertreffen die Winde an vier von zehn Tagen Hurrikangeschwindigkeit (118 Stundenkilometer). Im Winter umhüllt Raureif, der sich aus extrem gekühltem Nebel formt, Gebäude, Fahrzeuge und Rundfunksendemasten mit einer dicken, ungleichmäßigen Glasur. Hier überleben nur ganz robuste Pflanzen, die viel Feuchtigkeit speichern können. Was die Tiere angeht, findet man mit Abstand am häufigsten *Homo sapiens,* und in den wärmeren Monaten wandern einige wenige Säugetiere, unter ihnen Spitzmäuse, Wühlmäuse, Rotfüchse und Langschwanzwiesel über die Baumgrenze hinaus. Auf dem Gipfel halten sich Wolken und Felsen, aber keine wilden Tiere. Die Indianer vom Stamm der Abenaki, die sich den Berg hochgewagt hatten, nannten ihn Agiocochook, den Ort des Sturmgeistes.

Auf der Fahrt nach oben wird die Landschaft zunehmend

öder. Klimatisch betrachtet entsprechen jeweils 300 Höhenmeter einer Entfernung von 640 Kilometern nach Norden. Von Bretton Woods in New Hampshire aus würden wir praktisch in den Norden von Quebec befördert.

Die Lok beginnt ihre knarrende Bergfahrt in einem hübschen Waldgebiet, in dem Farne und Wildblumen die Gleise säumen. Doch bald schon reduzieren sich die Laubbäume auf Eberesche und Weißbirke, dafür treten Nadelbäume in Erscheinung. Alles Üppige oder Schwache wurde von Wind und Kälte ausgemerzt, die höher gelegenen Hänge bieten keinen Lebensraum für Pflanzen, die über ihre Blätter schnell Flüssigkeit verlieren. Botaniker unterteilen die Hochgebirgsregion in drei ökologische Abschnitte: die nördliche Hartholzzone am Fuß, gefolgt von der Kiefern-Tannen-Zone und der arktisch-alpinen Zone. In den beiden unteren Gürteln ordnen sich die Pflanzen der Größe nach an – je niedriger nach oben hin die Temperaturen werden und je mehr die Windgeschwindigkeit zunimmt, umso kleiner der Wuchs.

Der Zug tuckert mühsam dahin, und der beißende Geruch verbrannter Kohle zieht durch den Wagen. Am Berg wachsen Birke und Eberesche nun nur noch zwei Meter hoch, die Äste sind verkrümmt und schlaff. Ich wende mich kurz vom Fenster ab, um Reid eine Frage zu beantworten. Als ich wieder hinaussehe, sind die Harthölzer bereits von Schwarzfichten und Balsamtannen abgelöst, deren dünne Stämme eng aneinander wachsen. Auf 1400 Metern bilden die Zweige eine geschlossene Decke, die den Boden abdunkelt. »Sieh mal«, sagt Jeff, »das ist wie ein festes Gewebe.« Ein Schutzdach vor dem Wind. Zu gerne würde ich vom Zug abspringen und herausfinden, was in den geschützten Lebensräumen darunter verborgen ist.

Noch höher und die Bäume werden spärlicher, dazwischen liegen offene Grasflächen. Die Nadelhölzer krümmen sich in grotesker Weise die Hänge hinauf, geduckt wie Soldaten, die sich anschicken, einen Hügel zu stürmen. Hinter vereinzelten Buckeln bringen sie den Mut auf, etwas höher zu wachsen – ganze ein bis eineinhalb Meter –, dafür sind die obersten Nadeln braun verbrannt. Dieses zwergenhafte, bonsaiähnliche Wachstum, Krummholz genannt, findet sich an Hängen, an denen sich durch Schneefall eine wärmende Decke bildet oder wo unebenes Gelände für vereinzelte, geschützte Stellen sorgt. Es kann Fuß fassen, wenn ein Same nach oben geweht wird und eine geeignete Nische findet, etwa an der Leeseite eines Buckels. Im Laufe seines Wachstums entwickelt der Baum eine buschige, strauchähnliche Form. An der windabgewandten Seite sprießen junge Äste und kriechen bergwärts, bis die Bedingungen für weiteres Wachstum zu unwirtlich werden. Da sie zu wenig Kraft besitzen, um Samen hervorzubringen, breiten sich die zwergwüchsigen Bäume aus, indem sie an Stellen, wo die Zweige beim Absenken auf etwas Erde treffen, Schösslinge entwickeln. Krummholz am Mount Washington wurde schon auf einhundert Jahre datiert. In den Rocky Mountains mit ihren weniger harten, klimatischen Bedingungen wird es bis zu dreihundert Jahre alt und kommt noch bis zu 1800 Meter Höhe vor.

Die Höhe der Baumgrenze wird von einer ganzen Reihe Faktoren bestimmt, darunter Klima, Schneedecke, Boden und konkurrierende Pflanzen, der vielleicht wichtigste Aspekt aber ist der Wind. Im Winter, wenn der Boden gefroren ist und kein Wasser abgibt, trocknen Höhenwinde die Bäume erbarmungslos aus und tragen Schnee und Eis mit sich, die Nadeln und Rinde verletzen können. Wo Strömungsverhältnisse herrschen, in denen Ausläufer kalter Luft weiter nach unten vordringen können, liegt die Baumgrenze niedriger. An windabgewandten Hängen arbeiten sich dafür Bäume weiter nach oben und suchen kleine Enklaven mit klimatischen Ausnahmesituationen, in denen sie überleben und manchmal sogar gut gedeihen können.

Als wir 1500 Meter erreichen, kriechen Tannen in grau grünen, vielleicht zehn Zentimeter hohen Klumpen nach oben – die allerletzten Ausläufer eines Pflanzenmeeres. An den Westhängen schwappen liegende Nadelgehölze wie Schaum hoch, der an den Strand geweht wird. Eine Bö pfeift durch den offenen Wagen und lässt uns sofort frösteln, als hätte uns jemand mit kaltem Wasser begossen. Reid drückt sich an Jeffs Brust. Die Bahn müht sich in steilem Winkel bergwärts, tuckert über Hänge mit drahtigen Gräsern und von Flechten überzogenen Buckeln, hinauf auf den immer kahler werdenden Gipfel, um den tiefe Wolken ziehen und zwischen dessen Felsen sich mehrere hundert Ausflügler tummeln.

DAS PRIVATE Observatorium am Mount Washington nahm seine Arbeit 1932 mit einem Anemometer auf, das auf einem Gusseisensockel montiert war und mit dem man die Böen messen konnte. Schon damals hatte man vermutet, dass es sich hier um eine der windreichsten Stellen der Erde handle. Das Anemometer stellte die Windgeschwindigkeiten mithilfe aufeinander folgender Klickgeräusche fest, die die einzelnen Umdrehungen anzeigten. Am 12. April 1934, einem Tag mit ungewöhnlich heftigem Wind, wagte sich der Techniker Sal Pagliuca lange genug ins Freie, um Eis vom Anemometer und anderen Instrumenten abzukratzen. »Vielleicht hätte ich besser einen Vorschlaghammer mitgenommen«, schrieb er in einer Zeitschrift, »aber ich habe meine Zweifel, ob die Stärke eines Polyphemus ausreichen würde, um bei Winden mit 320 Stundenkilometern mit einem Vorschlaghammer zu hantieren.« Wieder zurück in der Station, nahm er Platz, um die Klickgeräusche des Anemometers zu zählen. Er hatte sie noch nie so schnell aufeinander folgen hören. Unterstützt von einem Kollegen, berechnete Pagliuca eine Windgeschwindigkeit von 370 Stundenkilometern. »Das glaubt uns keiner, war unser erster Gedanke«, schrieb er. »Ich spürte die ganze Verantwortung für dieses unglaubliche Messergebnis auf mir lasten.«

Man glaubte ihm. Das Observatorium hielt den Weltrekord in Windgeschwindigkeit bis zum Dezember 1997, als ein Taifun über Guam wütete, der in Böen mindestens 380 Stundenkilometer erreichte. Aber wer schon jemals auf dem Gipfel des Mount Washington gestanden hat, findet es sicher nicht erstaunlich, dass dieser Berg lange Zeit den Weltrekord hielt. Von der Terrasse des Besucherzentrums aus beobachten wir, wie nur wenige Meter über unseren Köpfen der Wind die Wolken in Fetzen reißt – zumindest scheint es so. Hoch oben ziehen stattliche Türme aus Kumuluswolken weitaus gemächlicher vorbei. Es hat den Anschein, als sei der Wind heute unmittelbar über dem Boden stärker. Aber über die Windströmungen über der Presidential Range gibt es bisher noch keine genauen Untersuchungen, sodass man unmöglich Schlüsse ziehen kann, wie über unseren Köpfen vielleicht Strömungen aufeinander prallen und sich wieder trennen. Ken Rancourt, ein Mitarbeiter des Observatoriums, erzählte mir vor kurzem, dass sich die Metereologen noch nicht einmal sicher sind, warum der Wind ausgerechnet hier höhere Geschwindigkeiten erreicht als in der umliegenden Region.

Die heute wehende, milde Brise von 25 Stundenkilometern ist so schneidend kalt, dass wir im übervölkerten Besucherzentrum Schutz suchen. Ich halte Reids Hand fest umklammert, um ihn in der Menge nicht zu verlieren. Wir bahnen uns den Weg in eine Ecke, wo auf einem Videomonitor ein Endlosband mit dem Titel »Frühstück für Helden« läuft. In ein fiktives Lokal auf dem Mount Washington kommt ein Gast und bittet um einen Tisch auf der Terrasse. Der Wirt sagt, es sei ein bisschen windig draußen. »Das stört mich nicht«, antwortet der Gast mit dem Brustton der Überzeugung. In der nächsten Szene sieht man ihn in voller Winterexpeditionsmontur draußen sitzen und mit beiden Händen einen Klapptisch festhalten. Die Ränder des Tischtuchs flattern wie eine Fahne. Der Kaffee wird serviert, doch die Tasse fliegt ihm sofort aus der Hand, ebenso ergeht es ihm mit einer Scheibe Toast. Ein Ober bringt Frühstücksflocken und Milch, aber als er sie für den Gast in eine Schüssel füllen will, wird alles wie Puder weggeweht. Der Stuhl kippt nach hinten und befördert den Gast in den Abgrund, der Tisch fliegt weg. Reid schüttelt sich vor Lachen. Die Windgeschwindigkeit? Lächerliche 104 Stundenkilometer.

Ich lasse Jeff und Reid kurz allein und mache einen Abstecher in das Observatorium, wo ich mich mit dem Techniker Norm Michaels unterhalte. Das Observatorium ist in einem Seitenflügel des Besucherzentrums untergebracht, einem klobigen Betonbau aus dem Jahr 1980, der so gebaut ist, dass er den schlimmsten Stürmen standhält. An einem nahe der Terrasse aufragenden Turm sind Wettermessgeräte installiert. Während Michaels seine stündlich an den Instrumenten abgelesenen Messwerte in den Computer eingibt, sehe ich von einem Panoramafenster aus die wolkenverhangenen Umrisse von Mount Jefferson, Mount Adams und Mount Madison im Westen.

Michaels arbeitet seit sieben Jahren im Observatorium und hat schon alle extremen Wetterlagen erlebt, die der Mount Washington zu bieten hat. »Wir hatten Winde bis 240.« Ein Tiefdrucksystem bewegte sich von der Küste Neuenglands nach Norden über Nova Scotia und verteilte dabei kühle Luft über den Bergen. »Das war für den Hochsommer extrem ungewöhnlich. Sehen Sie hier.« Er zeigt auf eine Wand, an der ein Hay's Chart Recorder hängt, ein Gerät, das auf einer runden Scheibe die Windgeschwindigkeiten mechanisch aufzeichnet. Heute schlägt sich der Wind als Serie schwach nach oben und unten ausschlagender Wellen nieder, die nicht einmal ein Drittel des Scheibendurchmessers erreichen.

»Und hier ist das Diagramm vom 20. Juli«, sagte Michaels

und reicht mir ein anderes rundes Papier. Es hat gewisse Ähnlichkeit mit den Kreisen, die mir aus Malstunden in meiner Kindheit noch in Erinnerung sind. Quer über die Scheibe, bis zwei Zentimeter an den Rand, ist heftig Tinte verteilt. Ausschläge am äußeren Rand weisen auf extreme Böen hin. »Ein ganz schöner Unterschied«, meint Michaels. »Aber ich habe noch eine bessere.« Aus einem Ordner zieht er ein Diagramm, das an einem Tag im Dezember 1980 aufgezeichnet wurde, an dem Böen mit bis zu 290 Stundenkilometern herrschten. Es ist fast völlig mit Tinte überzogen. »Das war der windigste Tag, den wir in diesem Gebäude je hatten.«

»Gehen wir hinunter«, schlägt er vor. »Ich habe ein Video, das Sie interessieren wird.«

Er führt mich eine eiserne Wendeltreppe hinunter in die Räume, in denen die Mitarbeiter während ihrer Wochenschichten wohnen. Im Aufenthaltsraum stöbert Michaels in einer Schachtel mit Videos und zieht eine Kassette hervor. »Hier ist eine Aufnahme des Windes, den wir im Juli hatten«, sagt er. »Die Böen waren so stark, dass sie einige Steinplatten aus dem Boden der Terrasse rissen. Schon erstaunlich, wenn man bedenkt, dass jede Platte 35 Kilogramm wiegt. Einer der anderen Techniker ging hinaus und versuchte, sie wieder an ihren Platz zurückzulegen.«

Die Aufzeichnung dauerte nur ein paar Minuten. Als Erstes schwenkt die Kamera auf Steve, einen großen Mann, der sich am Terrassengeländer entlanghangelt, in Schutzanzug und Schutzbrille ist er kaum zu erkennen. Regen peitscht von der Seite gegen das Objektiv. Steve bewegt sich vorsichtig zu den Steinplatten hin und bringt gebückt eine von ihnen eilig wieder an Ort und Stelle. Das Gewicht zwingt ihn in die Knie. Um an eine zweite Platte heranzukommen, muss er den Windschatten des Laboratoriums verlassen und sich der vollen Kraft des Windes aussetzen. Der Stoff seines Anzugs flattert. Der Wind röhrt in das Mikrofon der Kamera. Steve macht

175

einen Schritt, dabei bewegt er sich ganz langsam und stützt sich ab, doch sofort wird er auf Hände und Knie nach unten gedrückt. Schwerfällig richtet er sich wieder auf und beginnt sich zentimeterweise in Richtung der Kamera zurückzubewegen. Da erfasst ihn eine Böe, er taumelt und rollt auf der Aussichtsplattform dahin. In der letzten Einstellung sieht man ihn zurückkriechen, während Regen um ihn peitscht.

ALS ICH WIEDER draußen bin, beschließen Reid, Jeff und ich, eine kurze Strecke an der Ostseite des Berges hinunterzuwandern, die heute (wie an den meisten Tagen) windgeschützt ist. Obwohl ein Werktag ist, ist der Weg voller Menschen, die auf dem Weg nach oben sind. Mildes Wetter kann am Mount Washington schnell umschlagen, selbst im Hochsommer können so unerwartet Kaltfronten aufziehen, dass Wanderer immer aufgefordert werden, Wollpullover und Daunenwesten mitzunehmen. An warmen Tagen wie heute ist der Weg stark frequentiert.

In ihrem Buch *Land above the Trees* beschreibt Ann Zwinger einen Ausflug auf den Mount Washington an einem Sommertag, an dem Wolken den Gipfel umhüllen und die Welt nur aus zwei Farben zu bestehen scheint: grau und grün. Doch die Farben, so schreibt Zwinger, wirken, als wären sie den falschen Formen zugeordnet. Die mit Landkartenflechte krustig überzogenen Felsen sehen aus wie »gesprenkelter grüner Marmor. Die Pflanzen sind so sehr von den Wolken umnebelt, dass sie grau erscheinen. Grüner Fels, graue Pflanzen: eine nordische Landschaft«. Weiter merkt sie an: »Die dunstigen Nebel, die Dämpfe und der Regen verzehren Umrisse und Formen, bleichen alle Farben zu grau. Sie verschlingen die Landschaft wie ein amorpher, gieriger, eisspeiender Drache.«

Die Farbtöne, die uns an den Osthängen empfangen, unterscheiden sich grundlegend von denen, die Zwinger an diesem nebligen Tag erlebte, doch ihre ungewohnte Kombination

176

macht mich leicht benommen. Von weitem sehen die Felsen wie mit fluoreszierender Farbe besprenkelt aus. Beim Näherkommen sehe ich, dass sie dünn mit schwarzgrünen Flechten überzogen sind. Im Kontrast zu dem in dieser Höhe tiefblauen Himmel wirkt ein solches Neongrün eigenartig fehl am Platz. Aber alle Gesteinsblöcke den Hang hinauf und hinunter sind damit fleckig überzogen.

Einen kurzen Teil der Strecke entfernen wir uns vom Pfad und lassen Reid nicht aus den Augen, der sich plötzlich für einen großen Kletterer hält, dem nichts etwas anhaben kann. Seine Beine erscheinen mir außergewöhnlich lang, und er zieht sich mit einer Geschwindigkeit die Felsen hoch, die ich nie für möglich gehalten hätte. Jeff hat zu tun, um sich immer einen oder zwei Schritte hinter ihm zu halten. Ich bewege mich langsamer und untersuche quadratmeterweise die Berglandschaft. Felskanten schürfen meine nackten Waden und Oberschenkel auf.

Zwischen den einzelnen Buckeln entdecke ich die unterschiedlichsten Oberflächenstrukturen. Gräser, Flechten, Moose und winzige Kräuter drängen sich in Felsspalten, wo etwas Erde zu Tage tritt, und bilden einen Pflanzenteppich, eine in vielen verschiedenen Farben gewebte Decke. Die Gräser sind zehn bis fünfzehn Zentimeter hoch und seidig, die Stiele ausgesprochen dünn. Die Moose sehen flaumig und einladend aus. Ich streiche mit der Hand über ein dichtes, grünes Kissen und bin überrascht, wie brüchig es ist. Weiche Kanten sind nicht erlaubt, nicht hier oben, an der Grenze alles Lebens. Vielleicht einen Meter entfernt wächst ein bräunlicher Flecken Isländisches Moos, das ebenfalls wie ein Kissen aussieht und sich steif anfühlt. Seine winzigen Blätter kräuseln und winden sich in alle Richtungen. Ich ziehe etwas davon aus. Unmittelbar unter den sich kompliziert verästelnden Spitzen liegen grauweiße Stängel, die sich weithin erstrecken und mich an die blumenkohlähnlichen Windungen im menschlichen Gehirn erinnern. Dieses Wachstumsmuster ist mir in der Natur schon oft begegnet, ein dichtes, schützendes Dach ermöglicht die Ausbildung größerer Stiele darunter. Im vorliegenden Fall hebt sich das Dach allerdings nur fünf Zentimeter vom Boden ab.

Einige Jahre vorher war ich in den alpinen Regionen der Rocky Mountains wandern gewesen. Als ich nun Pflanzen finde, die wie Juwelen zwischen Felsen verborgen sind, denke ich wieder an die alte Ehrfurcht, die ich beim Anblick dessen empfunden hatte, was die Natur im Miniaturformat zu schaffen im Stande ist. Auf den Wiesen und Geröllfeldern in den Rockies entdeckte ich Vergissmeinnicht mit Blüten, die nicht einmal drei Millimeter Durchmesser hatten, sowie Zwergklee und Gletscherhahnenfuß. Ganze Nachmittage lang durchkämmte ich auf allen vieren die natürlichen Steingärten. Die Pflanzen wuchsen in runden Kissen und Matten, die so geformt waren, dass sie den Wind abwiesen.

Den Höhepunkt der Wildblumensaison habe ich am Mount Washington verpasst, doch ein paar Blüten stechen noch aus dem felsigen Abhang heraus. Vorsichtig arbeite ich mich zu einer gelben Aster vor, die mit einer Wuchshöhe von etwa 15 Zentimetern zwischen langen, üppigen Gräsern steht. Hier muss es irgendwo eine Feuchtigkeitsquelle geben. Vom darüber liegenden Hang baumeln Gräser an den Felsen herab, zwängen sich in Felsspalten – eine üppige Vegetation inmitten einer Steinwüste.

Wir klettern wieder zum Gipfel hoch, legen eine Pause ein, um eine Stelle zu betrachten, die dicht mit Heidekraut bewachsen ist, eine blühende Pflanze, die noch in Gegenden gedeiht, die so extrem im Wind liegen, dass sie selbst mitten im Winter nicht mit Schnee bedeckt sind. Ihre nadelähnlichen Blätter bilden eine dicht verwobene Decke, wobei ihre flachen Seiten der Sonne entgegengerichtet sind, sodass sie möglichst viel Wärme aufnehmen können. Im Frühsommer ist das Heidekraut verschwenderisch mit kleinen, weißen, fünfblättrigen Blüten übersät, doch inzwischen sind sie längst vertrocknet.

Reid ist mit seinen Kräften am Ende. Kein gutes Zureden, keine Bestechung kann ihn davon überzeugen, auch nur eine Minute länger auf dem Berg zu bleiben. Nicht einmal das Prusten einer Dampfmaschine mit wulstigem Schornstein kann seine Aufmerksamkeit fesseln. Wir reihen uns in die wachsende Schlange für die Rückfahrt ein und sehen zu, wie der Wind die Wolken zu durchsichtigen Streifen auseinander zieht.

Als wir in den Wagen steigen, ist nur noch ein einziger Platz frei. Ich überlasse ihn Jack, der unseren inzwischen schlafenden Sohn im Arm hält, und gehe nach hinten, um mich auf eine Plattform im Freien zu stellen. Sobald wir vom Gipfel weg sind, werden die vom Wind ausgeputzten Gräser größer und leuchtender. 150 Meter tiefer tauchen wieder Tannen auf, die sich in einzelnen Feldern, unregelmäßig und dicht an den Boden gedrängt, ausbreiten. Noch weiter unten legt sich ein verworrenes Gewebe über die schuppige Berglandschaft, ein Tuch aus Nadelhölzern, das mit Tupfen aus tiefroten Beeren und leuchtend gelben Blumen durchsetzt ist. Dann wird das Gelände sumpfig, hier stehen Riedgras und Himbeersträucher zu kleinen Gruppen arrangiert. Und mit einem Gefühl der Erleichterung geht es weiter abwärts, mitten hinein unter größere Bäume – schon ganze zwei Meter hoch! Licht, das durch grüne Nadeln flackert, ist Balsam für unsere von der Sonne strapazierten Augen.

Farne säumen nun wie zarte, grüne Flammen die Gleise. Als wir voll ausgewachsenen Wald erreichen, schleift die Bahn über eine Flut von Wildblumen: Goldrute, Lobelien. Vorher hatte ich sie kaum zur Kenntnis genommen. Nun sind wir wieder in der Welt des Aufrechten, des Vertikalen, wo üppiges Wachstum die Regel ist, zum Glück die Regel ist. Den ganzen Tag lang habe ich mich gegen den Wind gestemmt, und mein

Rücken ist verspannt vom Umherkriechen zwischen Pflanzen, die kaum so hoch sind wie mein Knöchel. Ich strecke meine Arme über den Kopf – drücke die Schultern zurück – und stehe aufrecht.

6.

Die Tänze von Wind und Sand

AN EINEM schwülen Nachmittag im Frühsommer unterbrechen zwei Frauen mit Baseballmützen und in schmutziger, leger sitzender Kleidung eine Arbeit von Schwindel erregenden Ausmaßen, um gierig Wasser aus Feldflaschen zu trinken. Über ihnen wiegen sich die Kronen zwanzig Meter hoher Eichen und Kiefern in der salzigen Brise. Über den bewaldeten Hügel, auf dem sich die Frauen niedergelassen haben, sind Schaufeln, Wurzelschneider, ein Maßband und ein ansehnlicher Wall aus losem Sand verteilt. Das Zentrum dieser Szenerie bilden zwei rechteckige Gruben, die beide etwa eineinhalb Meter tief sind. »Gut«, sagte die kleinere der beiden munter, während sie den Blick über die Gruben schweifen lässt und sich mit dem Ärmel über die Backe wischt, »wir kommen der Sache näher.« Mit ihren schmutzigen Gesichtern und dem verschwörerischen Lächeln wirken die beiden, als würden sie sich bis nach China durchgraben wollen.

Aber natürlich wollen sie nicht zu einem Ort vordringen, sondern zu einer Zeit. Die kleinere der beiden Frauen ist Karen Havholm, eine Geologin, die sich auf den Bereich der äolischen Geologie spezialisiert hat. Das bedeutet in erster Linie auf Sand und Sandstein.

»Frisches Blut«, ruft sie, als sie mich kommen sieht. Ihre Begleiterin, eine Geologiestudentin namens Kristin Weaver, bleibt sitzen. Sie graben schon seit halb acht Uhr morgens, das sind fünf Stunden, unterbrochen von einer kurzen Mittagspause. Als Gegenleistung für eine geologische Führung durch Nags Head Woods habe ich angeboten, beim Graben zu helfen. »Was haben Sie bisher gefunden?«, frage ich.

»Keine Schichtfuge, die wir eigentlich finden müssten, wenn meine Theorien einen Sinn ergeben sollen«, sagt Havholm. »Aber hier sind einige interessante Kreuzschichtungen.« Sie springt in eine der gut schulterhohen Gruben, woraufhin Sand nach unten zu rieseln beginnt, und ich folge ihr.

Die oberen 60 Zentimeter des freigelegten Bodens werden von einem Verbund aus abgetrennten Wurzeln zusammengehalten, einige von ihnen in der Dicke eines Besenstiels, die meisten aber dünn wie ein Faden. Havholm zeigt auf die nach Süden liegende Grubenwand, an der ein eigenartiges Muster aus blassen, pastelligen Streifen in hellen Gelbtönen und feinen Braunabstufungen zu erkennen ist. Unmittelbar unter den Wurzeln verlaufen die Streifen horizontal in der Wand, mit leichter Aufwärtstendenz. Sie wurden von der Rückseite einer Düne abgelagert, die langsam nach Süden wanderte. 60 Zentimeter tiefer enden die schräg aufwärts verlaufenden Linien abrupt, die Streifen weisen an dieser Stelle steil nach unten und verschwinden im Boden. Für mich sieht das aus, als wären Erdblöcke in eigenartigen Winkeln eng aneinander geschichtet worden.

»Diese unteren, in den Boden abtauchenden Streifen zeigen, wo die Düne ursprünglich durchwanderte«, erklärte Havholm. »Jeder Streifen steht für ein bestimmtes Ereignis, wie zum Beispiel einen Sandfluss an der Luvseite der Düne. Dann wanderte die Leeseite der Düne durch und hinterließ die obere Schichtungen.«

»Ich hatte gehofft, irgendeine Form von Grenzschichtung zwischen zwei einzelnen Dünen zu finden«, fügt sie nachdenklich hinzu. »Doch nun frage ich mich allmählich, ob wir nicht weiter drüben, seitlich in diesen Hügel hinein, graben sollten.«

»Sag so was nicht«, ermahnt Weaver sie. Der mit Bäumen bewachsene Hang ist so steil, dass die Schichten aus Humus und vermoderten Wurzeln, nach denen Havholm sucht, gut und gerne sechs Meter unter der Oberfläche liegen könnten.

Vor unzähligen Jahrhunderten, vielleicht ist es auch schon 5000 Jahre her, bestand die Erde unter Nags Head Woods aus großen, beweglichen Sandfeldern mit unregelmäßigen, wandernden Dünen. Ab einem bestimmten Punkt erfolgten die Ablagerungen langsamer und Vegetation konnte Fuß fassen. Seit dieser Zeit wurde jedes Anhäufen und Abtragen von Terrain durch die Wurzeln dieser Pflanzen festgeschrieben, die sich in alle Richtungen ausbreiteten. Um sich auf gerader Linie durch die Wälder zu bewegen, muss man viereinhalb und siebeneinhalb Meter hohe Kämme besteigen, ein Auf und Ab wie auf einem Schiff in sturmbewegter See.

Doch für jene, die geologische Rhythmen zu deuten wissen, offenbaren die Wellen ein ganz klares Muster. Ein paar Tage vorher hatte mir Havholm eine zerfledderte Luftaufnahme der Wälder gezeigt und für mich die Umrisse einiger großer, bogenförmiger Dünen nachgezeichnet, die als Parabeldünen bezeichnet werden. Als sie noch in Bewegung waren, erklärt Havholm, müssen sich die Parabeldünen von Norden nach Süden bewegt haben und auf eine Reihe kleinere Sandkämme getroffen sein. »Die Frage ist, welche waren älter, die Parabeldünen oder die kleineren, in Ost-West-Richtung verlaufenden Kämme?«, so Havholm. »Und wie wirkten sich die Bewegungen der einen auf die anderen aus?«

Unterstützt von Weaver, die ihr in drei Wochen Feldforschung zur Seite stand, hat sie entlang einer Überlandleitung, die einige der höchsten Dünen im Wald überspannt, schon drei andere Gruben ausgehoben. Nun begutachten die beiden den Sand an einer Stelle, an der eine Parabeldüne – der große, steile Hügel – mit einer anderen Dünenkette zusammentraf. Und das alles auf der Suche nach ein paar vereinzelten Hinweisen über die Vergangenheit dieser Landschaft.

Havholm hofft, im Lauf der nächsten paar Jahre eine umfassende Geschichte der Dünenbewegungen in diesem mittleren Abschnitt der Outer Banks erstellen zu können. Von der Untersuchung der verschütteten Schichten erwartet sie Hinweise darauf, warum Dünen entstehen, sich auf einmal wie schwerfällige Monster über die Landschaft wälzen und dabei Bäume, Wiesen, Häuser und was sonst noch auf ihrem Weg liegt, verschlingen. Und was veranlasst eine Düne andererseits, so lange unbeweglich an Ort und Stelle zu verweilen, bis Gras und Bäume sie festhalten? Ein Faktor ist Flüssigkeit. In feuchten Küstengebieten werden Dünen eher von Vegetation umschlossen, doch von Zeit zu Zeit begraben größere Mengen Sand die Pflanzen wieder unter sich, und die Dünen machen sich erneut auf die Reise. »Dabei muss so etwas wie ein plötzlicher Zustrom von Sedimenten erfolgen«, meint sie. »Die Frage ist nur, woher kommen sie? Ein Absinken des Meeresspiegels? Ein radikaler Klimaumschwung? Vermutlich spielen eine ganze Reihe komplexer Faktoren eine Rolle.« Aus welchem Grund sollten die Dünen sonst ihre schützende Hülle verlieren und sich wieder auf den Weg machen? Die Antworten auf diese und ähnliche Fragen wirken sich grundlegend auf den Umgang mit jenen Landschaften aus, die sich ständig in Bewegung befinden und so viele der Ferienparadiese auf unserer Erde beherbergen.

Nur törichter Mann baut sein Haus auf Sand, warnt die Heilige Schrift. Und doch haben Millionen von uns diesen Rat in den Wind geschlagen. Wir lassen uns von den kühlenden Brisen an Meeren und Seen wie von einem berauschenden Nektar verführen. Und einmal dort, sind wir bestrebt, unsere Gebietsansprüche mittels sorgfältiger Landvermessungen und Lagepläne festzuschreiben. Doch wie alle Linien im Sand, sind auch diese dazu bestimmt, wieder von Wasser und Wind wegradiert zu werden.

Am Südende von Nags Head Woods liegt ein berühmter Sandhügel mit dem Namen Jockey's Ridge, dieser war mit 33 Metern einmal die höchste Düne an der Ostküste, ist inzwischen aber auf 26 Meter geschrumpft und hat damit seinen Rekordtitel an die Dünen bei Cape Cod abgegeben. Jockey's Ridge ist die südlichste Erhebung in einer ganzen Reihe von Riesendünen, die als *Medanos* bekannt sind und einstmals die Küste südlich der Chesapeake Bay bevölkerten. Kill Devil Hill, von dem aus die Gebrüder Wright zum ersten Mal mit einem motorgetriebenen Flugzeug starteten, ist ebenfalls ein *Medano*, der jedoch inzwischen von Gras stabilisiert ist.

Jockey's Ridge und sein nächster Nachbar im Norden, Run Hill, sind nach wie vor nackter Sand und können sich jederzeit auf die Reise machen. Und genau das tun sie, in kleinen, trägen Lawinen. Die vordersten Ausläufer dieser Dünen verlagern sich in einem einzigen Jahr um eineinhalb Meter nach Südwesten. Run Hill verschlingt in Nags Head Woods dabei eine Waldung nach der anderen. Jockey's Ridge begräbt Schaukelgestelle und Geräteschuppen unter sich und zwingt Hausbesitzer ein ums andere Mal dazu, ihr Eigentum in Sicherheit zu bringen.

Havholm und ein weiterer Kollege wurden 1991 von der Naturschutzbehörde, die den Hauptanteil an Nags Head Woods besitzt, angestellt und mit einer Studie über Run Hill beauftragt. Das Gebiet zog Havholm schließlich so in Bann, dass sie genügend Geld für eine Studie über die Dünen in dieser Region auftrieb. »Die äolischen Ablagerungen bestehen in erster Linie aus Sandstein«, hatte sie mir erzählt. »Nags Head Woods ist ein ziemlich ungewöhnlicher Ort für Forschungen – ein Küstensystem mit unterschiedlichen Perioden der Dünenbildung – daher hoffe ich, ein bisschen mehr über Ablagerungsprozesse in Küstengebieten herauszufinden.«

Im Moment hebt sie Sand aus, eine Schaufel nach der anderen, und ihr Gesicht ist zusehends von Müdigkeit gezeichnet.

Es ist Zeit für eine Nachmittagspause. Wir lassen die Geräte liegen und gehen zu Fuß die 800 Meter zur nächsten Straße, dabei schwingen wir unsere Arme und genießen es, wie leicht sie auf einmal sind. »Ich hoffe, das alles ist die Anstrengung wert«, sage ich.

»Das kann man nie sagen«, erwidert Havholm sachlich. »Deshalb ist die Geologie auch so ein furchtbar anstrengendes Geschäft.«

Wir folgen einem Pfad unmittelbar nördlich der mit Kamelbuckeln gekrönten Parabeldüne. Entlang des Weges weist mich Havholm auf mehrere kleinere Dünenkämme hin, die sich wie weit ausgebreitete Arme von der Parabeldüne weg verjüngen. Zu Wochenbeginn hatten sie und Weaver Proben aus dem Inneren dieser Kämme entnommen und gehofft, dort auf verschiedenartige Sandkörner oder, besser noch, auf eine Humusschicht zu treffen. »Eine überlagerte Erdschicht zeigt auf, wo eine Wanderdüne über eine bewachsene Düne hinweggezogen ist«, erklärt Havholm. »Die Schichten ober- und unterhalb dieser Linie unterscheiden sich altersmäßig um mindestens ein paar hundert Jahre. Die Düne musste genügend Zeit haben, um bewachsen und dann wieder bedeckt zu werden. Daher kann eine Erdschicht sehr wichtig sein, um das Gesamtbild zusammenzusetzen.«

Plötzlich bleibt sie stehen, zieht einen Kompass aus ihrer schmutzigen, lilafarbenen Hose hervor und bahnt sich abseits vom Pfad einen Weg durch Äste und Kletterpflanzen. »Wahrscheinlich versucht sie festzustellen, wohin dieser kleinere Kamm sich orientiert«, klärt Weaver mich auf.

Durch Wildrosen und Stechpalmen kann ich erkennen, wie Havholm aufmerksam den Kompass in ihrer Handfläche betrachtet. Lichtpunkte flackern über die Szenerie wie Sonnenstrahlen, die über den Boden eines Schwimmbeckens streifen. Der feindselige, wie Gelächter klingende Ruf eines Spechts, das freudige Klappern eines Singvogels irritieren mich. Mir ist klar, dass ich die Grundlagen einer ganz neuen Disziplin erlernen muss, wenn ich Havholms Arbeit verstehen will. In vergangenen Jahren bin auf der Suche nach Vögeln, Schmetterlingen, Wildblumen und Bäumen durch diese Wälder gewandert – nun sind es geologische Formationen. Aus wie vielen verschiedenen Blickwinkeln kann man eine Landschaft eigentlich betrachten?

WIE ER DIE Geschichte der Menschheit geformt hat, die jahreszeitlich wechselnden Routen von Tieren und die Ausbreitung der Vegetation, so wirkt der Wind wie mit einem Meißel auf die Erdkruste ein. Er pfeift um Berge und durch Pässe und bewirkt, wenn er schneller wird, die Erosion von Gestein. Stück für Stück trägt er die oberste Schicht frisch gepflügter Felder ab. Er verteilt nach Vulkanausbrüchen die Asche und schafft so einige der fruchtbarsten Böden der Welt.

Im Mississippi-Delta, dem Herzstück Iowas, und auf den Ebenen Nordchinas und der Mongolei häuft der Wind winzige, an Puzzleteile erinnernde Kristalle eines Mineralgemisches namens Löss zu dicken Schichten an. Wenn die Kristalle auf den Boden fallen, verbinden sie sich zu einem Gestein, das wie Puder aussieht, aber hart wie Bimsstein ist. In den trockenen Tälern der Admiralty Mountains in der Antarktis schleift der Wind mit Eis und Graupeln an Kieselsteinen, bis diese glatt wie Glas poliert sind. Im Südwesten Amerikas schabt er Kanten und Ecken von Felsen ab und formt Bögen, Säulen und Klippen aus tiefrotem Stein. Und er schiebt gewaltige Dünen durch die Wüsten der Welt, wie er es schon vor Jahrmillionen getan hat, als das Gebiet des heutigen Colorado, Utah, New Mexico, Arizona, Nevada und Wyoming von einem riesigen Sandmeer überzogen war.

Bis Ende des 18. Jahrhunderts nahmen Geologen an, dass Gesteinsformationen ausnahmslos durch plötzliche Katastrophen wie Vulkanausbrüche und Gebirgsverwerfungen entstanden sind. An der Schwelle zum 20. Jahrhundert wusste man, dass die Entstehung von Gesteinen Millionen von Jahren andauerte. Doch auch damals waren die Wissenschaftler generell der Meinung, die Erde sei in erster Linie von Wasser geformt worden, von Regen, Flüssen und Meeren, die sich ausdehnten und wieder zurückzogen. Die Rolle des Windes wurde erst in den 30er-Jahren angemessen gewürdigt, als die gepflügten Böden im Mittleren Westen Amerikas auf einmal tonnenweise weggeweht wurden.

Ralph Algiers Bagnold, ein junger Offizier im britischen Pionierkorps, war 1925 in Abbasiya, etwas außerhalb von Kairo, stationiert. Bagnold war Student der Strömungslehre und ein genauer Beobachter. Er machte es sich zur Aufgabe, gemeinsam mit einigen anderen Männern die Libysche Wüste zu erkunden, und verbrachte seine freien Tage damit, in ungespurtem Sand herumzufahren. Die Aufenthalte in der Wüste wurden zu Bagnolds Passion. So oft wie nur möglich ließ er die Stadt hinter sich und suchte »das Gefühl der Freiheit, dorthin zu gehen, wo man wollte, nach dem Kompass zu fahren, fasziniert von einer neuen Welt ohne jegliches Leben; … in der klaren Kühle der Sanddünen am Abend und der trockenen, leuchtenden Wüstenluft.« Entschlossen, für alles, was er gesehen hatte, eine Erklärung zu finden, kehrte er einige Jahre später nach England zurück. Sein ganzes weiteres Leben beschäftigte er sich intensiv damit, die eleganten Tänze von Wind und Sand zu erforschen.

1941 veröffentlichte Bagnold sein Buch *The Physics of Blown Sand and Desert Dunes*, noch heute ein elementares Werk für alle Studenten der äolischen Geologie. Am Anfang steht eine Studie darüber, wie sich einzelne Sandkörner bewegen, wenn sie von Wind erfasst und mitgenommen werden.

Ein Sandkorn fängt zunächst an zu rollen und steigt erst hoch, wenn es auf irgendeine Art von Hindernis trifft, das kann ein Kieselstein, ein Busch oder die Kruste eines verhärteten Sediments sein. Es hüpft in die Luft, landet wieder am Boden und wird erneut nach oben geschleudert, die einzelnen Flugphasen werden dabei immer länger, je mehr der Wind an Geschwindigkeit zunimmt. Dieses Bockspringen nennt man Saltation. Dort, wo das Sandkorn auf den Boden trifft, ensteht ein winziger Krater, durch den Aufprall werden weitere Sandkörner in Bewegung versetzt. Bagnold führte penible Tests in einfachen Windkanälen durch, um die Wege einzelner Körner und ihr Verhalten bei verschiedenen Windbedingungen beobachten zu können. Er fand heraus, dass die Sandkörner viel höher abheben, wenn sie über eine Fläche aus Kieselsteinen geblasen werden als über Sand. Er zeigte auf, dass sich Rippelmarken in Sand immer in einem rechten Winkel zur vorherrschenden Windrichtung bilden. Und er bewies, dass Sand Kräfte auf den Wind ausübt und umgekehrt. Wenn die Sandkörner erst einmal begonnen haben, vom Untergrund abzuheben, werden die bodennahen Winde, die sie in Bewegung versetzt haben, durch Reibung abgebremst.

Bagnold war nicht so sehr von den Küstendünen fasziniert, die oft »chaotisch und ohne jede Form« sind, sondern von den großen Wüsten, in denen Wind und Sand nicht vom Menschen gestört werden. In denen ihnen keinerlei Hindernisse den Weg versperren, keine Vegetation sie gefangen nimmt und Sand sich zu kugelförmigen und spitzen Erhebungen auftürmt, Tag für Tag und Stunde für Stunde. Der Beobachter, so schreibt er, »ist immer wieder erstaunt über eine Einfachheit der Form, eine Exaktheit der Wiederholung und eine geometrische Ordnung, die in der Natur in einer größeren Dimension als der kristallinen Struktur völlig unbekannt ist«. Er preist Dünen, »die in parallelen Ketten angeordnet sind, in denen in gleichmäßigen Abständen, ähnlich den Zähnen einer übergroßen Säge, Gipfel auf Gipfel folgt, in großer Zahl und sogar über hunderte von Kilometern«. Er beschäftigt sich mit dem Phänomen des so genannten singenden oder summenden Sandes, »das an manchen weit entlegenen Orten das Schweigen der Wüste unterbricht«. Ursache ist, so hat er herausgefunden, das lawinenartige Abgehen von Sandkörnern, die am Fuße eines Steilhanges beim Abbremsen ächzen. Und er berichtet mit Erstaunen, dass zwei große Dünen sich manchmal »fortpflanzen«, indem sie sich nach einer Kollision weiter vorwärts wälzen und dabei eine kleinere Düne zurücklassen. Eine solchermaßen »bizarre Nachahmung des Lebens«, so schreibt Bagnold, »kann ein phantasievolles Gehirn schon etwas in Aufruhr versetzen«.

Die wichtigsten Dünenformen, die Bagnold beschreibt – Barchane oder Sicheldünen mit steiler Leeseite und allmählich abfallender Luvseite, die sich wie quer über eine Seite gemalte Schlangenlinien in langen Bögen vorwärts schieben, sowie Sandbuckel oder Walfischrücken –, sind Variationen von Landschaftsformen, erwecken aber auch den Anschein von Tiergestalten. Inzwischen haben andere Wissenschaftler weitere Erscheinungsformen definiert, wie zum Beispiel die Parabeldüne, die sich fortbewegt, indem sie zuerst ihre abgerundete Nase nach vorne schiebt und die Arme hinten nachzieht. Sie alle werden mit sicherer und schöner Meißelführung von Windsystemen geformt.

Bagnolds Arbeit nahm innerhalb des Fachgebietes der äolischen Geologie praktisch eine Einzelstellung ein, bis in den 70er-Jahren, nach Gründung des Ölkartells im Mittleren Osten, in den neuzeitlichen Sandmeeren und den darunter liegenden Ölfeldern eine wahre Forschungsflut einsetzte. Zur gleichen Zeit ergaben Forschungsergebnisse der Weltraumsonden *Viking* und *Mariner,* dass Windstürme die Oberfläche des Mars entscheidend mitformten. Doch obwohl sich der Forschungsbereich der äolischen Geologie seit den 60er-Jahren erheblich ausgeweitet hat, ist sie nach wie vor eine Spezialwissenschaft. Havholm schätzt, dass weltweit höchstens zwei Dutzend Wissenschaftler aktiv an Studien arbeiten, die sich mit dem Transport von Sandkörnern durch den Wind beschäftigen. Einige untersuchen die Sedimentverlagerungen auf Mars und Titan. Ein paar weitere erforschen die Eigenschaften des Lössbodens in der Mongolei und in Nordchina, in dessen dickes, gelbliches Bett ganze Städte eingemeißelt sind.

Die meisten Vertreter der äolischen Geologie befassen sich jedoch mit dem, was sie selbst als Gesteinsgeschichte von Sandmeeren und Sandstein bezeichnen. »Geologen arbeiten mit Analogien«, erklärte Havholm. »Sie untersuchen neuzeitliche Vorgänge, betrachten dann Orte wie Zion National Park und rollen das Szenario nach hinten auf. Man kann das gut mit einem Satz beschreiben: Die Gegenwart ist der Schlüssel zur Vergangenheit. Dabei geht man von der Theorie aus, dass viele der grundlegenden Prozesse in unserer heutigen Zeit auch schon abliefen, als alte Sandsteinformationen entstanden.«

Einige Wissenschaftler, die sich mit der äolischen Geologie beschäftigen, untersuchen Sandbewegungen auf kleinstem Raum. Mithilfe von Zeitrafferfotografie und Computermodellen stellen sie fest, wie sich unter bestimmten Bedingungen Rippelmarken bilden oder wie ein Zusammenwirken von Wellen und Wind an einem Strand zur Ausformung von Strandhaken führt. Wieder andere beobachten das Verhalten einzelner Dünen sowie ganzer Dünenlandschaften. Auf diesem letzten Gebiet erfolgt ein Großteil der Arbeit mithilfe von Computeranalysen.

Aber trotz allem müssen alle Theorien früher oder später an Ort und Stelle überprüft werden, dabei sind die gleichen anstrengenden Grabungsarbeiten erforderlich, wie Havholm sie ausführt. »Es gibt ein paar Tricks, um die Arbeit zu beschleunigen«, sagt sie: »Man kann mit einem Kernbohrer Proben entnehmen. Vereinfacht dargestellt ist das ein großer Schaft, der mit einem Rasenmähermotor in das Erdreich getrieben wird. Das funktioniert am besten in feuchten Sedimenten. In trockenem Sand hatte ich damit kein besonderes Glück, und ich glaube, die anderen auch nicht.«

Gibt eine Grabung die blassen Streifen, die so genannten Schichtungen, frei, muss der Geologe sie mit großer Sorgfalt entziffern. Beim Rollen, Springen und Gleiten von Sand ordnen sich die darin enthaltenen dichten Mineralien zu einzelnen Lagen an, die leicht zu erkennen sind. Jeder dieser Streifen kann von einem oder mehreren Vorkommnissen berichten: eine erhalten gebliebene Rippelmarke, eine Stelle, an der sich Sand mit einer feuchten Oberfläche verbunden hat oder das Abgleiten von Sandkörnern an der Vorderseite einer Düne. Durch die Untersuchung von Mustern im Sand und durch verschiedene Berechnungen, mit deren Hilfe man den Winkel, in dem ein Streifen verläuft oder die Ausrichtung der Grabenwände einordnen kann, können Forscher nachvollziehen, in welche Richtung sich eine Düne bewegt.

Solche Hinweise geben vielleicht auf elegante Weise preis, wo eine große, schnell wandernde Düne eine langsamere, kleinere Kette überrollte. Oder sie sorgen bei den Wissenschaftlern für Verwirrung. »Ich war nicht erst einmal mit einer in meinen Augen absolut bombenfesten Theorie da draußen«, erzählt mir Havholm wehmütig lächelnd, »und die Kreuzschichtungen haben sie völlig auseinander genommen.«

Graben und nochmals graben, Notizen machen, fotografieren, Pausen einlegen und die Theorie überdenken, alte topografische Karten und Luftaufnahmen analysieren. Das sind die Aufgaben, die Havholm während ihrer kurzen Wochen draußen vor Ort von sieben Uhr morgens bis zehn Uhr nachts in Anspruch nehmen. Wenn ich ihr eine Frage stelle, antwortet sie oft: »Da bin ich mir nicht sicher. Das habe ich noch nicht richtig durchdacht.« Nach einem Tag mit ihr falle ich völlig erschöpft ins Bett. Ich träume von Sand, der sich in heißen, samtigen Zungen seitlich von einer Düne herab ergießt, sich in viele kleine Bäche verzweigt und sich Korn um Korn wieder anhäuft, bis er den Wald, der ihm im Weg war, vollständig unter sich begraben hat.

ALS GARY KOCUREK, einer der herausragenden Forscher auf dem Gebiet der äolischen Geologie, 1991 zusammen mit Karen Havholm Run Hill untersuchte, befand sich ein Teil der Düne im Besitz der obersten Schulbehörde des Countys, die auf dem Kamm eine High School bauen wollte. Beamte der Naturschutzbehörde befürchteten, dass eine Bebauung schlimme Erosion im restlichen Teil der Düne zur Folge haben könnte. Und wenn die Düne an Höhe einbüßen würde, wäre Nags Head Woods nicht mehr vor den maritimen Winden abgeschirmt, was wiederum mit großer Wahrscheinlichkeit ein Absterben des Waldes nach sich zöge.

Die Schule wird nun an anderer Stelle errichtet. Außerdem sind derzeit Bemühungen im Gange, Run Hill in das Parkprogramm des Staates North Carolina einzugliedern. In die Düne wurden in gitterförmiger Anordnung Metallstangen getrieben, mit deren Hilfe Havholm Veränderungen im Sandzuwachs beobachten kann. »Ich untersuche zweierlei: die Geschichte der Dünen unter den Wäldern und die Bedeutung von Run Hill als neuzeitliche Wanderdüne«, erläutert sie. »Run Hill wird nicht mehr mit Sand versorgt. Die meisten der Sandgebiete, die sie früher belieferten, sind inzwischen mit Rasen, Häusern und Einfahrten befestigt. Also lautet die Frage: Wie lange wird sie überleben?«

Es ist Spätnachmittag, und Havholm und ich stehen auf dem Kamm von Run Hill, einem meiner Lieblingsplätze auf den Outer Banks. Die Seitenwände der Düne sind knochenweiß, aber unregelmäßig verstreute Flecken aus dunklem und hellem Sand sprenkeln den oberen Teil wie die Haut eines Appaloosa-Pferdes. Über unsere Köpfe ziehen Wolken hinweg, die von einer anschwellenden Brise aus Südwesten schnell weitergetrieben werden. Als der Wind Sandkörner aufweht, verschwimmt die Grenze zwischen Luft und Erde. Seit Havholm mich unter ihre Fittiche genommen hat, weiß ich, dass hier oben auf dem Gipfel der Düne die einzelnen Windschichten beim Aufsteigen komprimiert werden, dadurch an Geschwindigkeit zunehmen und Sandkörner erfassen. Haben die Winde den Kamm der Düne überquert und fallen wieder nach unten, dehnen sie sich wieder aus und laden einen Großteil ihrer Last ab.

Havholms Aufenthalt geht zu Ende, sie wird erst im Winter wiederkommen. Noch immer hat sie keine verschütteten Fugen im Boden oder andere Hinweise entdeckt, mit deren Hilfe sie die Dünen datieren könnte. »Die Datierungen sind entscheidend«, so Havholm. »Solange ich nicht irgendeine Art von Zeitschema erstellen kann, habe ich auch keine richtige Studie. Die Carbon-14-Altersbestimmung können wir bei Sand nicht anwenden, und in den Dünen sind keine Pollen, die man datieren könnte.«

Trotz dieses Rückschlags scheint sie von neuem von der Gestalt der Düne fasziniert zu sein. »Sehen Sie hier«, sie zeigt auf eine Reihe eineinhalb Zentimeter hoher Rippeln im Sand. »Das ist ein gutes Beispiel für äolische Prozesse im Kleinformat, zumindest für die Wanderung von Dünen.« Genauer gesagt, von Dünen, deren Kämme sich quer zur vorherrschenden Windrichtung ausdehnen.

»Wenn Sie eine Stelle wie diese hier sehen«, sagt sie und verweist mit einer Kopfbewegung auf einen Flecken marmorierten, grobkörnigen Sandes, »können Sie ziemlich sicher sein, dass sie schrumpft. Das feine Material der obersten Schicht ist bereits völlig weggeweht. Und wenn Sie eine ganz glatte, weiche Stelle sehen, können Sie ziemlich sicher davon ausgehen, dass sie wächst.«

Obwohl Run Hill eigentlich wie ein amorpher Klumpen geformt ist, wird sie auf Grund ihrer steilen Leeseite als Sicheldüne eingeordnet. Einige Meter südwestlich von uns fällt die Düne steil in das nördliche Ende von Nags Head Woods ab, den sie Baum für Baum verschlingt. Die Düne gibt den Bäumen Leben und nimmt es ihnen gleichzeitig wieder. Jenseits der Wälder wogt der Roanoke-Sound, mit dem vertrauten Höcker von Roanoke Island – meiner Heimat – in seiner Mitte.

Die feinen, exakten Spuren eines Fuchses verlaufen mäanderförmig zu einem Kamm hinauf und kreuzen die tiefe, hässliche Fahrrinne eines Jeeps, der unerlaubterweise über die Dünen gefahren war. »Als wir mit unserer Studie über Run Hill begannen, glaubten wir zunächst nicht, dass all die schweren Fahrzeuge, die zum Spaß hier oben herumfahren, Schaden anrichten würden. Inzwischen bin ich mir nicht mehr so sicher. Wenn wir die Fahrzeuge fern halten können, könnte die Düne schneller Bewuchs entwickeln. Das ist ohnehin ihr natürliches Schicksal, eines Tages wird sie von Gras und Bäumen überzogen sein.«

»Die Vorstellung macht mich traurig«, bemerke ich. Run Hill und Jockey's Ridge sind alles, was von den Outer Banks in ihrer ursprünglichsten Form noch geblieben ist – purer, verwehter Sand.

»Mag sein«, so die Antwort Havholms, »doch bei dem Tempo, mit dem sich die Dinge im Moment entwickeln, wird von der Düne nicht mehr viel übrig bleiben, wenn keine Schutzmaßnahmen ergriffen werden.«

Als ich mich sechs Monate später aufmache, an einem windigen Wintertag von der Meeresseite aus an Jockey's Ridge hochzuwandern, muss ich wieder an Havholms Worte denken. Der Wind weht mit mehr als 40 Stundenkilometern exakt nach Westen, doch hier auf der Ostseite bin ich geschützt. Ich sehe zum Grat hoch, indem ich meinen Hals ganz lang strecke. Wenn ein Sandwall eine Steigung von mehr als 33 Grad erreicht, rutschen die Körner nach unten, so oder so ähnlich hat Havholm es mir erzählt. Heute scheint Jockey's Ridge nicht den Gesetzen der Schwerkraft zu gehorchen. Mit ihrer steilen Vorderseite und den hängenden Schultern erinnert sie mich an den berühmten Half Dome im Yosemite Valley, eine in zwei Hälften zerteilte Granitkugel.

Ich klettere schnell nach oben, den Rücken gebeugt, das Kinn gegen die Brust gedrückt. In Gipfelnähe reißt eine senkrechte Furche das weiche Sediment der steilen Leeseite auf. Abgehender Sand begräbt meine Füße und Waden, und nur mit Mühe komme ich wieder frei. Oben auf dem Gipfel blinzle ich über die platinglänzende Oberfläche hinweg nach Westen, dabei muss ich die Hand schützend über die Augen legen. Vor lauter Sand kann ich nicht atmen. Ich drehe mich um und stemme mich gegen den Wind, als wäre er eine Wand. Unten, über dem Meer, ballen sich tintenblau gefärbte Wolken zusammen und verschieben sich gegeneinander. Ihre weißen Gestalten werden von der Spätnachmittagssonne angestrahlt und wirken wie eine zweite, in der Luft schwebende Etage von Brechern. Um mich herum wirbelt Sand in Staubfahnen hoch.

Jockey's Ridge ist für die Bewohner und Besucher der Outer Banks ein lieb gewonnenes Wahrzeichen, und es schrumpft. Unweigerlich befällt mich das Gefühl, Zeuge seines langsamen Todes zu sein. Der Sand, der heute nach Osten geblasen wird, wird später im Winter wieder nach Westen transportiert werden und vermutlich im Roanoke Sound landen. Wäre es besser, frage ich mich, die Düne rechtzeitig an die Kette zu legen, indem man sie mit Gras bewachsen lässt? Sollten wir sie ihrer flüchtigen Freiheit berauben oder sie schweigend wegwehen lassen?

INMITTEN EINES großen Dünenmeeres zu stehen vermittelt das Gefühl der völligen Einsamkeit und Verletzbarkeit in einer

Welt vernichtender Elemente und ergreifender Schönheit. Dies habe ich schon oft auf meinen Ausflügen an die Küste von Oregon verspürt, wo vor Tausenden von Jahren eine ungewöhnliche Anordnung von Flüssen und Landzungen zur Entstehung einer Sandwüste führte, die zwar nur ein paar Kilometer breit, dafür aber 80 Kilometer lang ist. So müssen wohl auch die Dünen unter Nags Head vor hunderten oder vielleicht tausenden von Jahren ausgesehen haben.

Auf jedem meiner Ausflüge erklimme ich eine der zwölf bis fünfzehn Meter hohen Dünen, nicht immer die gleichen, doch ich klettere zielbewusst, als würde ich ein Ritual erfüllen. Meine Beine schmerzen wie zum Protest, wenn ich mich nach oben bewege, meine Füße werden vom Sand verschlungen, meine Waden von kleinen Lawinen überrollt. Ich greife nach den silbrigen, faserigen Wurzeln des Strandhafers und kann mich nur mit Mühe aufrecht halten. Auf halbem Weg nach oben habe ich genug von dem langsamen Vorwärtskommen und laufe wider besseres Wissen einfach los. Dabei werden meine Beine vom Sand buchstäblich gefesselt, sodass meine Bewegungen nur noch in belustigendem Zeitlupentempo erfolgen. Ich gebe auf, lasse mich fallen und muss lachen, während ich bäuchlings auf dem Boden liege. Feine, funkelnde Sandkörner kleben an meinen Fingern und Handflächen.

Wenn ich endlich den Gipfel erreicht habe, stelle ich mir vor, auf dem Rücken eines großen Wales zu stehen, und um mich herum tauchen ein halbes Dutzend anderer Tiere auf. Selbst im feuchten Oregon fühlt sich die Sonne auf meinen Schultern an, als würde sie jeden Tropfen Flüssigkeit aus meinem Körper saugen wollen. Im Westen erkenne ich einen dünnen Streifen des Pazifiks, ein leuchtendes Blau im Kontrast zum Sand. Ich sehne mich nach Wasser, Ruhe und Schatten. Doch mehr noch als alles andere möchte ich mit ausgebreiteten Armen und laut schreiend die Düne hinunterrennen.

Und genau das mache ich. Binnen einer Stunde löscht der Wind meine Fußspuren aus.

Das Erklimmen einer Wand aus Harnisch unter stechend blauem Himmel ist dagegen eine Wanderung über den Rücken der Zeit.

An einem kühlen Nachmittag im Dezember lasse ich mich auf einem schmalen Vorsprung aus orangem Gestein nieder – Havholm würde es als Grenzfläche bezeichnen –, weil ich einerseits in der Sonne bleiben, andererseits aber vor einem schneidenden Wind geschützt sein will. Hinter mir liegt ein Berg, vor mir das klassische Wüstenpanorama: Säulen, Kuppen und aufgehäufte Leiber aus Sandstein, rot gebrannt und von weißen Verästelungen und Zungen durchzogen. Es ist Navajo-Sandstein, das junge Gestein, aus dem die Monolithen im Zion Canyon geformt sind, und das den Sockel des Arches National Parks bildet. Diese Gebiete waren einmal ein großer Sandsee, der vom Wind verschoben und geformt wurde.

Vor zwei Tagen hatte ich mich mit Havholm in Phoenix getroffen. Von dort aus fuhren wir mit dem Auto nach Norden in die Felslandschaft um Lake Powell an der Grenze zwischen Arizona und Utah, wo Havholm von 1986 bis Ende 1989 die Feldforschungen für ihre Dissertation durchgeführt hatte. Es ist die Woche zwischen Weihnachten und Neujahr und Havholm, die an der University of Wisconsin in Eau Claire unterrichtet, hat gerade Urlaub.

Während wir auf dem so gut wie verlassenen Highway flott unterwegs waren, offenbarte sich uns die geologische Geschichte des Colorado-Plateaus in blassen Hängen aus Kaibab-Sandstein, in grünlichen Hügeln der Chinle-Formation. In den sich hoch auftürmenden Klippen der Kayenta-Formation. In der rot-weißen Marmorierung des Navajo-Sandsteins, der hier und da mit den aquatischen Sedimenten der Carmel-Formation überzogen ist. Havholm hat in ihrem Gehirn eine genaue Karte der Gesteinsschichtungen gespeichert, ihre

Krümmungen und ihre Absenkungen, ihre himmelwärts gerichteten Verwerfungen. »Aus irgendeinem Grund haben sich die Formationen auf dem Colorado-Plateau während ihrer Kompressions- und Expansionsphasen wie ein fest verwachsener Block verhalten«, erzählt sie mir. »Die Sedimentschichten bleiben im Grunde erhalten, schön eine nach der anderen, und legen sich über alte Verwerfungen. Dadurch entstehen eine Menge aufregender Absenkungen.« Während der Fahrt traten immer wieder neue Schichten hervor, verschwanden, erhoben sich jäh und tauchten wie Stahlträger, die von unsichtbarer Hand gedreht werden, unter die Erde ab.

Vor über 300 Millionen Jahren, zu Beginn des Paläozons, war ein großer Teil des amerikanischen Südwestens von einer Salzwasserfläche bedeckt. Wie eine pulsierende Zelle dehnte sich diese Wasserfläche immer wieder aus und zog sich zusammen, dabei hinterließ sie ihre Spuren in weitläufigen, verhärteten Sedimenten, mit deren Hilfe Geologen heute Ereignisse in der Erdgeschichte skizzieren können. In der später einsetzenden Pennsylvania-Periode verschmolzen alle Kontinente der Welt, und das Gebiet des heutigen Südwestens lag ein gutes Stück südlich vom Äquator. Es war eine heiße, trockene, vom Wind gepeinigte Landschaft. Die Gebiete, die nicht unter Wasser lagen, waren mit Sand überzogen. Als der Kontinent über den Äquator nach Norden driftete, änderte sich das Klima für kurze Zeit. Die Luft wurde feuchter, Pflanzen gediehen und Dinosaurier streiften durch die Gegend. Beweise ihrer Existenz hinterließen sie in Fossilien und versteinerten Wäldern. Doch das Land drängte noch weiter nach Norden, erneut hin zur Trockenheit, diesmal in den Rossbreiten. Und wieder einmal begannen kleine Ausläufer des Ozeans von Westen her überzugreifen, wie in einem Wechsel der Gezeiten, der einem geologischen Rhythmus folgte.

Wir verbrachten die Nacht in einem Motel am Südufer des Lake Powell. Am nächsten Morgen waren wir schon bei Tagesanbruch wach um mitzuerleben, wie sich das winterliche Licht über dem zerklüfteten Terrain ausbreitete. Während wir am Stadtrand standen und unser Atem in der Kälte Dampfwolken formte, summte ein kleines Flugzeug durch die Stille der Luft. Aus dem Schornstein eines Kohlekraftwerks, das von den Navajo-Indianern betrieben wird, stiegen Rauchschwaden hoch. In dem Buch *The Monkey Wrench Gang* von Edward Abbey planen Ökokrieger heimlich, die Bahnlinie, die dieses Kraftwerk mit Kohle versorgt, in die Luft zu sprengen, und das Gleiche haben sie mit dem Glen Canyon Damm vor, der den Colorado River zum Lake Powell aufstaut.

Östlich erhob sich Tower Butte, eine Felssäule mit einem rechteckigen Plateau, die im Morgenlicht rosafarben erschien. Ich fragte Havholm, ob sie auch vom Wind geformt wurde.

»Ich habe eher den Eindruck, dass dieses Gebiet hier in erster Linie fluvial ist«, gibt sie mir zur Antwort. »Es wurde vorwiegend von Flüssen und durch Geröllabgang geformt, große Erdrutsche und Sedimentverlagerungen, die in Folge von Verwitterung und Unterhöhlung einsetzten. Sehen sie, dort hinter dieser Mesa, sieht das nicht aus wie ein altes Flussbett?«

Und tatsächlich konnte ich in dem flachen gelben Boden den Verlauf eines früheren Flusses ausmachen.

Wir gingen zum Auto zurück und fuhren zu einer Anhöhe, von der aus wir zinnoberrote Klippen sehen konnten, die in den See abfielen und, vom Damm aus flussabwärts, den zerklüfteten Einschnitt des Flusscanyons. Im klaren Licht des frühen Morgens schien die Erde wie rot gefärbt. Wir fuhren auf einer Straße nach Süden, bis wir zu einer Abzweigung in der Nähe eines Hügels gelangten, der auf einer Seite abgeschrägt ist und bei den Geologen, die sich mit ihm beschäftigen, Julia's Knob heißt.

Unter den Gesteinsformationen in der Region um Lake Powell finden sich einige der weitläufigsten Vorkommen äolischen Sandsteins in der ganzen Welt. Bis in die 70er-Jahre nahm man allgemein an, dass diese von zwei urzeitlichen Sandmeeren gebildet wurden, dem der Navajo-Periode und der späteren Entrada-Periode. Doch dann entdeckte man eine dritte Gesteinsschicht, den Page-Sandstein, der jünger und dünner als der Navajo-Sandstein ist und von diesem durch eine Verwerfung einer Gesteinsoberfläche abgegrenzt wird – in diesem Fall eine von nassen Sedimenten überlagerte Oberfläche – die sich deutlich von dem unterscheidet, was unter und über ihr liegt. »Der zufällige Betrachter wäre niemals in der Lage, die Unterschiede zwischen Navajo und Page zu erkennen«, sagte Havholm. »Im Page kann man große Dünenbewegungen erkennen, gefolgt von einer Periode häufiger Fluktuationen – trocken, nass, trocken, nass –, die mit der Ausdehnung und Schrumpfung des Carmel Seaway zusammenhing.«

Mitte der 80er-Jahre nahmen sich Gary Kocurek und sein Kollege der äolischen Geologie, Ronald Blakey, vor, die verschiedenen Schichten von Page-Sandstein in der gesamten Region um Lake Powell auf einer Karte festzuhalten – ein Mammutprojekt. »Bis dahin hatte sich noch nie jemand so detailliert mit einer äolischen Sandsteininformation beschäftigt«, erläuterte Havholm. Niemand wusste etwas über die Systematik der Dünenwanderungen oder über die Windverhältnisse, die sie geformt hatten. Kocurek wollte den Page-Sandstein exakt sezieren und auf diese Weise feststellen, ob zwischen den einzelnen Ereignissen, die von Spitzkuppe zu Spitzkuppe, von Hang zu Hang eingetreten waren, ein Zusammenhang bestand. Für seine Forschungsarbeit heuerte er einige Doktoranden an, darunter Karen Havholm.

Wir marschierten über eine holprige Sandsteinplatte zu Julia's Knob. In der Mitte fiel die Oberfläche in kleinen, abblätternden Stufen ab, ähnlich einem terrassenförmig angelegten Garten. »Sehen Sie hier«, wies Havholm mich auf eine Erhebung am Rand der Steinplatte hin, eine zweieinhalb

Meter hohe Wand. Seitlich an dieser Wand konnten wir drei breite Schichten erkennen, die sich so deutlich voneinander abhoben wie die einzelnen Lagen einer Torte und von blassen roten und elfenbeinfarbenen Streifen durchzogen waren. »Jede dieser Schichten stammt von einer anderen Düne, die hier durchzog«, erklärt mir Havholm. »Und nun treten Sie etwas zurück. Sehen Sie, wie dieses rote Band querläuft und der Sedimentblock ganz oben weiß ist?«

Ja, ich erkannte es. Es sah aus, als hätte sich eine dünne Zunge aus rotem Gestein von der Seite her in die oberste Schicht vorgestreckt. Darüber war das Gestein heller, aber immer noch ziemlich rot.

»Dieses rote Gestein ist die Gleitfläche«, sagte Havholm. »Eine Periode, in der im Dünengebiet keine Ablagerungen erfolgten.«

Wir gingen weiter. Die kühlende Wüstenluft mit dem scharfen Salbeigeruch war rein und angenehm wie frisches Quellwasser. Havholm blieb abrupt stehen und beugte sich auf den Boden hinunter, um mir mehrere eigenartige, graue, wie ein Gabelbein geformte Kämme zu zeigen, die nur wenige Zentimeter hoch und so glatt und hart wie Knochen waren. Ich kniete mich neben sie. Die Kämme waren untereinander verbunden und zogen sich viele Meter lang in fast geometrischer Anordnung dahin.

»Sie sehen aus wie riesige Erdrisse«, meinte Havholm. »In trockenem Sand findet man so etwas nicht. Diese Oberfläche muss irgendwann einmal feucht und salzverkrustet gewesen sein, sie bildet die Verwerfung zwischen Page und Navajo. Dadurch haben Geologen erst den Unterschied zwischen den beiden Formationen entdeckt.«

Wir befanden uns schon fast am Fuß von Julia's Knob, einem schräg nach einer Seite verschobenen Buckel aus Page-Sandstein. Seitlich konnte ich einzelne Schichten identifizieren, die als Reste unterschiedlicher Dünen hier verblieben waren. Jede wies am Sockel Streifen auf, die in steilem Winkel verliefen, darüber folgte eine dünne Schicht aus härteren Sedimenten, eine Grenzschicht, in der Feuchtigkeit eingedrungen war. Anhand der Streifen konnte Havholm die wechselhafte Natur des Windes ablesen.

Wir machten uns auf den Weg nach oben, bewegten uns leichtfüßig über das gemaserte Gestein. Trotz ihres Namens ist die Gleitfläche nicht zwangsläufig rutschig. Nach einigen Schritten hielt Havholm mich an. »Sehen Sie diese Linien?«

Wieder war jede Schicht mit rotweißen Strichen durchzogen, die in steilem Winkel verliefen. Innerhalb der roten Streifen zeigte Havholm mir holperige, oblatendünne Linien: alte Rippelmarken, die zu Stein verhärtet waren. Vermutlich waren sie durch leichte Winde geformt worden, die Sand über den Fuß der Düne geweht hatten. Die glatteren und breiteren weißen Streifen wiesen darauf hin, wo die Winde heftiger waren und deutlich größere Sandmengen über den Kamm der Düne getragen hatten. »Wenn sie tatsächlich einen saisonalen Windumschwung markieren, und ich wette, das tun sie, könnte man mit ihrer Hilfe die Jahre zählen, die die Düne gebraucht hatte, um hier durchzuwandern«, erklärte mir Havholm.

Wir kletterten ganz nach oben, um die Grenzschicht zu untersuchen, die polygonen Formen der Risse im Boden und die Krümmung der versteinerten Dünen. Nach jeder Richtung erstreckte sich fast pinkfarbenes, faltig verworfenes und zu eigenartigen Figuren geborstenes Gestein. »Das Nette ist, Sie können auf diesen Buckel da drüben steigen«, dabei zeigte Havholm mit dem Finger nach Norden, zu einem weiteren verformten Hügel, »und Sie stoßen auf die gleichen Oberflächen. Nicht eins zu eins, aber in etwa übereinstimmend. Das Gleiche gilt für diesen Buckel dort.« Sie wies nach Süden. Kocurek und Julia Knight, die Frau, die über die geologischen

Charakteristika des Buckels eine Karte angelegt hatte, verglichen ihre Erkenntnisse mit den Daten, die Havholm gesammelt hatte, um die Windverhältnisse in dieser Landschaft vor mehreren hundert Millionen Jahren zu rekonstruieren. Aus ihren Ergebnissen schlossen sie, dass im Paläozon, als sich das untere Drittel von Julia's Knob bildete, während des Sommers starke Nordwinde entlang der Küste des Carmel Seaway wehten. Die winterlichen Winde waren zu dieser Zeit etwas variabler, wehten aber in erster Linie von Nordost, während sich ein riesiger Verbund aus Sicheldünen über das Land schob. Einige Millionen Jahre später, nachdem der Carmel Seaway ein weiteres Mal vorgedrungen war, kamen die sommerlichen Winde immer noch von Norden. Doch die aus Nordosten wehenden Winterwinde waren möglicherweise stärker geworden und verzögerten die zu dieser Zeit vonstatten gehende Wanderung der kleineren, einfacheren Dünen. Kocurek und Knight konnten keine Aussagen darüber treffen, mit welcher Geschwindigkeit die Winde wehten oder wie wechselhaft sie waren. Doch auf Grund von Hinweisen, die im Gestein erhalten sind, konnten sie immerhin ihre vorherrschenden Strömungsmuster nachvollziehen.

Von unten reckten sich uns zwei Grate aus abblätterndem Sandstein wie riesige Zehen entgegen. »Das ist die Navajo-Formation«, klärte mich Havholm auf. »Genau auf diese Weise entstanden diese Dünen auf dem Weg über das Plateau hier.

Das ist der Teil, der für mich zählt. Man kann sich die Überreste ansehen und daran erkennen, wie sich die Dünen durch das Gebiet bewegten. Und daraus kann man rekonstruieren, was sich im Lauf der Zeit ereignet hat.«

WIR GINGEN zum Auto zurück und fuhren weiter. Kurze Zeit später nahmen wir die als Ferry Swale bekannte Mesa nördlich des Colorado River, im äußersten Süden Utahs, unter die

Lupe. Wieder war das Terrain verdichtet und faltig verworfen, jeder Flecken Erde war tiefrot. Ich bewegte mich seitlich an den Harnischleibern hinunter, die steinerne Ambosse auf ihren Rücken balancierten. Ich kletterte über Wellen aus Stein, die mit scharfkantigen, wie austretender Schaum wirkenden Gebilden gekrönt waren. Das ist ein erstarrter Ozean, schoss es mir durch den Kopf, die Steinversion der Dünen unter Nags Head Woods.

Für ihre Dissertation hatte Havholm diese Mesa in sechs Abschnitte unterteilt und jeden von ihnen einzeln begangen, Zentimeter für Zentimeter auf Karten eingetragen und ein Bild vom Innenleben des Page-Sandsteins entworfen. Später übertrugen sie und Kocurek ihr Wissen über urzeitliche Dünen auf Studien über Dünen der Neuzeit an der Küste von Texas, in White Sands im Staat New Mexico und im afrikanischen Mauretanien. In jedem dieser Fälle stellten sie die gleiche Frage: Auf welche Weise entstehen Sandmeere, und wie lösen sie sich wieder auf, wenn Änderungen in Klima, Windverhalten, tektonischen Aktivitäten und der Verfügbarkeit von Wasser eintreten?

Havholm hatte versprochen, mir so viele Variationen äolischen Gesteins zu zeigen wie nur irgendwie möglich, und sie hielt ihr Wort. Wir fuhren über plattes Land, bis wir eine geologisch interessante Stelle erreichten, an der ein rötlicher Streifen Vulkanasche zwischen Schichten aus Page-Sandstein zu Tage trat. Wir untersuchten Straßeneinschnitte in den Felswänden, um die von Wasser transportierten groben, kieselsteinhaltigen Sedimente mit dem feinkörnigen Sand zu vergleichen, der vom Wind angetragen wird. Wir begutachteten die unter dem Einfluss von wechselhaften Winden entstandenen Wände aus Entrada-Sandstein, in denen sich kurvenförmig verlaufende Schichten dahinschlängeln und aufeinander prallen, ähnlich wie Wellen unter dem Einfluss einer Strömung.

Und wir wanderten auf trockenem Sandstein in eine enge Schlucht, deren Wände an manchen Stellen kaum schulterbreit auseinander lagen. Die Harnischwände neigten sich bizarr nach innen, stießen ganz oben beinahe zusammen, sodass kein Licht mehr durchdrang. Die Luft wurde kühl und feucht. Vom oberen Rand rieselte in dünnen Kaskaden Sand auf uns herab. Die Zeit blieb stehen. Euphorisch und gleichzeitig nervös wanderten wir langsam auf dem glatten, sandigen Untergrund weiter. Als wir um eine Kurve bogen, trafen wir auf einen riesigen Wurzelballen, der nach einer Flut in zweieinhalb Meter Höhe zwischen den Wänden stecken geblieben war. »Wenn es irgendwo flussaufwärts von hier regnet«, sagte Havholm, während wir die nicht erklimmbaren Wände betrachteten, »sind wir tot.« Eine Minute später ließ sie ihre Hand liebevoll über den Stein streifen.

Nun sitzen wir hoch oben auf einem marmorierten Sandsteinpfeiler und lassen uns vom Wind durchrütteln. Grober Sand verteilt sich überall in meinem Mund, die Augen versuche ich zu schützen, indem ich bei den Böen meine Augen zu Schlitzen verenge. Silberne Büsche mit vertrockneten Zweigen rasseln wie Kinderspielzeug. Havholm sitzt neben mir auf einer schmalen Felsbank und balanciert ein Sandwich auf dem Schoß. Sie fühlt sich ganz in ihrem Element. Wir lehnen uns mit dem Rücken an eine Klippe aus gleichmäßig aufgebautem Navajo-Sandstein, der mit roten und weißen Streifen, mit vom Wind angetragenen Schichtungen und mit Rippeln durchzogen ist. Unter uns, auf einer Steinplatte, vollführt Staub einen teuflischen Tanz.

Ich schließe die Augen und sehe feurigen Stein, der sich gegen einen blauen, blauen Himmel abhebt. Als ich sie wieder öffne, erweitert sich mein Blickfeld noch mehr, am weit entfernten Horizont erkenne ich Säulen, Kuppeln und Täler aus Stein. »Kaum vorstellbar, dass dies alles einmal Sand war«, bemerke ich, »ein unglaublicher, endloser Ozean aus Sand.«

»Ja«, antwortet Havholm »und wir sitzen praktisch genau in seiner Mitte.«

Ich kann diese Weite nicht fassen.

IM SOMMER 1995 fragte Karen Havholm, die sich einen Hinweis auf die Entstehungsgeschichte der Dünen unter Nags Head Woods erhoffte, bei Glen Berger an, einem Geologen an der University of Nevada in Reno, ob er einige Sandproben aus ihrem Forschungsterrain datieren könne. Berger richtete gerade ein Labor ein, in dem er die Lumineszenz von Sand, der tief aus dem Inneren von Dünen entnommen wurde, bestimmen konnte. Wenn ein Sandkorn überlagert wird, wird es mit radioaktiven Zerfallspartikeln beschossen, durch die es eine geringe Aufladung erfährt. Wird das Sandkorn wieder dem Sonnenlicht ausgesetzt, entzieht dieses die Ladung. Mittels einer neuen Technik können Wissenschaftler Sand mit Laserlicht bestrahlen und dann die Intensität messen, mit der die Körner lumineszieren. Je mehr Licht sie abgeben, umso mehr Zeit haben sie im Dunkel unter der Erde verbracht.

Havholm setzte große Hoffnung in die Tests, die Berger durchführen sollte. In ihrer Studie über das Küstendünensystem fehlte noch immer ein Zeitschema, und um irgendwelche stichhaltigen Schlüsse ziehen zu können, musste sie die Dünen dringend datieren. »Run Hill und Jockey's Hill entstanden wahrscheinlich während der Kleinen Eiszeit (Mitte des 16. Jahrhunderts bis zum 18. Jahrhundert), weil damals der Meeresspiegel wohl leicht zurückgegangen ist und mehr Sand zur Verfügung stand«, erzählt sie mir. »Doch die Dünen unter den Wäldern – wer weiß? Sie sind vielleicht fünftausend Jahre alt. Zur gleichen Zeit könnten die Barrier Islands in der Nähe ihrer heutigen Position entstanden sein.« Berger hatte versprochen, die Proben aus Nags Head Woods so früh wie möglich zu prüfen. Doch im Herbst des betreffenden Jahres fiel ein wichtiges Gerät in seinem Labor aus. Weitere Rückschläge folgten. Im Sommer 1997 wartet Havholm noch immer auf die Zeitangaben, an denen sie ihre Vermutungen festmachen könnte.

Und doch glaubt sie, das Geheimnis der eigenartigen Anordnung von Kämmen, die wie ineinander greifende Wellen aus dem sandigen Boden wachsen, gelüftet zu haben.

An einem anderen Tag wandere ich mit Havholm wieder zu jenem weit im Inneren des Waldgebietes liegenden Gehölzabschnitt, wo sie zusammen mit Kris Weaver zum ersten Mal den Querschnitt einer Parabeldüne sowie eines kleineren, mehr nach Westen ausgerichteten Kammes freigeschaufelt hat. Drei lange Jahre sind seither vergangen. Weaver hat inzwischen ihren Abschluss gemacht, andere Feldassistenten kamen und gingen. 1996 gruben Havholm und zwei Studenten einen zweiten, fünf Meter tiefen Graben in die Seite der Parabeldüne, immer noch auf der Suche nach einer verschütteten Schicht aus Erdreich. Vom Boden des Grabens aus trieben sie einem Erdbohrer sechs Meter nach unten. Alles, was sie fanden, war Sand. Havholm entdeckte allerdings, dass die Schichtungen der Parabeldüne exakt mit jenen der kleinen Düne übereinstimmten.

»Endlich wurde mir klar, dass es einen Grund geben muss, dass ich keine Erdschicht finde. Inzwischen glaube ich, dass es sich hier um Überreste der gleichen Dünen handelt. Die kleineren Kämme sind lediglich Teile, die zurückblieben, als die Parabeldünen durchwanderten.« Während der Perioden mit hohem Grundwasserspiegel wurden die Sockel der Dünen möglicherweise von Feuchtigkeit an Ort und Stelle gebunden. Doch die oberen, trockenen Abschnitte könnten sich weiter bewegt haben.

In diesem Sommer arbeitet Havholm mit einem neuen Verfahren, in dem Radarsignale Anomalien unter der Erde, wie zum Beispiel Grundwasser oder eine verschüttete Erdschicht, lokalisieren können. Auf Run Hill konnte sie mit dieser Radartechnik bereits eine alte Erdschicht aufspüren, die Überreste einer bewachsenen Düne. Manchmal kann man mittels Radar sogar die Schichtungsmuster innerhalb alter Dünen feststellen. »Diese Technik wird uns eine Menge Grabarbeit ersparen«, meint Havholm. »Wir gruben dort hinunter, wo die alte Erdschicht nicht allzu weit von der Oberfläche entfernt ist, und entnahmen einiges Material, das wir mit Carbon-14 datieren können. Das ist vielleicht nicht absolut genau. Doch damit und mit den Daten aus dem Lumineszenzverfahren müssten wir eigentlich eine solide Basis für die Datierung erhalten.«

Mit unerschütterlicher Entschlossenheit will sie der Düne die Geheimnisse über ihre Vergangenheit entlocken. Ich habe das Gefühl, für geologische Studien braucht man unendlich viel Geduld und Durchhaltevermögen, vermutlich mehr, als ich jemals aufbieten könnte. »Glauben Sie, Sie werden hier irgendwann einmal fertig werden?«, frage ich Havholm.

Ihre Antwort besteht in einem Lächeln und einem Schulterzucken, dann geht sie weiter.

7.

Uns umgeben zwei Meere

AN EINEM für die Jahreszeit ungewöhnlich warmen März-nachmittag stehe ich auf einer betonierten Pier über einem wunderbar klaren Atlantik und halte Ausschau. Ein Westwind baut sich auf, doch noch wirft er die Haut des Ozeans nicht in Falten, zumindest nicht hier draußen, 500 Meter von einem der Strände auf den Outer Banks entfernt. Wellen rollen ohne Brechung sanft gegen die Pier, strecken sich nach oben und verengen ihren Radius, sobald sie das aufragende Fundament »fühlen«. Die schlammig grüne Oberfläche jeder einzelnen Welle ist mit hunderten von Kräuselungen gesprenkelt, die das Tiefblau des Himmels reflektieren. Sie überziehen das Wasser in immer neuer Anmut, kurzlebig und faszinierend wie das Schäumen der Brandung.

Am Ende der Pier ist ein so genanntes K-vane angebracht, ein Messinstrument in der Form des Buchstaben K, das die Schubkraft des Windes über die Meeresoberfläche feststellt. Neben mir steht Charles Long, Ozeanograph im Pionierkorps der U. S. Army, dem die Pier in der Ortschaft Duck auf den Outer Banks und die meisten darauf verteilten Instrumente gehören. In nordöstlicher Richtung wogen sechs große, gelbe Bojen auf und ab, die ein Areal mit Unterwasserinstrumenten markieren. Etwas südlich der Bojen, dort, wo ein merkwürdiger Ölfilm den Wellen ihre Kräuselung nimmt, ist die Ober-fläche des Meeres ganz flach. Organisches Material hat sich hier, vielleicht durch das Einwirken interner Wellen, angesammelt.

Das K-vane zeigt in den Wind, am Ende der Arme schwirren die grauen Flügel. Unterhalb der Pier rollen Wellen ans Ufer, die, wie Long anmerkt, zum größten Teil aus Osten kommen. »Doch nun passen Sie genau auf. Hier kommt eine kleine aus Nordosten...«, er unterbricht, als diese und eine weitere, größere Welle exakt aus östlicher Richtung vorbeiziehen, »und hier kommt eine aus Südosten.« Ende der 80er-Jahre hatte Long herausgefunden, dass sich selbst Wellen, die durch streng östlichen Wind hervorgerufen werden, bis zu einem Winkel von 40 Grad verteilen. Diese Erkenntnis ist insofern bedeutend, als Brecher aus unterschiedlichen Richtungen einen Küstensaum anders erodieren als solche, die stets aus der gleichen Richtung einlaufen. Außerdem belasten sie die Gebäude, Hafendämme und Piers an der Meeresküste auf unterschiedlichste Weise. »Sie verlaufen keineswegs in ein und derselben Richtung«, sagt Long. »Sie sind unglaublich komplex.«

Einfacher und eindrucksvoller kann man eine Aussage über Meereswellen und den Wind, der sie antreibt, wohl kaum formulieren.

Aber trotz aller Komplexität ist die Art und Weise, wie der Wind die Wasseroberfläche kräuselt, unter all seinen Auswirkungen auf die Ozeane noch am besten erforscht. Wind formt die Wellen und treibt die Strömungen an. Er ist der Quirl, der die Schichten aufrührt und jene Strömungen bewirkt, die Sauerstoff zum Boden und Nährstoffe an die Oberfläche transportieren. Vom Wind gesteuerte Strömungen schwemmen Organismen im Larvenstadium aus den Tiefen des Meeres, die voller Beutejäger sind, in Buchten an der Küste, wo sie sich entwickeln können.

In polaren Regionen sorgen Wind und Strömungen dafür, dass Jahr für Jahr an denselben Stellen die Meere nicht zufrieren oder dieselben Arten von Treibeis entstehen – glatt, zerstückelt oder zu Bergen aufgetürmt. Überall auf der Welt befördert Wind Schlick- oder Giftfahnen durch die Gegend – ob von den Flüssen ins offene Meer oder in Schleifen zurück an die Küste, hängt von seinen täglich wechselnden Launen ab.

Und Wind hebt die Grenze zwischen Luft und Wasser auf, indem er große Mengen an Hitze und Feuchtigkeit in die Atmosphäre saugt und dadurch die Wettersysteme um den gesamten Globus verändert.

UM ZU VERSTEHEN, wie Wind auf Wasser wirkt und umgekehrt, muss man sich vergegenwärtigen, dass es sich bei Luft und Wasser jeweils um Flüssigkeiten handelt, die den gleichen physikalischen Gesetzen unterliegen. Bewegt sich Luft über Wasser, bricht dieses in Rippeln und schließlich in Wellen auf, die im Lauf der Zeit immer größer werden. Ähnliche Wellenformen entstehen in bewegter Luft. Auf der Meeresoberfläche treten beide Wellensysteme gepaart auf, sie rollen und schieben gegeneinander. Eine anschwellende See kann sogar den Oberflächenwind bremsen, indem sie seine Strömung beeinträchtigt. Das wäre das einfachste Beispiel dafür, was Wissenschaftler als ozeanisch-atmosphärische Verkettung bezeichnen, den kontinuierlichen Kreislauf, in dem sich Wärme und kinetische Energie der größten Gewässer der Erde sowie Wärme und kinetische Energie der Luft gegenseitig beeinflussen. Zusätzlich dazu treten in bestimmten Regionen alle zwei bis drei Jahre Tiefseestürme von enormer Gewalt auf. Diese Stürme entsenden gewaltige Strömungen über den Meeresgrund, die genau die Zirkulationsmuster widerspiegeln, die der Wind über dem Festland beschreibt. Es hat den Anschein, als würde es auf der Erde nicht nur ein ozeanisches System geben, sondern zwei große Meere, die uns umgeben – eines unter der Erdoberfläche und eines darüber.

Am augenfälligsten manifestiert sich die Wirkung des Windes auf die Ozeane – von der Wellenbildung einmal abgesehen – im Antrieb der Oberflächenströmungen. Wasser bewegt sich viel langsamer als Luft – es erreicht in etwa nur ein Hundertstel der Geschwindigkeit des Windes, von dem es in Bewegung gesetzt wird – und wird in einem größeren Winkel von der Corioliskraft abgelenkt. Alles Wasser, das vom Wind in Bewegung versetzt wird, besitzt auf Grund der Erdrotation einen Drall in eine bestimmte Richtung, nämlich nach rechts auf der nördlichen Halbkugel und nach links auf der südlichen.

In den Breiten unmittelbar nördlich und südlich des Äquators fließt das Wasser, von den Passatwinden getrieben, nach Westen. (Im Bereich der Kalmen, zwischen dem Nordäquatorialstrom und dem Südäquatorialstrom, fließt ein Gegenstrom in östliche Richtung.) Wo die Äquatorialströme gegen Landmassen stoßen, münden sie in andere Strömungen, die an den Küsten der Kontinente entlangführen. Im Atlantik vermischt sich der Nordäquatorialstrom mit dem Floridastrom und später mit dem Golfstrom, einem der mächtigsten Ströme der Welt. Der Golfstrom zieht an der Ostküste Nordamerikas hoch und wendet sich unter dem Einfluss der vorherrschenden Westwinde schließlich wieder Richtung Europa, wo er zur Nordatlantischen Drift wird. Auf dem Weg nach Europa richtet er sich nach Süden und vereint sich mit dem Kanarenstrom, womit der Kreis sich schließt. Dieses im Uhrzeigersinn verlaufende Strömungssystem nennt man den Nordatlantischen Strömungsring. Weitere Ringe drehen ihre Runden im Südatlantik, im Nord- und Südpazifik und im Indischen Ozean. Ihre Existenz verdanken sie aber nicht nur dem Wind, sondern auch der Anordnung der Kontinente. In den Breiten unmittelbar nördlich der Antarktis, wo keine Landmassen den Fluss des Wassers behindern, treiben Stürme einen gewaltigen Strom an, die so genannte Westwinddrift, die den ganzen Globus umrundet.

Während bodennahe Winde die großen Strömungssysteme in den Meeren in Gang setzen, üben sie, in tageweisen Abschnitten betrachtet, keine besondere Wirkung auf den Verlauf dieser Strömungen aus. Bis in die 60er-Jahre hinein glaubte man, die Meeresströmungen verhielten sich wie Flüsse innerhalb des Ozeans, die in einem engen, festgelegten Bett verlaufen. Vor allem aus Satellitenkarten, auf denen die Oberflächentemperaturen der Meere zu erkennen sind, wissen wir aber inzwischen, dass der Golfstrom, der Kuroschio vor der Küste Japans und andere größere Ströme in Schleifen mäandrieren, die sich im Lauf der Zeit verändern. Sie wandern wie ein Gartenschlauch, der sich bei voll aufgedrehtem Wasser über den Rasen schlängelt. Wissenschaftler haben herausgefunden, dass der Kurs der Hauptströme nicht einmal von größeren Windstürmen nennenswert beeinflusst wird. Sie werden vielmehr durch physikalische Veränderungen innerhalb des Meerwassers gesteuert, durch Schwankungen der Temperaturen, der Dichte und des Salzgehalts.

Vom Wind gesteuerte Strömungen bilden Grenzlinien für Pflanzen und Tiere im Meer, von denen viele nur geringe Abweichungen der Temperaturen oder des Salzgehalts tolerieren können. Mit Ausnahme von Säugetieren und Vögeln fehlt den Tieren und Pflanzen im Meer die Fähigkeit, ihre Körpertemperatur zu regeln. Folglich können extreme Temperaturschwankungen für viele Arten den Tod bedeuten. In tiefen Meeresgewässern und in der Mitte von Strömungsringen verändern sich die Bedingungen nur wenig, das Leben verläuft in geregelten Bahnen. Doch in den Küstenbereichen und am Rand der größeren Strömungen können die Temperaturen abrupt steigen oder fallen, wenn unterschiedliche Wassermassen aufeinander prallen und gegeneinander drücken.

Ein Gebiet mit üppigem Wasseraustausch sind die Outer Banks, wo sich der Golfstrom nahe an die Küste windet und von einem kalten, südwärts verlaufenden Strom, einem Ableger des Labradorstroms, bedrängt wird. Am Kreuzungspunkt dieser beiden Ströme können Meeresorganismen aus den nördlichen und südlichen Breiten gleich gut in enger Nachbarschaft existieren. Die Gewässer vor Cape Hatteras sind für ihren großen Artenreichtum bekannt, darunter finden sich so begehrte Fische wie Tunfisch, Delphin und Marlin. Aber genauso berühmt sind sie für ihr stürmisches Wesen. Die Oberflächentemperatur kann innerhalb von nur zwei Seemeilen um 14° Celsius abweichen. Eine so plötzliche Veränderung bringt die bodennahen Winde völlig durcheinander.

Im Winter, wenn arktische Luftmassen von Norden auf den Golfstrom treffen, erwärmen sich diese sofort und steigen hoch. Weitere Luft strömt nach, um das durch die Aufwärtsströmung entstandene Vakuum zu füllen. Auf der Meeresoberfläche nimmt plötzlich die Windgeschwindigkeit zu. Die dramatischen Schwankungen der Lufttemperatur lassen Winde entstehen, die aber nicht gleichmäßig wehen, sondern extrem böig sind. Und die Kollision zwischen nördlichen (südwärts gerichteten) Winden und den nordwärts fließenden Strömungen erzeugt steile Wellen mit kurzen Perioden, das heißt kurze Distanzen zwischen den einzelnen Wellenkämmen. Wellen, die sich so schnell bewegen, können für Schiffe extrem schwierig zu befahren sein. Unter Seeleuten sind sie berüchtigt.

Bis zu einem gewissen Grad können Meteorologen bei der Erstellung ihrer Seewetterberichte zunehmende Winde und eine anschwellende See vorhersehen, die entstehen können, wenn arktische Luftmassen den Golfstrom kreuzen. Aber dennoch unterschätzen die Meteorologen der U. S. Navy in Norfolk, deren Aufgabe es ist, die Schiffe der Streitkräfte sicher durch den Atlantik zu dirigieren, häufig die südlichen Winde in der Nähe der tückischen Diamond Shoals vor Cape Hatteras, und zwar sommers wie winters. »Irgendetwas passiert da draußen, ein lokales Phänomen, von dem wir nichts mitbekommen«, erzählte mir ein Meteorologe. »Unsere vorhergesagten Windgeschwindigkeiten liegen dann 15 bis 25 Stundenkilometer daneben, manchmal sogar noch mehr. Es muss etwas mit den Temperaturunterschieden zwischen dem Golfstrom und dem kühleren Wasser entlang der Küste zu tun haben. Jedenfalls ändern sich die Bedingungen auf See dadurch ganz gewaltig.«

WENN WIND über eine Wasserfläche zu wehen beginnt, wirkt er dabei auf die Oberfläche ein und lässt die kleinen Erhebungen und Kräuselungen entstehen, die man als Kapillarwellen bezeichnet. Böige Winde führen zu den kleinen tänzelnden Wellen, die Seeleute Katzenpfoten nennen und mit deren Hilfe sie erkennen können, wie sich der Wind über das Wasser auf sie zu bewegt. Diese flüchtigen Mosaike bieten dem Wind eine größere Angriffsfläche auf der Wasseroberfläche.

Beim Aufsteigen rührt der Wind in rhythmischen Mustern kleine Wellen auf. Wenn unsere Familie segeln will, fahren wir ans Ufer des Roanoke Sound hinaus und sehen uns von dort aus das Wasser an, um die Windgeschwindigkeit einzuschätzen. Bei einer Brise mit 16 Stundenkilometern wandern die Wellen gleichmäßig über den Sund, also machen wir unser Boot bereit und setzen die Segel. Bei ungefähr 25 Stundenkilometern sind die Wellen so steil, dass sie zu brechen beginnen, kleine weiße Schaumköpfchen recken sich kurz nach oben und tauchen gleich wieder ab. Dann wissen wir, dass die See für unseren kleinen Tagessegler ziemlich rau ist, aber manchmal nehmen wir die Herausforderung an.

Wie groß die Wellen sind, die ein Wind aufzubauen vermag, hängt von seiner Geschwindigkeit, von seiner Dauer und von seinem *Fetch* ab, der Distanz, über die er hinwegweht. In den mittleren Breiten, wo die Westwinde vorherrschen, ist die See in der östlichen Hälfte eines Ozeans meist rauer als in der westlichen, durch den längeren *Fetch* kann der Wind größere

Wellen antreiben. Das Gleiche gilt für kleinere Wasserkörper. An einem Sommertag mit steifem Südwestwind beschränken wir uns beim Segeln auf die Shallowbag Bay östlich von Roanoke Island, weil die Wellen dort erfahrungsgemäß nicht höher als 30 Zentimeter sind. Drei Kilometer weiter östlich, auf der Rückseite der Barrier Islands, können sie 60 bis 90 Zentimeter Höhe erreichen.

Was den Druck betrifft, wirkt Wind auf Wasser in gleicher Weise wie auf Tiere, Menschen und Bauwerke: Die Kräfte, die er ausübt, steigen exponentiell mit der Geschwindigkeit. Ein Wind mit 50 Stundenkilometern, der einen Tag und eine Nacht lang über eine offene Meeresfläche fegt, kann viel schwereren Seegang verursachen als ein Wind mit 30 Stundenkilometern bei gleichem *Fetch* und gleicher Dauer. Folglich können bereits bei einem leichten Ansteigen der Windgeschwindigkeit die Bedingungen für die Schifffahrt von sicher, wenn auch etwas rau, auf gefährlich umschlagen, insbesondere für kleinere Schiffe.

Wie sich ein Boot in rauen Gewässern verhält, hängt nicht nur von der Höhe der Wellen, sondern auch von ihrer Form ab. Starke, böige Winde erzeugen oft hoch ragende Wellen mit weißen Schaumkronen und kurzen Perioden. Der gleiche Wind würde in seichtem Wasser, wo die Wellen den Grund streifen, viel schneller steile Wogen hervorrufen als auf offener See. Die Bootsführer in den Gewässern der Outer Banks wissen, dass es gefährlicher ist, im Albemarle Sound oder im Pamlico Sound in einen Sturm zu geraten als auf dem Meer. Die Sounds sind an den meisten Stellen nur 1,80 Meter tief, sodass sich dort bei steifer Brise innerhalb nur weniger Minuten bedrohliche Wellen bilden können. Und wenn sie auch nicht so hoch wie auf offener See werden, haben die Wellen in den Sounds extrem kurze Perioden, was bedeutet, dass alle paar Sekunden eine gegen den Rumpf des Bootes donnert. Viele heimische Fischer würden lieber 1,80 Meter hohe Wellen auf dem Meer in Kauf nehmen als das erbarmungslose Hämmern 90 Zentimeter hoher Wellen in den Sunden.

Ortsansässige Kenner der Gewässer wissen auch, dass Stürme die Wassertiefe mit einem Mal drastisch verändern können. In seichten Buchten und Sunden schieben starke Winde Wassermassen vor sich her, die sich an fernen Ufern auftürmen und auf der Luvseite den Grund freilegen. Mehrmals im Jahr schiebt ein Nordostwind Wasser zur Westseite des Albemarle und Pamlico Sound und überschwemmt dort das Marschland, während er an den Ostseiten der Sounds, unmittelbar hinter den Barrier Islands, den bloßen Sand freilegt. Lässt der Wind plötzlich nach, rauscht das Wasser normalerweise sofort wieder an seinen alten Platz zurück und überrascht dabei all jene, die auf den sonst von Wasser bedeckten Sandbänken auf Austernsuche sind.

Fluten, die vom Wind verursacht werden, gibt es an vielen Orten in der Welt, nicht nur in Buchten und Sunden, sondern auch an langen, schmalen Seen und Meeren, wo ein Sturm langen Anlauf nehmen kann. Einige Wissenschaftler halten es für möglich, dass eine rückströmende Flut, die vom Wind gesteuert wurde, im Golf von Suez, unmittelbar im Norden des Roten Meeres, vor über 2500 Jahren den Lauf der Geschichte lenkte.

Jedes Kind, das im christlich-jüdischen Glauben erzogen wurde, kennt diese Geschichte. »Nun streckte Moses seine Hand über das Meer aus. Jahwe ließ die ganze Nacht das Meer vor einem starken Ostwind zurückweichen und legte das Meer trocken. Die Wasser spalteten sich.« Die Israeliten schritten, verfolgt von den Ägyptern, auf trockenem Boden ins Meer hinein, »während die Wasser zu ihrer Rechten und Linken wie eine Mauer standen.« Unter Moses' Führung schafften sie es sicher bis ans andere Ufer. Doch die Ägypter kamen in großer Zahl um, als die geteilte See sich wieder über ihnen schloss. Der hebräische Name für das Gewässer, das die

218

Israeliten überquerten, lautet Yam Suf oder Schilfmeer, doch an den Ufern des Roten Meeres wachsen weder Schilf noch Papyrus. Bibelgelehrte glauben heute, dass sich die Durchquerung nicht im 600 bis 900 Meter tiefen Roten Meer selbst ereignete, sondern im seichten Golf von Suez, und zwar an seinem nordwestlichen Ende, oder sogar noch weiter nördlich, nahe des Manzala-Sees, am Rand des Mittelmeers.

Ist es wirklich denkbar, dass ein Wind einen Wasserkörper so perfekt für so kurze Zeit teilt? Zwei Ozeanografen, Doron Nof von der Florida State University und Nathan Paldor von der Hebrew University in Jerusalem, erstellten 1992 ein mathematisches Modell, mit dem sie nachwiesen, wie es ein starker Wind aus Nordwest den fliehenden Juden unter Umständen ermöglichen konnte, sicher über einen Kamm im Golf von Suez zu schreiten, einem über 350 Kilometer langen und 19 bis 30 Kilometer breiten Gewässer. Auf beiden Seiten wird der Golf von hohen Bergketten gesäumt, die den Wind in Längsrichtung bündeln. Die Winde wehen in dieser Region meist aus Nordwest und Südost. Ein direkt von Süden her wehender Wind wäre auf Grund der umliegenden Berge ungewöhnlich und würde auf der Wasseroberfläche des Golfs kaum Wirkung zeigen. Doch *Ruwach kadim*, die in der Bibel verwendete hebräische Bezeichnung, kann auch als Nordostwind, Südostwind oder Wind aus der Wüste übersetzt werden.

Für ihr Modell gingen Nof und Paldor von Nordwestwinden mit 72 Stundenkilometern aus. Nach zehn bis zwölf Stunden, so fanden sie heraus, würde so viel Wasser beiseite geschoben sein, dass der Wasserstand im Golf am nördlichen Rand um 2,4 Meter fällt, genug, um Sandbänke und Kämme freizulegen. Es ist in dieser Gegend ungewöhnlich, dass Stürme so lange anhalten. Um über sechs Stunden lang mit einer solchen Geschwindigkeit blasen zu können, müsste der Wind von zwei sich gegenläufig bewegenden Sturmsystemen angeheizt werden, ein meteorologischer Zufallstreffer, der vielleicht nur alle paar tausend Jahre einmal vorkommt und tatsächlich wie ein Wunder erscheinen müsste.

1879 berichtete ein Wissenschaftler, der Ägypten und Palästina bereiste, von einem Unterwasserkamm am nördlichen Ende des Golfs. Wenn ein ähnlicher Kamm auch zur Zeit des Exodus existierte, so schreiben Nof und Paldor, hätten ihn die heftigen Winde freigelegt. Für die fliehenden Israeliten hätte es so ausgesehen, als wäre das Wasser nur für sie geteilt worden. Und wenn der Wind dann plötzlich abgeflaut wäre, hätte das Wasser binnen vier Minuten wieder den alten Stand eingenommen – schnell genug, um ganze Scharen ägyptischer Soldaten und Streitwagen zu übermannen.

Die Brücke der Juden in die Freiheit wäre dabei aber links und rechts nicht von Wänden aus Wasser flankiert worden. Doch die Studie macht deutlich, dass die Theorie von der Teilung des Wassers durch den Wind nicht unbedingt an den Haaren herbeigezogen ist. Am Ende eines ihrer Artikel schreiben die Wissenschaftler: »Gläubige können in der Schöpfung des Windes mit seinen besonderen Eigenschaften die Präsenz und Existenz Gottes in der gleichen Art erkennen wie in der Anerkennung eines Wunders. Manchen gilt der von uns angenommene Mechanismus vielleicht sogar als Argument, um die Schilderung dieses Ereignisses in der Bibel zu bestätigen.«

UND SO, wie er im Stande ist, Wasser in seichten Buchten und Meeren zu verdrängen, kann der Wind auf hoher See schreckliche, wogende Gewalt hervorbringen, kann er Wellen zum Leben erwecken, die sich 30 Meter und mehr auftürmen – so hoch, dass bisher keinerlei Instrumente, die dies dokumentieren könnten, es heil überstanden haben. Und ebenso oft setzt das Zusammenwirken eines Wettersystems mit dem Meer einen Energieaustausch in Gang, der unstabile atmosphärische Bedingungen wie jene über dem Golfstrom vor der Küste von Cape Hatteras ankurbelt, jedoch in weit größeren Dimensionen – einen Energieaustausch, der einem Tiefdrucksystem enorme Gewalt verleiht. Solche Stürme treten weitaus häufiger im Winter auf als im Sommer. Meteorologen haben dafür einen speziellen Namen, sie sprechen von *Bomben*.

Am 12. März 1993 bildete sich über dem westlichen Golf von Mexiko ein Tiefdruckkern und entwickelte sich zu einem Pulverfass, als kalte Luft über das warme Meerwasser streifte. Als das Zentrum des Sturms einige Stunden später unmittelbar südlich von Louisiana vorbeizog, hatte der Wind eine Geschwindigkeit von 157 Stundenkilometern erreicht. Meteorologen sprachen vom Jahrhundertsturm. Das System bewegte sich über den schmalen Fortsatz Floridas auf das Festland und zog die Ostküste hinauf. Dabei peitschte er aus Buchten und Sunden Wasser über alle vorgelagerten Inseln. Hier, auf den Outer Banks, überflutete der Pamlico Sound noch Häuser, die mehr als 800 Meter vom Ufer entfernt lagen. Im Nordosten der Vereinigten Staaten und in Kanadas Küstenprovinzen fiel meterhoch Schnee. Der entstandene Sachschaden wurde auf 6 Milliarden Dollar geschätzt, und die Zahl der Toten belief sich auf 270, als das System endlich zusammenbrach. Vor Cape Hatteras und der Küste von Nova Scotia zeichneten Messbojen Wellenhöhen von über 15 Metern auf.

In den 50er-Jahren, als Wissenschaftler zum ersten Mal begannen, *Wetterbomben* zu analysieren, glaubte man, solche Systeme würden relativ selten entstehen. Zwanzig Jahre später verfolgten Meteorologen des Massachusetts Institute of Technology drei Winter lang explosive Stürme über die gesamte nördliche Halbkugel hinweg. Sie fanden heraus, dass sich *Bomben* selten über Land, aber mit erstaunlicher Häufigkeit über dem Meer aufbauen. Auf das Festland greifen sie lediglich in den Vereinigten Staaten über. Dort bilden sich unmittelbar östlich der Rocky Mountains manchmal Tiefdruckrinnen, die dann nach Südosten in den Golf von Mexiko driften, wo die kühle Luft auf warmes Wasser trifft und zu bedrohlich unstabilen, atmosphärischen Erscheinungen führt. Die Rinne wirbelt in ein Tief, der Luftdruck fällt einen Tag und eine Nacht lang pro Stunde um ein Millibar oder mehr. Auf diese Weise entstand auch der Jahrhundertsturm, und dank atmosphärischer Modelle konnte ihn die Wettervorhersage bereits eine Woche im Voraus ankündigen.

Meist machen sich die stärksten Winde und höchsten Wellen, die durch *Bomben* und andere schwere Stürme entstehen, weit draußen auf hoher See bemerkbar. Zuweilen werden Küstenstädte im Osten von heftigen maritimen Winden bedroht, doch die schlimmsten Folgen bleiben ihnen erspart, weil die Systeme mit Westwinden aufs Meer driften und ihre größte Gewalt mitten über dem Atlantik auslassen. Einen typischen Nordostwind bilden die Nachwirkungen eines starken, lokalen Zyklons, in dem die Winde gegen den Uhrzeigersinn um einen Tiefdruckkern rotieren. Die stärksten Wellen entstehen im Südosten oder bewegen sich im Quadranten zum Sturm weiter, durch die Vorwärtsbewegung des Systems werden die Westwinde verstärkt.

Ein solches System, das seine ganze Gewalt an der Ostküste ausließ, war der Halloweensturm 1991, der im Zusammenwirken mit einem durchziehenden Hurrikan ungewöhnlich starke Ostwinde und schwere Brandung verursachte. Ein gewaltiger Wintersturm, der vor Nova Scotia gegen den Uhrzeigersinn rotierte, kollidierte mit den Überresten des Hurrikans Grace, gewann an Intensität und driftete an die Ostküste zurück. Die Meteorologen sind sich bis heute nicht sicher, welche Kräfte eine Verbindung der beiden Systeme möglich machten. Im Westen der Sturmkombination lag der Kern eines Hochdruckgebiets, in dem Luft im Uhrzeigersinn rotierte. Die Hoch- und Tiefdruckgebiete verkeilten sich über dem Ozean wie zwei riesige Zahnräder. Durch ihre gegenläufige Drehung pumpten sie die Luft mit rasender Geschwindigkeit mehrere hundert Kilometer nach Westen, in Richtung Land. An Halloween erreichte der Sturm seinen Höhepunkt.

In zwölf Jahren auf den Outer Banks habe ich es nicht erlebt, dass der Ozean solche Gewalt entfesselte. Der Halloweensturm ist in dieser Gegend der Maßstab, an dem alles gemessen wird – und er war der Sturm, der mich zum ersten Mal das Meer fürchten lehrte. Bei Stärke 12 ist das Meer nach der Beschreibung auf der Beaufort-Windskala völlig weiß, mit schäumender Gischt. Und so zeigte es sich nicht nur während des Sturms, sondern noch einen ganzen Tag, nachdem sich der Wind gelegt hatte. Wände aus Wasser wogten auf den Strand, eine folgte auf die nächste, ohne jegliche Pause dazwischen. Über Georges Bank wurden Winde mit Spitzengeschwindigkeiten von über 112 Stundenkilometern gemessen. Das Meer türmte sich mehr als 15 Meter hoch auf, bei einer Welle wurde eine Höhe von 30 Metern gemessen.

Man kann sich nur schwer ausmalen, wie es wäre, bei solchem Seegang mit einem Boot hinauszufahren. Wenn sie in einen Sturm geraten, gilt für Seeleute normalerweise »abwettern«, das heißt, sie steuern in die Wellen und harren der Dinge, während sie berghohe Gipfel erklimmen und in tiefe Rinnen stürzen.

Als ich zum ersten Mal mit einem Fischerboot aufs offene Meer hinausfuhr, stand die See etwa eineinhalb Meter hoch, sie war etwas rau, aber durchaus nicht ungewöhnlich. Der Wind kam von Osten. Um 5.30 Uhr brachte uns der Kapitän, ein Berufsfischer, den ich hier Will nenne, durch Hatteras Inlet. Ich stand neben ihm auf der Brücke. Als wir offenes Gewässer erreichten, sackte das Boot unter uns ab, erklomm einen Kamm und sackte wieder ab. Mein Magen spielte verrückt. Ich dachte: »Das halte ich nicht aus.« Doch da ich nicht über die Maßen anfällig für Seekrankheit bin, konnte ich mich schließlich so weit entspannen, dass ich die 90 Minuten bis zum Golfstrom hinaus überstand.

Fast den ganzen Tag lang brachten wir das Geschirr zum Grundfischen aus, zogen Bleigewichte über das Schanzkleid des Bootes und holten sie mit elektrischen Winden sofort wieder ein. Während wir Grouper, Seebrassen und Drückerfische hochholten, beruhigte sich der Wind ein wenig und das Meer wiegte uns wohlwollend. Ich merkte, dass mir die Bewegung der Wellen und die tintenähnliche Färbung des Wassers gefielen. Die über das Boot aufragenden, vom Wind gekräuselten Kämme erinnerten mich an polierten Stein. Nun war ich froh, dass ich mitgekommen war. Auf dem Rückweg hatten wir den Wind im Rücken, und die Fahrt verlief einigermaßen ruhig. Doch als wir in Hatteras Inlet einfuhren, unterschätzte Will die Größe eines Brechers an der Hafenbarriere. Als wir sie passierten, schlingerte das Boot in Richtung des Hafens und krängte. Ich wurde gegen eine Metallstrebe geschleudert und klammerte mich an ihr fest, während ich einen atemlosen Augenblick lang, den das Boot brauchte, um sich aufzurichten, in den Ozean starrte. Ich war seither oft draußen auf dem offenen Meer, aber diese Erfahrung heilte mich für alle Zeiten von dem Wunsch, auf See in einen Sturm zu geraten.

»Unter Fischern heißt es, man könne die Windstärke – und wie sehr sie einen beunruhigen sollte – nach dem Geräusch beurteilen, das der Wind an den Stagen und Auslegerkabeln hervorruft«, schreibt Sebastian Junger in *Der Sturm. Die letzte Fahrt der Andrea Gail.* »Ein Kreischen bedeutet ungefähr Windstärke 9 auf der Beaufortskala.« Das entspricht einem heftigen Sturm mit 41 bis 47 Knoten. Ich war schon bei solchem Wind auf See, allerdings nicht allzu weit vom Ufer entfernt und nur bei einer nachfolgenden Dünung, die dem Boot keine Schwierigkeiten bereitete. Und doch hatte es der Kapitän damals eilig, in den Hafen zurückzukehren. »Bei Windstärke 10 hört man einen Schrei, bei Windstärke 11 ein

Stöhnen. Was sich jenseits von Windstärke 11 bewegt, möchte ein Fischer nicht hören.« Gegen Ende des Buches schreibt Junger: »Jeder, der einen schweren Sturm auf See erlebt hat, ist, so oder so, fast einmal gestorben, und diese Tatsache verändert ihn noch lange, nachdem der Wind aufgehört hat zu wehen oder die Wellen zur Ruhe gekommen sind.« Das ist wahr. Und die Hand voll Überlebende von Ozeanstürmen, die ich bisher kennen gelernt habe, schildern ihre Erlebnisse eigentlich nur auf Drängen und auch dann nicht sehr ausführlich, selbst wenn inzwischen schon Jahre vergangen sind und man annehmen könnte, der Schock eines solchen Ereignisses sei inzwischen überwunden. »Ich kann dazu lediglich sagen, dass es eine Erfahrung war, die einen sehr demütig werden lässt«, hörte ich von einem leitenden Marineoffizier, der auf einem Flugzeugträger im Atlantik zwölf Meter hohen Seegang erlebt hat. Es scheint geradezu, als würde bei den Überlebenden von Stürmen etwas aussetzen, eine bestimmte kognitive Funktion, sobald die Erinnerung daran nach oben drängt.

Natürlich stellt sich unter rauer See jeder etwas anderes vor, und innerhalb einer Gruppe von Seeleuten gibt es eine ganze Bandbreite von Meinungen, ab wann es gefährlich zu werden beginnt. Das Einschätzen von Windgeschwindigkeiten und Wellenhöhen ist eine diffizile Angelegenheit, und Ozeanografen werten Augenzeugenberichte mit äußerster Vorsicht, sofern sie nicht durch Instrumente bestätigt werden. Die meisten Schiffe auf See sind mit Anemometern ausgerüstet, doch in Stürmen und bei hohem Wellengang wird Wind, der auf ein Instrument an Bord trifft, häufig durch die Wellenkämme in unmittelbarer Umgebung und durch die Form des Schiffes verzerrt. Außerdem kann die Wellenhöhe durch die Art und Weise, wie das Schiff sich in der Welle verhält, übertrieben wahrgenommen werden. Als genaueste Messungen gelten jene von verankerten Bojen und, mit einigen Einschränkungen, von Satelliten, die den Zustand der See messen. Gelegentlich melden sie Wellenhöhen, die Wissenschaftler für ziemlich ungewöhnlich halten.

Am 26. August 1995 entwickelte sich zwischen der Westküste Afrikas und den Kapverdischen Inseln eine Tiefdruckwelle. Im Lauf der folgenden fünf Tage baute sich das System zu einer tropischen Depression auf und erreichte Hurrikanstärke. Meteorologen gaben ihr den Namen Luis. Luis war zunächst nichts Besonderes. Als maximale Windgeschwindigkeit über der Meeresoberfläche wurden 224 Stundenkilometer gemessen, was bei Hurrikanen auf offener See absolut normal ist. Er traf nie auf das Festland, sondern hielt sich ein gutes Stück östlich der Küste der Vereinigten Staaten und löste sich schließlich im Nordatlantik auf. Doch etwa 24 Stunden lang bewegte sich Luis mit ungefähr 56 Stundenkilometern nach Nordosten, das war zufällig die exakt gleiche Geschwindigkeit, mit der eine Gruppe von Wellen vorwärts rollte.

Obwohl die Winde im Inneren von Hurrikanen die See aufwühlen, werden die Wellen auf Grund des kurzen Anmarschweges der Winde nicht besonders hoch, in der Regel halten sich die rotierenden Winde nicht sehr lange über ein und derselben Wasserfläche auf. (Die Sturzsee, die einem Hurrikan vorangeht, wird nicht allein von starken Winden verursacht, sondern von einer Kombination aus einem sich fortbewegendem Windfeld und einem Abfallen des atmosphärischen Drucks, wodurch der Meeresspiegel angehoben wird und sich Seegang bildet.) Die gefährlichsten Situationen auf See entstehen eher durch große, lokale Wettersysteme als durch vergleichsweise kompakte, schnell weiterziehende tropische Stürme. Die Ausnahme zu dieser Regel tritt ein, wenn ein Hurrikan zufällig mit der gleichen Geschwindigkeit unterwegs ist wie eine Gruppe von Wellen. In solchen Fällen ist es, als würde der Wind über eine unbegrenzte Strecke hinwegwehen. Die Wellen türmen sich immer höher auf, bis der Wind entweder nachlässt oder sie überholt.

Am 9. September traf der Luxusliner *Queen Elizabeth II*, der auf dem Weg nach New York war und sich gerade unmittelbar östlich von Luis befand, auf eine 28 Meter hohe Welle – größer als alles, was der Kapitän oder die Crew jemals gesehen hatte. Das Schiff fiel in ein Loch, dann schlug die Welle über den Decks zusammen und verursachte mäßigen Schaden an der Brücke. Ozeanografen hätten Berichte des Schiffes von einer außergewöhnlichen Welle vermutlich mit Skepsis aufgenommen, wäre Luis nicht auch an einigen Bojen südlich von Neufundland vorbeigezogen, die der kanadische Wetterdienst betreute. Eine dieser Bojen zeichnete Winde mit beinahe 110 Stundenkilometern auf sowie eine 30 Meter hohe Welle – das Maximum, das mit dem Instrument gemessen werden kann. Es ist gut möglich, dass die Welle noch höher war. Aber egal, wie groß sie tatsächlich war, es handelte sich um eine von nur zwei oder drei Wellen dieser Größe, die jemals im Nordatlantik aufgezeichnet wurden.

Daten aus anderen Bojen am nordöstlichen Rand von Luis belegten, dass die meisten Wellen zwischen neun und achtzehn Meter hoch waren (was immer noch beängstigend ist). Der 30-Meter-Koloss war tatsächlich außergewöhnlich und womöglich eine der größten Wellen, die jemals von Wind erzeugt wurden.

Wissenschaftler nehmen an, dass Wellen von über 30 Meter Höhe zwar selten sind, sich aber in bestimmten Meeresgebieten bevorzugt bilden. Sicher weiß das allerdings niemand, weil es in großen Teilen der Gewässer unserer Erde keine Instrumente gibt. Satellitenbeobachtung der Meere erfolgt nur sehr lückenhaft, und Bojen nehmen Messwerte noch stärker nach dem Zufallsprinzip auf. Die genauesten Informationen besitzen Ozeanografen über die meistbefahrenen Schifffahrtsrouten, da die Kapitäne regelmäßig Berichte über ungewöhnliche Bedingungen weitergeben. Doch über die brüllenden 40er und 50er auf der südlichen Halbkugel, wo die Winde mit hoher Geschwindigkeit blasen und tausende von Kilometern auf keinerlei Hindernisse treffen, gibt es ausgesprochen dürftige Informationen.

Außergewöhnliche oder episodische Wellen entstehen durch das Zusammenwirken von *Windfetch*, Topografie des Meeresbodens und Strömungen. Jeder dieser Faktoren kann die Gestalt der Wellen verändern. Am häufigsten scheinen sie sich in der Nähe eines Kontinentalschelfs zu bilden. Seit den 40er-Jahren gibt es häufig Berichte über außergewöhnliche Wellen auf einer belebten Schifffahrtsroute, auf der Tanker und Containerschiffe den südwärts zur Straße von Mosambik fließenden Agulhasstrom nutzen. Einige Forscher vermuten, dass die Wellen in dieser Region bis zu 57 Meter Höhe erreichen können. Diese Theorie ist allerdings umstritten, und bisher wurden auch noch keine so großen Wellen gesichtet. Eine 30-Meter-Welle wäre schon schwierig abzureiten, aber eine fast doppelt so hohe Welle würde so gut wie sicher alles versenken, was ihr im Weg liegt. Ein Tanker oder Containerschiff mit dreihundert Metern Länge würde in zwei Teile bersten, wenn eine außergewöhnliche Welle einen großen Teil des Rumpfes unterspülen würde. Oder es würde unter der Gewalt vieler hundert Tonnen Wasser zerschellen, die über das Deck brechen. Man hört immer wieder von Schiffen, die auf mysteriöse Weise auf See verschwinden, und in manchen Fällen gehen Wissenschaftler davon aus, dass sie von außergewöhnlichen Wellen auf den Meeresgrund gedrückt wurden.

Ozeanografen wissen schon seit langem, dass außergewöhnliche Wellen die unterschiedlichsten Formen annehmen können. Mitte der 90er-Jahre lancierten Forscher einen internationalen Aufruf zur Beobachtung ungewöhnlich großer Wellen im Gebiet des Agulhasstroms. Fotografien und Videoaufnahmen legten die Vermutung nahe, der Strom könne die

Entstehung sich auftürmender Wellen mit ungewöhnlich langen und brechenden Kämmen, ähnlich wie Surfwellen, begünstigen. Sollte das zutreffen, könnte die Erforschung Kapitänen helfen, ihre Schiffe optimal zu manövrieren, falls sie auf eine von ihnen treffen.

Seit den 60er-Jahren verfeinern Ozeanografen ständig die Modelle für die »Nachbeobachtung« von Wellen, das heißt, für die Analyse der Wellenbildung in vergangenen Stürmen. Erdölgesellschaften und andere Firmen, die Ölplattformen im Meer und Bauwerke an sturmgeplagten Küstenabschnitten unterhalten, ziehen oft Berater hinzu, um den potenziellen Schaden vorherzusagen, den so genannte Jahrhundertwellen anrichten könnten, also die größten, signifikanten Wellen, die innerhalb eines Zeitraums von hundert Jahren auftreten können. Um die signifikante Wellenhöhe feststellen zu können, legen Wissenschaftler die durchschnittliche Höhe der größten Wellen zu Grunde, außergewöhnliche Wellen werden dabei ausgenommen. So erhalten sie einen Messwert für die Beschaffenheit der See innerhalb einer ganzen Region. Die maximale Wellenhöhe gibt dagegen nur die größten Wellen einschließlich der außergewöhnlichen an.

Statistisch betrachtet besteht kaum eine Wahrscheinlichkeit, dass ein Schiff oder ein Ölbohrturm von einer Welle maximaler Höhe getroffen wird, und beinahe unmöglich ist es, außergewöhnliche Wellen vorherzusagen. Doch in den meisten Fällen wählen Ingenieure Konstruktionen, die den höchsten signifikanten Wellen, die innerhalb von hundert Jahren auftreten können, standzuhalten vermögen. »Bald haben wir genügend Daten, um Profile der Jahrhundertwellen rund um die Welt erstellen zu können«, berichtet Vincent Cardone, einer der führenden Köpfe in der Analyse von Wellen und Betreiber einer privaten Beratungsfirma im Cos Cob im Staat Connecticut. »Wir haben bereits genügend Daten, um Jahrhundertwellen in Küstenbereichen und auf wichtigen Schifffahrtsrouten vorhersagen zu können. Doch in fünf Jahren sollten wir auch dazu in der Lage sein, die historischen Daten, über die wir verfügen, und die Satellitenbeobachtungen neueren Datums so weit zu bewerten, dass wir weltweit die Jahrhundertwellen feststellen können.«

Wissenschaftler haben vielleicht eine vage Vorstellung von der Gewalt, die ein Ozean an einem beliebigen Ort der Erde freisetzen kann, aber ihre Vorhersagen werden, wenn überhaupt einmal, noch lange Zeit nicht besonders genau sein. Historische Aufzeichnungen von den Bedingungen auf See gibt es erst seit den 50er-Jahren, da ein Großteil der Unterlagen, die während des Zweiten Weltkriegs und in den Jahren danach angefertigt wurden, verloren gingen. Und die Computermodelle, die Prognosen über den Zustand der Meere abgeben, gehen davon aus, dass in den nächsten hundert Jahren keine größere Klimaveränderung eintreten wird. Das ist allerdings eine leichtfertige Annahme. Die Meere, die uns umgeben, haben immer wieder bewiesen, dass sie jederzeit dazu in der Lage sind, die Wissenschaft zu widerlegen und all jene Männer und Frauen ordentlich hinters Licht zu führen, die ihre Launen vorhersagen wollen.

AN EINEM SONNIGEN Sommertag mit leichter östlicher Brise verlasse ich (wieder einmal) meinen Schreibtisch, um an den Strand zu gehen, wo – genau wie ich es vermutet hatte – blaugrüne Wellen träge ans Ufer gleiten. Ich werfe mein Handtuch auf den Sand und springe in das unglaublich klare Wasser, die Arme weit ausgebreitet, als wollte ich es fest umschließen. Einen Augenblick später renne ich zurück ans Ufer, meine Beine brennen wie Feuer von den Stichen einer Qualle.
Ich hätte es wissen müssen. Das warme Oberflächenwasser, das mit östlichen Winden ans Ufer schwappt, enthält eine breit gefächerte Fauna, deren Mitglieder nicht alle angenehme Schwimmgefährten sind. Die prächtigen, pulsierenden, pur-

purfarbenen Blasen, die man unter dem Namen Nesseltiere kennt, tauchen immer im Hochsommer auf. Das Gleiche gilt für das Larvenstadium verschiedener Krabbenarten, die in der Brandung wie abgetrennte Teile von Krabben aussehen und in Maßen beißen, wenn man sie berührt. Natürlich muss man nicht allen Zeitgenossen, die mit wärmerem Wasser an die Küste kommen, aus dem Weg gehen. Manchmal tauchen einzelne Zweige Beerentang auf, in deren Schutz sich winzige Krabben und Garnelen und sogar gelbbraun gesprenkelter Sargassofisch, dessen Gesicht mit fleischigen Streifen übersät ist, aufhalten. In den seichten Stellen schimmern zu Schwärmen formierte Stachelmakrelen wie silberne Monde. Teufelsohren springen in Sichtweite vom Strand aus dem Wasser. In sternklaren Nächten schleppen sich Unechte Karettschildkröten ans Ufer, um in flachen sandigen Nestern Eier in der Größe eines Tischtennisballes abzulegen.

Genau wie die Tiere an Land benutzen auch Meerestiere den Wind als Navigationshilfe, um Futter zu erbeuten und von einem Ort zum anderen zu gelangen. Die kleinen Quallen, die als Segler vor dem Wind bekannt sind, treiben passiv mit der Brise dahin, die sie an der durchscheinenden, rötlichen, segelförmigen Membrane auf ihrer Oberseite erfasst. Häufig bewegen sie sich in ganzen Flotten. An den Stränden des nordwestlichen Pazifiks habe ich schon erlebt, dass Segler vor dem Wind zu hunderten auf den Strand gespült wurden. Die Portugiesische Galeere, eine größere und gefährlichere Quallenart, besitzt einen segelförmigen Kamm, den sie aufblasen oder zusammensacken lassen kann. Auf diese Weise kann sie entweder in einem 45-Grad-Winkel zum Wind driften oder sich einfach mit den Strömungen treiben lassen. In den 40er- und 50er-Jahren ergaben genauere Erforschungen der Galeere, dass jedes Exemplar sich ein bisschen mehr nach links oder rechts ausbaucht, wodurch gesteuert wird, ob sich der Organismus links oder rechts vom Wind bewegt. Biologen fanden heraus, dass die meisten der Galeeren, die auf der nördlichen Halbkugel aufgesammelt wurden, sich nach links neigten und auch dorthin drifteten. Das erscheint merkwürdig, wenn man bedenkt, dass die langen Seegrassträngе, die sich auf hoher See bilden, auf Grund der Corioliskraft *rechts* vom Wind gelenkt werden. Die Forscher vermuteten, dass eine Galeere durch die Neigung nach links vom vorherrschenden Wind möglicherweise leichter zwischen den Seegrassträngen hindurchkommt und damit vermeidet, sich in den langen, herunterhängenden Tentakeln zu verfangen. Auf der südlichen Halbkugel, wo die Corioliskraft das Seegras links zum Wind ableitet, waren die wenigen aufgesammelten Galeeren zur rechten Seite ihrer Segel hin ausgebaucht.

Aus der Art und Weise, wie der Wind die Wellen formt, beziehen eine Reihe von Meerestieren anscheinend Informationen, in welche Richtung sie am besten schwimmen, um Schutz und Nahrung zu finden. Ende der 80er-Jahre und zu Beginn der 90er-Jahre stellten Biologen der Florida Atlantic University und der University of North Carolina in Chapel Hill eine Theorie vor, derzufolge Unechte Karettschildkröten den Weg von den Stränden, an denen sie ihre Eier ablegen, zu den starken Meeresströmungen finden, indem sie das geomagnetische Feld der Erde erfühlen. Auf einen kurzen Nenner gebracht, glaubten die Forscher, der Schaltplan im Gehirn der Schildkröten verfüge über einen inneren Kompass, der ihnen die Richtung weist, sobald sie sich ins Wasser begeben. Für einen ihrer Versuche nahmen die Biologen einige an der Atlantikküste Floridas frisch geschlüpfte Schildkröten und verbanden diese mit einer frei treibenden Boje. Auf diese Weise wollten sie feststellen, welchen Weg sie einschlagen würden. Der Versuch wurde mehrmals wiederholt. An den meisten Tagen schwammen die Schildkröten ganz entschlossen nach Osten, als würden sie das geomagnetische Feld spüren. Doch an einem ungewöhnlich windstillen Morgen verteilten sich die

Schildkröten in alle Richtungen, als hätten sie völlig die Orientierung verloren. Nach einigen Minuten stellte sich Ostwind ein, die Schildkröten drehten sich alle in eine Richtung und schwammen hinaus aufs Meer. Bei späteren Versuchen stellten die Forscher fest, dass junge Unechte Karettschildkröten fortwährend in Wellen hineinschwammen, die vom Wind erzeugt wurden, selbst wenn sie dadurch an Land zurückgelangten. Im Hoch- und Spätsommer, zur Schlüpfzeit der Schildkröten, wehen die Winde vor der Küste Floridas am Morgen, wenn die Jungen sich auf den Weg zum Golfstrom machen, meist aus Osten. Den Biologen fiel auf, dass die Schildkröten, wenn sie in die Wellen hineinschwammen, mit großer Wahrscheinlichkeit ins offene Meer hinausgelangten, auch wenn der Strand, an dem sie ausgeschlüpft waren, direkt nach Osten lag. Hatten sie sich erst einmal eine gewisse Strecke vom Ufer wegbewegt, ließen sich die Jungen möglicherweise vom geomagnetischen Feld zum Golfstrom leiten und machten sich von dort auf eine mehrjährige Reise, die sie nach Annahme von Wissenschaftlern um den gesamten Nordatlantischen Stromring führt.

Im weit entfernten Südatlantik wurden Meeresvögel beobachtet, die auf Beutejagd gehen, indem sie dem stechenden Geruch von fressendem Krill folgen, jenen kleinen, garnelenähnlichen Lebewesen, die ihnen als Nahrung dienen. Wenn Krill an die Oberfläche geht, um Plankton aufzunehmen, setzt er die chemische Substanz Dimethylsulfid frei, dessen Geruch an verrottendes Seegras erinnert. Bei Versuchen im antarktischen Meer stellten Forscher der University of California in Davis und der University of Washington fest, dass sich Sturmvögel und Sturmschwalben in großen Scharen von Ölfilmen angezogen fühlten, die die Forscher künstlich erzeugt hatten. Sie vermuteten, solche vom Wind fortgetragenen Gerüche könnten umherstreifenden Meeresvögeln, die zur Gruppe der Tubenoses gehören – zu ihnen zählen Sturmvögel, Sturmtaucher und Albatrosse – als Navigationshilfe dienen.

Albatrosse sind vielleicht mehr als alle anderen Tiere Geschöpfe des Windes. Von den 13 Arten, die weltweit existieren, leben zehn auf den offenen Ozeanen der südlichen Halbkugel. Da sie so sehr vom Wind abhängig sind, durchqueren nur äußerst wenige von ihnen die Kalmen und erscheinen auf der nördlichen Halbkugel. Der Wanderalbatros, der größte Meeresvogel der Erde, hat eine Flügelspannweite von dreieinhalb Metern, aber nur 23 Zentimeter breite Flügel. Er ist mindestens ebenso aerodynamisch wie die ausgefeiltesten, von Menschen entwickelten Gleiter.

Vier Albatrosarten, darunter der Wanderalbatros, haben sich an die Lebensbedingungen in der Antarktis, dem windigsten Kontinent der Erde, angepasst. Sie verbringen den größten Teil ihres Lebens im Flug, ohne dabei ihre Flügel zu bewegen, gleiten in 13 bis 18 Meter Höhe über die Meeresoberfläche dahin, tauchen in die Wellen ab und lassen sich vom Wind wieder hochtragen. Der Ökologe David Campbell, der mehrere Fahrten durch die Drakestraße unternommen hat, schreibt über den Mollymauk-Albatros: »Zunächst wirken seine Flügel so steif wie Kinderdrachen, doch in Wirklichkeit sind sie wunderbar empfindsam und behände. Der Flügel *fühlt* geringe Wirbel des Windes in seiner Länge. Jeder Flügelknochen und jede Feder besitzt eine Reihe von Muskeln, die die Richtung geringfügig verändern und im Zusammenspiel die gesamte Geometrie des Flügels Sekunde für Sekunde neu anpassen können, das heißt den Winkel, in dem er nach hinten gebeugt ist und in dem er zum Wind steht, praktisch seine gesamte Oberfläche.« Über die Wanderalbatrosse fügt Campbell hinzu: »Sie scheinen Produkte des Himmels selbst zu sein, schwerelose Lebewesen, die den Wind umarmen und in entspannter Eleganz mit ihm dahingleiten. Sie sind der Inbegriff von Effizienz und Aerodynamik.«

Wind beeinflusst aber auch das Verhalten der Fische auf eine Weise, die Angler eher zu deuten oder zumindest vorherzusehen vermögen als Wissenschaftler. Das überlieferte Anglerwissen auf den Outer Banks und anderen Küstenregionen enthält jede Menge Ratschläge, welche Fischarten bei welchen Winden am ehesten anbeißen. Ein Freund unserer Familie, Besitzer eines Trawlers vor der Küste South Carolinas, erzählte mir vor kurzem, dass es maßgeblich von der Windrichtung abhänge, ob er Garnelen fängt. Bei Nordost- oder Ostwind fährt er niemals mit dem Trawler hinaus, weil die Garnelen dann tief im Schlamm eingegraben sind.

»Aber warum graben sie sich bei Ostwind ein?«, wollte ich wissen.

Er schüttelte den Kopf. »Sie tun es einfach. Sie verschwinden. Frage die Alten hier, sie werden dir genau das Gleiche erzählen.«

In diesen Regionen sind die Kapitäne der Charterfischerboote davon überzeugt, Nordostwind sei günstig, um Tunfisch zu fangen, allerdings wagen sich bei den schlimmsten Stürmen nur wenige Boote aufs offene Meer hinaus. Einmal fuhren einige Männer, die ich kannte, im Frühling bei Nordostwind mit 40 Stundenkilometern und drei Meter hohen Wellen zum Fischen in den Golfstrom hinaus und nahmen freiwillig einen ganzen Tag in einer erbarmungslos auf sie einknüppelnden Welt auf sich. Wellen türmten sich wie Berge um sie herum auf. Wenn das Boot in die Rinnen sank, trieben Meerestiere auf Augenhöhe an ihnen vorbei. Als einer der Männer nach oben blickte, sah er einen Teufelsrochen mit drei Meter Flossenspanne durch eine über kopfhohe Welle fliegen. Die Männer harrten stundenlang aus, wurden seekrank und allmählich auch etwas besorgt, bis auf einmal ihre Leinen durch den Zug großer Fische zu singen begannen. Das Meer wimmelte vor braunen Rücken und goldenen Flossen, als das Boot durch einen Schwarm aus tausenden von Tunfischen schoss. Sie schafften mehrere dutzend aus dem Wasser – und keine zehn Minuten später waren die Tunfische wieder verschwunden. Die Fischer waren alle noch etwas durcheinander, als sie an diesem Abend nach Hause kamen, aber auch voller Euphorie.

VOR DER KÜSTE Nordkaliforniens sind die Herbst- und Winterwinde meist schwach und unbeständig, und klares Oberflächenwasser klatscht an die Küste. Doch im Frühjahr drehen dann innerhalb nur weniger Tage die Winde hart nach Nordost, während über dem westlichen Pazifik Hochdruck entsteht. Oberflächenwasser fließt von der Küste weg, zum Ausgleich dafür steigt Wasser aus den Tiefen hoch. Dieses Strömungsmuster, man spricht von Auftrieb, transportiert wichtige Nährstoffe in die oberen Wasserschichten und liefert dem Phytoplankton im Küstenbereich, und damit anderen Meereslebewesen, reiche Nahrung.

Der Auftrieb vor der kalifornischen Küste ist ein hervorragendes Beispiel dafür, wie der Wind die Meere aufrührt und damit Nährstoffe von den Tiefen an die Oberfläche befördert. (Dort, wo vom Wind getriebene Strömungen mit Strömungen aus anderen Richtungen zusammentreffen, sinkt das Oberflächenwasser meist nach unten und versorgt so die Lebewesen auf dem Meeresgrund mit wertvollem Sauerstoff.) Das gleiche Auftriebphänomen, das in Kalifornien eintritt, ist auch an der Küste vor North Carolina zu beobachten, wenn auch nicht ganz so konstant. Nordöstliche Winde transportieren klares Oberflächenwasser an die Strände der Outer Banks, während südwestliche Winde es von der Küste wegschieben. An sehr heißen Sommertagen, wenn der Wind unaufhörlich von Südwesten weht, sinkt die Temperatur der Brandung ganz plötzlich von circa 25 Grad auf unter 20 Grad, weil Tiefenwasser in den Küstenbereich gesaugt wird. Oft ist dieses Wasser aus der Tiefe nicht nur kalt, sondern voller

Schlamm, wie ein Schwall aus dem Mississippi. Zu Beginn des Sommers haben nördliche Winde Schlickbahnen aus den Flüssen und aus der Chesapeake Bay in die Küstenregion North Carolinas transportiert. Durch den Auftrieb wird der Schlick nun nach oben befördert.

Vom Wind angetriebene Strömungssysteme entlang der Küste sind bei weitem komplexer als die Systeme auf hoher See. In unserem Wissen über die Vorgänge an den Küsten klaffen große Lücken, und zwar sowohl im Hinblick auf die Strömungsmechanik als auch auf die Auswirkungen der Strömungssysteme auf die Fauna des Meeres.

Anfang der 80er-Jahre führten Ozeanografen intensive Studien über den Auftrieb vor der Küste unmittelbar nördlich von San Francisco durch. Mit Erstaunen fanden sie dort starke Strömungsjets – schnell fließende, schmale Strömungen –, die bis zu 90 Meter in die Tiefe reichten. Die Jets bilden sich offensichtlich auf Grund der abschüssigen Bodentopografie in dieser Region. Sie transportieren große Mengen kalter Küstengewässer von der Küste weg und sorgen für einen Austausch zwischen Kontinentalschelfregion und Hochseegebieten. Ihre Entdeckung bestätigte die komplizierte Funktionsweise von Zirkulationssystemen, die durch Wind verursacht werden. Und sie verdeutlichte den Bedarf nach mehr Forschung im Bereich der Strömungsdynamik, um dadurch Probleme, die durch Verschmutzung, ausgelaufenes Öl und die überall auf der Welt betriebene, immense Überfischung der Küstengewässer verursacht werden, einzudämmen.

Die Kenntnisse über die Vorgänge in den küstennahen Regionen wurden in den letzten Jahrzehnten wesentlich erweitert, zum einen auf Grund ständiger Weiterentwicklung der im Meer verankerten Instrumente und der Satellitenbeobachtung der Meere und zum anderen dank einer neuartigen Form der Zusammenarbeit verschiedener wissenschaftlicher Disziplinen. Ab Ende der 70er-Jahre begannen Meeresforscher, die sich bis dahin auf einen eng begrenzten Fachbereich konzentriert hatten (wie zum Beispiel Biologie, Chemie oder physikalische Prozesse in den Meeren), mit interdisziplinären Studien über großräumig auftretende Phänomene wie den Auftrieb vor der Küste Kaliforniens oder die Wanderungen der riesigen Wirbel, die sich von Zeit zu Zeit vom Golfstrom abspalten und enorme, rotierende Wassermassen von der Sargassosee an der Ostküste entlang nach Süden treiben.

Im Spätsommer und Herbst 1994 versammelten sich fast 100 Wissenschaftler an der Forschungspier des Pionierkorps in Duck, um die Auswirkungen der saisonalen Windsysteme und Stürme in der Küstenregion intensiv zu untersuchen, also Erscheinungen wie die Vermengung von Hochseewasser mit Wasser aus dem Kontinentalschelf, die in Wellen enthaltene Energie, die Beförderung von Sand vom und zum Strand und die Wanderung von Lebewesen im Larvenstadium, insbesondere jener Arten, die für den kommerziellen Fischfang von Bedeutung sind. Im Sommer und Herbst des Jahres 1997 traf sich erneut eine große Forscherrunde an der Pier, diesmal lagen die Verlagerungen von Sand im Zentrum ihres Interesses.

Die Forschungspier in Duck liegt inmitten einiger der dichtesten Wohnsiedlungen auf den Outer Banks und ist damit so etwas wie ein Kuriosum. Der 800 Meter lange, noch ursprüngliche Strandabschnitt, über den er sich erstreckt, gehört zu den am meisten untersuchten Küstenzonen der Welt, bei vielen Ozeanografen gilt er als das internationale Zentrum für die Erforschung von Küstenzonen schlechthin. Überall auf der Pier sind wissenschaftliche Instrumente verteilt, darunter ein einzigartiges Sensor Insertion System, eine kastenförmige, mit zwei Armen versehene Steuereinrichtung, die auf Schienen die gesamte Pier entlang rollen und Messgeräte unterschiedlich tief ins Wasser absenken kann.

An dem Tag, an dem ich Charles Long in Duck besuche, finde ich ein seltsames Vehikel vor, halb Transporter, halb Boot, das vor dem Gebäude abgestellt ist, in dem sich die Büros der zum Korps gehörenden Wissenschaftler befinden. Das LARC (so nennen es die Forscher), verfügt über große Reifen und einen breiten Radstand, man kann es durch die Brandung fahren oder auf tieferem Wasser schwimmen lassen.

Am äußersten Rand des Strandes befindet sich ein hoch aufragendes Stativ auf Rädern, das berühmte mobile Forschungsgerät der Station namens CRAB. Die Beine von CRAB tragen in zehn Meter Höhe über dem Boden eine Plattform. Forscher setzen das Gerät ein, um Karten vom Boden der Brandungszone zu erstellen, eine schwierige Aufgabe, für die sie eine Kombinaton von Wassertiefenmessung und globalem Positionierungssystem verwenden.

Nördlich und südlich vom Büro befinden sich Türme mit Videokameras, die permanent die Brandungszone filmen, die Wellentätigkeit aufzeichnen und Veränderungen der Sandriffe vor der Küste belegen. »Küstenforscher können inzwischen schon ziemlich gut vorhersagen, wie sich die Sedimente an einem gleichmäßig abfallenden Strand verhalten«, erklärt mir William Birkemeier, der Leiter der Station. »Aber von Stränden, denen draußen im Meer ein Sandriff vorgelagert ist, verstehen wir immer noch unglaublich wenig.

So könnte man zum Beispiel meinen, wenn eine Welle über einem Sandriff bricht, würde sich auf dem Riff eine ordentliche Strömung ergeben. Aber das trifft überhaupt nicht zu. Die Strömung bildet sich in der Rinne vor dem Riff. Wir wissen nicht genau, warum das so ist. Es gibt einige Theorien dazu, aber wir finden zu keinem Konsens.«

Als sich 1994 die Wissenschaftler trafen, um Daten über die Vorgänge an den Küsten zu sammeln, war auch Cheryl Ann Butman von der Woods Hole Oceanografic Institution dabei, die das Verhalten von Lebewesen im Larvenstadium bei verschiedenen Windverhältnissen erforschte.

Was Chuck Long mir über Butmans Arbeit erzählte, machte mich neugierig, und nach meinem Besuch an der Pier rief ich sie an. »Die Windrichtung, und vor allem auch der Auftrieb, sind wirklich wichtig für den Transport der Larven vom Strand weg und wieder dorthin zurück«, erklärt sie mir. In Nordkalifornien haben Forscher herausgefunden, dass bei starken Winden aus Nord und Nordost, Zeiten starken Auftriebs also, nur wenige Rankenfüßer an den Piers und Booten in Küstennähe haften. Anscheinend werden die meisten Larven von Strömungen aufs Meer hinausgespült. Doch sie verlieren sich nicht einfach in den Tiefen des Ozeans, sondern prallen gegen die Front, an der kühleres Wasser aus der Mitte des Meeres auf das Wasser aus den Küstenbereichen trifft, das nach Westen getrieben wird. Wenn die nördliche Brise nachlässt, fließt das Oberflächenwasser wieder zur Küste zurück und führt eine Menge Rankenfüßerlarven mit sich. »Wir wollen herausfinden, ob die gleichen Vorgänge auch die kommerziell genutzten Arten an der Ostküste betreffen«, sagt Butman. Ausgewachsene Muscheln setzen vielleicht ihre Nachkommenschaft aus, wenn sich das Wasser im Küstenbereich plötzlich abkühlt und damit eine Winddrehung nach Süden oder Südwesten und den Beginn einer Auftriebphase ankündigt.

Die von Butman untersuchten Muschellarven wachsen in der Wassersäule auf offener See heran und kehren dann auf die Meeresböden in Küstennähe zurück, um sich in ausgewachsene Schalentiere zu verwandeln. »Hilft ihnen irgendetwas dabei, zum richtigen Zeitpunkt mit den Strömungen zur Küste zurückzugelangen?«, so ihre Frage. »Wir wissen es nicht. Es gibt erste Hinweise dafür, dass sie auf passive Weise zurückkommen und sich dann, wenn sie auf dem Grund bleiben wollen, dort eingraben. Die Surf Clam zum Beispiel ist sehr eigen, sie würde sich nie in schlammigen Boden eingraben. Sie will Sand.« Butman hofft, durch Beobachtung von Windsystemen und der Zirkulation der Küstengewässer in absehbarer Zeit vorhersagen zu können, wo innerhalb einer bestimmten Region kommerziell nutzbare Muscheln zu finden sind. »Diese Populationen sind wirklich sehr unregelmäßig verteilt«, sagt sie. »Ideal wäre es, wenn wir ein Modell entwickeln könnten, mit dessen Hilfe wir vorhersagen können, wo die beste Ausbeute zu machen ist. Das ist das eigentliche Ziel.«

Der Wind verteilt die jungen Lebewesen im Meer ebenso wie er die Samen von Pflanzen verstreut, die einen lässt er auf fruchtbaren Boden fallen, andere treibt er zurück ins Meer. Und allem Anschein nach agiert der Wind nicht nur als Sämann für die zweischaligen Muscheln am Meeresgrund, sondern auch für einige, wenn nicht viele Fischarten.

James Ingraham jr. ist Ozeanograf und als Wissenschaftler der National Oceanografic and Atmospheric Administration (NOAA) in Seattle zuständig für Fischereiwirtschaft. Über lange Zeit hinweg hat er unter Einsatz eines Computermodells und anderer, eher unorthodoxer Informationen vom Wind verursachte Strömungen im östlichen Pazifik verfolgt. Im Mai 1990 war ein Containerschiff auf der Passage über den Nordpazifik ungefähr 800 Kilometer südlich der Aleuten in raue See geraten und hatte Container mit 80 000 Nike-Sportschuhen verloren. Dies hatte sich in einem Gebiet mit schwacher Strömung ereignet, in dem die Überreste des Kuroschiostroms träge das Wasser nach Osten treiben. Die meisten Oberflächenströmungen dieser Region werden von den vorherrschenden Westwinden angetrieben und bewegen sich auf den nordamerikanischen Kontinent zu.

Einige Monate, nachdem die Ladung über Bord gegangen war, wurden diverse Schuhe in Oregon, Washington und im Westen Kanadas an Strände gespült. Der Ozeanograf Curtis

Ebbesmeyer aus Seattle sammelte die Angaben darüber, wo Schuhe angetrieben wurden, und reichte sie an Ingraham weiter, der dann mithilfe des Computermodells eine Karte jener vom Wind angetriebenen Oberflächenströmungen erstellte, mit denen die Nike-Schuhe vermutlich an die Küsten gelangt waren. Die meisten Schuhe trieben nach Osten. Die größte Zahl wurde bei Vancouver Island und der nördlich davon gelegenen Küste Britisch Kolumbiens angeschwemmt, einem Gebiet mit geschützten Passagen und Buchten und ein wichtiger Laichgrund.

Nicht ganz zwei Jahre später gingen von einem anderen Schiff Container über Bord, in denen über 28 000 Plastiktiere für die Badewanne geladen waren, Biber, Frösche, Schildkröten und Entchen. Und im Dezember 1994 brach auf einem Schiff im Nordpazifik ein Feuer aus, wodurch 39 000 Ausrüstungsteile für Eishockeyspieler verloren gingen, darunter Handschuhe, Schienbeinschoner und Brustpanzer. Nach diesen beiden Zwischenfällen baten Ingraham und Ebbesmeyer Feriengäste an den Stränden um ihre Mithilfe, um die Route der verloren gegangenen Artikel feststellen zu können.

Mithilfe des Bildes, das sich auf Grund der so gewonnenen Daten von den Oberflächenströmungen ergab, konnte Ingraham genauere Modelle entwickeln, wie Fischlaich von der offenen See an die Westküste Nordamerikas gelangt. Im Mittelpunkt des Interesses stehen dabei Erkenntnisse über Schellfische, eine für den kommerziellen Fischfang wichtige Spezies. Schellfisch laicht ab 180 Meter Tiefe in der Beringsee am Rand des Kontinentalschelfs in Alaska, dann driften die Eier in die oberen Wasserschichten hoch. »Der Schelfrand ist eine sehr fruchtbare Region«, erläutert Ingraham. »Dort gibt es aber auch jede Menge Räuber, also muss der Laich so schnell wie möglich in küstennahe Gewässer gelangen.« In Jahren mit starken Südwestwinden liegt die Überlebensrate junger Fische meist deutlich höher. »Man kann hier einen klaren Zusammenhang erkennen«, so Ingraham weiter. »Wenn ein Jahr lang häufig Südwestwind wehte, bringen die Boote drei Jahre später jede Menge Schellfisch heim.« Um sein Prognosemodell noch weiter verfeinern und auch auf andere Arten übertragen zu können, arbeitet er derzeit an einem Modell, in dem Windsysteme vergangener Jahre mit den Fangergebnissen der Berufsfischer in Relation gesetzt werden, und zwar rückwirkend bis zum Jahr 1901.

Doch wenn die vorherrschenden Westwinde der mittleren Breiten Fischlaich nach Osten treiben, und das kontinuierlich, wie finden dann die Arten draußen im Atlantik in die geschützten Regionen, wo sie ungestört heranwachsen können?

Die Antwort liegt wohl in den eigenartigen Wettersystemen, die der Golfstrom produziert. Seit Beginn der 80er-Jahre untersucht eine Gruppe von Ozeanografen, die meisten von ihnen arbeiten an der North Carolina State University, Strömungen und die Routenwahl von Fischlaich durch die Passagen, die die Inseln der Outer Banks voneinander trennen. Die fünf untersuchten Arten, nämlich Menhaden, zwei Umberfischarten und zwei Flunderarten, machen 90 Prozent des kommerziellen Fangs in den Buchten des Albemarle Sound und des Pamlico Sound aus.

Die Fische machen sich im Spätherbst unter Zuhilfenahme der Strömungen, die unter dem Einfluss vorwiegend westlicher und südwestlicher Winde entstehen, auf den Weg von den Küstenzonen ins offene Meer, um dort zu laichen. Von November bis März bilden sich vor Cape Hatteras jeden Monat vier bis fünf lokale Zyklone und driften nach Norden, dabei dringen nordöstliche Winde an die Küste und befördern Laich in den Unterströmungen zurück an den Strand. Nordöstliche Winde bewirken, dass sich auf der dem Meer zugewandten Seite der Barrier Islands und Passagen mehr Wasser ansammelt, ziehen andererseits aber auch Wasser von deren Westseite ab. Dies führt dazu, dass Wasser durch Oregon

Inlet, durch Hatteras Inlet und Ocracoke Inlet presst und Jungfische in die geschützten Buchten transportiert.

Mitte der 90er-Jahre betrieben Forscher intensive Studien über vom Wind verursachte Veränderungen in den Strömungen und das Eindringen salzigen Meereswassers in zwei große Buchten unmittelbar südlich der Outer Banks, in den Bogue Sound und den Back Sound. Aus beiden fließt das Wasser durch Beaufort Inlet ab, das – im Gegenatz zu den Passagen der Outer Banks – fast direkt nach Süden gerichtet ist. Messungen der Strömungen und des Salzgehalts zeigen, dass Laich beim Passieren von Beaufort Inlet mit großer Wahrscheinlichkeit von südlichen Winden in den Bogue Sound befördert wird, während er von westlichen Winden häufiger in den Back Sound getrieben wird. »Es ist faszinierend. Man kann in den einzelnen Regionen tatsächlich einen Riesenunterschied in der Strömung, der Salinität und dem Laichgehalt feststellen, und das alles in Abhängigkeit von der Windrichtung«, erzählt Leonard Pietrafesa, Professor an der North Carolina University und einer der Hauptbeteiligten an dem Forschungsprojekt.

Fischeier sind zwar winzige, aber dennoch kräftige Schwimmer, und Meeresbiologen sind nach wie vor nicht sicher, inwieweit sie sich selbst in Stellung begeben, um mit einem Wassersturm durch eine Passage zu gelangen. Vielleicht liefert ihnen eine Veränderung des Geruchs, der Temperatur oder der Trübung des Wassers den Hinweis, dass es Zeit ist, sich auf den Weg zu machen, und dass genau diese Passage, genau diese Stelle in der Wassersäule der richtige Platz für sie ist. Niemand weiß das mit Gewissheit. Doch Pietrafesa meint, »die Fische haben sich ein Verhalten angeeignet, das optimal auf die Windsysteme in dieser Region abgestimmt ist. Je genauer wir dieses Muster betrachten, umso mehr finden wir es bestätigt. Es ist wirklich erstaunlich, wie sehr die Evolution nach dem gesunden Menschenverstand geht.«

DER WIND, der Wind. Wie behutsam hinterlässt er doch seine Handschrift in der so facettenreichen Natur.

Die Brise weht immer noch leicht von Nordost, als ich mit meiner neuen Errungenschaft den Strand erreiche, einem dreieinhalb Meter langen Kajak, das mich (wenn ich Glück habe) durch die Brandung tragen wird, vorbei an den Quallen, mitten hinein in das klare, tiefe Wasser in größerer Entfernung vom Strand. Ich ziehe eine Schwimmweste über und wate mit dem Boot in die Brandung, darauf bedacht, es immer hinter mir zu halten, sodass es mit der Rückströmung nicht gegen meine Beine donnert, wie es mir bereits passiert ist. Kajakfahren in der Brandung kann ein schmerzhaftes Unterfangen sein. Ich drehe das Boot mit dem Bug exakt in die Wellen, schätze die Größe eines heranrollenden Brechers ab und springe auf den Sitz. Das Kajak kippt wild nach links, richtet sich aber just in dem Moment wieder auf, als die schäumende Welle kommt. Ich paddle nach Kräften und pflüge mich hindurch. Salzwasser läuft an meinen Armen hinab und spritzt mir in die Augen.

Als die nächste Welle kommt, bin ich weit genug draußen, um sie zu passieren, bevor sie ganz gebrochen ist. Der Bug des Bootes zeigt erst himmelwärts, stürzt dann nach unten, als der Wellenkamm überwunden ist, schlägt hart auf das Ende der Welle und wirft mich dabei nach vorne. Ich ordne meine Sinne und paddle, dabei versuche ich, mich so flink wie möglich über die brechenden Wellen zu bewegen.

Für einen Tag mit leichtem Wind scheint der Ozean ungewöhnliche Kraft zu haben. Dreieckige, jadefarbene Kämme marschieren ohne Unterlass auf mich zu, während ich nach Osten paddle. Die letzten beiden Tage war der Wind aus Südwesten gekommen, nun ist das Meer immer noch trübe. Wie weit muss ich noch paddeln, bis es endlich klar wird? Ich wollte schon immer wissen, wie weit nach Westen hinaus der Wind das Oberflächenwasser eigentlich treibt. Heute hoffe ich, die Antwort zu finden.

Das Land ist noch gut in Sicht, und mein Kajak kommt bestens mit dieser Dünung zurecht. Trotzdem macht mich die kabbelige See etwas nervös. Um mich zu entspannen, suche ich den Himmel nach Pelikanen ab. Keiner in Sicht. Letzte Woche war ich in eine ganze Gruppe Delfine und einen Schwarm tauchender Seevögel geraten, aber heute bin ich alleine. Welche Tiere sich wohl unsichtbar unter mir bewegen?

Ich paddle und denke dabei an den Wind, das Meer und das Wetter. 80 Kilometer vor der Küste bildet der Golfstrom eine Schleife nach Norden, seine Wassertemperatur steigt auf 32 bis 35 Grad Celsius an. Wissenschaftler vermuten inzwischen, dass sowohl der Nordatlantische Stromring als auch der weiter nördlich angesiedelte Subpolare Stromring zwischen zwei Temperaturzyklen abwechseln, einem wärmeren und einem kälteren, und jeder dieser Zyklen etwa 20 Jahre anhält. Die Erwärmung und Abkühlung so riesiger Wassermassen muss deutliche Auswirkungen auf die Westwinde in den oberen Luftschichten zeigen, die sozusagen den Antrieb für klimatische Veränderungen liefern. Erst vor kurzem habe ich einige Artikel über El Niño gelesen. Irgendwann im letzten Frühjahr wurden die Passatwinde über dem Pazifik in Äquatornähe plötzlich schwächer. Und nun bedrängen die warmen Wassermengen aus der Mitte des Ozeans die Westküste Perus. Dieser El Niño scheint sich ungewöhnlich früh im Jahreslauf zu entwickeln, Meteorologen befürchten, es könnte der verheerendste seit 15 Jahren werden. In den globalen Windsystemen ist bereits eine Veränderung eingetreten. Der Monsun in Indien und Asien wird vermutlich schwächer als üblich ausfallen. Im kommenden Winter werden im Südwesten Amerikas heftige Regenfälle einsetzen, während es im Nordosten ungewöhnlich warm sein wird. So lauten zumindest die Vorhersagen von Computermodellen. Doch eines ist sicher, El Niño wird sich, wie schon früher, ganz unerwartet wieder auflösen.

Das Boot gleitet durch die Wellen. Ich strecke Arme und Beine, biege den Rücken durch und atme aus, endlich stellt sich Entspannung ein. Die Blätter meines Paddels hinterlassen kleine Wirbel und ölige Falten auf der Meeresoberfläche. Rechts von mir entdecke ich einen Schatten, der sich im Wasser bewegt. Angestrengt versuche ich, mit den Augen durch den Schlick zu dringen, aber da ist er schon wieder verschwunden.

Einige hundert Meter vor mir zeichnet sich ein Streifen helleren Grüns ab, vielleicht die Grenze, an der das Wasser klar wird. Ich habe mich fast 800 Meter vom Strand entfernt. Soll ich mich noch weiter hinauswagen? Ein paar Minuten paddle ich mit vollem Einsatz, doch der Streifen scheint überhaupt nicht näher zu rücken. Ich habe das Gefühl, meine ganze Mühe könnte umsonst sein. Vielleicht hat der Wind das klare Wasser kilometerweit vom Strand weggeschoben. Ich konzentriere mich auf meine Schläge – vorne eintauchen, zurückziehen –, strenge mich an, bemühe mich um einen guten Stil, aber mit einem Auge bin ich stets in den Tiefen unter mir. Vor mir entdecke ich einen braunen Fleck im Wasser und paddle schnell darauf los. Es ist ein Schwarm Cow-Nose-Rochen, vielleicht zwanzig Stück, die sich knapp unter der Oberfläche bewegen. Sie bemerken mich und machen sich aus dem Staub, ein paar Sekunden bin ich noch neben ihnen, beobachte ihre fast quadratischen, gesprenkelten, braunen Körper, wie sie in den tiefen Schlick abtauchen. Das Wasser schließt sich über ihnen. Ein paar Minuten sitze ich ganz still und lasse das Boot in den Wellen schaukeln, bis mir der Wind eine Gänsehaut über die nassen Arme und den Nacken jagt. Ich mache kehrt und paddle nach Hause.

8.

Von Körper und Geist

WIR HABEN ENDE JUNI, und es ist abartig heiß, so heiß, dass es Übelkeit hervorruft und einen fast um den Verstand bringt. Der Juni ist für gewöhnlich einer meiner Lieblingsmonate auf den Outer Banks, nicht aber in diesem Jahr. Ein unheilvoller Wind weht aus Südwest, die Schmelzofenbrise des Hochsommers. Die Luft ist zum Auswringen feucht, der Himmel hässlich gelb. Klimaanlagen ächzen schwer an jedem Haus. Der Ozean hat die Klarheit des Sommers verloren und ist von Schlick getrübt, am Strand mühen sich eine Schar Touristen, Barrikaden gegen den fliegenden Sand zu errichten.

Ich will niemanden berühren und auch nicht berührt werden. Die Reizbarkeit unseres sonst so fröhlichen Sohnes geht mir auf die Nerven. Ich muss ganz tief in den äußersten Winkeln meines Gehirns wühlen, um annähernd so etwas wie einen Funken Hoffnung oder Freude zu finden. Sportliche Betätigung kommt überhaupt nicht in Frage, ich sehne mich danach, mich mit einem kühlen Getränk in eine Hängematte zu verkriechen.

Das ist die Jahreszeit, in der Wind mich mehr als zu allen anderen Zeiten verfolgt. Im Sommer ist die Windrichtung maßgebend für alles: die Tageslaune, ob beißende Fliegen in unserem Hof sind oder nicht, wie viel Energie in meinen Adern pulsiert. Befinden sich die Inseln vollkommen in den Fängen eines Südwestwindes wie diesem, scheint sich die drückende Hitze niemals mehr auflösen zu wollen. Aber nein, mit dem Nahen eines neuen Wettersystems, schon mit einer kurzen Drehung des Windes nach Nordost, verändert sich die ganze Gegend. Die Luft wird kühl und frisch wie an einem Gebirgsbach. Die Menschen kommen aus ihren Häusern, wo sie sich verkrochen hatten, wieder ins Freie, wie Gefangene, die zu Hause ankommen. Ich hole meine angestaubten Laufschuhe hervor und jogge eine lange Runde, voller Euphorie über den Wind in meinem Gesicht.

Überall auf der Welt gibt es Winde, die für ihre schädliche Wirkung, und solche, die für ihre heilende Kraft bekannt sind. Wind kann uns mit körperlicher Stärke und Klarheit des Geistes erfüllen, aber auch unbändige Verwirrung und unstillbaren Durst verursachen. Er kann uns an einem Tag die Sprunghaftigkeit von Katzen verleihen und am nächsten Tag dafür sorgen, dass nichts uns aus der Ruhe bringen kann. Winden wird nachgesagt, sie hätten Einfluss auf die Häufigkeit von Herzattacken und Selbstmorden innerhalb einer Gemeinschaft und auf die Verbrechensrate. Und dabei ist nur von den Winden die Rede, die alltäglich auftreten. Die Narben, die ein katastrophaler Gewittersturm, ein Orkan, ein Hurrikan oder Tornado hinterlassen, können ein Menschenleben von Grund auf verändern.

Wie wirkt sich die Bewegung der Luft auf die Physis des Menschen aus, wie auf seinen Geist? Genaue Aussagen darüber sind schwierig zu treffen. Medizinische Klimatologie ist noch eine sehr vage Wissenschaft, die eine ganze Reihe von Faktoren wie Hitze, Luftfeuchtigkeit, Sonneneinstrahlung, Verschmutzungsgrad und so weiter in ihrem Zusammenwirken betrachten muss. Daher sind die Antworten auf diese Frage beinahe so zahlreich wie die Namen, die es für Winde gibt, und so komplex wie die Systeme atmosphärischer Strömungen.

UM DAS JAHR 400 vor Christus beschrieb Hippokrates in seiner *Abhandlung von der Luft, den Wässern und den Gegenden* die Auswirkungen bestimmter Wetter- und Windverhältnisse auf den Körper: »Wer die Arzneykunst gründlich erlernen will, der muss zuerst die Wirkungen beobachten, die eine jede Jahreszeit herzubringen vermag... Sodann muss er die Natur der warmen und kalten, über den ganzen Erdboden wehenden, und der einem jeden Lande eigenthümlichen Winde untersuchen.« An anderer Stelle macht Hippokrates den Südwind für Kopfschmerzen, Abgeschlagenheit und Schwächung des Hör- und Sehvermögens verantwortlich, den Nordwind dagegen für Husten, Halsentzündungen, Verstopfung und noch einiges mehr.

In den darauf folgenden Jahrhunderten schrieben noch viele andere Autoren, von Aristoteles über die heilige Hildegard bis zu Voltaire, über die gesundheitsfördernden und gesundheitsschädigenden Eigenschaften verschiedener Winde. Lokale Winde und Stürme wurden unter volkstümlichen Namen bekannt, die ihre Macht über die Menschen innerhalb ihrer Einflusssphären zum Ausdruck brachten. Da gab es die Bora an der dalmatinischen Küste, die an den schneidenden Nordwind erinnerte, dem die alten Griechen den Namen Boreas verliehen hatten. Den Harmattan oder »Doktor«, einen nordöstlichen Passatwind aus der Sahara, berühmt für seinen heißen Atem und die schweren Staubladungen, der für die Kolonisatoren an der Küste Guineas eine willkommene Abwechslung zum feuchten Seewind darstellte. Den *Traubenkocher* in der Schweiz, der die Ernte reifen ließ. Der den Algonkin-Indianern im Osten Nordamerikas wohl bekannte *Shawondasee* oder »faule Wind« aus dem Süden. Den Samiel in der Türkei und den Samum in Nordafrika, beide Namen abgeleitet von Wörtern, die Gift bedeuten. Den furchtbaren Kamsin in Ägypten, dessen Bezeichnung vom arabischen Wort für fünfzig abgeleitet ist, weil er ungefähr so viele Tage lang weht. Den »übellaunigen« *Meltemi*, einen Nordostwind in der Ägäis. Den wirbelnden *Yamo* oder »Wind im Körper« in Uganda. Den Mistral oder »meisterlichen« Fallwind im Rhônetal. Den gewalttätigen, zerzausenden *Mezzar-Ifoullou-sen*, einen Südostwind in Marokko, der in der Sprache der Berber »Entenrupfer« heißt. Lyall Watson zählt in seinem Buch *Heaven's Breath* über 400 Namen für Winde um den ganzen Globus auf, von denen viele entweder lobende oder abwertende Bedeutung besitzen.

Mediziner wissen, dass der menschliche Körper von einer dünnen Luftschicht umhüllt ist, die zur Isolierung dient, aber von Wind durchdrungen werden kann. Bei Windstille variiert die Dicke dieser Schicht zwischen vier und sechs Millimetern, doch schon bei einer leichten Brise wird sie sehr schnell dünner. Wind wirkt auf zweierlei Arten auf den Menschen, zum einen verändert er den Wärmeaustausch zwischen dem Körper und der ihn umgebenden Luft, zum anderen erhöht er die Verdunstung über die freiliegende Haut und wirkt dadurch kühlend. Auf Grund unseres komplizierten Systems zur Regelung der Körpertemperatur erscheinen uns kühle, trockene Winde unangenehmer als solche, die kühl und feucht sind, und feucht-schwüle Winde, wie die Südwestwinde auf den Outer Banks, verursachen mehr körperliche Beschwerden als heiße, trockene Wüstenwinde.

Der Antarktisforscher Paul Siple regte 1939 als Erster die Einführung eines Index an, in dem Außentemperatur und Windgeschwindigkeit zu einer neuen Temperaturmesseinheit kombiniert werden, dem Wind-Chill. Siple und ein Kollege stellten 1945 eine Formel zur Berechnung des Wind-Chill vor, doch erst ab Mitte der 70er-Jahre wurde sie vom nationalen Wetterdienst regelmäßig angewendet. Inzwischen hatte Robert Steadman vom Texas Technological College in Lubbock einen weiteren, genaueren Wärmeverlustindex entwickelt, der neben dem Wind auch die Intensität des Sonnenlichts, die getragene Kleidung und die Art der Tätigkeit, der eine Person gerade nachkommt, berücksichtigt. Der Steadman-Index ist gemäßigter als der von Siple: an einem sonnigen Tag mit einer Temperatur von minus 6,6 Grad Celsius und einer Windgeschwindigkeit von 32 Stundenkilometern ergibt sich nach dem Steadman-Index eine absolute Temperatur von etwa minus 15 Grad Celsius, beim Wind-Chill-Index nach Siple hingegen von nahezu minus 24 Grad. Allerdings hat sich – vor allem auf Grund des einfachen Modells und des eingängigen Namens – in der Öffentlichkeit nach wie vor der Siple-Index an erster Stelle behauptet.

Da die Windgeschwindigkeit mit zunehmender Höhe steigt, nehmen sie nicht alle Körperteile gleich stark wahr. Ein und derselbe Wind macht sich auf der exponierteren Gesichtshaut etwa doppelt so intensiv bemerkbar wie an den Knien. Darüber hinaus verstärkt sich der Winddruck exponentiell zur Geschwindigkeit. Schwillt eine Brise mit 16 Stundenkilometern auf 32 Stundenkilometer an, übt sie nicht doppelt so viel Druck auf den Körper (oder einen beliebigen anderen Angriffspunkt) aus, sondern viermal so viel.

Wie ein Mensch auf Wind reagiert, hängt unter anderem von seiner Konstitution ab. Luft, die sich bewegt, massiert die Blutgefäße in der Haut, und dies empfindet jede Person anders. Für die meisten stimuliert leichter Wind die Haut, während starker, böiger Wind sie unangenehm bedrängt. Wind unter 11 Stundenkilometer wird vom Menschen kaum wahrgenommen, über 24 Stundenkilometer wirkt er störend. Der Körper besitzt die Fähigkeit, eine gewisse Toleranz für Wind zu entwickeln, ja sogar Geschmack daran zu finden, ähnlich wie er sich im Lauf der Zeit mehr Ausdauer für sportliche Betätigung aneignet. Doch Lust am Wind setzt eine Zähigkeit voraus, die bei Menschen, die den Großteil ihres Lebens in geschlossenen Räumen verbringen, selten anzutreffen ist. Als ich auf die Outer Banks zog, verstärkte der permanente Wind zunächst mein Gefühl der Einsamkeit und Verletzbarkeit. Und noch heute betrachte ich, wenn ich krank oder nieder- geschlagen bin, den Wind als Feind. An guten Tagen, so stelle ich jedoch fest, sehne ich mich wie ein Seemann danach. Wenn ich ins Landesinnere fahre, in Gegenden mit weniger Wind, empfinde ich Atemnot und fühle mich wie im Halb- schlaf.

Ältere Menschen leiden oft unter dem Wind. In seinem Buch *Weathering* schildert Steven Rosen seine nachmittäg- liche Begegnung mit einer älteren Frau, die sich bei heftigem Winterwind an einem Baum festklammerte. »Ich fragte: ›Kann ich Ihnen helfen? Ist irgendetwas nicht in Ordnung?‹ Sie antwortete: ›Ja, ich habe Angst. Der Wind und die Kälte. Ich habe ein Herzleiden und bekomme bei kaltem Wind keine Luft.‹ Ich fasste sie unter ihren Armen, und sie drückte sich wie ein ertrinkender Schwimmer an mich.« Die Frau fürchtete sich mit gutem Grund. Eine in den gesamten Vereinigten Staa- ten durchgeführte Erhebung über klimabezogene Sterbefälle ergab, dass ältere Menschen von heftigen Witterungsphäno- menen, darunter auch Wind, stärker mitgenommen werden als jede andere Altersgruppe.

Schüler hingegen scheinen auf böige Winde mit sehr aufge- wühltem Spielverhalten zu reagieren. »Wind macht meine Kinder immer unruhig«, erzählt eine Frau, die ich vor kurzem kennen lernte, eine erfahrene Lehrerin. »Man weiß genau, wenn es böig ist, wird es schwieriger, auf dem Spielplatz alles unter Kontrolle zu halten. Bis es zu heftig bläst. Dann werden die Kinder unruhig und wollen hineingehen.« Wind macht die Kinder vermutlich auch im Klassenzimmer nervös. Eine Stu- die über Verhaltensweisen bei Vorschulkindern aus dem Jahr 1990 wies nach, dass Kinder bei unstabilem Wetter und star- ken Winden die Nähe von Erwachsenen oder Klassenkamera- den suchen und nicht gerne alleine spielen oder an ihren Tischen arbeiten. Joan Didion schreibt, dass manche Lehrer während des heißen kalifornischen Windes, der unter dem Namen Santa Ana bekannt ist, nicht einmal mehr den Versuch unternehmen, Unterricht abzuhalten, weil die Schüler einfach nicht zu bändigen sind.

Die körperlichen Reaktionen auf Wind von den emotionalen zu trennen ist schwierig, weil unser körperliches Befinden so sehr mit unserem mentalen Gleichgewicht zusammenhängt. Nach einem Sommertag am Strand bei leichter Meeresbrise fühlen sich die meisten Menschen wie neugeboren, die schöne Umgebung, die Sonnenwärme, das Wasser auf der Haut und das rhythmische Rauschen der Wellen, das alles trägt zu diesem Gefühl bei. Jeder dieser Faktoren wirkt beruhigend auf die Psyche, besitzt aber auch medizinische Wirkung. Die vom Wind aufgewirbelten, feuchten und reinen Aerosole öffnen die Bronchien und wirken bei Menschen mit Atemwegsproblemen therapeutisch. Und nicht nur diesen, sondern uns allen erleichtern sie das Atmen. In einer Studie über den Zusammenhang von Wetter und Todesfällen, die für jede einzelne Region in den Vereinigten Staaten angefertigt wurde, merken Laurence Kalkstein von der University of Delaware und Robert Davis von der University of Virginia an, dass Wissenschaftler weitgehend uneins darüber sind, in welcher Weise sich Wetter auf die menschliche Gesundheit auswirkt. Eine einzelne Wettersituation für Forschungszwecke herauszufiltern ist ausgesprochen schwierig. Doch bei der Analyse von Statistiken für 48 Städte fanden Kalkstein und Davis heraus, dass tendenziell mehr Menschen sterben, wenn im Frühsommer ungewöhnliche Hitze herrschte und wenn sich im Frühwinter ungewöhnliche Kälte einstellte. Hatten sich die Menschen erst einmal in der Jahreszeit akklimatisiert, waren sie widerstandsfähiger. Von größerer Bedeutung schien es zu sein, wie lange das ungünstige Wetter anhielt, weniger wichtig, wie extrem die Temperaturen waren. Hielt ein Hitze- oder Kälteeinbruch mehrere Tage lang an, forderte er in der

Regel mehr Menschenleben als kürzere und intensivere Perioden mit vergleichbarem Wetter. Das deckt sich mit dem, was Psychologen über die Belastung bei Stürmen herausgefunden haben: je länger der Wind heult, umso größer die seelische Pein.

Kalkstein und Davis stellten fest, dass im Sommer die Sterberate bei leichtem Wind am höchsten war. Wenn extreme Hitze von starken Winden begleitet wurde, starben weniger Menschen. Das widersprach einer früheren Studie von Robert Steadman, derzufolge starke Winde die psychische Belastung, die aus der Hitze resultierte, noch zu verstärken schienen. Man kann sich nur schwer vorstellen, dass irgendeine Wettersituation belastender sein kann als die erdrückende Feuchtigkeit und die sengend heiße Luft eines Südwestwindes im Hochsommer auf den Outer Banks. Die entnervende Präsenz des Windes ist wie ein Ausschlag, der nicht zu jucken aufhören will – er lässt einem keinen Moment Ruhe. Aber urbane Zentren wie jene, in denen Kalkstein und Davis ihre Daten erhoben, sind wie ein Backofen, ihre gepflasterten Flächen, das wenige Grün und die starke Luftverschmutzung können die Außentemperatur um bis zu fünf Grad anheben. Ich wünsche mir nicht, bei einem Hitzeeinbruch ohne jeglichen Wind im Zentrum einer Großstadt ausharren zu müssen.

Eine polnische Studie aus dem Jahr 1961 kam zu dem Ergebnis, dass Winde von 14 bis 30 Stundenkilometern zu einem Ansteigen des Blutdrucks und häufigerem Auftreten von Herzanfällen und Schlaganfällen führen. Chronische Schmerzen können sich an windigen Tagen ebenfalls verschlimmern, eine genaue medizinische Erklärung gibt es dafür nicht. Vielleicht leiden manche Menschen einfach stärker unter Wind. Einer Studie zufolge, die in der Gegend von Chicago unter Arthritispatienten durchgeführt wurde, hatten die Betroffenen an windigen Tagen größere Schmerzen, das galt auch für jene, die selbst nicht der Meinung waren, das Wetter könne sich spürbar auf ihre Erkrankung auswirken. In Stadtgebieten sind Winde meist ungewöhnlich turbulent, weil sie sich zwischen vielen Gebäuden hindurchbewegen müssen. Die Forscher vermuteten, dass die vermehrte Böigkeit für die Patienten schwerer zu ertragen sei als gleichmäßigere Winde in freier Landschaft. In der gleichen Studie wurde auch berichtet, dass im ländlichen North Dakota Arthritispatienten an windigen Tagen keine größeren Schmerzen erdulden mussten. Entweder waren sie es eher gewohnt, sich draußen im Wind zu bewegen, oder die Strömungen waren dort tatsächlich nicht so belastend.

Viele Ärzte vermuten, dass Asthmaanfälle bei bestimmten Wetterverhältnissen häufiger auftreten, etwa bei hoher Luftfeuchtigkeit und leichtem Wind, doch die wissenschaftlichen Forschungsergebnisse widersprechen dem. Unter bestimmten Verhältnissen kann Wind aber ganz klar zur Entstehung von Atembeschwerden beitragen. In Barcelona zeigte eine Untersuchung auf, dass an einzelnen Tagen mit Ostwinden die Krankenhauseinweisungen auf Grund von Asthma dramatisch anstiegen. Forscher brachten diese Anfälle mit den ankommenden Schleppkähnen in Zusammenhang, die Sojabohnen geladen hatten. Anlandige Winde nahmen größere Mengen an Staub und Sporen der Sojabohnen auf und fegten sie in die Stadt. Im Central Valley in Kalifornien sprechen die Einwohner von einer Beeinträchtigung der Atemwege, die dort als Valleyfieber bezeichnet wird und im Spätfrühjahr und Sommer auftritt, wenn die Felder mit Eggen bearbeitet werden und dabei große Staubmengen in den Wind gelangen.

Die meisten Untersuchungen über das Wetter beschäftigen sich mit dem Einfluss von Winden, die mit großer Gewalt über das Land wälzen. Leichte Brisen sind auf Grund ihrer kühlenden, reinigenden und heilenden Eigenschaften allseits beliebt. Als ich in einer Bücherei vom Lesen medizinischer Studien über das Wetter allmählich müde werde, lege ich eine

Pause ein und blättere ein beliebtes Frauenmagazin durch. In der Mitte der Seite mit der Inhaltsübersicht springt mir eine Überschrift ins Auge: »Wie man es schafft, sich um 10 Uhr vormittags sexy zu fühlen«. Ein guter Rat kann nicht schaden, dachte ich, und schlug den Artikel auf. »Sorgen Sie für einen Lufthauch in ihrem Schlafzimmer«, hieß es da. Und warum nicht? Bewegung der Luft weckt unser Körperbewusstsein. Sie kühlt die Haut und fördert neben ihrer Durchblutung auch das sexuelle Verlangen. Als ich an diesem Abend nach Hause kam, achtete ich ganz bewusst darauf, den Deckenventilator in unserem Zimmer anzustellen.

MIR SCHEINT, als würde Wind seinen Einfluss nicht so sehr im Bereich des Körperlichen, sondern eher in der Psyche geltend machen.

In den ausgehenden 80er-Jahren behandelte ein Psychologenteam in Edmonton, Alberta, ein zehnjähriges Mädchen, das unter einer schlimmen Windphobie litt. Schon ein Windsturm im Fernsehen löste in dem Kind Ängste aus. »Ein Tornado war durch die Gegend gezogen«, erzählt Don Massey, einer der Psychologen aus dem Team, »und sie wurde ziemlich traumatisiert, obwohl der Sturm überhaupt nicht in die Nähe ihres Hauses gekommen war. Die kleinste Windböe versetzte sie in Sorge. Vielleicht hatte sie schon vorher unter irgendwelchen Angstzuständen gelitten, doch nun lag eine ausgewachsene Phobie vor.«

Die Psychologen begannen die Behandlung der Patientin mit Hypnose und Gesprächen. Als Teil der Therapie sollte das Mädchen sich selbst im Freien zeichnen. Anfangs, sagt Massey, waren alle Bäume, die sie zeichnete, tot. »Das waren die typischen Zeichnungen einer traumatisierten Person. Als es ihr etwas besser ging, zeichnete sie Bäume, die sich im Wind bogen oder deren Blätter zur Hälfte weggeweht waren.« Schließlich kamen die Mitglieder des Teams zu dem Schluss,

dass die Ängste des Mädchens nicht von dem Tornado ausgelöst wurden, sondern von der Trennung ihrer Eltern und
schulischen Problemen. Ihre Phobie war nach einigen Monaten der Therapie verschwunden.

Seither ist Massey auf eine ganze Reihe von Fällen gesto-
ßen, in denen Windphobie eine Rolle spielte. Ich befragte ihn
zu einem Fall in den Niederlanden, von dem ich gelesen hatte.
Eine Frau bekam beim Besuch des Grabes ihrer vor kurzem
verstorbenen Mutter plötzlich Angst vor dem Wind. Nach und
nach entwickelte sich der Wind für die Frau zum permanenten Hinweis auf ihren Verlust. »Ich kenne diesen Fall nicht«,
sagte Massey, »aber er ist logisch. Es bedarf eines persönlichen
Traumas, das als Katalysator für die Windphobie wirkt. Wind
ist ein mächtiger Stimulator. Deshalb wird er auch in Horror-
filmen so wirkungsvoll eingesetzt. Er löst eine Menge Erinnerungen aus, vor allem aus der Kindheit.«

Angst vor Naturerscheinungen, darunter auch dem Wind,
prägte das Leben vieler europäischer Siedler, die im 18. und
19. Jahrhundert auf der Suche nach den noch unbewohnten
Gebieten der Erde ausschwärmten. Von den russischen Step-
pen bis zur Bergwelt Patagoniens beschreiben die Aufzeichnungen der Siedlungsgründer die seelischen Leiden, die ihnen
die Stürme in unbekannten Gegenden auferlegten. In den
Ebenen Nordamerikas schienen in Zeiten starker Winde vor
allem die Frauen besonders zu leiden. In ihrem Buch *Pioneer
Woman* porträtiert Joanna Stratton den Wind als einen der ge-
waltigsten Gegner, mit dem es die Siedler in Kansas aufzunehmen hatten. Während einer 18-monatigen Dürreperiode
in den Jahren 1859 und 1860, schreibt Stratton, vernichteten
sengende Südwinde nicht nur die Ernten sondern auch das
starre Präriegras. In den Werken vieler Präriedichter finden
sich Beschreibungen des Windes. »O, wind, you are hellish
hot; death is the song you / sing«, schrieb C. L. Edson 1914
in einem Gedicht mit dem Titel »The Prairie Pioneers«. Aber

während die Südwinde Haut und Kehlen der Siedler ausdörrten und ihre Nerven bloßlegten, waren sie noch unvergleichlich freundlicher als die Nordwinde im Winter, wenn man mit einem Gang ins Freie sein Leben aufs Spiel setzte.

1925 veröffentlichte die Schriftstellerin Dorothy Scarborough einen Roman mit dem Titel *The Wind*, dessen Handlung Ende des 18. Jahrhunderts spielt. (Später wurde nach der Erzählung ein Stummfilm mit Lillian Gish in der Hauptrolle gedreht, der im Gegensatz zum Buch einen glücklichen Ausgang nahm.) Die Geschichte erzählt von einer behüteten jungen Frau, die in die trostlosen Ebenen im texanischen Westen zieht und dort von bedrückenden Nordwinden und Stürmen aus dem Süden in den Wahnsinn getrieben wird. »Der Wind war an allem schuld«, beginnt das Buch. »Auch der Sand spielte eine Rolle, und Menschen waren beteiligt, doch der Wind war die stärkste Macht, und die Ereignisse hätten ohne ihn nicht ihren Lauf genommen.«

Die Hauptfigur, die 18-jährige Letty Mason, trifft auf dem Höhepunkt einer Dürreperiode in Texas ein. Sie ist in Virginia aufgewachsen, durch den Tod ihrer Mutter verarmt und sucht nun Zuflucht auf der Ranch eines Cousins.

Im Zug nach Westen warnt ein gut aussehender Unbekannter Letty vor der Gewalt des Windes. »Ziemlich oft ruiniert er das Aussehen und die Nerven einer Frau«, sagt der Fremde. »Er trocknet ihre Haut aus, bis sie braun und zäh wie Leder ist. Er zieht ihr fast die Augen heraus durch all den Sand, den er ihnen den ganzen Tag hineintreibt. Sein unablässiges Blasen geht ihr auf die Nerven, macht sie sprunghaft und reizbar.«

Letty tut die Warnungen des Unbekannten mit einer unbeschwerten Handbewegung ab. Wie schrecklich kann so ein kleiner Wind schon sein? Doch kaum ist sie im Haus des Cousins angekommen, beginnt der Wind, sie mit seinen permanenten Geräuschen, mit seinem unentrinnbaren Atem allmählich zu zermürben. Sie stellt ihn sich als wilden, schwarzen Hengst vor, »mit eng anliegender Mähne, Hufen aus Feuer, über die ungespurten Ebenen jagend, unsterblich, störrisch«.

Nach ein paar Monaten wird Letty von der eifersüchtigen Frau des Cousins aus dem Haus getrieben und in eine lieblose Ehe gezwungen. Der Wind wird immer mehr zu einem Dämon, der darauf aus ist, sie zu ruinieren. Während der kurzen, windstillen Phasen ist Letty davon überzeugt, dass er nur versucht, sie aus dem Haus zu locken, um sie zu erfassen und wegzufegen. »Der Himmel war ein Ort, an dem es keinen Wind und keinen Sand gab. Die Hölle war da, wo es sonst nichts gab!« Ihre jugendliche Schönheit ist nach neun kurzen Monaten dahingeschwunden. Als die Dürre noch schlimmer wird und die kleine Viehherde ihres Mannes verendet, will sie, dass er sich Geld leiht, um ihr die Rückkehr nach Virginia zu ermöglichen. Wütend reitet der Mann weg und lässt Letty mit einem aufziehenden Nordsturm allein.

Bei Einbruch der Dunkelheit kommt es Letty vor, als würde der Wind durch die Fenster spähen, ihr schöne Augen machen und sie verspotten. Er rüttelt den dürftigen Schuppen, in dem sie lebt, und fegt Sand durch die Ritzen in den Wänden. Sie ist völlig verängstigt, als schließlich jemand kommt, um sie zu retten. Es ist nicht ihr Mann sondern der Unbekannte aus dem Zug.

Nicht mehr im Besitz ihrer Sinne, lässt sich Letty von dem Unbekannten verführen. Als er sie am folgenden Morgen zwingen will, mit ihm wegzugehen, bringt sie ihn um. Sie vergräbt den Toten unter einem Sandwall und glaubt, niemand würde jemals von ihrem Verbrechen erfahren. Doch der hinterhältige Wind verrät sie. Er zieht erneut auf, dieses Mal von Süden, und bläst allen Sand vom Körper weg. Letty blickt aus dem Fenster, sieht den Toten und ergibt sich ihrem Schicksal. Das Buch endet mit den Worten:

»Mit einem Lachen, das in einem Schrei erstickte, rannte die Frau zur Tür, riss sie auf und stürmte ins Freie. Sie floh über die Prärie wie ein Blatt im Sturm, getragen von der Macht des Windes, der sie am Ende doch noch bekam.«

AN MANCHEN TAGEN im Spätherbst und Winter, wenn sich eine Kaltfront über die Rocky Mountains schiebt und der polare Jetstream in die niederen Breiten ausschlägt, erklimmt ein Schwall kalter Luft Berggipfel und fällt abrupt talwärts. Auf dem Weg nach unten wird er durch die Schwerkraft beschleunigt, dadurch entsteht ein Niagarafall aus Luft, eine Höllenfahrt. Wenn er den Gebirgsfuß erreicht, rotiert der Luftstrom bereits mit solcher Geschwindigkeit, dass er Äste von den Bäumen bricht, Zäune losreißt und Gebäude in Vibrationen versetzt. Austrocknend und nervenaufreibend ist dieser Fallwind, und er entlieh den Namen seinem milderen Verwandten im Norden: Chinook, der den Schnee isst.

John Calderazzo und SueEllen Campbell leben am Fuß der Rockies, nordwestlich von Fort Collins, in Colorado. Im Frühling sind die ansteigenden Hügel im Westen ihres Hauses von trockenem Gras überzogen, das wie der Pelz eines großen, wilden Tieres flach am Boden liegt. Alles ist hangabwärts gerichtet, als wäre es von monatelangem Wind so hingebürstet worden.

Im Schlafzimmer von Calderazzo und Campbell befindet sich ein Eckfenster, das nach Südwesten zeigt, davor haben sie das Kopfende ihres Bettes geschoben. Draußen ist eine Blaufichte als Wächter postiert. In den meisten Nächten ist das ein schöner Platz zum Schlafen. Doch wenn ein starker Fallwind einsetzt, der unablässig mit 80, 100, sogar 130 Stundenkilometern bläst, leidet Calderazzo unter Schlaflosigkeit. Das Blut schießt ihm durch den Kopf, seine Gedanken drehen sich die ganze Nacht. Er hört zu, wie die Äste der Fichte gegen das Fenster kratzen. Der Vorbesitzer des Hauses hatte sie dort gepflanzt, nachdem der Wind einen Klapptisch durch das Glas geschleudert hatte. »Egal, unter wie vielen Kissen ich mich verkrieche, ich höre unsere großen Pappeln ächzen und knacken, höre ihre Zweige wie Derwische durch die Luft fegen«, schreibt er. »Ich versuche verzweifelt, zu schlafen und SueEllen nicht zu wecken.«

Früher verstand man unter Chinooks die warmen, relativ leichten Winde in den Northern Plains, die mit etwa 40 Stundenkilometern über die sanften Hügel Montanas wehen. In den letzten Jahrzehnten wurde der Name allerdings zum populären Synonym für die teuflischen Stürme in Colorado und Wyoming, die das Sprunghafte im Charakter eines Menschen hervorlocken. Das ist die Art von Winden, bei denen die jungen Männer in den Collegestädten der Bergregionen sich verpflichtet fühlen, ihre Freundinnen nachts nach Hause zu begleiten, weil, so wurde es mir geschildert, »jeder weiß, dass bei einem Chinook die Vergewaltigungen zunehmen.« Das sind die Winde der Gewalttaten, der Herzattacken, der Selbstmorde. Es sind die Winde, bei denen Menschen durchdrehen. In Wyoming ließ ein Gesetz, das Mitte des 19. Jahrhunderts formuliert wurde, Unzurechnungsfähigkeit, die durch Wind ausgelöst wurde, als mildernden Umstand bei Mord zu. »Man hört einen Chinook schon lange kommen, bevor er wirklich eintrifft«, erzählte mir eine Frau, »und man weiß, es gibt Probleme. Sie kommen immer mitten in der Nacht. Sie brüllen los und lassen wieder nach, brüllen los und lassen nach, und so geht das tagelang.«

»Nach zwei Tagen hatten wir den Eindruck, dass dieser fürchterliche Wind kein meteorologisches Phänomen sondern ein persönlicher Affront war, der gegen einen selbst, nur gegen einen selbst gerichtet war,« schreibt García Márquez in seiner Erzählung »Tramontana«. »Am Dienstag verwöhnte er [der Hausmeister] uns mit dem Meisterstück aus katalanischen Gärten, das er in seiner Kochdose zubereitet hatte:

Kaninchen mit Schnecken... Es war ein Fest inmitten des Schreckens.«

Bei dem Wind, von dem García Márquez schreibt, handelt es sich um einen Fallwind im Mittelmeerraum, einen Landwind aus Afrika, aber im Gegensatz zum Chinook kalt. Bevor die Episode endet, begeht der Hausmeister Selbstmord.

Chinook, Föhn, Santa Ana, *Koembang*, Zonda. Diese und ein Dutzend weiterer Fallwinde sind wie giftige Brüder, in der Regel heiß, immer trocken und nervenaufreibend. Sie haben den gleichen Ursprung, heulen an trockenen Berghängen hinab, um Siedlungen an deren Fuß zu bedrängen und die Bewohner mit Schlaflosigkeit, Unbehagen und manchmal Wut zu quälen. Wer in Gegenden mit solchen, dem Föhn (ein berühmter Wind in den Alpen) ähnlichen Winden zu Besuch ist, empfindet sie oft als angenehm. Viele der lange dort Ansässigen haben dagegen das Gefühl, von einer dunklen Wolke umhüllt zu werden. Die giftigen Winde, wie der Schirokko im Mittelmeer, der Brickfielder in Australien, der *Xlokk* in Malta, der Samun in Nordafrika und der Kamsin in Ägypten und Israel, ziehen einem die ganze Energie aus den Knochen. Und sie haben etwas Unwirkliches an sich, als ob nichts von dem, was man tut, eine Bedeutung hätte.

Vor einigen Jahren war ich im Januar zufällig in den Bergen in der Nähe von Los Angeles, als ein Santa Ana anhob. Ein paar Tage lang verspürte ich ein unangenehmes Dröhnen in meinem Brustkorb. Ich hielt mich in einem abgeriegelten Kondorreservat auf, in einer Landschaft, die nicht wilder war als alles andere im Südwesten, und doch hatte ich ständig das Gefühl, hinter mich sehen zu müssen, wie auf der Hut vor einem Schießwütigen oder einem Dieb. Mehrmals setzte ich mich in einen geschützten Winkel, um Luft zu holen und den Anblick der Wüstenhänge aufzusaugen. Aber trotz ihrer dürren, kargen Schönheit, trotz der Abgeschiedenheit des Reservats konnte ich mich nicht entspannen. An dem Morgen, an dem sich der Santa Ana legte, fühlte ich mich klar im Kopf. Die Luft war süß und hallte vor Frische. Aber mein Körper schmerzte, als hätte ich einen Verkehrsunfall gehabt. Als hätte mir der Ganove, vor dem ich in Sorge war, tatsächlich übel mitgespielt.

»In Los Angeles liegt heute Nachmittag etwas Beklemmendes in der Luft, eine unnatürliche Ruhe, eine Spannung«, schreibt Joan Didion in ihrem Essay »Notizen aus Los Angeles«. »Das bedeutet, dass heute Abend der Santa Ana wehen wird, ein heißer Wind aus dem Nordosten, der durch den Cajon- und den San-Gorgonio-Pass heult, entlang der Route 66 Sandstürme aufwirbelt, die Berge und die Nerven bis zum Flammpunkt ausdörrt.« Und später heißt es: »Es ist drei Uhr an einem Samstagnachmittag, es sind 40° C, und die Luft ist vom Smog so dick, dass die staubigen Palmen ganz unvermittelt und mit einer ziemlich reizvollen Unergründlichkeit aufragen.« Nicht ganz klar im Kopf, trägt Didion nur einen alten Bikini, als sie zu einem nahe gelegenen Lebensmittelgeschäft fährt. Dort »rammt eine kräftige Frau in einem Baumwollwickelkleid an der Fleischtheke meinen Wagen mit dem ihren. ›Zieht man sich auch so zum Einkaufen an‹, sagt sie mit lauter, aber unterdrückter Stimme ... Sie folgt mir durch den gesamten Supermarkt, zur Babynahrung, zu den Milchprodukten, zu den mexikanischen Delikatessen, blockiert meinen Wagen, wo sie nur kann«.

In Nächten, in denen der Santa Ana bläst, schrieb Raymond Chandler einmal, »endet jedes Besäufnis mit einer Schlägerei. Fügsame Ehefrauen prüfen die Schärfe des Tranchiermessers und mustern den Hals ihres Mannes«.

Mitte der 90er-Jahre begann ein israelischer Pharmakologe namens Felix Sulman, den Urin vom Menschen zu untersuchen, die in besonderem Maße vom *Sharav*, auch einem Fallwind, beeinträchtigt waren. Sulman fand nach und nach heraus, dass Menschen, die vor und während des *Sharav* unter

Migräne, Nervosität, Schlaflosigkeit und Übelkeit litten, die zehnfache Menge des bei Stress ausgeschütteten Hormons Serotonin produzierten. (Serotonin wird zwar allgemein mit einem Wohlgefühl in Verbindung gebracht, doch kann zu viel davon zu Verhaltensveränderungen führen. Jüngste Studien kommen zu dem Ergebnis, dass große Mengen an Serotonin bei Menschen extrem aggressive und gewalttätige Handlungen auslösen können.) Die Patienten einer zweiten Gruppe waren von Müdigkeit, Apathie, Depressionen und Bluthochdruck geplagt. Bei ihnen allen zeigte sich ein Rückgang in der Ausschüttung von Adrenalin und Noradrenalin. Bei einer dritten, kleineren Gruppe trat eine Mischung beider Symptome auf. Sulman empfahl allen Patienten, bei Fallwind mehr Flüssigkeit, Kalium und Salz zu sich zu nehmen, um den Verlust an Flüssigkeit und Mineralien auszugleichen. Für jede einzelne Gruppe entwickelte er eine eigene Therapie aus einer Kombination von Medikamenten, darunter einige Vorläufer der modernen Antidepressiva, die die Serotoninproduktion steuern. Außerdem empfahl Sulman eine Zusatzbehandlung, die auf Untersuchungen von fragwürdigem Wert basierte. Er riet den unter dem *Sharav* leidenden Personen zur Anschaffung eines Ionisators, der, so behauptete er, eine eigenartige Unausgewogenheit der Atmosphäre ausgleichen würde, die mit dem unheilvollen Wind einherzugehen schien.

Die Atmosphäre enthält immer eine gewisse Anzahl geladener Partikel oder Ionen, die sich von stabilen Atomen abgespaltet haben. An Orten, die allgemein als gesundheitsfördernd und ruhespendend empfunden werden, wie Mineralquellen, die Meeresküste, der Fuß eines Wasserfalls, finden sich ausgesprochen viele negative Ionen. Diese lagern sich an Staub- und Schadstoffpartikel an und wirken dadurch als natürliche Luftfilter. In ruhiger, schwerer Atmosphäre und in Räumen, in denen es auf Grund der Anwesenheit vieler Menschen stickig ist, sind meist die positiven Ionen in der Überzahl. In den 50er- und 60er-Jahren lieferten einige oberflächliche Studien Hinweise darauf, dass negative Ionen in der Atmosphäre den Blutdruck senken, die Heilung von Brandwunden beschleunigen und Menschen mit Atembeschwerden Erleichterung verschaffen können. Positive Ionen würden die Hauttemperatur ansteigen lassen und die Atmung erschweren.

Sulmans Vorstoß, ungesunde Winde mit positiven Ionen in Verbindung zu bringen, wäre vielleicht besser aufgenommen worden, wenn er mehr Sorgfalt auf die Fakten verwandt hätte. Er beharrte darauf, dass die Luft vor und während eines *Sharav* voller positiver Ionen sei, eine Behauptung, die nicht durch angemessene Forschung untermauert werden konnte. Darüber hinaus behauptete Sulman auch noch ohne entsprechende Tests an den Patienten, der *Sharav* und der Föhn in den Alpen würden bei Personen, die sie als unangenehm empfinden, identische Symptome hervorrufen. Sharav und Föhn kommen aber durch ganz unterschiedliche meteorologische Voraussetzungen zu Stande und in unterschiedlichen Klimazonen. Dadurch geriet Sulmans Arbeit in Misskredit.

Ionisation als Allheilmittel für die unterschiedlichsten Leiden kam seither aus der Mode. So weit ich weiß, wurden über die merkwürdigen, elektrischen Ladungen, die mit gesundheitsschädlichen Winden verbunden sein können, bisher keine verbindlichen Untersuchungen durchgeführt. Sollte es für den Wahnsinn, der von den hämmernden Luftströmen hervorgerufen wird, eine physikalische Ursache geben, so bleibt sie in den komplizierten Windungen des menschlichen Gehirns verborgen.

GESTALT UND INTENSITÄT eines »giftigen« Windes hängen von dem Gelände ab, über das er hinweg zieht. In Montana, wo die Rockies über die Hälfte des Staatsgebietes in gemäßigtem Gefälle auslaufen, begeben sich die Fallwinde über hun-

266

derte von Kilometern hinweg ganz allmählich nach unten und rollen gemächlich aus. Doch in Colorado, wo die Berge abrupt in den Plains enden, stürzen die Stürme wie auf einer steilen Rutsche zu Boden, die ihre Kräfte innerhalb weniger dutzend Kilometer bündelt.

Westlich von Boulder steigt Luft bis zur kontinentalen Wasserscheide hoch und schlittert dann nach unten, wo sie auf die als »Flatirons« bekannten, vorspringenden Gipfel prallt und von dort erneut nach oben katapuliert wird. Bei starken Fallwinden kann sich über den Flatirons eine stehende Luftwelle bilden, ähnlich wie der Brecher, der bei starker Strömung über eine Sandbank im Meer schäumt oder die Kräuselungen, die entstehen, wenn in einem reißenden Fluss ein Buckel aufragt.

Als der Meteorologe John Weaver 1980 nach Fort Collins zog, um eine Stelle am Cooperative Institute for Research in the Atmosphere anzutreten, das zur Colorado State University gehört, wusste man noch wenig über die Faktoren, die in ihrem Zusammenwirken die starken Fallwinde in den meisten Gebieten der Vereinigten Staaten entstehen lassen. Meteorologen hatten bereits die Windsysteme in der unbeständigen Region um Boulder sorgfältig erforscht, doch hatte niemand eine Methode zur Vorhersage von starken Fallwinden entwickelt. Weaver spezialisierte sich darauf, Winde außer der Norm im Voraus zu erkennen. Er kam vom National Severe Storm Laboratory in Norman, Oklahoma, wo er sich fast ein Jahrzehnt lang mit der Verfolgung von Tornados beschäftigt hatte. Wirbelstürme sind nach wie vor seine große Leidenschaft und der Mittelpunkt seiner Forschungstätigkeit. Doch auch die warmen, torkelnden Stürme auf der Leeseite von Gebirgen interessierten ihn sofort. »Fallwinde können auf ein enges Gebiet beschränkt sein«, erklärte er. »Oft spürt man sie am Ostrand der Stadt bei weitem nicht so stark wie hier, unmittelbar am Gebirgsfuß.«

Weaver ist ein schlanker, sonnengebräunter Mann aus dem

Westen, der das Kunststück vollbringt, seinen Lehr- und Forschungsauftrag mit einer zweiten Berufung, nämlich der ehrenamtlichen Tätigkeit als Fotograf für die örtliche Feuerwehr, unter einen Hut zu bringen. An der Wand über seinem Schreibtisch sind Fotos von Blitzen, Tornados, brennenden Häusern und Autos angeordnet. Die Aufnahmen sind gleichzeitig bedrückend und faszinierend.

In seinem ersten Jahr in Fort Collins begann Weaver, sich mit langjährigen Einwohnern über die extremen Fallwinde zu unterhalten, die er inzwischen als Chinooks bezeichnet. Beinahe alle Befragten berichteten ihm, die Fallwinde würden nach Einbruch der Dunkelheit einsetzen. »Das ist eine weit verbreitete Vorstellung«, sagt Weaver, »und sie ist falsch. Fallende Winde können – und genauso passiert es auch – zu jeder Tages- oder Nachtzeit einsetzen. Wenn die Leute in der Arbeit sind, halten sie sich für gewöhnlich in solide gebauten Häusern auf und sind voll ausgelastet. Zu Hause achtet man viel mehr auf den Wind, vor allem, wenn er so stark ist, dass er das ganze Haus durchrüttelt.«

Fängt ein heftiger Wind erst einmal an zu blasen, steigert sich die Anspannung, die er hervorruft, mit der Zeit immer mehr. »Wenn man eine gewisse Zeit hier gelebt hat, weiß man, dass man von einem starken Fallwind immer Schaden zu erwarten hat, man kann eine gewisse Zerstörung von Zäunen, Bäumen und Häusern nicht vermeiden«, sagt er. »Bei einem Tornado macht den Menschen in erster Linie zu schaffen, dass das Ereignis so plötzlich eintritt und so dramatische Züge trägt. Alles geht wirklich schnell, und die Zerstörung kann schier unglaublich sein. Danach sind die Menschen wie betäubt. Ein Hurrikan erschöpft ihre Widerstandskraft. Der Wind fordert ihre ganze Aufmerksamkeit. Sie haben Zeit, sich über ihre Sicherheit Gedanken zu machen, aber nicht so viel, um jene Akzeptanz zu entwickeln, die bei einem Krieg eintritt. Irgendwie ähnlich ist es mit Fallwinden.«

Ist eine Vorhersage dieser Winde denkbar? 1984 begannen Weaver und sein Kollege John Brown vom staatlichen Forecast Systems Laboratory in Boulder, die Wetterkonditionen zu analysieren, die bei 110 Fällen von starken Winden geherrscht hatten. »Wir sahen uns vorhergehende Untersuchungen und eine Unmenge von Daten an«, erzählt Weaver. »Wir entdeckten zwei Szenarien für heftige Fallwinde. In einem bildet sich eine leeseitige Rinne genau östlich von hier.« Eine leeseitige Rinne ist ein großes Tiefdruckgebiet, das entsteht, wenn starke Winde eine in Nord-Süd-Richtung verlaufende Bergkette passieren. Die sich vertiefende Depression wirkt wie ein Abflussrohr und saugt Luft ein. Winde, die durch Berggipfel nach oben gelenkt worden sind, werden auf dem Weg nach unten schneller. Weaver beschreibt dieses Strömungsverhalten als »ein Tier, das sich beinahe aus sich selbst ernährt«.

Leeseitige Rinnen lassen moderate Fallwinde entstehen. Die stärksten Winde scheinen sich zu bilden, wenn ein Hochdrucksystem südwestlich von Colorado Luft über die Rockies schiebt, während ein Tiefdrucksystem im Nordosten, etwa über Nebraska oder South Dakota, diese nach Osten zieht. »Luft strömt mit großem Druck nach, um das Tief zu füllen«, sagt Weaver.

Doch selbst wenn ideale Voraussetzungen für Fallwinde gegeben sind, sind nicht alle Gemeinden entlang des Gebirgsflusses in gleichem Maße betroffen. »Es kam schon vor, dass es in Boulder ganz schlimm war und bei uns überhaupt nicht«, erzählt Weaver. »Wir brauchten eine Weile, bis wir herausfanden, dass die Windrichtung eine große Rolle spielen kann.« Das Medicine-Bow-Gebirge schirmt Fort Collins von Winden aus Westen ab. »Doch wenn die Winde von Nordwesten wehen, umgehen sie die Medicine Bows völlig, und wir werden ordentlich vermöbelt.«

Weaver und Brown entwickelten für den nationalen Wetterdienst ein Modell zur Vorhersage von Fallwinden, das 1989 erstmals eingesetzt wurde. Im Lauf der Jahre haben sie es immer weiter verfeinert, indem sie Faktoren wie den Fallwind und die Wolkenbewegung mit einbezogen. »Anfangs hatten wir eine Trefferquote von 23 Prozent«, sagt Weaver. »Inzwischen konnten wir sie auf 62 Prozent steigern. 20 Prozent der Fälle entgehen uns immer noch völlig, weitere 20 Prozent sind blinder Alarm, aber wir kommen der Sache näher.« Solche Vorhersagen sind wichtig, um das Abbrennen von Feldern oder andere Tätigkeiten im Freien zu planen und um die Einwohner in vorderster Reihe vor den stürzenden Luftmassen zu warnen.

WAS ABER IST mit den todbringenden, trichterförmigen Winden, die Jahr für Jahr hunderte Male über das Kernland Nordamerikas fegen? Tornados spielen in der Phantasie der Amerikaner eine mächtige Rolle. Sie nähren in uns die Vorstellung von Dunkelheit und Raserei, tragen uns in die farbenprächtige Welt von Oz.

Als ich ungefähr zehn Jahre alt war und mich zum ersten Mal für die Welt jenseits der Grenzen meiner Heimatstadt interessierte, raste ein Tornado durch eine Gemeinde irgendwo im Mittleren Westen und richtete enormen Schaden an. Noch heute sehe ich die Bilder auf der Titelseite der Abendzeitung: Luftaufnahmen von klein gehackten Gebäuden, deprimierende Straßenszenen, in denen Einwohner vor ihren zerstörten Häusern weinten. Ich fragte mich, wie man sich nur freiwillig dazu entscheiden kann, an einem Ort zu leben, an dem solche Dinge möglich sind. Niemals, dachte ich mir erschaudernd. Nie werde ich in einem Tornadogebiet leben.

Inzwischen habe ich die Erfahrung gemacht, dass Tornados schöne, flüchtige Phänomene sind. Die Wahrscheinlichkeit, in die Route eines Tornados zu geraten, ist selbst in den am häufigsten betroffenen Staaten ziemlich gering. Die meisten Bewohner des Mittleren Westens wissen dies und begeben sich, selbst wenn der Wetterbericht bereits ankündigt, die Bodenberührung eines Wirbelsturms stehe unmittelbar bevor, erst im allerletzten Moment in Sicherheit. Seit den 70er-Jahren sind die Meteorologen dank einer Weiterentwicklung der Vorhersagemethode und -geräte, vor allem einer neuen Generation von Doppler-Radarsystemen, in der Lage, viel früher Warnungen auszugeben, wann ein Tornado aus den Wolken stürzen wird. (Allerdings verstehen die Wissenschaftler nach wie vor nicht, warum manche gigantischen, rotierenden Gewitterstürme Tornados entstehen lassen und andere nicht. Auch gibt es keine genauen Erkenntnisse darüber, wie die Zirkulation in einem Tornado beginnt oder welche Geschwindigkeit sie erreichen kann.) »In den 70er-Jahren«, sagt John Weaver, »betrug die durchschnittliche Vorwarnzeit bei Tornados minus 30 Sekunden. Die Warnung erreichte die Öffentlichkeit 30 Sekunden, nachdem der erste Tornado den Boden berührt hatte. Nun liegt sie bei plus neun bis 14 *Minuten* und sie wird weiter steigen.

Die Bevölkerungsdichte in der Tornadoschneise (von Nebraska, Kansas, Oklahoma und Texas nach Osten bis zu den Appalachen) hat um das Zweieinhalbfache zugenommen, aber die Todesfälle bei Tornados sind zurückgegangen. Das ist ein echter Erfolg. Für uns stellt sich die Frage, wie früh im Voraus wir die Leute warnen sollen. Wenn man eine Warnung schon 45 Minuten vorher verbreitet, suchen sie vielleicht Schutz, dann wird es ihnen langweilig und sie kommen wieder heraus.«

Auch wenn Weavers Worte beruhigend klingen, frage ich mich dennoch, wie man psychisch damit fertig wird, in einem Tornadogebiet zu leben. Wie geht es Menschen, die in einem tödlichen Trichter gefangen waren? Wie hat sich ihr Leben und ihre Sicht der Welt verändert?

DAS WETTER war am 14. Oktober 1966 im Herzen Iowas in jeder Hinsicht ungewöhnlich. Bei Temperaturen um 27 Grad Celsius und einer Luft, die zum Auswringen feucht war, schien es eher Hochsommer als mitten im Herbst zu sein. 800 Kilometer östlich hatte ein früher Wintersturm die Rockies etwa einen Meter hoch mit Schnee überzogen. Nun wälzte sich das System weiter nach Osten und entsandte dabei weite Kaltluftausläufer. Als es auf die Hitze in den östlichen Plains prallte, boten sich in dieser Front ideale Entstehungsbedingungen für Tornados.

Die verschiedenen Wirbelstürme, die sich daraus entwickelten, rotierten alle bis auf einen relativ harmlos über Getreidefelder und vereinzelte Waldstücke dahin. Doch mitten am Nachmittag stürzte unmittelbar südwestlich der Kleinstadt Belmond ein riesiger Wirbel zu Boden, aber ohne dünnen, hüpfenden Schweif. Der ganze weiße Trichter schob sich durch die Stadtmitte und erleuchtete sie hell.

In Belmond begann gerade das jährliche *Homecoming*-Wochenende, an dem sich ehemalige Collegeabsolventen treffen. An diesem Abend sollte die dreißigmal in Folge ungeschlagene Footballmannschaft der High School an der nahe gelegenen Lake Mills High School ein Spiel absolvieren. Um 13.30 Uhr mittags entließen die drei Schulen der Stadt ihre Schüler, sodass alle Klassen an der alljährlichen Parade entlang der Main Street teilnehmen konnten. Gegen 14.15 Uhr war in der Mitte eines Einkaufszentrums, das sich über drei Querstraßen ausdehnte, gerade die Einstimmungsveranstaltung zum Footballspiel voll im Gange. Eine halbe Stunde später löste sich die Menge auf, nicht zuletzt auch wegen der Wolken, die im Westen drohend am Horizont hingen.

Maxine Dougherty war eben vom Juwelierladen ihres Mannes an der Main Street nach Hause gekommen, als sie sah, wie sich von Südwesten her eine schwarze Wand näher schob. Sie starrte durch das Fenster an der Vorderseite. Normalerweise bildeten sich im Herbst keine Tornados, doch in der Wolke konnte sie einige lange Schweife erkennen, die sich tänzelnd hin und her bewegten. Sie rannte zum Telefon und rief ihren Mann an. »Geht alle in den Keller«, schrie sie in den Hörer. »Ein Tornado kommt, und er zieht genau in eure Richtung.«

Im Frisörladen an der Main Street, wo Sandy Anderson eben ihre Haare machen ließ, fiel ein merkwürdiges, unheimliches Licht durch das Fenster. »Eine der anderen Kundinnen sagte: ›Komisch ist es da draußen, als würde gleich etwas passieren‹«, erinnert sich Anderson. »Wir machten uns alle über sie lustig und sagten: ›Huuh, es ist Halloween. Geister und Kobolde schwirren durch die Luft!‹ Aber dann wurde der Wind unglaublich böig und die Frisörin sagte: ›Sandy, wir sollten doch lieber in den Keller gehen.‹« Die Frauen gingen eilig durch das Haus der Frisörin, das unmittelbar an den Laden anschloss. Als sie gerade die Treppe hinunterstiegen, wurde die Haustür explosionsartig ins Haus geschleudert.

Im Juwelierladen schob Ross Dougherty drei Kundinnen die Kellertreppe hinunter und wies sie an, sich am Handlauf festzuhalten. »Alle schrien und heulten«, erzählte er. »Und ich dachte nur daran, wie ich meine Edelsteine aus dem Schaufenster schaffen konnte.« Er füllte seine Taschen mit Schmuck und rannte in den Keller, um sie dort zu verstauen. Als er noch einmal zum Fenster hochlief, um eine zweite Ladung zu holen, sah er, wie das alte Backsteinhotel auf der anderen Straßenseite zerbarst. »Unsere Gebäude wackelten wie verrückt, und ich stand einfach nur da wie eine Puppe«, schildert er weiter. »Trümmer flogen überall herum. Ich sagte noch, o mein Gott. Dann flogen meine Fenster raus.«

Einige Straßen weiter südlich bemerkten Bob Misner, Bürgermeister des Ortes und Tierarzt, und seine Tochter Laurie die Wolke – wenige Sekunden, bevor die Garage des Nachbarn einfiel. Der Bürgermeister machte einen Satz in die Luft, als eine Trümmerlawine durch den Eingang seiner Tierarztpraxis krachte und den Boden bedeckte. »Das war nur die erste heftige Bö«, sagt Misner. So schnell wie möglich schob er seine Frau und seine Tochter sowie zwei Besucher in das Badezimmer.

»Da war so ein schreckliches Rütteln und Donnern«, erinnert sich Misners Frau Eleanor, »aber dann herrschte etwa 20 Sekunden lang Windstille.« Das war das Auge. »Ich lachte, vermutlich aus Nervosität, und meine Tochter regte sich furchtbar über mich auf. Dann ging das Spektakel weiter.«

Jüngere Schüler wurden nach der Einstimmungsveranstaltung wieder in ihre Schulen zurückgebracht. Vom Erdgeschoss der Junior High School aus sah Steve, der 12-jährige Sohn von Russ und Maxine Dougherty, wie sich eine dunkle Masse durch die Stadt wälzte. Zu diesem Zeitpunkt wusste schon jeder, dass ein Sturm im Anzug war. Ein Hausmeister sollte die Klasse in den Keller der Schule bringen, aber er tauchte niemals auf. Steve sah, wie draußen Bäume umstürzten und die Wurzeln Erde in die Luft wirbelten. Gebäude brachen in Stücke. Ein Auto landete auf dem Dach. Beim Durchzug über den Spielplatz fegte die Wolke Schaukelgestelle und Klettergerüste weg. »Es hörte sich an, als würde ein Schwerlaster den Gang entlangkommen«, sagte Steve Dougherty. »Es war unbeschreiblich laut.« Während der Sturm über die Schule fegte, kauerte er unter den Fenstern, den Kopf am Boden und zitternd.

In weniger als fünf Minuten war alles vorbei, auch wenn es viel länger schien.

Als sie wankend aus dem Keller der Frisörin hochkam, hatte Sandy Anderson das Gefühl, in eine ganz und gar unwirtliche Welt einzutreten. »Die Bäume waren zersplittert, die Häuser verschwunden. Überall hingen Trümmer herum. Und es herrschte eine morbide Stille. Wir standen alle einfach nur herum, den Blick die Main Street hinuntergerichtet. Man fühlte sich wie im Krieg.«

Endlich hörte ich aus einem der nächsten Häuser eine Stimme. Ich werde das nie vergessen. Es war eine Frau, und sie sagte: ›Ich weiß, dass ich nicht die Einzige bin, die noch am Leben ist. So sag doch einer was.‹«

AN EINEM OKTOBERNACHMITTAG, genau 30 Jahre nach dem Tornado von Belmond, fahre ich von Des Moines nach Norden, der Weg führt durch Felder mit trockenem Getreide und vereinzelte Ahornwäldchen, die sich von Grün zu Gold färben. Ein gesegnetes Land. Es ist überraschend heiß, untypisch für die Jahreszeit, und schwül. Der Wetterbericht kündigt für morgen grimmige Kälte und Wind an. Diese Parallele lässt mich nicht ganz unberührt. Alle paar Minuten überprüfe ich im Westen den Horizont, der beruhigend klar bleibt.

Ich bin auf dem Weg nach Belmond, wo ich Einheimische über ihre Erfahrungen mit dem Tornado befragen will. Wie ich hörte, erzählen sie gerne davon. Sechs Menschen starben damals. 75 Läden und 109 Privathäuser wurden zerstört. Weitere 160 Häuser erlitten große Schäden. Ich will aber nicht nur Augenzeugenberichte sammeln. Ich möchte auch wissen, wie der Sturm das Leben der Menschen dort verändert hat.

Erfahren habe ich vom Tornado in Belmond aus Mary Swanders wundervollem Buch *Out of This World*. In einem Kapitel über den Frühling in Iowa beschreibt Swander die dominante und zermürbende Präsenz des Windes in den Great Plains, der wie ein niemals endender Zug von Westen einrollt. Es fängt, so schreibt sie, früh am Tag an, »erst ruhig… Dann, wenn es richtig Morgen geworden ist, folgt ein Tanz auf den nächsten, mit dem Wind als ständigem Partner… Ich klammere mich an die Fahnenstangen und Zaunpfosten, um vom Haus zur Scheune zu gelangen, kleine Heubüschel fliegen hoch in mein Gesicht.« Ich weiß, wie es Swander dabei geht. Das Leben in einer so windigen Gegend ist aus körperlicher

Sicht schwierig und doch so erfrischend, dass man nicht genug Worte des Lobes finden kann. Doch als ich begann, Swanders Beschreibungen von Tornados zu lesen, überkam mich plötzlich eine brennende Furcht, die mir den Atem raubte. Sie schreibt über eine kurze Lehrtätigkeit, die sie zehn Monate nach dem Tornado nach Belmond geführt hatte. »Diese Stadt hatte nicht nur den Großteil ihrer materiellen Besitztümer verloren, sondern auch ihre Architekturgeschichte und ihre Erinnerungen, die markanten Stellen – die real existierenden und solche, die nur im Kopf vorhanden sind –, die das Gefühl für einen Ort begleiten. Der Schock dieses Ereignisses hielt noch immer an. Kinder, die noch nicht einmal geboren waren, als der Tornado kam, hatten Albträume von dieser Katastrophe. Sie schrieben in ihren Gedichten davon.«

Belmond ist ein Nest, das 1856 gegründet wurde und von der Route 69 zweigeteilt wird. Die Einwohnerzahl lag auch vor dem Tornado bei 2500 Personen. Auf einem Begrüßungsschild sind einige kommunale Einrichtungen und neun Kirchen aufgeführt. In der Main Street, in der einst die stattlichen Backsteinhäuser aus dem 19. Jahrhundert gestanden hatten, werden die gepflegten ein- und zweistöckigen Läden von einem türkisen Flachdach verbunden, das sich über den Bürgersteig neigt und von roséfarbenen Pfosten getragen wird. Da allmählich die Dämmerung hereinbricht, leuchten die kugelförmigen Straßenlampen in einem sanften Elfenbeinton. Ich frage mich, was die Leute in der Stadt wohl von den glitzernden, modernen Arkaden des Einkaufszentrums aus den späten 60er-Jahren halten. Es ist ungewöhnlich und ansprechend, aber mir wäre das ursprüngliche, historische Gebäude lieber gewesen. Bedauern die Einwohner, dass die Stadt nicht mehr so aussieht wie früher?

Russ Dougherty ist heute 73 Jahre alt, ein Mann mit gelockten, grauen Haaren und sicherem Auftreten, das lassen sein Händedruck, sein Blick und seine Stimme erkennen. Als wir uns am Morgen nach meiner Ankunft zum Frühstück in der Stadt treffen, besteht er darauf, mir eine Führung auf der Route des Tornados zu geben. Als Erstes zeigt er mir die größten Arbeitgeber der Stadt: eine Saatgutfirma, eine gut gehende Druckerei und, südlich vom Zentrum, eine Fabrik, die zur Eaton Corporation gehört und Maschinenventile produziert. Das Juwel der Stadt. Je nach Wirtschaftslage sind dort 600 bis 700 Menschen beschäftigt. Aber Dougherty fügt hinzu: »Das geflügelte Wort ist hier immer noch: Wie es bei den Bauern läuft, so läuft es in der Main Street.« Ein Jahr mit schlechter Ernte bedeutet für alle Sorgen.

Dougherty gehörte zu den treibenden Kräften für den Bau der Arkaden an der Main Street. »Unser Motto lautete ›Wieder aufgebaut und bereit‹«, sagte er, »und so meinten wir es auch. Als die Arkaden eröffneten, gab es die Schnellstraße noch nicht. Die Route 69 war die Hauptverbindung von Minneapolis nach Des Moines. Die Leute hielten an dieser Ampel, schauten die Main Street hinunter und waren wirklich beeindruckt, vor allem an Weihnachten, wenn wir Bäume dekorierten und auf den Dächern postierten. Wir bekamen jede Menge positiver Bemerkungen und Briefe.«

»Vermissen Sie die alten Häuser manchmal?«, fragte ich ihn.

»Eigentlich nicht. Sie waren ziemlich heruntergekommen. Ich glaube, der Tornado hat in unserer Gemeinde den Zusammenhalt gestärkt. Die Leute mussten an einem Strang ziehen, und dadurch wusste jeder den anderen zu schätzen.«

Langsam fahren wir durch das nordöstliche Stadtviertel, das Wohngebiet, das am stärksten vom Sturm mitgenommen wurde. Nach dem Tornado gab es in der Stadt praktisch keinen Baum mehr, doch inzwischen sind die Rasenflächen wieder mit den gelb gefärbten Blättern neun bis zwölf Meter hoher Ahornbäume übersät. Mein Blick fällt auf eine Reihe großer ein- bis dreistöckiger Häuser mit Treppenpodesten vor dem Eingang, steilen Dächern und hübschen Veranden, die Anfang des Jahrhunderts erbaut wurden. Dazwischen stehen eingeschossige Bungalows aus den Jahren 1967 und 1968. Ein paar leere Grundstücke lassen erkennen, wo Häuser nicht wieder aufgebaut wurden. »Es war furchtbar anzusehen, welche Häuser kaputt waren und welche nicht«, sagt Dougherty. »Sehen Sie dort?« Er zeigt auf ein vergammeltes Haus, eine Holzrahmenkonstruktion mit Asbestplatten. »Dem ist so gut wie nichts passiert. Aber genau gegenüber stand ein wirklich hübsches altes Haus und das war völlig ruiniert.«

Ich folge der Spur des Sturmes anhand der Architektur. Die Zone der Zerstörung ist einen Kilometer breit. An der First und Second Avenue ist jedes Haus neu. »Dieser Platz hier ist eben erst gepflastert worden«, erklärt mir Dougherty.

»Das wirklich Schöne war die überwältigende Hilfe von anderen Gemeinden«, betont er mehr als einmal. »Schon nach ein paar Stunden waren Leute in Hülle und Fülle hier, die helfen wollten. Essen, Spenden, alles. Und die Leute von hier hielten auch alle zusammen. Es war wirklich unglaublich. Sogar die Kirchen fanden zusammen, und vorher, das können Sie mir glauben, wollten sie alle nichts miteinander zu tun haben.«

AN DEN NÄCHSTEN beiden Tagen finde ich ohne Probleme Leute, die bereitwillig von dem Sturm erzählen und wo sie an jenem Nachmittag um 14.55 Uhr waren. Die gerne darüber sprechen, was sie gesehen und was sie empfunden haben.

Eine Tankstelle fiel zusammen und wurde weggefegt, aber auf der Hebebühne über der Ölgrube stand noch ein Auto, als wäre nichts geschehen. Ein Traktoranhänger stellte sich senkrecht auf und tänzelte wie eine wehende Fahne zur Stadt hinaus. Die Glasscheiben der Schaufenster an der Main Street wölbten sich nach innen und außen, als wären sie aus Gummi.

Ein Postbote, der gerade sein Tour machte, wurde von einem metallenen Lagercontainer begraben, der sich fest um ihn schlang. Er überlebte nur, weil jemand seine Schuhe unter dem verwundenen Metall herausragen sah.

Wer draußen überrascht wurde, war danach so mit Schlamm und Schmutz überzogen, dass es Tage dauerte, um sich ganz davon zu reinigen. Blätter streiften wie fliegende Glasscherben um die nackten Beine der Schulmädchen. Jugendliche hielten sich an den Händen, um nicht fortgetragen zu werden.

In der fast völligen Dunkelheit, die auf den Sturm folgte, durchsuchten Feuerwehrleute Haus für Haus nach Opfern. Überall lagen losgerissene Elektroleitungen herum. Aber weil der Sturm eine Umspannstation zerstört hatte, bestand keine Gefahr. Auf der Straße verabreichten Krankenschwestern Tetanusspritzen an die Bevölkerung.

Am Abend setzte ein kalter Regenguss ein, und in der Nacht schneite es. Die Luft roch nach Staub und alten Isolierungen. »Sie können sich das Chaos nicht vorstellen«, sagen die Leute immer wieder. »Es war wie ein Kriegsgebiet. Das kann man sich in seinen schlimmsten Träumen nicht ausmalen.«

Ich höre viele Geschichten, an was für verrückten Stellen einzelne Habseligkeiten landeten und was die Leute Komisches sagten. Die Sparbücher der beiden Kinder von Sandy Anderson tauchten in der Badewanne der Nachbarn wieder auf. Eine Frau, deren Haus schlimm mitgenommen wurde, fand einen Apfel und eine Orange aus Kunststoff unter der immer noch glatt gezogenen Bettdecke. Ein Reifen gelangte auf unerklärliche Weise von der Tankstelle in den Keller eines Hauses in der Nähe, obwohl er nicht durch das Fenster passte. »Bei mir hätte es gar nicht mal so wüst ausgesehen, wenn die Nachbarin ihren Kram zu Hause gelassen hätte«, scherzt eine Frau.

Eine Mutter durchforstete die Trümmer ihres Hauses nach dem Geburtstagskuchen, den sie gerade für ihre Tochter gebacken hatte. Ein junger Mann, der das Haus eines Freundes dem Erdboden gleich vorfand, rief verzweifelt in den Keller hinunter: »Luke, Luke!« Woraufhin Lukes Vater wie ein Schachtelmännchen in die Luft ging und schrie: »Luke ist nicht daheim!« Bei dieser Geschichte bricht jeder, der sie erzählt, in schallendes Gelächter aus.

Ich stelle überall dieselben Fragen. Haben Sie heute Angst bei Tornadowarnungen? Die meisten Leute lächeln leise in sich hinein und sagen, sie gingen beim Heulen einer Sirene nach draußen und schauten auf den Himmel. Was ist Ihnen von den Aufräumarbeiten noch in Erinnerung geblieben? »Das ist alles verschwommen«, lautet die typische Antwort. »Das ist solange her. Aber an den Tag, an dem der Tornado war, an *den* erinnere ich mich so klar und deutlich, als wäre es gestern gewesen.« Dutzende von Einwohnern empfinden es genauso wie Dougherty. Der Tornado schweißte sie zusammen. Die Stadt ging gestärkt daraus hervor. »Sie brauchen sich nur anzusehen, was sich daraus entwickelt hat«, sagt Don Cleveland, ein pensionierter Schulleiter. »Sehen Sie sich die Arkaden an. Die Leute sagen, wenn man es schafft, jeden außer Gefahr zu bringen, ist ein Tornado vielleicht das Beste, was einer Stadt passieren kann.«

Diese ungebrochene Euphorie macht mich stutzig. Als ich nach jemandem frage, dessen Haus völlig zerstört war, verweist man mich an Sandy Anderson, die heute in der Stadtbücherei arbeitet. 1966 war Anderson eine junge Witwe mit zwei kleinen Kindern. Ihr Mann war ein Jahr vorher an einer Nierenerkrankung gestorben. Der Tornado hatte das Haus so zertrümmert, dass es nicht mehr zu reparieren war.

Ich treffe eine freundliche, redegewandte Frau um die fünfzig an, die sich hilfsbereit zeigt und bereitwillig von dem Sturm erzählt. »Ja, es war eine schwierige Zeit«, sagt sie. »Ich war traurig, weil meine ganzen Fotos weg waren. Aber ich habe nur *Dinge* verloren. Meine Kinder und meine Eltern waren wohlauf. Ich hatte keinen Anlass zu großem Kummer. Gar kein Vergleich zum Tod meines Mannes.«

Ich frage, was mit den Kindern ist. Hatten sie keine Angst? Hatte niemand schlimme Probleme mit der Zerstörung, dem Durcheinander?

»Die Kinder in meinem Bekanntenkreis waren alle durch Eltern und Großeltern gut abgeschirmt«, erzählt Anderson. »Und den Lehrern gelang es hervorragend, den Kindern ein Gefühl von Sicherheit zu vermitteln.« Sie legte eine Pause ein. »Aber sprechen Sie doch einmal mit jemandem, der verletzt wurde. Ich kenne eine Frau, die mit ihren beiden Söhnen verschüttet wurde, als eine Mauer über ihnen einstürzte.«

Wenige Minuten später überquere ich die Main Street und betrete den P&G-Supermarkt, zu dem ein Imbiss gehört, in dem die halbe Stadt zu Mittag isst. Dort erkundige ich mich nach Nancy Shimp und werde an eine korpulente Frau mit lockigem Haar verwiesen, die an einem kleinen Tisch sitzt. Als ich ihr schildere, worum es geht, schüttelt sie den Kopf.

»Eine Menge Leute wissen mehr über den Sturm als ich«, sagt sie bestimmt. »Ich erinnere mich an überhaupt nichts. Wir wurden in ein Krankenhaus außerhalb der Stadt gebracht und haben von den ganzen Aufräumarbeiten nichts mitbekommen.«

»Aber genau deshalb möchte ich mit Ihnen sprechen. Weil Sie verletzt waren.«

»Die meisten Leute können Ihnen mehr als ich erzählen.« Sie lässt ihren Blick unruhig umherschweifen. Die Gäste an den umliegenden Tischen sind auf unsere Unterhaltung aufmerksam geworden. Ich stehe etwas unbeholfen neben ihr und bin mir nicht ganz sicher, was ich nun machen soll. »Ich möchte auch gar nicht darüber sprechen«, sagt sie. Ihre Stimme wird auf einmal ganz sanft, und sie legt die Hand auf den Brustkorb. »Es macht mir immer noch Angst.«

Als Shimp die schwarze Masse des Tornados näher kommen sah, ergriff sie ihre beiden Söhne, die damals drei und vier Jahre alt waren, und verschanzte sich mit ihnen in der südwestlichen Ecke ihres Kellers, von woher der Sturm kam. »Genau wie sie es uns immer raten«, bemerkt sie sarkastisch. Und normalerweise ist das auch der sicherste Ort, weil die Häuser in der Regel in Richtung des Windes mitgerissen werden. Doch als die Winde nachließen, waren Shimp und ihre Kinder unter Betonschutt begraben. Die Kellerwand war eingebrochen. »Der Ältere kam sofort frei und lief nach oben, barfuß, über die ganzen am Boden herumliegenden Glasscherben und elektrischen Leitungen.« »Der Jüngere war richtig verschüttet. Ich glaubte ihn nicht mehr am Leben.

Mein Bein war aufgeschnitten und beim Versuch, einen Betonblock von meinem jüngsten Sohn wegzuheben, brach ich mir das Schlüsselbein. Er war fünf Tage lang im Krankenhaus. Hatte eine schlimme Gehirnerschütterung.« Ihre Stimme ist dabei lauter geworden. Ich habe kaum noch etwas gesagt, sie scheint ihre Geschichte nun ganz von selbst loswerden zu wollen. Jahrelang, so erzählt sie, versetzten sie Gewitterwolken in Panik. Und immer fühlte sie sich unwohl, wenn ihre Kinder draußen im Hof spielten, »sogar an sonnigen Tagen. Ich hatte einfach diese schreckliche Angst, es könnte wieder passieren. Das hielt an, bis sie mit der High School fertig waren.«

Ich drängte sie nicht weiterzusprechen.

An diesem Abend rufe ich Jeff an und schildere ihm, was Shimp mir erzählt hat. Ich war von ihrem anfänglichen Zögern überrascht. »Alle anderen sprachen so offen darüber. Es kam mir fast so vor, als täte es ihnen gut, über alles, was sie durchgemacht haben, zu sprechen.«

»Das wühlte sie nur noch mehr auf«, antwortet Jeff. »Überlege doch mal. Du weißt doch, wie aufgescheucht die Leute sind, wenn ein Hurrikan in die Nähe der Outer Banks zieht. Ich nicht. Ich werde ganz ruhig.« Er hat Recht. Als Jeff ein

Teenager war, zerstörte der Hurrikan Camille seine Heimatstadt an der Küste von Mississippi. »Ich weiß, welche Kraft Hurrikans besitzen. Sie scheuchen mich nicht auf. Sie machen mir Angst.«

Nach Aussage von Psychologen können Stürme tatsächlich tiefe Narben hinterlassen, allerdings erholen sich die Menschen von solchen Naturkatastrophen leichter als von Ereignissen wie Flugzeugabstürzen oder Terroranschlägen, die ihnen als absolut sinnlos erscheinen. Mitglieder von Gemeinschaften, in denen Zusammenhalt herrscht und die Familie eine wichtige Rolle spielt, scheinen Stürme psychologisch besser zu verarbeiten als Menschen, die weit entfernt von ihrer Familie oder allein in einer großen Stadt leben. Wer von Natur aus eine nicht sehr stabile Psyche besitzt, hat größere Schwierigkeiten, sein Leben wieder ins Lot zu bringen. Doch nach einer Studie, die 1989 mit den Opfern eines Tornados in Huntsville, Alabama, durchgeführt wurde, kamen Therapeuten zu dem Ergebnis, dass viele vorher gefestigte Menschen unter lang anhaltenden psychischen Problemen litten. Noch Jahre danach wurden sie bei starkem Wind extrem nervös.

Am Tag nach meiner Unterhaltung mit Nancy Shimp treffe ich eine Reihe von Leuten, die offen zugeben, anhaltend von dunklen Wolken und Tornadowarnungen verfolgt zu werden. Mary Jo Swenson, eine Kundin im P&G-Supermarkt, erzählt mir: »Beim ersten Sirenenton gehe ich in den Keller und nehme so viele Wertgegenstände wie nur möglich mit. Meine Tochter hat entsetzliche Angst vor Stürmen.«

»Ich habe immer noch mehrmals im Jahr Albträume,« berichtet Randy Covington. »Vier oder fünf Wirbelstürme kommen näher, und nirgendwo ist ein Platz, an dem man Schutz finden könnte. Ich muss mich im Zickzackkurs zwischen ihnen durch bewegen.«

»Letzten Sommer sah ich mir den Film *Twister* an und musste die ganze Zeit nur weinen«, sagt Charlotte Gabrielson.

»Wahrscheinlich hatte ich geglaubt, ich hätte den Sturm ganz verarbeitet und er würde mir keine Probleme mehr bereiten. Jetzt weiß ich, dass ich ihn niemals ganz verarbeiten werde.«

Kathy Goeman musste plötzlich losweinen, als sie in der Zeitung einen Artikel las, in dem an den Tornado erinnert wurde. »Ich fühlte mich exakt an diesen Tag zurückversetzt«, sagt sie. Ihre Freunde wissen über ihre Angst vor Wind Bescheid. »Jede Art von Wind macht mich nervös, aber bei Sturm habe ich richtig Angst.« Dann wird ihr Puls schneller, und sie fängt an, durch das Haus zu gehen. In ihrem Bauch liegt eine Bleikugel. Als ich sie frage, welche Gefühle sie dabei empfindet, überlegt sie einen Moment. »Panik und Angst«, lautet die Antwort. »Ich sehe den ganzen Tag vor mir – wie schön es erst war, und wie dunkel der Himmel wurde. Und dann, wie die Menschen danach blutend herumlaufen und fragen: ›Habt ihr meine Kinder gesehen? Habt ihr diesen oder jenen gesehen?‹«

Goeman war zwölf, als der Tornado wütete. Sie hatte im kleinen Krankenhaus von Belmond Zuflucht gesucht. Als der Strom ausfiel, starb ein Patient, der an einem Beatmungsgerät hing, »und die Krankenschwestern fingen alle an zu weinen. Dann brachten sie Verletzte herein, es war furchtbar. Freiwillige Helfer des Roten Kreuzes rannten in Panik umher. Sie waren für Katastrophen geschult worden, aber so etwas hatten sie noch nie erlebt.

Auf dem Nachhauseweg kamen wir an einer Farm vorbei, wo einige Männer die Schweine erschossen, um sie von ihrem Elend zu erlösen.« Die Tiere hatten Holzteile im Körper stecken. In der Nähe ihres Hauses sah sie, wie Helfer den Schutt eines Hauses durchwühlten und den Körper einer älteren Frau herauszogen.

»Ich habe meine Kinder ruiniert«, sagt sie. »Sie haben auch Angst vor Stürmen, das kommt von mir. Ich habe immer gedacht, es würde sich mit der Zeit geben, aber das hat es nicht.«

Ich frage mich stumm, ob Goeman Schlimmeres erlebt hat als die anderen Einwohner der Stadt oder ob sie einfach ein besseres Gedächtnis hat.

Bis zu meiner Abreise werde ich noch mit Geschichten vom Sturm überhäuft, viele davon mit Humor verbrämt. Eine Mutter erzählt von ihrem Sohn, »der so schnell wie möglich aus diesem Kaff wegwollte«, dann aber vom College abging, um bei den Aufräumarbeiten zu helfen. Heute lebt er immer noch in Belmond. Niemand, auch die nicht, die bei starken Winden von Angst geplagt werden, äußert sich in Bitterkeit über den Sturm. Und kaum jemand bringt etwas wie Bedauern zum Ausdruck. Man vermisst die alten Gebäude, aber die waren ohnehin renovierungsbedürftig. Als einige Jahre später ein Tornado das nahe gelegene Charles City teilweise zerstörte, sandte Belmond Busladungen von freiwilligen Helfern zu den Aufräumarbeiten.

In den 60er-Jahren suchten nur wenige Menschen therapeutische Hilfe, um über ihre persönlichen Schreckenserlebnisse und Ängste hinwegzukommen. Stattdessen erzählten sie sich gegenseitig Geschichten darüber, immer und immer wieder. In Belmond erzählt man sie sich immer noch. Als eine Mutter und ihre Tochter 1988 per Anzeige in der Lokalzeitung um Berichte über den Tornado baten, die sie in einem Buch veröffentlichen wollten, ging eine Flut von Manuskripten bei ihnen ein. »Darüber sprechen gehört zum Heilungsprozess«, sagt Norma Jeanne Jenison, die Mutter. »Man kann es mit der Trauer nach einem Tod vergleichen. Aber alles in allem entwickelte sich daraus viel Stärke. Wir können kämpfen in dieser Stadt, und wir haben überlebt.«

Das Ganze hätte auch anders enden können, räumt Jenison ein, wenn der Tornado die Main Street erreicht hätte, als sie noch mit feiernden Jugendlichen überfüllt war. Doch so kamen sechs Menschen im Alter von 59 bis 82 Jahren um. »Wir hatten Glück. Das ist jedem klar«, sagt sie. »Hätten wir viele

Kinder beerdigen müssen, wäre diese Stadt vielleicht gestorben, anstatt zu neuem Leben zu erwachen.«

IN DER TORNADOSCHNEISE fährt nach nur wenigen Minuten Vorwarnzeit der blanke Terror vom Himmel herab und reißt eine einzelne Furche in die Landschaft. Hier, an der Atlantikküste, tritt er in ausschweifenderer und schwerfälligerer Form in Erscheinung und lässt ausreichend Zeit, sich vorzubereiten und in Sorge zu verfallen.

Es ist Sommer auf den Outer Banks. Heute Morgen wachten wir bei gelbem Licht und einer tief hängenden, dunklen Wolkendecke auf. Draußen tropfen die Badetücher an der Wäscheleine vor Nässe. Ein salzhaltiger Wind weht aufs Meer hinaus, aber es ist dampfend heiß, und die Luft lastet schwer auf meinen Sinnen. Meine Gedanken sind verschwommen, die Nerven liegen blank. 650 Kilometer südlich von uns torkelt ein Wirbelsturm auf die Ostküste zu. Es ist Bertha, der erste Hurrikan der Saison.

Jeff ist in seinem Büro, unser Sohn bei einem Babysitter untergebracht, und ich sollte die Gelegenheit nutzen, um mit dem Schreiben voranzukommen. Aber es ist bereits später Vormittag, und ich habe noch keinen einzigen Satz formuliert. Schon zum dritten Mal gehe ich in die Küche und stelle den Wetterfunk an. Berthas Winde erreichen bis zu 170 Stundenkilometer, damit ist sie auf der Saffir-Simpson-Skala ein Hurrikan der oberen Kategorie. Man erwartet nicht, dass sie die Outer Banks berührt, sondern sich auf das dichter bevölkerte Wilmington hin bewegt, das 320 Kilometer südlich von uns liegt. Die ganze Woche lang hatte ich eine ganz starke Intuition, dass Bertha nicht zu uns kommen würde, doch seit ein paar Stunden beginnen sich meine Gefühle zu ändern.

Die Outer Banks bilden einen weiten Bogen nach Osten und erscheinen auf Satellitenkarten als Finger, der tropische Stürme heranwinkt. Die verwegenen Seelen, die als Erste die exponierten Gestade von Hatteras Island und Ocracoke Island bevölkerten, machten sehr schnell die Erfahrung, dass ihre Unterkünfte auf der Terra firma im Sommer und Herbst urplötzlich im Ozean verschwinden konnten. Man baute die Häuser schließlich so, dass sie bei Flutwellen eher auf dem Wasser treiben als auseinander bersten würden. Noch heute sind einige Inselbewohner im Besitz bestimmter Grundstücke, weil ihre Behausungen nach einem Sturm zufällig an dieser Stelle wieder an Land getrieben wurden. Aber zu Beginn der 60er-Jahre änderte sich die Situation. Über zwei Jahrzehnte lang wurde die Atlantikküste verschont, denn ein Sturm nach dem nächsten drehte in den Golf von Mexiko. Trotz der Warnungen von Meteorologen, dass sich die Hurrikane irgendwann einmal nach Norden richten würden, nahmen die Einwohnerzahlen verschlafener kleiner Küstenstädte rapide zu.

1984 erreichte der Hurrikan Diana in North Carolina, etwas südlich von den Outer Banks, das Festland. Ich zog 1985 nach Hatteras Island, das sechs Monate später die ungebrochene Kraft des Hurrikans Gloria zu spüren bekam. 1986 folgte der Hurrikan Charley, dann der katastrophale Hugo, der 1989 in South Carolina auf das Festland traf. 1991 wirbelte Bob vorbei, 1993 fegte Emily über Cape Hatteras hinweg. Ich erwähne hier nur Stürme, die es weit genug nach Norden schafften, um unsere Gegend zu bedrohen. Der Hurrikan, der für mich das Maß aller Dinge ist, war Andrew im Jahr 1992, der in einer breiten Schneise durch Südflorida und Louisiana ganze Gemeinden dem Erdboden gleichmachte. Auch wenn es dabei wenige Todesfälle gab – nur 23 Menschen starben –, werden die Menschen, die auf Andrews Weg lagen, noch lange von der Erinnerung an die rohe Gewalt, die durch ihr Leben fegte, verfolgt werden.

Auf den Outer Banks nehmen wir Hurrikanwarnungen nicht auf die leichte Schulter. Wir beschäftigen uns mit den Eigenheiten des sich nähernden Sturms, vor allem mit seinen Winden. Wenn ein Hurrikansystem konstant Winde mit mehr als 160 Stundenkilometern aufweist, bringen sich unsere Familie und die meisten unserer Freunde in Sicherheit, alles, was darunter liegt, können wir verkraften. Das glauben wir zumindest. Wir beobachten jeden Sturm, wie er vorwärts taumelt, und sorgen uns, was passieren könnte, wenn er den Golfstrom überquert, jene warme, nach Norden gerichtete Strömung, die als Versorgungsader tropischer Stürme dient. Die Fähigkeit zur vorherigen Einschätzung der Route und Zerstörungskraft jedes einzelnen Wirbelsturms ist die Maßeinheit für unseren Wissensstand. Wer schon seit seiner Geburt auf den Inseln lebt, macht sich über all jene lustig, die vor Stürmen wegrennen. Und wer von uns Neulingen ist schon schlau genug, um unterscheiden zu können, ob ein Hurrikan wirklich gefährlich oder nur einer von vielen ist?

Bertha ist einer, vor dem man auf der Hut sein sollte. Als er noch hunderte Kilometer von der Küste entfernt war, erreichten die Winde um das Auge eine Höchstgeschwindigkeit von 168 Stundenkilometern. Dann verlor er an Kraft, und ich schrieb ihn bereits ab. Doch über dem Golfstrom legte er wieder zu und peilte exakt unseren Küstenabschnitt an. Falls er nicht bei Wilmington auf das Festland übertritt, wird er vermutlich nach Norden drehen, bei Cape Lookout Land berühren und von dort über den Pamlico Sound und Albemarle Sound hinwegziehen. Bei letzterer Route befänden wir uns im nordöstlichen Sektor des Sturms, in dem die stärksten Winde des Hurrikans mit seiner Vorwärtsbewegung zusammenwirken, das würde bedeuten, ein Sturm mit Winden von 168 Stundenkilometern bewegt sich mit 24 Stundenkilometern vorwärts, was einem Kraftpaket von 192 Stundenkilometern entspräche.

Ich bin nicht wirklich davon überzeugt, dass er hierher kommen wird. Draußen scheinen blaue Stellen durch die

Wolken, und mein Instinkt sagt mir, wir sind sicher. Und trotzdem ist es einer der großen Stürme. Und irgendwann heute Abend wird er das Festland erreichen, wo immer das auch sein mag. Noch haben wir Zeit, zu packen und wegzufahren.

Unentschlossenheit plagt mich wie eine Krankheit. Hier bleiben bedeutet eine lange, windige Nacht ohne Strom – das ist schon so gut wie sicher – und Äste, die auf unser Haus donnern. Vielleicht hat unser Sohn Angst. Aber was wäre, wenn wir nach Westen fahren und Bertha von Wilmington aus landeinwärts dreht? Begeben wir uns dann nur noch weiter in die Gefahrenzone?

EIN HURRIKAN, Zyklon oder Taifun (drei verschiedene Bezeichnungen für ein und dasselbe Phänomen) entsteht aus einem kleinen Wirbel auf einem Ozean mit einer Oberflächentemperatur von mehr als 26 Grad Celsius, über dem bodennahe Winde aus verschiedenen Richtungen aufeinander treffen und ein Hochdrucksystem in der oberen Troposphäre Luft nach oben saugt. Diese Bedingungen herrschen nur auf offenen Meeren in den Tropen. Warme, feuchte Luft begünstigt unstabile Wetterbedingungen. Winde in der oberen Troposphäre, die einheitlich aus einer Richtung wehen, versetzen aufziehende Gewitterbänder in schlängelnde Drehbewegungen. Und genau das geht im Inneren eines Hurrikans vor sich – von Wolken verhüllt, drehen sich eine Reihe konzentrischer Gewitter mit einem Durchmesser von jeweils fünf bis 50 Kilometern spiralförmig einwärts in Richtung des Auges.

Im Gegensatz zu den Sturmsystemen in den mittleren Breiten, den so genannten extratropischen Zyklonen, sind die Winde eines Hurrikans in Bodennähe am stärksten. Im Inneren des Sturms bewegt sich Luft spiralförmig nach oben, erreicht ihre höchste Geschwindigkeit an der Wand des Auges und fällt dann auf einer wolkenlosen Rutsche nach unten.

Sobald sich die Gewitterstürme zu einer rotierenden Masse formieren, kündigt das National Hurricane Center in Miami die Entstehung einer tropischen Depression an. Wenn die Winde eine Geschwindigkeit von 62 Stundenkilometern überschreiten, wird das System als tropischer Sturm bezeichnet, und man gibt ihm einen Namen. Ab 118 Stundenkilometern gilt er als Hurrikan. So lange er sich über tropischen oder subtropischen Meeren bewegt und dort Luft holt, nimmt er in der Regel auch an Stärke zu, denn Hurrikane leben von heißer, feuchter Luft. Sobald er über das Festland zu pflügen beginnt, büßt er an Kraft ein, als wäre er gegen eine Schneewand geprallt. Die Inlandsbevölkerung kann sich also in der Regel viel sicherer fühlen als die Bewohner auf vorgelagerten Inseln, wenn auch mitunter Städte, die 300 Kilometer im Landesinneren liegen, von sintflutartigen Regenfällen und Winden mit 120 Stundenkilometern heimgesucht werden.

Die Saffir-Simpson-Skala, die nach den zu erwartenden Schäden geht, teilt Hurrikane in fünf verschiedene Kategorien ein, wobei Windgeschwindigkeit, Höhe der Flutwelle und Luftdruck mit berücksichtigt werden. Der einzige Sturm der Kategorie fünf, der seit den 30er-Jahren auf das Festland übergetreten ist, war Camille, der 1969 mit Winden von mehr als 320 Stundenkilometern über die Küste von Mississippi herfiel. Wenn Jeffs Verwandte den von Camille verursachten Schaden beschreiben, nehmen ihre Stimmen eine ausgesprochen gedämpfte Klangfarbe an. Damals wurden das Geschäft der Familie zerstört und das Haus einer von allen geschätzten Tante. Was mir aus den Erzählungen von Jeffs Verwandten am nachhaltigsten in Erinnerung bleibt, ist das Bild von einem Maschendrahtzaun, in dem lauter tote Singvögel stecken.

Meine ersten eigenen Erfahrungen mit einem Hurrikan machte ich 1985 mit Gloria. Gloria war ein Hurrikan der Kategorie drei, mit Winden bis zu 208 Stundenkilometern, und bis dahin der schlimmste Sturm, der sich jemals über dem Atlantik zusammengebraut hatte. 36 Stunden bevor er am Cape Hatteras auf das Festland übertrat, verdunkelte eine dicke Wolkenschicht den Himmel. Die Luft fühlte sich merkwürdig schwer und unbeweglich an. Ein bleiernes Band legte sich über meine Schultern, und ich wusste, dieser Sturm zielte auf meine Insel, mein Heim. Ich packte meine wichtigsten Habseligkeiten zusammen und ergriff die Flucht. Aber Gloria wurde schwächer, erreichte bei ausgesprochen lebloser Ebbe die Küste und zog so schnell über das Kap hinauf, dass sich das volle Ausmaß der Sturmgewalt an keiner Stelle bemerkbar machte.

Seither bin ich dazu übergegangen, mich in erster Linie auf meinen Instinkt zu verlassen, wenn es zu entscheiden gilt, ob wir uns in Sicherheit bringen sollten. Meine Entscheidung treffe ich nach dem Aussehen und der Ausstrahlung des Himmels, wobei ich stets auf der Hut vor der eigenartigen, schicksalsschwangeren Energie bin, die Gloria vorauseilte. Als sich Hugo 1989 Carolina näherte und man Vergleiche mit Camille anstellte, hielt ich Jeff davon ab, unser Fluchtauto zu beladen. Der Himmel war blau, von Norden wehte eine leichte Brise. »Er kommt nicht hierher«, sagte ich. »Wir rühren uns nicht vom Fleck.« Meine Eltern riefen an und wollten uns zum Aufbruch drängen, aber ich blieb stur. Hugo trat südlich von Charlestown in Erscheinung, zog weit ins Landesinnere hinein und überflutete die Straßen in genau den Gegenden, wohin viele Einwohner der Outer Banks geflohen waren. Jeff und ich genossen zur gleichen Zeit ein Abendessen bei Kerzenlicht unter Sternen.

Stürme sind ein fester Bestandteil des Lebens auf den Outer Banks, sie wirken anregend und fördern eine Zähigkeit, wie sie Pionieren eigen ist. Sie bringen uns zusammen, sie rütteln uns wach. Wenn sich ein Hurrikan zu einer handfesten Bedrohung entwickelt, erwähnen die Männer auf der Straße beiläufig, sie sollten doch besser ihre Boote aus dem Wasser holen. Eine verfluchte Unannehmlichkeit, sagten sie, doch der Tonfall ihrer Stimme täuscht über ihre Aufregung hinweg. Frauen halten sich mit strahlenden Augen in Läden und vor den Schulen an, um die neuesten Meldungen auszutauschen. So zumindest fängt die Hurrikansaison an. Doch sobald die Banks von einem größeren Sturm heimgesucht wurden, sind wir wie betäubt. Dann gehen wir in einem mäßigen Schockzustand, gewürzt mit einer Spur Angst, unserem Alltag nach.

ES IST VIER UHR nachmittags und Bertha verhält sich nicht wie vorhergesagt. Anstatt sich nach Süden zu bewegen, auf Wilmington zu, weisen die neuesten Koordinaten auf einen Richtungswechsel nach Norden hin, das hieße genau auf die Outer Banks zu und an den Sounds entlang. Die Winde liegen bei 170 Stundenkilometern. Die offizielle Meldung lautet noch immer, dass Bertha Wilmington treffen wird, aber einige abweichende Stimmen sehen den Sturm in unsere Richtung schwenken. Ob ich Jeff in seiner Arbeit anrufen und ihm sagen sollte, dass ich fort will? Ein elektrischer Strahl durchzieht meinen Körper – nicht aus Angst, nein, sondern weil mir urplötzlich bewusst wird, in welcher Gegend ich lebe. Ich glaube noch immer nicht, dass Bertha nach Norden kommen wird, aber kann ich mir wirklich anmaßen, die Flugbahn einer abgefeuerten Kanonenkugel vorherbestimmen zu können?

Ich gehe hinaus in den Hof und versuche, meine Intuition wiederzuerlangen. Vereinzelt zeigt sich blauer Himmel zwischen den Wolken. Wir haben noch einmal Glück gehabt, denke ich. Und doch hole ich, als ich wieder im Haus bin, Fotoalben und meine wichtigsten Unterlagen aus meinem Arbeitszimmer im ersten Stock und verstaue sie unter dem Esszimmertisch – nur für den Fall, dass ein Baum auf unser Dach kracht.

Um 17.15 Uhr kommt Jeff nach Hause. Ein einziger Blick genügt, und er fragt mich: »Was ist los mit dir? Es ist alles in

Ordnung, vor allem hier drinnen in den Wäldern.« Meine Gedanken heben ab. Sollten wir die Autos vielleicht doch besser auf der Straße parken oder in Kauf nehmen, dass im Hof ein Baum auf sie fällt?

Als wir unseren Sohn abholen, sagt der Babysitter: »Die alten Hasen von hier sagen, der zieht an den Sounds hoch.«

»Wirklich?«, frage ich.

»Gut«, antwortet Jeff, »aber wir sind jetzt hier, ob dir das recht ist oder nicht. Die Brücken sind gesperrt, sie lassen niemanden mehr auf die Inseln oder von den Inseln weg.« Auf dem Heimweg erzählt er: »Die Einheimischen auf dem Festland sagen, der Sturm zieht ins Landesinnere, über ihre Köpfe hinweg. Es ist eine Lotterie, Jan.«

Die Winde erreichen lediglich 48 Stundenkilometer und kommen nach wie vor aus Nordost. Zu Hause fülle ich die Kerosinlampen ganz nach und stelle den Wetterfunk an. »Nun sollten alle Vorbereitungen getroffen sein«, sagte eine Frau mit Nachdruck in der aufgezeichneten Stimme. »Bedenken Sie, dass es bei Notfällen mehrere Tage dauern kann, bis ärztliche Hilfe eintrifft. Bertha ist ein gefährlicher Hurrikan mit Winden von...« Ich mache wieder aus.

Gegen sieben Uhr sind die Böen, die durch unsere Bäume fahren, auf 80 Stundenkilometer angeschwollen, und der Himmel verdunkelt sich zusehends. Ich sehe zu den Kronen der Loblollykiefern hoch, die sich wie Kreisel 18 Meter über unseren Köpfen drehen. Ihre Bewegungen wirken hypnotisierend. In dem schwächer werdenden Licht kann ich es nicht mehr ertragen, ihnen länger zuzusehen. Das Essen steht auf dem Tisch, ich setze mich und schaue unablässig durch das Fenster hoch. »Hhm«, räuspert sich Jeff. »Es wäre wirklich nett, wenn du nicht mit dem Himmel, sondern mit uns zu Abend essen würdest.«

Nach dem Essen fängt Reid unbedarft zu spielen an, während ich unruhig durch das Haus streife und nach einer Beschäftigung suche. Böen dringen durch Fenster und Türen. Der Wind ist ein Drache, der stoßweise ausatmet. Der Wind ist eine Pauke, die über uns mit dumpfen, dröhnenden Schlägen bearbeitet wird und zu ohrenbetäubenden Crescendi anschwillt. Meine Eltern rufen aus Delaware an, und ich versichere ihnen, dass es uns gut geht, dabei wünsche ich mir, dass wir nur weggefahren wären.

Um neun Uhr ziehe ich mich mit dem Wetterfunk auf die rückwärtige Veranda zurück, aber er ist so stark gestört, dass man kaum etwas verstehen kann. Als ich ihn anstelle, muss ich an die Frauen denken, die im Zweiten Weltkrieg heimlich die Nachrichten hörten, um ihre Kinder nicht zu beunruhigen. Jetzt befinde ich mich im Krieg, und heute Abend verliere ich den Kampf gegen die Nerven. Kleine Äste prasseln wie Geschosse auf das Dach.

Bertha ist nördlich von Wilmington auf das Festland übergetreten. Den weiteren Kurs kann niemand mit Sicherheit voraussagen, aber es scheint, als würde der Sturm ins Landesinnere weiterziehen, weg von den Sounds an der Küste. Ganz gegen meine Annahme hatten wir noch keinen Stromausfall. Um zehn Uhr rufen meine Eltern wieder an, um uns einen Bericht des Weather Channel durchzugeben, demzufolge der Sturm schwächer geworden sei, die Windgeschwindigkeit sei auf 136 Stundenkilometer abgefallen. Ich atme tief durch und fühle, wie sich mein Kiefer entkrampft und die Schultern locker werden.

Kurz vor Mitternacht gehe ich auf die Veranda hinaus und stelle mich in die Böen, die ich auf ungefähr 110 Stundenkilometer schätze. Die Kiefern ächzen. Im Schein einer großen Taschenlampe kann ich erkennen, dass sie sich tief nach unten neigen. Ich drücke mich mit dem Rücken gegen die Hauswand, um fallenden Zweigen und Ästen auszuweichen. Berthas Auge hat uns seitlich liegen lassen und ist nun über dem Festland, für die Outer Banks ist das Schlimmste überstanden. Der Wind brüllt auf und lässt nach, immer wieder. Ich atme mit einem einzigen, tiefen Zug ganz tief in meinen Bauch hinein.

WENN MAN HURRIKANE daran hindern könnte, an der Atlantikküste entlangzuziehen, und wenn es nur für eine einzige Saison wäre, hätten wohl nicht einmal die hartgesottensten Bewohner der Outer Banks etwas dagegen einzuwenden.

Wir haben nun Anfang September, und unsere Kräfte sind erschöpft. Sechs Wochen nach Bertha bedrohte uns der Hurrikan Edouard, aber wieder konnten wir dem Geschütz ausweichen, oder besser gesagt, es wich uns aus. Edouard blieb im Westen, streifte die Inseln vor der Küste New Englands und löste sich dann auf. Vor zwei Tagen erreichte der Hurrikan Fran mit Windgeschwindigkeiten von 185 Stundenkilometern in der Nähe von Wilmington die Küste und zerstörte hunderte von Häusern. Dann zog er weiter ins Landesinnere, stürzte in Raleigh Bäume und Überlandleitungen um, ließ in den Appalachen 35 Zentimeter Regen niedergehen und überflutete die Stadt Washington. Wir blieben verschont, aber nicht gleichgültig. 22 Menschen starben und über ein Dutzend Landkreise wurden zu Katastrophengebieten erklärt. Wir erreichen unsere Freunde in den Bergen nicht und machen uns Sorgen, ihr Haus könnte von einem angeschwollenen Gebirgsbach mitgerissen worden sein.

Die Hurrikansaison ist kaum zur Hälfte vorbei.

Heute Abend haben sich sechs Erwachsene, allesamt auf den Outer Banks wohnhaft und Veteranen vieler Stürme, im Haus unserer Freunde Jim und Marcia Lyons am Cape Hatteras um einen üppig gedeckten Tisch zum Abendessen versammelt. Ein wenig können wir uns ausmalen, womit die Opfer von Fran konfrontiert sind, wenn sie nun beginnen, alles wieder freizuschaufeln, weil wir alle schon in ähnlichen Notlagen waren. Nach einem Hurrikan ist es oft wochenlang heiß und schwül, und Moskitos schwirren gnadenlos durch die Gegend. In den Straßengräben steht das ungeklärte Abwasser. Wasser und Eis werden wertvoll wie Gold.

Jeff denkt an den Hurrikan Camille, ich an Gloria. Vor zwei Jahren waren Jim und Marcia und das andere Paar, das noch bei uns sitzt, Mike und Nancy Cowal, tagelang von der Außenwelt abgeschnitten, nachdem der Hurrikan Emily hunderte von Bäumen umgerissen hatte. Die Schule von Cape Hatteras, an der Jim, Mike und Nancy unterrichten, stand 1,20 Meter tief unter Wasser. »Ich gebe es nicht gerne zu«, sagt Nancy, »aber ich habe es allmählich satt.« Ich kann das gut nachfühlen. Jeder an der Küste North Carolinas kann das gut nachfühlen.

»Ich habe auch schon manche Leute fordern hören, die Regierung solle etwas unternehmen, um diese Hurrikans abzuschwächen«, sagt Mike kopfschüttelnd. »Als ob irgendetwas, was wir unternehmen können, etwas so Mächtiges beeinflussen könnte.« (So seltsam es klingen mag, aber in den 60er-Jahren hatte das U. S. Weather Bureau tatsächlich versucht, zwei Hurrikane in ihrem Auge mit Silberjodid zu impfen, um dadurch die Druckgradienten im Inneren der Stürme herabzusetzen und die Winde abzuschwächen. Die Stürme begannen sich zwar tatsächlich aufzulösen, sammelten sich aber wenige Tage später wieder neu und erreichten ihre alte Kraft.)

Wir sitzen einige Minuten schweigend um den Tisch. In einem angrenzenden Zimmer spielen unsere Kinder johlend und lärmend. »Dafür müssen wir im Winter nicht Schnee schaufeln«, scherzt jemand. Dafür gibt es hier kaum Tornados, Raubüberfälle, Morde und Vergewaltigungen. Gefahren lauern in jeder Landschaft, stellen wir einmütig fest. Ja, aber bis zu einem gewissen Grad kann man seine Familie, sein Leben vor den meisten Katastrophen schützen. Wie kann man sein Heim und die geliebten Menschen vor den mächtigsten Stürmen der Erde schützen? Wir alle wissen die Antwort. Es ist nicht möglich. Das solideste Haus und die perfektesten Evakuierungspläne werden nichts an der Tatsache ändern, dass wir in einem natürlichen Gefahrengebiet leben.

Unter den Kindern herrscht mittlerweile Geheule und Geschrei, die Essensgesellschaft löst sich auf. Als unsere Familie ins Auto steigt, streicht ein leichter Südwestwind durch die Kiefern. Ich sehe zu einem sternenübersäten Himmel hoch und hoffe, die Opfer von Fran werden Trost finden. Ihnen und allen, die mir lieb sind, wünsche ich ein Leben lang nur friedvolle, heilende Winde.

9.

Die Kraft des Windes

IRGENDWANN IM 12. JAHRHUNDERT, als in Japan der Zen-Buddhismus zunehmend an Einfluss gewann und das Land zu einem militärischen Regierungsstil überging, wurde ein Samuraikrieger namens Minamoto-No-Tametomo zusammen mit seinem Sohn auf die einsame Insel Hachijo Jima, etwa 150 Kilometer südlich der japanischen Hauptinsel, ins Exil verbannt. Tametomo war ein geschickter Mann. Er kam auf die Idee, der Wind könne seinen Sohn vielleicht auf die Hauptinsel zurücktragen. Aus nicht näher bekannten Materialien, vielleicht Holz und Seide, baute Tametomo einen Drachen, der groß genug war, um den Jungen über den so genannten Izu-Shichito-Kanal zu tragen. An einem Tag mit mäßigen Winden in die Luft entsandt, erreichte Tametomos Sohn sicher seine Heimat. So berichtet es zumindest die Sage.

Das Bild von Flugdrachen, die Menschen an Orte tragen, die sie auf andere Art nicht erreichen könnten, von Gebilden, die unter Zuhilfenahme des Windes Soldaten über Festungsmauern befördern und Steine und Platten zu den Arbeitern in die oberen Etagen von Bauwerken hieven, habe ich schon immer gemocht. Und genau das fand Marco Polo vor, als er 1282 nach China gelangte. Drachen als Hebevorrichtungen.

An Tametomo und seinen Sohn denke ich heute aus einem ganz bestimmten Grund. Ich bin für zwei Uhr nachmittags angemeldet, um mich mit einem Fluglehrer in einen Drachen schnallen zu lassen, der über der Küstenebene 600 Meter in die Höhe gezogen und dann ausgeklinkt wird. Jede Drehung, die ich vollziehe, jedes Abtauchen zum Boden bestimmen ich und der Fluglehrer.

Ich bin schon seit langem neugierig auf das Drachenfliegen, nicht zuletzt weil Flugzeuge und Gleiter auch in der Geschichte der Outer Banks eine große Rolle spielen. Wilbur und Orville Wright unternahmen im Dezember 1903 hier ihren ersten Flug, die Wahl fiel auf diese Inseln wegen ihrer konstanten Winde. Francis Rogallo, der Mann, der den Flugdrachen erfand, experimentierte mit verschiedenen Bauarten auf den nördlichen Banks. Ich sehe mich selbst in der Höhe schweben, ein Mensch, der fest an einen Drachen gebunden ist, leichter als Luft und die Gestalt des Windes erfühlend. Ich stelle mir vor, wie mich eine Thermik erfasst und hoch in den Himmel trägt.

Als ich am Currituck County Airport ankomme, liegen die Flieger weit in ihrem Zeitplan zurück. Vor mir müssen noch drei Leute ihre Flüge absolvieren. Chad, ein freundlicher junger Mann mit blondem Pferdeschwanz, begrüßt mich, schüttelt mir kräftig die Hand und überreicht mir einen Stapel Formulare, die ich ausfüllen soll. Auf dem Kopf des ersten Blattes steht ein Zitat von Wilbur Wright von ungefähr 1900: »Seit einiger Zeit plagt mich nun schon der Glaube, dass Fliegen für den Menschen möglich ist.«

Fünfzig Meter entfernt, nimmt Chad auf einer grasbewachsenen Landebahn mit einem Tandemdrachen die richtige Position ein. Parallel zum Boden hängt er in einem schlafsackähnlichen Fluganzug unter dem Drachen. Leinen, die am Rücken seines Anzugs befestigt sind, verbinden ihn mit dem Leichtmetallrahmen des Fluggerätes. Durch Verlagerung des Körpers kann Chad den Gleiter nach rechts und links, oben und unten steuern. Ein Flugschüler hängt in einem zweiten Sack knapp zwei Meter über ihm. Der Drachen besteht aus einer Dacronbahn, die über einen Leichtmetallrahmen gespannt ist, sodass eine Tragfläche entsteht. Der neun Meter breite Gleiter ruht wie ein staksiger Sessel auf drei Beinen. An jedem Bein steht ein kleines Rad vor. Während ich das alles betrachte, dreht ein Ultraleichtflugzeug den Motor auf und beginnt die Startbahn entlangzurollen, dabei zieht es den Gleiter hinter sich her. Schon nach wenigen Sekunden schweben beide in der Luft.

Da oben ballen sich Kumuluswolken zusammen und schieben sich, von einer westlichen Brise getrieben, aneinander vorbei aufs Meer hinaus. Das summende Ultraleichtflugzeug zieht den Gleiter unter Beschreibung eines großen Rechtecks einmal um den Flughafen, noch ein zweites Mal, und steigt dabei bis 600 Meter Höhe auf. Die beiden Fluggeräte sehen beunruhigend fragil aus, wie Modelle aus Zahnstochern und Seidenpapier. Ich erkenne, wie das Flugzeug durch Neigung der Tragflächen ein Signal abgibt und sich entfernt. In freier Bewegung dreht sich der Flugdrachen nun zu uns her und wieder weg, und noch einmal zu uns, als wolle er die fünf Truthahngeier nachahmen, mit denen er sich den Himmel teilt.

Ein dunkelhaariger, athletisch wirkender Mann auf einer Ruhebank zielt mit dem langen Teleobjektiv seiner Kamera auf den Drachen, drückt aber nicht ab. »Schlechtes Licht«, sagt er im Flüsterton.

»Freunde von Ihnen?«, frage ich, mit dem Kopf in den Himmel weisend.

»Ja.« Er lächelt, den Blick immer noch nach oben gerichtet, und wendet sich dann zu mir. »Darauf haben wir jetzt drei Tage gewartet. Das Wetter war die ganze Zeit miserabel.«

»Waren Sie schon einmal oben?«

»Ein paar Mal.« Er grinst. »Ich habe 1974 mit dem Drachenfliegen angefangen.« Er hält nachdenklich inne, als müsse er überlegen, ob er mir noch mehr erzählen soll. »Irgendwann habe ich einmal nachgerechnet und festgestellt, dass ich einer der ersten 50 gewesen sein muss, die östlich des Mississippi mit dem Drachenfliegen angefangen haben.«

Ich stelle mich ihm vor und erzähle ihm, warum ich mich für den Wind interessiere.

»Rick Sherman aus Herndon, Virginia«, sagt er mit festem Händedruck. »Ich war jetzt seit ungefähr fünf Jahren nicht mehr oben, wahrscheinlich war ich zu sehr mit anderen Sportarten beschäftigt.«

Wir beobachten, wie der Drachen seine Kreise zieht, ein anmutiger Bumerang. Er ist weiß mit einem gelben Streifen, doch am Himmel erscheint er in einem ganz blassen Blau. Sherman schießt ein paar Fotos.

»Bis zu welcher Windstärke kann man fliegen«, frage ich.

»Eigentlich ziemlich viel, wenn es nicht zu böig ist«, sagt er. »Mehr als man meinen möchte. Der beste Flug, den ich je hatte, war an einem Ort namens Brady's Branch, über dem Allegheny River oben bei Pittsburgh. Mitten im Winter. Wir hatten minus 6 Grad, und der Wind wehte mit 32 Stundenkilometern, aber gleichmäßig. Drei Personen mussten den Drachen festhalten, damit er nicht von selbst wegflog. Ich hob von der Plattform ab und stieg gleich 200 oder 250 Meter geradeaus nach oben. Es war, als hätte mich ein Riese am Nacken gepackt.«

Wenn starker Wind gegen eine Felswand prallt, dreht er direkt nach oben. Drachenflieger nutzen diese aufsteigende Säule, ein so genannter Hochdruckgürtel, um das klassische Manöver in dieser Sportart auszuführen – konstant an einer Stelle in der Luft zu stehen. Dabei ist es absolut wichtig, die Breite des Hochdruckgürtels richtig abzuschätzen, erzählt mir Sherman. »Wenn man darüber hinauskommt, fällt man ganz schnell ab. Ich schaute nach unten und sah, wie ein Rotschwanzbussard ungefähr 30 Meter unter mir sein Spielchen trieb, dann schlug er eine andere Richtung ein. Ich folgte ihm.

Ich wusste, so lange ich über ihm blieb, würde ich mich innerhalb des Hochdruckgürtels aufhalten. Wir spielten ungefähr 20 Minuten lang Fangen.« Unten im Allegheny trieben Eisklumpen dahin, ein wunderschönes, unheimliches Blau. »Es war unglaublich.«

»Einmal, auf einem anderen Flug, ließ ich mich ablenken und kam über den Hochdruckgürtel hinaus. Ich verlor an Höhe und wusste, dass ich es auf keinen Fall zum Landeplatz schaffen würde. Ich befand mich über einem Waldstück. Das Einzige, was man in dieser Situation tun kann, ist, auf die Bäume hinunterzuschauen und sich einen schön weichen auszusuchen.« Nach der Landung musste er sich aus einem Gewirr von Ästen befreien, aus 18 Meter Höhe nach unten klettern und dabei seinen Drachen vorsichtig manövrieren, sodass er nicht beschädigt wurde.

Der Drachen nähert sich der Landebahn, und Shermans Freund, der ihn nach Chads Anweisungen lenkt, neigt behutsam die Spitze, um ihn abzubremsen. »Nicht schlecht«, sagt Sherman, während er ausrollt. Einige Minuten später hängt Sherman selbst im Drachen und wirbelt, vom Ultraleichtflugzeug gezogen, mit dem Kopf voraus wie ein menschlicher Wurfspeer dahin. Der Drachen schwebt hinter dem Flugzeug, steigt anmutig nach oben, die Tragflächen dem Wind geöffnet. Als 600 Meter erreicht sind, klinkt Sherman das Zugseil aus und beginnt zu kreisen, schlängelt sich zwischen Geiern durch die Lüfte, ein kleiner, torkelnder Fleck am Himmel.

ES IST EIN EIGENARTIGES Gefühl, parallel zum Erdboden unter einem Hightechdrachen zu hängen, und dann noch eng zusammen mit einem Menschen, den man nicht kennt. Und noch eigenartiger ist es, mit 50 Stundenkilometern einen Meter über dem Boden dahinzufliegen (habe ich davon nicht schon einmal geträumt?), während der ganze Körper wie ein Pendel nach hinten schwingt.

Auf meinem Kopf sitzt ein weißer Helm mit einem Kinn-
bügel, der nach unten weist, in Richtung von Chads Hinter-
kopf. Chad dreht den Kopf zur Seite, zu mir zurück, sodass
wir uns unterhalten können – eine Geste, die in anderer Umgebung sehr intim wirken könnte. Er ist ziemlich braun gebrannt und hat schöne Augen. »An der Seite ihres Anzugs
sind einige Leinen. Können Sie sie ertasten?« Ich suche die
Seiten meines Sackes ab und entdecke etwa in Hüfthöhe die
Leinen. »Lassen Sie Ihre Hände da drinnen, bis wir ganz oben
sind. Wenn wir dann so weit sind, dass Sie fliegen können,
halten Sie sich hier fest.« Er tippt auf zwei stabförmige Streben, die beidseitig von unseren Köpfen nach unten ragen und
ein umgekehrtes V bilden. Unten sind sie mit einer weiteren
Stange verbunden, der dritten Seite eines Dreiecks aus Alu-
minium, mit dem Chad den Drachen steuert.

Vor uns brummt das Ultraleichtflugzeug störend, ein mo-
torisierter Moskito. Der Wind bläst uns ins Gesicht. »Wir bewegen uns mit circa 50 Stundenkilometern, bis wir unsere
Endhöhe erreicht haben«, sagt Chad, der fast schreien muss,
um sich Gehör zu verschaffen, »deshalb ist der Wind so stark.
Dann neigt der Pilot die Tragflächen, und ich werde das Seil
ausklinken. Wir werden ein wenig absacken, und die Geschwindigkeit wird auf ungefähr 25 Stundenkilometer abfallen.« Bereits jetzt fallen und steigen wir in Wellenbewegungen, treffen auf kleine Ballungen von Turbulenzen, die mir
beunruhigend erscheinen. Am Boden hörte ich, wie jemand
davon sprach, dass es in der Luft heute holprig sei, was gut,
aber auch schlecht sein kann. Der Flug soll ungefähr 15 Minuten dauern. Aber wenn wir Aufwinde finden, einen Aufzug,
wie der Pilot sagt, werden wir länger oben bleiben.

Auf ungefähr 200 Metern nimmt die Ackerlandschaft des
Currituck County das etwas unwirkliche Erscheinungsbild an,
das uns von Flugzeugen aus vertraut ist: Spielzeughäuser,
Spielzeugbäume. Das Wasser in den Teichen und Gräben glit-

zert wie Quecksilber. Im Osten erstreckt sich der Currituck Sound. Jenseits davon liegt ein schmaler Landstreifen – die nördlichsten Ausläufer der Outer Banks.

Noch höher, und die Luft wird diesig. Es ist nicht der leichte, bläulichweiße Nebel, den ich erwartet hatte, sondern ein dunkles Blaugrau, als würde sich ein Sturm zusammenbrauen. Die Wolken über uns sehen ebenfalls dunkler aus, und die Luft ist erfrischend kühl und feucht. An einem klaren Tage wäre die Sicht vielleicht besser gewesen, doch mir gefällt es mitten in dieser atmosphärischen Suppe.

600 Meter. Mit der Spitze nach Osten klinken wir uns vom Flugzeug aus und fallen sofort etwa zwei Meter nach unten. Das Flugzeug brummt davon und lässt uns in der Stille der singenden Luft zurück. Die Bäume unter uns sind in ein tiefes Schwarzgrün getaucht, die Oberfläche des Sounds ist marineblau. »Nun kann's losgehen«, sagt Chad und holt die Zugleine ein. »Halten Sie sich am Gestänge fest. Ab jetzt werde ich Sie fliegen lassen.«

Seiner Aufforderung gehorchend, schiebe ich mich nach vorne und spüre, wie der Drachen nach vorne kippt, dann verlagere ich mich wieder nach hinten, sodass sich die Spitze nach oben richtet. Ich fühle Schmetterlinge in meinem Bauch. Durch eine Gewichtsverlagerung nach links löse ich ein Rotieren nach links aus. Um aus dieser Drehung wieder herauszukommen, verlagere ich das Gewicht nach rechts. Chad zeigt auf eine große Vier auf der befestigten Start- und Landebahn rechts unter uns. »Versuchen Sie, zu wenden und über der Vier zu bleiben«, sagt er. Ich ziehe hart nach rechts, neige mich dann nach links. »Gut«, sagt Chad begeistert. Ich bin mit mir zufrieden. Der Drachen reagiert ähnlich wie das Ruder eines Segelbootes. Ich weiß instinktiv, wann ich mich drehen und wann ich nach hinten ziehen muss.

»Nun peilen wir die 22 am anderen Ende der Bahn an«, sagt Chad. Wieder drehe ich ohne Probleme. Unter uns sehe ich drei schwebende Truthahngeier, sehr klein, kleiner als sie vom Boden aus wirken. Ihr Anblick erinnert mich daran, wo ich mich befinde, das macht mich etwas zittrig.

»Behalten Sie diese Vögel im Auge«, fordert mich Chad auf. »Wenn Sie sehen, dass sie kreisen, müssen Sie es mir sagen. Das bedeutet nämlich, dass sie über einer Thermik sind.«

Wir fliegen von einem Ende der Bahn zum anderen und noch einmal zurück, kreisen, bis mein Kopf ganz leicht geworden ist. Unsere Bewegungen wirken nicht ganz ausbalanciert, wie in einer Achterbahnfahrt, außerirdisch, unwirklich. Viele Menschen entdecken gleich beim ersten Versuch ihre Liebe zum Drachenfliegen, aber ich glaube nicht, dass ich zu ihnen gehöre. Wieder kommt es mir vor, als würde sich das alles im Traum ereignen.

Ich denke an Tametomos Sohn und frage mich, ob er Angst hatte, allein in den Wolken. Der Drachen kippt unerwartet nach vorne, und ich beschließe, der Junge muss Angst gehabt haben. Ich fürchte mich nicht, aber ich fühle mich auch nicht hundertprozentig wohl. Ich versuche, meinen stark durchgebogenen Rücken zu entspannen.

Chad gibt mir weiter Anweisungen, wie und wann ich wenden soll, aber das Szenario um mich herum lenkt mich ab. Ich will mich jetzt nicht auf das Steuern konzentrieren, ich möchte mir alles ansehen. Plötzlich fällt mir auf, dass wir stärker herumwirbeln und uns steiler abwärts bewegen, als ich erwartet hatte. Was ist mit dem Wind jetzt los? Chad weiß es vermutlich, aber ich habe keine Ahnung.

»Warten Sie eine Sekunde«, sage ich. »Was passiert, wenn wir einfach versuchen, ein paar Minuten lang über einer Stelle zu bleiben.«

»Wie meinen Sie das?«

»Ich meine, einfach geradeaus fliegen und versuchen zu schweben. Einfach stehen.«

»Gut, versuchen wir's.« Wir verlagern unser Gewicht sorgfältig in die Mitte und richten den Drachen nach Südwesten aus, in den Wind. Er steigt hoch wie auf einer Welle und fällt dann abrupt in eine Rinne. Chad verlagert sein Gewicht schnell nach hinten.

»Beinahe wären wir abgesackt«, sagt er.

»Abgesackt?«

»Ja. Man kann nur in der Luft stehen, wenn man eine Art Aufzug findet.«

Wir verlieren an Höhe, die Erde erscheint zunehmend wie etwas tatsächlich Greifbares. »Steuern wir wieder auf die Vier zu, vielleicht finden wir eine Thermik«, schlägt Chad vor. Ich frage mich, wie das wäre. Eine blubbernde Quelle, die vom Boden aufsteigt? Auf einen Schlag bin ich taub vor Erschöpfung. Als Chad mich auffordert, nach links zu drehen, reagiere ich nur schwerfällig.

Wir sinken über einen Flugzeughangar und richten uns nach der grasbewachsenen Landebahn aus. »Jetzt übernehme ich«, sagt Chad. »Der Boden scheint noch weit weg zu sein, aber er kommt ganz schnell näher.« Ich bin mir nicht sicher, ob ich traurig oder froh sein soll. Wir fallen steil ab, setzen mit einem Schlag auf die Startbahn auf und rollen aus, dabei schwingen unsere Körper wieder unter dem Druck des Windes nach hinten.

WIE AUS ANTIKEN Schriften und archäologischen Ausgrabungen zu schließen ist, nutzt die Menschheit schon seit langer Zeit auf kluge Weise den Wind zur Verehrung der Götter, zur eigenen Erbauung und zur Erledigung von Arbeiten. Vom Wind betriebene Gebetsmühlen zur Darbringung von Lobgesängen tauchten 755 vor Christus in Tibet auf. Aus Bibelstellen erfahren wir, dass König David seine Fenster mit Äolsharfen dekorierte, die bei leichten Winden erklangen. 1650 brachte Athanasius Kircher, ein Jesuit, der irgendwo in Europa lebte, Darmstränge an einen hölzernen Kasten an und stellte diesen so auf, dass der Wind die Stränge zum Vibrieren brachte. Die Vorrichtung funktionierte so gut, dass sie in ganz Europa zu einem beliebten Gartenutensil wurde. Auch Amerikaner bauten Äolsharfen, sowohl Thoreau wie auch Emerson schrieben darüber, und in Robert Louis Stevensons *Der Strand von Falsea* benutzt sie jemand, um Wanderer am Strand zu verhexen und zu erschrecken. Aber die Töne einer Äolsharfe sind nicht sehr laut, und so geriet sie in Vergessenheit, als die Städte und Ortschaften immer mehr vom Lärm der Fabriken, Straßenbahnen und Autos widerhallten. Ende der 80er-Jahre, als der britische Musiker Roger Winfield sich vornahm, ein ganzes Orchester aus Äolsharfen zusammenzustellen, die zwei Meter und höher waren, stellte er fest, dass er sie mit Mikrofonen und kleinen elektronischen Verstärkern ausrüsten musste, um sie vor den urbanen Hintergrundgeräuschen überhaupt hörbar zu machen. Winfield produzierte schließlich ein Album mit dem Titel *Windsongs* – sehr mystische Kompositionen, die in England und Spanien entstanden.

In früheren Zeiten wurde der Wind am häufigsten für die Segelschifffahrt nutzbringend eingesetzt, doch in einigen Kulturen bediente man sich seiner auch für handwerkliche Zwecke. Die Römer errichteten an der Westseite von Hügeln Steinhaufen zum Schmelzen von Eisen, weil dort die vorherrschenden Winde das Feuer immer wieder anfachten, die Inkas bedienten sich einer ähnlichen Methode zum Schmelzen von Silber. Ende der 80er-Jahre entdeckten Archäologen im Süden Sri Lankas eine Ansammlung besonders ausgefeilter Öfen, die aus dem siebten und achten Jahrhundert stammen und mithilfe der Monsunwinde das Feuer im Inneren heiß genug hielten, um darin Eisen zu schmelzen. Während dieser Periode produzierten Indien und Sri Lanka Eisen und Stahl in einer Qualität, die auf der ganzen Welt unerreicht war. Die Forscher fanden 41 Stein- und Lehmöfen, die an Felswände gebaut waren. Jeder Ofen war ungefähr 60 Zentimeter hoch und 180 Zentimeter lang, und die Vorderseite zeigte in die Richtung der vorherrschenden Winde. Spitz zulaufende Lehmröhren durchzogen die Wand und sorgten für einen starken Luftzug nach innen. Als die Archäologen zwei Öfen nachbauten, stellten sie überrascht fest, dass Größe und Anordnung der Röhren selbst bei böigen Winden ein gleichmäßiges Einsaugen von Luft gewährleisteten. Die Einheimischen hatten ein exakt zu regulierendes Verfahren zum Schmelzen von Eisen entdeckt und möglicherweise jährlich bis zu zehn Tonnen Stahl mit hohem Kohlenstoffgehalt produziert – eine immense Menge.

Wenn es um die Verrichtung von Arbeiten ging, nutzte man den Wind jedoch am intensivsten mit dem Betrieb von Windmühlen. Historiker sind sich nicht sicher, wo die Windmühle ihren Ursprung fand, doch weiß man, dass sie im zehnten Jahrhundert in Persien zum Mahlen von Getreide weit verbreitet war. Die ersten Mühlen bestanden aus einem horizontal angeordneten Rad mit Segeln, ähnlich einem Karussell, das eine Welle antrieb, über die wiederum der Mahlstein in Drehung versetzt wurde. Aber obwohl sie aus allen Richtungen den Wind leicht einfangen konnten, entwickelten die horizontalen Mühlen nur ein Drittel bis ein Fünftel der Kraft, die eine Mühle mit vertikalen Segeln lieferte.

Historiker nehmen an, dass die Windmühle im elften Jahrhundert in Europa eingeführt wurde, zur Zeit der Kreuzzüge also. Ihre Ausbreitung über die feudalen Ländereien erfolgte explosionsartig. In mittelalterlichen Schriften finden sich Zeichnungen von Pfostenwindmühlen mit vier vertikal angeordneten Segeln – die klassische Windmühlenkonstruktion –, deren Unterbauten drehbar waren, sodass der Wind aus jeder beliebigen Richtung genutzt werden konnte. 1191 weigerte sich ein britischer Ritter aus Bury St. Edmunds, aus den Erträgen, die er mit einer eigenhändig erbauten Mühle, möglicherweise der ersten überhaupt in England, erwirtschaftete, den Zehnten an die katholische Kirche abzuliefern. Sein Widerstand gegen die Kirche entfachte den Zorn des für die Region zuständigen katholischen Oberhauptes, des Abts Ramsey, der selbst einige Mühlen besaß, die mit Tieren betrieben wurden und offensichtlich die einzigen anderen Mühlen weit und breit waren. Der Ritter argumentierte, jeder solle freien Zugriff auf den Wind haben. Darauf erwiderte der Abt: »Ich bringe dir den Dank entgegen, den ich dir schulden würde, wenn du mir beide Beine abgehackt hättest. Beim Angesicht Gottes, ich werde kein Brot mehr essen, ehe nicht dieses Bauwerk eingerissen ist. Du bist ein alter Mann und solltest wissen, dass weder der König noch seine Gerichtsbarkeit innerhalb der Grenzen dieser Stadt irgendetwas ändern oder einführen können, ohne dazu das Einverständnis des Abtes und des Klosters eingeholt zu haben.« Der Abt drohte, er würde die Mühle von seinen Bediensteten niederreißen lassen, doch der eingeschüchterte Ritter beauftragte eilends seine eigenen Leibeigenen, das Bauwerk zu entfernen.

Doch der Einsatz von Windmühlen war nicht aufzuhalten. Im 13. Jahrhundert tauchten sie in wachsender Zahl im gesamten Osten Englands und in Nordeuropa auf, und Historiker nehmen an, dass sie um 1230 nach China vordrangen. Irgendwann in diesem Zeitraum führten die Holländer eine Windsteuer ein, die an den Lehnsherren oder König zu entrichten war, über dessen Felder der Wind wehte, ehe er die Mühle erreichte. Als die Zahl der Windmühlen immer mehr zunahm, beklagte sich ein englischer Lehnsherr, sie böten »gewitzten Bauern eine Gelegenheit, die Regelungen der Lehnsherrschaft zu umgehen, unabhängig zu handeln und zu einigem Wohlstand zu kommen.« Das war allerdings etwas übertrieben, denn nur wenige Bauern verfügten über die Mittel, sich eigene Mühlen zu bauen. Und viele Lehnsherren nahmen für das gesamte auf ihrem Boden geerntete Getreide die

Gerichtsbarkeit über die Mühlen oder die Mahlrechte für sich in Anspruch. In einigen Regionen konnten die Bauern ihre Ernte aber auch in Mühlen bringen, die sich in Privatbesitz befanden und nicht dem Feudalsystem unterstellt waren.

Die Windmühlen hoben den Lebensstandard der feudalen Gesellschaft ganz einfach dadurch, dass sie es den Frauen abnahmen, das Getreide per Hand zu mahlen. Der Einsatz von Arbeitstieren, Wasserkraft und Wind veränderte den Alltag der Bauern in solchem Maße, dass die Historikerin Lynn White sich zu der Aussage veranlasst sieht: »Als größte Errungenschaft des Mittelalters sind nicht seine Kathedralen, die Epen oder die Scholastik zu sehen, sondern dass sich zum ersten Mal in der Geschichte eine komplexe Kultur herausbildete, die nicht auf dem Rücken schwitzender Sklaven oder Leibeigener aufbaute, sondern in erster Linie auf nicht vom Menschen verrichteter Arbeit.«

Die Windmühle erreichte ihre größte Blüte in den Niederlanden, wo von 1500 bis 1650 die Ackerflächen durch den Einsatz von Entwässerungsmühlen um 40 Prozent ausgedehnt werden konnten. Windmühlenflügel lieferten die Antriebskraft für hölzerne Räder, die ähnlich wie die traditionellen Wasserräder konstruiert waren und das Wasser schaufelweise von den Feldern ableiteten. Um 1600 begannen die Holländer mit dem Bau gewerblicher Windmühlen, mit denen man Holz sägen, Hafer und anderes Getreide entspelzen und Fasern zur Gewinnung von Hanf bearbeiten konnte. Nach der Einschätzung von Historikern prägten im 18. und 19. Jahrhundert um die 100 000 Windmühlen das Bild auf den Feldern Europas. Doch der Betrieb der Maschinen war vom Wetter abhängig, und letzten Endes konnten sie es nicht mit der Dampfmaschine aufnehmen. Um die Mitte des 19. Jahrhunderts, als das Mahlen von Getreide und das Sägen von Holz auf einmal durch Dampf möglich war und der Transport von Mehl und anderen Produkten von einer Region zur nächsten mit Zügen erfolgte, waren Windmühlen plötzlich nicht viel mehr als nostalgische Überbleibsel. Die einzige Ausnahme bildete noch der amerikanische Westen. Dort benutzten die Siedler von 1850 an eine scheibenförmige Windmühle mit vielen Blättern und einer Schweife, um Grundwasser hochzupumpen. Mithilfe von Windmühlen konnten die Bauern ihre Herden kostengünstig mit Wasser versorgen, somit spielten sie eine wichtige Rolle in der Besiedlung Nordamerikas. Mancherorts sind sie noch heute im Einsatz.

IN EINER WELT, in der sich Reisen und Handel in so großem Maß in der Luft abspielen, kann man den Wind nur schwer ignorieren. Heute müssen Piloten die Launen des Windes auf allen Etappen ihrer Route genauestens verfolgen. Und vielleicht wissen sie exakter als jeder andere, wie sehr die Bewegungen der Luft jenen des Wassers ähneln. Sie wählen unterschiedliche Höhen, um die jeweils vorteilhaftesten Strömungen zu nutzen. Wie Bootsführer auf einem Fluss sind sie auf der Hut vor Stromschnellen, jenen Stellen, an denen die Luft durch Unregelmäßigkeiten in der Landschaft und das Tauziehen unterschiedlicher Druckverhältnisse aufgewirbelt wird. Eine Bergkette, eine Gruppe von Wolkenkratzern, eine Veränderung der Vegetation am Boden, sich auftürmende Gewitterwolken – all das kann dazu führen, dass Luftschichten in Bodennähe aufgewühlt werden, hochsteigen und extrem tückisch wieder abfallen. Zuweilen steigt eine Turbulenz an die tausend Meter hoch, viel höher, als Piloten es vermuten. Auch ungewöhnlich starke Winde können eine Gefahr beim Fliegen darstellen, vor allem für die kleineren Flugzeuge.

Der französische Schriftsteller Antoine de Saint-Exupéry schildert in seinem 1940 erschienenen Buch *Wind, Sand und Sterne* seine Erfahrungen, die er acht Jahre lang als Pilot von Propellermaschinen gesammelt hatte. Auf einem Flug entlang der Küste Argentiniens machte er Bekanntschaft mit einem

Wind, wie er ihn bis dahin noch nie erlebt hatte. »Man überfliegt dort eine Gegend, die zerbeult ist wie ein alter Kessel«, schreibt er. »Die Luftströmungen, die die Hochdruckgebiete über dem Pazifik durch eine Lücke in der Andenkette hindurchpressen, fangen sich in einem engen Durchbruch von hundert Kilometer Front und bekommen dabei immer größere Geschwindigkeit, sodass sie unter sich alles kahl putzen.« Da er schon oft über die Atlantikküste geflogen war, glaubte er zu wissen, was ihn erwarten würde: »eine blaugraue Farbe« des Himmels, die die Zone der stärksten Winde kennzeichnete, und »ein schmerzhafter und mühsamer Flug, auf dem man jeden Augenblick in ein unsichtbares Schlammloch zu stürzen begann.« Doch an diesem speziellen Tag war er in Alarmbereitschaft, als er tiefblauen Himmel sah – viel zu blauen Himmel. Und ehe er wusste, was geschah, befand er sich tief im Maul des Drachens. Sein Flugzeug begann zu zittern. Als er auf die zerfurchte Erde hinuntersah, bemerkte er, dass er keine Fahrt mehr machte. Die Landschaft schwankte, als sich das Flugzeug zur Seite neigte. Bergspitzen türmten sich drohend vor ihm auf und verschwanden wieder. »Senkrecht stehend, waagrecht schwebend, schief steigend und fallend – wild kreuzen sich die Linien«, schreibt er. Plötzlich »begreife ich die Ursache mancher Flugunfälle im Gebirge, die das Fehlen jeglichen Nebels rätselhaft machte«. Er wurde sich bewusst, dass er nicht nur gegen den Wind, sondern auch gegen die Berge zu kämpfen hatte. Er prallte gegen die Luftbewegungen über den Anden, als wäre er gegen eine Felswand geflogen.

»Einen Augenblick darf ich verschnaufen, zwei Sekunden vielleicht. Etwas wird plötzlich fest unter mir, gestaltet sich, packt zu. Ich kann nur staunen und große Augen machen. Es ist, als ob das Flugzeug kraftvoll schwingt, sich entfaltet, sich weitet. An Ort und Stelle wird es in brausendem Höhenflug fünfhundert Meter steil aufwärts emporgerissen. Plötzlich beherrsche ich meine Feinde von oben, wo ich doch seit vierzig Minuten nicht über sechzig Meter hochkommen konnte … Und da trifft mich ohne jeden Übergang der Stoß des Salamancahorns – tausend Meter davon entfernt. Doch es gereicht mir zum Heil: Ich purzle und taumele dem Meer zu.«

Später erfuhr Saint-Exupéry, dass für die Winde, die er durchflogen hatte, über der Meeresoberfläche Geschwindigkeiten von bis zu 240 Stundenkilometern gemessen wurden. Durch die Turbulenzen, die sich bildeten, als sie über die Anden zogen, waren sie für jede Art von Flugzeug, die damals gebaut wurde, völlig unberechenbar.

Heute werden von den Fluglinien weitaus größere Maschinen eingesetzt, und die Piloten fliegen in 9000 Metern und höher, um den Luftwirbeln über Berggipfeln aus dem Weg zu gehen. Gelegentlich trifft es sie aber völlig unvorbereitet.

An einem wolkenlosen Tag im Dezember 1996 geriet eine McDonnell Douglas MD-80 der American Airlines auf einem Flug über die Rockies in Colorado gänzlich unerwartet in ein Feld von so genannten Clear-Air-Turbulenzen. Das Flugzeug sackte einige Meter ab und fing sich wieder. Ein sieben Monate altes Baby wurde aus den Armen der Mutter hochgeschleudert und schlug mit dem Kopf so heftig oben am Gepäckfach auf, dass eine der Leselampen dabei zu Bruch ging. Elf weitere Personen wurden ebenfalls verletzt, allerdings keiner lebensgefährlich. Im Dezember 1997 traf ein Flugzeug der United Airlines auf dem Weg von Honolulu nach Japan ebenfalls auf Clear-Air-Turbulenzen und sackte beinahe 300 Meter ab. Eine Frau starb, über 80 Passagiere wurden verletzt.

Clear-Air-Turbulenzen entstehen, wenn Strömungen einen Zustand anstreben, den Physiker als chaotisch bezeichnen.

Wenn man sie sichtbar machen könnte, würden sie den Strudeln in einem felsigen Flussbett ähneln, doch können sie auch andere Formen annehmen. Für die kommerziellen Fluglinien würden sie ein relativ großes Problem darstellen, gäbe es nicht den simplen Beckengurt. Die meisten Reisenden werden allerdings nie so heftige Clear-Air-Turbulenzen erleben, dass das Flugzeug wie ein Aufzug nach unten sinkt. In bestimmten Regionen der Erde, wie etwa im Himmel über den Rocky Mountains, kommen sie jedoch gehäuft vor.

Wetterexperten hoffen, Clear-Air-Turbulenzen irgendwann einmal per Laser so weit im Voraus ausmachen zu können, dass die Flugzeuge sie noch umgehen können. Die herkömmlichen Warneinrichtungen vor Turbulenzen, wie der Doppler-Radar, sind abhängig von Regentropfen oder anderen großen, in der Luft enthaltenen Partikeln und bringen keine Ergebnisse in der Vorhersage turbulenter Luftbewegungen, wenn keine Wolken am Himmel sind.

Mehr Glück haben die Forscher in der Erkennung gefährlicher, nach unten abfallender Luftströmungen, von Meteorologen als Mikroturbulenzen bezeichnet, die oft mit Gewitterstürmen einhergehen. Fliegt eine Maschine durch eine solche Mikroturbulenz, trifft sie zunächst auf starken Gegenwind, dann auf eine Säule absinkender Luft und schließlich heftigen Rückenwind. Jede plötzliche Scherung des Windes kann dazu führen, dass das Flugzeug an Auftrieb verliert und möglicherweise sogar absackt. Geschieht dies nahe am Boden, kann es zu einem Aufprall kommen. Zwischen 1964 und 1994 führte man mindestens 30 Unfälle – einige Abstürze, einige Beinaheabstürze – darauf zurück, dass die Flugzeuge unerwartet in Windscherungen geraten waren. Bei diesen Unfällen fanden über 500 Menschen den Tod. Ab Mitte der 90er-Jahre verlangte die Federal Aviation Administration von den kommerziellen Fluglinien, sämtliche Maschinen mit Windscherungsdetektoren auszurüsten. Die meisten Fluggesellschaften entschieden sich für Sensoren zur Feststellung der Windgeschwindigkeit, die den Piloten warnen, wenn sich das Flugzeug bereits in einem gefährlichen Windfeld befindet, aber nicht im Voraus auf eine Windscherung hinweisen. Einige Fluglinien haben in ihre Maschinen aber auch anspruchsvollere Laser- und Mikrowellen-Radarsysteme eingebaut, die Windscherungen bis zu 40 Sekunden im Voraus erkennen und dem Piloten Zeit verschaffen, sich auf etwaige Probleme einzustellen. Die Warnsysteme, die von den Ingenieuren des Forschungszentrums der National Aeronautics and Space Administration in Langley entwickelt wurden, gelten als erstes Anzeichen für einen Durchbruch in dieser Technologie, der das Reisen in der Luft bedeutend sicherer machen könnte.

WIR HABEN EINEN Tag im August. Seit einer Woche hält sich unsere Familie an einem See in New Hampshire auf, wo wir ein Ferienhaus gemietet haben, und eben sitze ich bequem in einem Korbstuhl auf der Veranda. Eine auffrischende Brise zieht über das Wasser und verspricht gute, anspruchsvolle Segelbedingungen – wenn nur Jeff endlich von seinem Ausflug in die Stadt zurückkkäme.

Neben mir auf dem Boden blättert unser Sohn einen Stapel Bücher durch. »Du hast mir den ganzen Tag noch nichts vorgelesen«, beklagt er sich. Das stimmt, habe ich wirklich nicht. Ich mustere ihn und schätze meine Chancen ein, eine Abmachung mit ihm zu treffen.

»Ich habe eine Idee«, sage ich. »Ich verspreche, dass ich dir acht Bücher vorlesen werde, acht *lange* Bücher, heute Abend, wenn du jetzt mit mir segeln gehst.«

Reid zieht die Stirn in Falten. Er ist erst vier und hat beim Segeln Angst. Die Instabilität des kleinen Sunfish-Bootes, wenn es mit dem Bug vertäut ist, ist mehr, als er verkraften kann. Mein ganzes Bitten und Flehen der letzten sieben Tage konnte ihn nicht dazu überreden, einen Fuß in das Boot zu setzen. Aber immerhin, acht Bücher wären eine ganze Stunde Vorlesen. Kein übles Angebot.

»Ich lasse nicht zu, dass irgendetwas passiert, das verspreche ich dir. Ich bin eine gute Seglerin.«

Er runzelt wieder die Stirn, und ich weiß, es nutzt alles nichts. »Darf ich ein Video ansehen?«, fragt er.

Ich beobachte, wie eine Bö über die Wasseroberfläche zieht und seufze tief. Dieser schöne Wind soll ungenutzt verstreichen! »Mit welchem Buch soll ich anfangen?«, frage ich Reid.

Für Menschen, die gerne Segeln, ist es eine Qual, wenn sie an windigen Tagen arbeiten oder im Haus bleiben müssen. Ungeduldig trommle ich mit den Fingern auf den Tisch, gehe unablässig auf und ab. Ich schließe die Augen und atme tief durch – ein vergeblicher Versuch, mich zu entspannen. Meine Gedanken kreisen immer nur um ein Thema: Es ist schon spät, und bald legt sich die Brise.

Ich kenne viele andere Segler mit den gleichen Nöten. Hank Helmen, Pilot bei einer regionalen Fluggesellschaft in der Nähe von Charlottesville, Virginia, ist der windverrückteste Mensch, der mir jemals begegnet ist. Praktisch jede Stunde, die er wach verbringt, ist der damit beschäftigt, Richtung und Geschwindigkeit des Windes festzustellen. Helmen lebte viele Jahre lang in Norfolk, wo er ein kleines Mietshaus besitzt. Auf dem Dach steht eine Windturbine, mit der er Strom für die Lampen im Eingangsbereich und im Treppenhaus erzeugt.

Mit 16 Jahren begann Helmen mit dem Segelfliegen, doch inzwischen geht er lieber zum Windsurfen. Vor Jahren, als er noch in Norfolk wohnte, montierte er in seinem Hof verschiedene selbst geschnitzte Propeller oder Windräder aus Holz auf Pfosten, die ihm anzeigen sollten, ob genug Wind zum Segeln wehte. »Ich bin so oft für dumm verkauft worden,« sagt er. »Ich hörte mir den regionalen Wetterbericht an, und sie erzählten mir, es würde keinen ordentlichen Wind geben, doch am Ende blies es, was das Zeug hielt. Oder sie sagten Wind voraus, wenn überhaupt keiner einsetzte.« Ein Windrad war so eingestellt, dass es sich zu drehen begann, wenn der Wind 15 Stundenkilometer erreichte, ein weiteres bei 30 Stundenkilometern und wieder ein anderes bei 45. »Wenn er 30 erreichte, nahm ich mein Brett, und es ging los«, erzählte Helmen. Eine Zeit lang baute er Windräder in unterschiedlichsten Formen und verkaufte sie in Geschenkläden in der Gegend, aber als zu viel Zeit vom Segeln dafür abging, gab er diese Arbeit wieder auf.

Mehrmals im Monat fährt Helmen nach Norfolk zum Windsurfen, zum Segeln war er schon in vielen Ländern. An Tagen, an denen der Wind gut ist, er sich aber nicht von seiner Arbeit oder anderen Verpflichtungen losmachen kann, »überkommt mich so ein Gefühl der Beklommenheit«, sagt er. »Ich kann es nicht richtig beschreiben. Es ist fast wie ein Schuldgefühl.«

Als würde man den Wind einfach verschwenden?

»Ja, genau das ist es,« antwortete er.

»Wenn du beim Segeln draußen bist«, erzählt er weiter, »und du nimmst eine Bö mit und holst das Segel dicht, ist das, als würde dich eine große Hand anschieben. Das gleiche Gefühl stellt sich ein, wenn man mit einem Motorrad einen Berg hinauffährt, sich in eine Kurve legt und etwas Gas gibt. Das ist das gleiche Kribbeln.« Seine liebsten Segelreviere sind die Columbia Gorge und die Insel Maui auf Hawaii. Beide sind auch Windsurfmekkas. In der Columbia Gorge treffen im Sommer die westlichen Winde auf eine starke, ins Meer hinausdriftende Strömung, dabei entstehen bis zu zweieinhalb Meter hohe Wellen. In den 70er-Jahren gaben die Windsurfer verschiedene Stränden in der Nähe von Hood River eigene Namen: Bozo Beach (dort landet man als Anfänger, wenn man noch nicht aufkreuzen kann), Fish Hatchery Beach, Doug's Beach (wurde durch einen örtlichen Windsurfladen berühmt) und noch einige mehr. Die Gorge, sagt Helmen, ist im Sommer die Welthauptstadt des Windsurfens. Windsurfläden verfügen sogar über Computerterminals, die auf Karten den aktuellen Luftdruck entlang des Flusses darstellen, sodass jeder Surfer zu jeder beliebigen Zeit selbst entscheiden kann, wo der Wind gerade am besten ist.

Windrichtung und Windstärke beeinflussen auch Form und Höhe von Brechern auf dem Meer. Als ich zufällig einmal einen alten Bekannten traf, einen in die Jahre gekommenen Hippie, und erwähnte, dass ich über den Wind schreibe, erhellte sich sein Gesicht. »Es gibt ganze Stämme, die dem Wind um den ganzen Globus nachreisen,« teilte er mir mit.

»Tatsächlich?«, fragte ich. Was für Eingeborene das wohl waren, von denen ich noch nie etwas gehört hatte?

»Ja, klar,« sagte mein Freund. »Sie fahren nach Fidschi, Australien, Costa Rica, wo der Wind eben gerade die besten Wellen formt.« Allmählich dämmerte mir, was er meinte. Den sonnenhungrigen Stamm der Surfer. Natürlich.

VERMUTLICH IST ABER KEINE andere Gruppe von Abenteurern so gefesselt vom Wind und so sehr von seiner Gunst abhängig wie jene, die in Ballonen in den Himmel aufsteigen.

Eines Nachmittags, es ist schon ein paar Jahre her, nahm ich eine Ausgabe der *New York Times* zur Hand und las dort einen Artikel über mehrere Teams, die in einen Wettbewerb traten, wer als Erster nonstop einen Ballon um die Erde steuerte. Eine Mannschaft aus Albuquerque wollte sich an der äußersten Grenze zum Weltall in einer Kapsel bewegen, die sie selbst entworfen und mit magerem Budget konstruiert hatte. Der Ballon, damals hieß er noch *Odyssey*, sollte in einer sauerstoffarmen Schicht fahren, in der der Luftdruck so niedrig ist, dass menschliches Blut innerhalb von acht Sekunden zu Kochen beginnt. Die Teammitglieder trainierten nicht nur als Ballonfahrer, sondern auch als Astronauten.

Um die Welt einmal ganz zu umkreisen, müssen Ballonfahrer einen Kreis von mindestens 25 483 Kilometern um die Erde zurücklegen und die Kriterien der Fédération Aeronautique International erfüllen, einer internationalen Organisation von Ballonfahrern, die in Paris ansässig ist. Die Ballonfahrer können zwar steuern, in welcher Höhe sie sich bewegen, um die vorteilhaftesten Strömungen zu nutzen, sind aber von den Launen des Windes abhängig. Der Bau eines Ballons, der die zwei oder drei Wochen, die für die Fahrt veranschlagt werden, oben bleibt, ist eine Herausforderung an die Technik. Die Menge an Propan, die nötig ist, um einen einfachen Heißluftballon so lange Zeit in der Luft zu halten, wäre viel zu schwer. Und Heliumballons, die sich in der Troposphäre bewegen, verlieren ihren Auftrieb, wenn sie nachts abkühlen. Die meisten Teams, die bereits Weltumrundungen versucht haben, benutzten dafür Rozier-Ballons, in denen eine Heliumblase in eine Heißlufthülle eingebettet ist. Ein mit Propan betriebener Brenner heizt das Luftpolster von Zeit zu Zeit wieder auf und damit auch das Helium.

Ende der 80er- und Anfang der 90er-Jahre versuchte ein Team aus Nevada fünfmal vergeblich die Umrundung, und zwar in einem aufwändigen, zweilagigen Ballon mit dem Namen *Earthwinds*. Die Versuche verschlangen Berichten zufolge sieben bis zehn Millionen Dollar. Im Januar 1996 schaffte es der Investor Steve Fosset aus Chicago in einem einfachen, nur 300 000 Dollar teuren Ballon von South Dakota bis Novia Scotia, wo er auf Grund von Materialproblemen zur Landung gezwungen war. Im Januar 1997 flog Fosset von St. Louis nach Indien und im Januar 1998 von St. Louis nach Russland. Beide Male musste er wieder auf Grund von Materialproblemen zu Boden gehen.

Einige Wochen nach Fossetts drittem Flug startete ein Schweizer Team von den Alpen aus und musste in Burma landen, weil die chinesischen Behörden keine Genehmigung erteilten, den über ihr Land führenden Südpolar-Jetstream zu nutzen. Weitere Mannschaften erlitten ebenfalls im Winter 1997/98 spektakuläre Niederlagen. Ein Ballon mit zwei Amerikanern an Bord bekam kurz nach dem Start in New Mexico einen Riss und konnte nicht weiter eingesetzt werden. Ein Einzelfahrer, der in Indiana gestartet war, brach seine Fahrt ab, als der untere Teil seines Ballons zerbarst. In Marokko wurde ein Ballon, der ein britisches Team tragen sollte, von einer starken Bö erfasst und ging alleine in die Luft, Mannschaft und Korb blieben am Boden zurück.

Die fehlgeschlagenen Versuche bestärkten bei vielen Piloten die Zweifel, herkömmliche Ballons könnten der Kälte und den Belastungen in großen Höhen nicht standhalten, vor allem, wenn die Teams vorhaben, mit den Jetstreams zu fahren, um dadurch größere Geschwindigkeit zu erzielen und Stürmen aus dem Weg zu gehen. Doch der Ballontyp, der vom *Odyssey*-Team gefahren werden sollte, entsprach einer Bauart, die schon seit den 50er-Jahren von Atmosphärenforschern in großen Höhen eingesetzt wird. Jedes Jahr werden dutzende solcher Vehikel gestartet, wenn auch ohne menschliche Besatzung. 1973 stieg ein Forschungsballon in Australien auf, umrundete zweimal die gesamte Erde und ging nur 15 Kilometer von seinem Startplatz entfernt wieder zu Boden. »Ich habe keinerlei Zweifel, dass diese Ballons so lange oben bleiben können, dass es für eine Weltumrundung reicht«, sagt Steve Shope, der leitende Ingenieur des Projekts. »Bei den älteren Ballontypen ist es fraglich, ob die Hülle in der Kälte nicht brüchig wird und ob sie den Windscherungen innerhalb der Jetstreams standhalten können.«

Von allen Winden, die auf der Welt existieren, sind jene in der Stratosphäre, wo sich die Forschungsballons bewegen, am gleichmäßigsten und daher am leichtesten einzuschätzen, denn sie bleiben im Großen und Ganzen unbeeinflusst von Wetterfronten und Unregelmäßigkeiten der Erdoberfläche.

(Sie sind aber auch am wenigsten erforscht und verstanden.) Im Gegensatz zu den Jetstreams weiten sich stratosphärische Winde zu breiten, gleichmäßigen Strömen, wie ein seichter Fluss, der eine ebene Fläche überspült. In sanften Wellenbewegungen zirkulieren sie um den Globus.

Im Sommer bewegen sich die stratosphärischen Winde von Ost nach West, also gegenläufig zu den Westwinden der mittleren Breiten in der Troposphäre. Im Frühling lassen die östlichen Winde manchmal etwas nach, und einige Wochen lang sind die Bewegungen der Luft unbeständig. Im Winter drehen die Winde in die Gegenrichtung und wehen stärker und unbeständiger von Westen.

Forschungsballons, die in großen Höhen eingesetzt werden, bestehen aus dünnem, durchsichtigem Polyethylen und erinnern an gigantische Sandwichtüten. Der von den Ballonfahrern geplante Typ sollte 270 Meter hoch sein und einen Durchmesser von 120 Metern haben, die Gondel sollte spinnennetzartig darunter vertäut sein. Zum Start wird er am Boden ausgebreitet und mit einer kleinen Menge Helium gefüllt, die Gondel hängt dabei seitlich weg und wird von einem Kran gehalten. Sobald er losgelassen wird, steigt der Ballon schnell durch die kalte Troposphäre und Tropopause auf, die Zonen, in denen die Wolken nach oben hin enden. Die Größe des Ballons ermöglicht eine weitere Ausdehnung des Heliums, sodass er weit höher steigen kann als ein Rozier-Ballon. In der Stratosphäre bewegt er sich tagsüber in 40 000 Meter Höhe, wenn es nachts abkühlt, sinkt er auf ungefähr 25 000 Meter ab.

Über dem Ballon befindet sich nur noch eine ganz dünne Schicht der äußeren Erdatmosphäre. Die Luft ist stechend klar, der Himmel selbst am Mittag in purpurnes Rot getaucht. Unter ihm wölbt sich die Erde als wolkenverhangene, glatte Fläche.

Das Team der *Odyssey* bestand aus zwei Piloten: einem Fernsehnachrichtenreporter namens Bob Martin, dessen Idee es gewesen war, einen Forschungsballon für die bemannte Weltumrundung einzusetzen, und Troy Bradley, einem berühmten Ballonfahrer, der schon viele Preise gewonnen hat. Martin hatte sich auf die Suche nach Sponsoren gemacht, um die Fahrt von 1993 zu finanzieren. Sein Enthusiasmus für dieses Projekt war durch nichts zu erschüttern, und er hatte dutzende freiwillige Helfer organisiert, darunter einige Ingenieure, die bei der Konstruktion der Hülle halfen. Das kostenlos zur Verfügung gestellte Material – Computer, Pilotensitze, Solarzellen und so weiter – besaß einen Wert von über einer Million Dollar. Aber trotz allem saß die *Odyssey* bis 1995 wegen fehlender Geldmittel am Boden fest. Doch dann bot *Dymocks Booksellers*, eine große australische Ladenkette, finanzielle Hilfe in Höhe von 500 000 Dollar an. Als Gegenleistung benannte Martin den Ballon in *Dymocks Flyer* um. Bradley verzichtete zu Gunsten eines australischen Piloten namens James Wallington, der ebenfalls schon viele Trophäen geholt hatte, auf die Teilnahme. Zweimal wurde der Start verschoben, dann schließlich für Dezember 1998 im australischen Alice Springs angesetzt.

»ES SIND RELATIV BANALE DINGE, die mir bei dem Vorhaben Sorgen bereiten«, sagt Steve Shope. »Können wir die Temperatur in der Hülle konstant halten? Bringen wir den Ballon hoch, ohne die oben angebrachten Solarzellen zu beschädigen?«

Unsere Unterhaltung wird durch lautes Zischen aus dem Propangasbrenner unterbrochen, der Shopes mit Mond und Sternen übersäten Heißluftballon in der Luft hält. Wir befinden uns 450 Meter über dem westlichen Stadtteil von Albuquerque, driften durch die Dunstglocke der Stadt. Unter uns liegt ein öder Flickenteppich aus Gebäuden. Im Osten verdecken die massiven Sandia Mountains die aufsteigende Sonne. Die beste Aussicht bietet sich über uns, wo ein mit Sternen und farbigen Streifen verzierter Nylonsack eine Luftblase umspannt, die mit Feuer warm gehalten wird.

Der Weidenkorb ächzt, als der Ballon aufsteigt und in eine schnellere Luftströmung gerät. »Ich arbeite mich langsam hoch, bis ich einen Wind nach meinem Geschmack finde«, sagt Shope. »Wenn Sie eine Brise im Gesicht spüren, heißt das, wir sind auf eine andere Luftschicht getroffen, und der Ballon hat noch nicht ganz deren Strömungsgeschwindigkeit erreicht.« Ja, ich bin wirklich überrascht, wie sanft die Fahrt verläuft, wie im Traum. »Warten Sie nur auf die Landung«, meint Shope.

Während Bob Martin die treibende Kraft hinter *Dymocks Flyer* ist, trägt Shope, der von Beruf Physiker ist und ein Ingenieurbüro in Albuquerque leitet, die Verantwortung für die Sicherheit. »Sie dürfen nicht vergessen, dass dieses ganze Projekt bis vor kurzem in einer Garage stattgefunden hat, mit viel Erfindungsgeist und jeder Menge freiwilligen Helfern«, sagt er. »Jeder echte Meilenstein in der Fliegerei wurde von Menschen erreicht, die auf eigene Faust arbeiteten. Nehmen Sie nur einmal die Ballons, die im 18. Jahrhundert in Frankreich gebaut wurden. Oder die Gebrüder Wright.«

Der Propangasbrenner spuckt wieder Feuer, und wir treiben in einem friedlichen Luftmeer dahin. Auf dem Boden hoppelt ein Hase in der Größe einer Ameise über eine eintönig pinkfarbene Fläche. Was für ein Unterschied muss es wohl sein, in einem Metallkokon zu sitzen, der die mörderische Kälte des Weltraums abhält. Nachts wird *Dymocks Flyer* Temperaturen bis zu minus 100 Grad Celsius standhalten müssen, und tagsüber können die Sonnenstrahlen die Luft in der Gondel gefährlich aufheizen. Zum Schutz davor wird sie mit Schaum ummantelt und in einem Weißton gestrichen, der die Hitze bestmöglich reflektiert.

»Wir werden mit der Gondel Tests in einer Vakuumkammer durchführen«, sagt Shope, »dann können wir Vorkehrungen für die Temperaturschwankungen treffen. Wir gehen jeden einzelnen Punkt, wirklich alles, mit großer Sorgfalt durch. Über den Ballon selbst mache ich mir keine Sorgen. Von seiner Art wurden schon hunderte hochgeschickt.«

»Sehen Sie das Feld da unten?«, fragt er mich eine Minute später. »Dort werden wir landen. Halten Sie sich fest und machen Sie sich leicht.« Wir nähern uns der Stelle mit der Präzision eines Sportflugzeugs, die Hasen jagen unter uns in alle Richtungen davon. Wir ducken uns lachend, während die Gondel dreimal auf den Boden auftippt. Sie neigt sich zur Seite und richtet sich wieder auf, während der prächtige Ballon über uns hin und her wogt.

Kurze Zeit später betrete ich ein Lagerhaus von EG & G, einer Zulieferfirma für die Luftfahrtindustrie, die das innere Gehäuse der Dymocks-Gondel kostenlos baut. Ich erwarte etwas Hochtechnisches, aber alles, was ich zu sehen bekomme, ist eine halb fertige Aluminiumkugel, die mich sehr stark an einen hochkant gestellten Öltank erinnert. »Wie Sie sehen, haben wir noch einiges zu tun,« lacht Sabri Sansoy, ein freundlicher junger Mann mit dunklem Haar, der als Konstruktionsingenieur im Team arbeitet.

Die runden Bullaugen in der Gondel erinnern mich an eine fliegende Untertasse, obwohl sie eher sperrig als stromlinienförmig ist. Ist sie erst einmal in der Luft, müssen die Piloten einen heiklen Balanceakt mit den Temperaturen vollführen, wenn sie ihre Mission erfolgreich ausführen wollen. Dehnt sich das Helium zu sehr aus, steigt der Ballon zu weit hoch, und die Gondel wird durch die Sonnenstrahlung stärker erhitzt. Wird dagegen zu viel Helium abgelassen, kann der Ballon zu sinken beginnen. Die Gefahr eines ungewollten Absinkens ist am größten, wenn das Gefährt auf eine dichte Wolkendecke trifft, die die obere Schicht der Atmosphäre von der Wärmeabstrahlung der Erde abschirmt.

Unter einem der Bullaugen ist das Metall leicht nach innen

gebogen, als hätte man etwas Schweres dagegen gelehnt. »Das dürfte kein Problem sein,« erklärt Sanoy. »Wir wissen, dass das Material einem 12-g-Stoß standhält, solange die Schweißnähte halten. Dieser Belastung wäre sie ausgesetzt, wenn die Piloten aufgeben und den Fallschirm öffnen müssten. Sie bewegten sich erst fünf Sekunden in freiem Fall, und dann würde es sich anfühlen, als prallten sie gegen eine Steinmauer.«

Ich klettere ins Innere. Ein Modell der Gondel im Verhältnis 1:1 steht daneben. Es ist innen in freundlichem Weiß gehalten und mit breiten Sitzen und Tischen und erhöhten Schlafstellen ausgestattet. Das noch nicht fertige Innenleben der echten Version ist dunkel, hallend und kalt wie eine Höhle. Wenn ich in der Mitte stehe und meine Arme weit öffne, sind meine Hände etwa einen halben Meter von der Wand entfernt. Die Decke, lediglich 172 Zentimeter hoch, lässt mich vor Platzangst schaudern. Zwei Männer plus Vorräte und Ausrüstung, fast drei Wochen lang.

Am folgenden Tag, ich fliege in 9 300 Meter Höhe und mit einer Geschwindigkeit von 800 Stundenkilometern nach Hause, beobachte ich das Gelände unter mir, die braune Kruste, aus der sich Mesas und Berge wie Falten erheben, die wie silberne Perlen glitzernden Häuser. Die Erde erscheint wie ein Phantasiegebilde und weit entfernt. Ich versuche mir vorzustellen, noch viermal höher in der Luft zu sein, in einem Gefährt, das sich lautlos wie ein Vogel bewegt und so langsam vorwärts kommt, dass die Erde unten fast unbewegt erscheint. In gewisser Weise sind Martin und Wallington Pioniere, die die Grenzen, in welchem Maße der Mensch sich den Wind nutzbar machen kann, weiter ausreizen wollen. Zum hundertsten Mal hoffe ich, die Männer werden den Ausflug in ihrem Raumschiff der Marke Eigenbau überleben. Überleben und mit Erfolg zu Ende bringen.

ICH STEHE zwischen zwei Brotlaiben ähnlichen Hügeln in Kalifornien und höre auf die Sinfonie des Windes. Die Luft ist von mechanischem Brummen erfüllt, einem grillenähnlichen Zirpen und einem einzelnen, lang gezogenen Ton, der wie von einer primitiven, in hoher Tonlage gestimmten Flöte klingt. Dazwischen ertönen die melodiösen Rufe von Feldlerchen und der Gesang von Amseln. Doch eindeutig dominant an diesem Tag ist der Klang der Technik, das Tönen des arbeitenden Windes.

Ich bin zum Altamont-Pass nördlich von San Francisco gekommen, um zu sehen und zu hören, wie Strom erzeugt wird. In Altamont befindet sich der größte Windpark der Welt, zu dem etwa 6000 Windräder gehören. Und auch wenn viele der Turbinen hier inzwischen veraltet sind, bieten ihre schlanken Gestalten, mit denen die Hügel übersät sind und die sich wie überdimensionale Spielzeugwindmühlen drehen, ein so beeindruckendes Schauspiel, dass sich der Verkehr auf der Interstate 580 verlangsamt, sobald sie in Sichtweite kommen.

Quietschen, brummen, quietschen, wimmern. Die Rotorblätter durchtrennen rasant die Luft und ziehen ihre Strömung ein. Jede verfügt über einen drehbaren Schaft und einen Generator, um die im Wind enthaltene Energie in elektrischen Strom umzuwandeln. Heute erreicht die Brise etwa 25 Stundenkilometer, das reicht, um mich zum Frösteln zu bringen, ist aber noch nicht laut genug, um das Geräusch der Rotoren zu übertönen. Die leuchtend weißen, spitz zulaufenden Flügel, die in ihrer Starrheit in Kontrast zu den sanft gewellten Hügeln stehen, sind schön wie Skulpturen.

Am Ende des 20. Jahrhunderts gilt Windenergie als die viel versprechendste unter den erneuerbaren Energieformen, denn der damit verbundene Kostenaufwand ist seit Ende der 80er-Jahre beinahe um die Hälfte gesunken. Industrieanalysten sind der Meinung, man könnte zehn Prozent des Energiebedarfs des Landes mit Wind decken, und wenn man eine

Möglichkeit findet, die gewonnene Energie effizient zu speichern, vielleicht sogar bis zu 40 Prozent. Einige Unternehmen behaupten, sie könnten Windstrom für vier bis fünf Cent pro Kilowatt erzeugen, das entspricht einer Verbilligung von 80 bis 90 Prozent im Vergleich zu den Preisen Anfang der 80er-Jahre. (In diesem Preis ist eine 1993 vom Kongress beschlossene Steuerermäßigung in Höhe von eineinhalb Cent berücksichtigt.) Die Rotoren wurden im Hinblick auf Leistungsfähigkeit, Sicherheit und Wirkungsgrad enorm verbessert.

Aber immer noch betrachten viele Versorgungsbetriebe Windenergie als zu unzuverlässig und teuer, um jemals über den Status einer relativ unbedeutenden, zusätzlichen Stromquelle hinauszukommen. Daher gilt sie als riskantes Unternehmen. Als die Kenetech Windpower Corporation, der weltgrößte Hersteller von Windrädern, 1996 Konkurs anmeldete, wurden die Zweifel an der Lebensfähigkeit dieses Industriezweiges noch mehr geschürt. (Kenner der Vorgänge bei Kenetech führen ins Feld, dass die Firma bei einem ihrer letzten Modelle größere technische Probleme mit den Rotoren und dem Generator hatte und von fragwürdigen Ausschreibungsmethoden benachteiligt wurde.) Angesichts der um sich greifenden Liberalisierung des Strommarktes nimmt man in weiten Kreisen an, dass die Kosten für Strom aus fossilen Brennstoffen gravierend sinken werden und Windenergie dadurch noch mehr ins Abseits gedrängt wird.

Quietschen, schleifen, quietschen, trommeln. Über mir drehen sich die Rotoren, angetrieben von der gleichen Luft, die meine Lunge füllt. Was für eine Musik, geht es mir durch den Kopf. So einfach und so genial. Und was für eine Schande, dass eine so brillante Technik an eine Industrie gekoppelt ist, die so sehr von politischen Interessen dominiert ist und sich hartnäckig gegen Veränderungen wehrt. Bei der Gewinnung von Elektrizität haben staatliche Aufsicht und undurchsichtige Bestimmungen eine lange Tradition. Und es handelt sich, mit Ausnahme der Kriegsindustrie, um den kapitalintensivsten Industriezweig der Welt. Vor nicht allzu langer Zeit hofften Fürsprecher der erneuerbaren Energien, Windkraft würde im Zuge einer Demokratisierung der Industrie Einzelpersonen und kleinen Kollektiven die Möglichkeit verschaffen, ihren Strombedarf selbst zu decken. Und einige amerikanische Firmen stellen sogar Windräder für einen Bedarf von zehn Kilowatt oder weniger her. Aber der Trend geht in den Vereinigten Staaten zum Bau großer, teurer Windräder, die hunderte von Kilowatt Strom erzeugen – Windräder in einer Größenordnung, die sich nur die ganz großen Stromerzeuger leisten können – und den Aufbau riesiger Windparks.

Wird Wind in unserem Land oder in der ganzen Welt irgendwann einmal mehr als nur einen winzigen Prozentsatz der gesamten Elektrizität erzeugen? Die Antwort, so scheint es, wird weitgehend von den Spielregeln abhängen, an die sich die Stromerzeuger in Zukunft halten müssen.

IN AMERIKA WURDEN die ersten Windräder zur Stromerzeugung ab 1885 an der Küste von Massachusetts installiert, und 1890 baute sich ein wohlhabender Bürger in Cleveland ein 18 Meter hohes Windrad, um sein Haus mit Licht zu versorgen. Doch der Erste, der intensive Experimente mit Windrädern durchführte, war Poul la Cour, ein Däne, der ab 1891 den Betrieb einiger Windräder an der dänischen Küste überwachte. Er wurde als der Thomas Edison Dänemarks bekannt.

In den 30er-Jahren standen tausende einfacher Windräder (damals als private Lichtanlagen bekannt), über die amerikanischen Great Plains verteilt, wo die große Mehrzahl der Farmen außerhalb der öffentlichen Stromversorgung angesiedelt war. Die frühen Windräder waren mit Gleichstromgeneratoren verbunden und in der Form an die traditionellen landwirtschaftlichen Windmühlen angelehnt, also mit breiten, fächerförmigen Flügeln und geringem Anstellwinkel. Doch ausgehend von neuen Erkenntnissen in der Luftfahrtechnik wurden die Flügel der amerikanischen Windmühlen so abgeändert, dass sie nun große Ähnlichkeit mit Flugzeugpropellern und Hubschrauberrotoren besaßen. Die ganzen 30er-Jahre hindurch war es in ländlichen Gebieten weithin üblich, die Batterien von Vakuumröhrenradios – damals die wichtigste Nachrichten- und Unterhaltungsquelle – mittels Windenergie aufzuladen.

1941 baute Palmer Cosslett Putnam aus Vermont auf einem Hügel namens Grandpa's Knob eine 33 Meter hohe Turbine. Sie war mit Flügeln aus rostfreiem Stahl bestückt, jeder von ihnen 21 Meter lang, und sollte zunächst den Strom direkt in ein lokales Netz einspeisen. Angeblich konnte sie 1250 Kilowatt Strom pro Stunde liefern, genügend, um eine Kleinstadt mit Licht zu versorgen. Putnams Turbine war eineinhalb Jahre in Betrieb, 1943 ging ein Lager kaputt, für das erst nach dem Zweiten Weltkrieg Ersatz aufzutreiben war. Im Februar 1945 konnte die Reparatur schließlich zu Ende gebracht werden. Als sich einen Monat später einer der Flügel löste, wurde die Turbine endgültig stillgelegt.

Als die öffentlichen Versorgungsbetriebe und Stromkooperativen immer mehr expandierten und selbst abgelegene Haushalte an das zentrale Stromversorgungsnetz angeschlossen wurden, gerieten die kleinen Windgeneratoren ins Abseits. Der große Vorteil der Stromgewinnung aus Öl, Kohle oder Gas gegenüber der Windenergie liegt darin, dass sich die Produktion nach dem Bedarf richten kann. Selbst in den stürmischsten Gegenden weht der Wind nicht immer. Und solange die Versorger keine Möglichkeit gefunden haben, Strom in größeren Mengen zu speichern, muss Windenergie immer von anderen Formen der Stromerzeugung ergänzt werden. (Das Gleiche gilt übrigens für Sonnenenergie.)

Aber trotz aller Widrigkeiten ist mit der Vorstellung, Energie aus sich konstant erneuernden, umweltverträglichen Quellen zu beziehen, seit langem ein großer Reiz verbunden. Nachdem 1978 ein Embargo der Erdöl produzierenden Staaten im Mittleren Osten den Ölpreis in die Höhe getrieben hatte und die Konsumenten Unregelmäßigkeiten in der Ölversorgung befürchteten, verpflichtete der Kongress die Versorgungsbetriebe per Gesetz dazu, Strom von kleinen, unabhängigen Anbietern zu beziehen. Die neue Gesetzgebung bescherte der Entwicklung erneuerbarer Energiequellen einen immensen Schub nach vorne. In Kalifornien waren bereits drei Regionen als mögliche Standorte für große Windparks auserkoren worden: der Altamont-Pass, der Tehachapi-Pass östlich von Bakerfield und der San-Gorgonio-Pass westlich von Palm Springs. Die für die öffentlichen Versorgungsbetriebe zuständige staatliche Kommission beschloss ein Gesetz, das von den Stromversorgern verlangte, mit Anbietern erneuerbarer Energien langfristige Verträge abzuschließen, in denen pro Kilowatt erzeugter Energie die gleichen Preise garantiert wurden wie für Strom aus fossilen Brennstoffen. 1980 schließlich, als der damalige Gouverneur Jerry Brown die Entwicklung der Windenergie voranzutreiben begann, wurde in Kalifornien ein ganzes Paket lukrativer steuerlicher Anreize verabschiedet. Die allmählich flügge werdenden Windkraftunternehmen begannen, in den Bergen Land zu pachten und Windräder zu errichten.

Indem sie ihre Aktivitäten auf einige Bergpässe konzentrierte, verlagerte die Windkraftindustrie ihren Schwerpunkt von der Versorgung einzelner Abnehmer direkt vor Ort auf die Einspeisung in das kommerzielle Stromnetz. Da die Beamten im Energieministerium von der Annahme ausgingen, man könne Windenergie am Kosten sparendsten vermarkten, wenn man möglichst große Rotoren installiere, arbeiteten sie eng mit der heimischen Luftfahrtindustrie zusammen. Von

1974 bis 1992 gab das Energieministerium knapp 500 Millionen Dollar für Forschung und Entwicklung im Bereich der Windkraft aus. Ein großer Teil dieser Mittel ging in den Bau riesiger Windräder, die bis zu 2,5 Megawatt Strom erzeugen, das entspricht einem Dreifachen der Leistung, die die Rotoren erbringen konnten, die Ende der 90er-Jahre in Betrieb waren. (Ein Megawatt entspricht 1000 Kilowatt.) Doch mit allen diesen Maschinen gab es technische Probleme, und keine von ihnen ging in Serie. »Manche Leute ziehen einen Vergleich mit den Gebrüdern Wright: ›Wir sollen fliegen. Bauen wir uns eine 747‹«, sagt Al Davies, Projektmanager bei der Enron Wind Corporation, einem großen Windradhersteller. Außerdem stellte sich das Vertrauen der Amerikaner in die Luftfahrttechnik als fehl am Platz heraus.

Anders in Dänemark – dort produzierten Unternehmen im Bereich der Windenergie Maschinen mit einer Leistung von 25 Kilowatt (pro Stunde) und steigerten ihre Kapazität allmählich. Ab 1980 begannen sie, zuverlässige und preisgünstige 100-Kilowatt-Windräder in größerem Umfang an kalifornische Unternehmer zu vermarkten. Anstatt leichte, hocheffiziente Flügel zu bauen, die an Flugzeugpropeller angelehnt waren, vertraten die Dänen die Theorie, schwerere Flügel könnten der Belastung des Windes besser standhalten. Flugzeugbauteile sind immer nur einige Stunden am Stück in Betrieb, Windräder dagegen müssen sich tausende von Stunden unablässig drehen. Durch zusätzliches Gewicht an den Rotorblättern und anderen Bauteilen lieferten die Dänen Geräte mit geringerem Wartungsaufwand und ohne große Sicherheitsprobleme.

Die meisten der in Dänemark verwendeten Windräder wurden in kleinen Gruppen errichtet, um Bauernhöfe, Privathäuser und einzelne Firmen zu versorgen. Die internationale Vermarktung der Windräder, vor allem an kalifornische Unternehmen, die große Windparks anlegten, machten die weltweit sinkende Nachfrage nach dänischen Anlagen für Landwirte wieder gut. Und selbst nach der Entdeckung größerer Ölvorkommen auf dänischem Territorium in der Nordsee unterstützt das Land weiterhin die Entwicklung der Windkraft.

Dänemarks Vorreiterrolle auf dem Weltmarkt ist auf dem Altamont-Pass augenfällig. Die meisten der schlanken Maschinen, die sich über die Hügel ausbreiten, wurden entweder von dänischen Firmen produziert oder von amerikanischen Firmen, die dänisches Design übernommen haben. Deutsche Windräder werden ebenfalls immer zuverlässiger. Das deutsche Unternehmen Enercon ist einer der größten Hersteller von Windrädern weltweit. 1997 wurde die Produktion von Windenergie in Deutschland auf 1800 Megawatt geschätzt, also ungefähr gleich viel wie in den USA.

Die heute in diesem Land gebauten Windräder sind eine Kombination europäischer und amerikanischer Philosophie: sie sind robust und effizient, aber groß. 1996 baute die Zond Corporation ein 72 Meter hohes Windrad mit einem Rotordurchmesser von 45 Metern und einer Stromerzeugungskapazität von 750 Kilowatt. Damit ist es eines der größten Windräder der Welt. Auf Basis der erwarteten Leistung erhielt Zond Verträge über den Aufbau eines 107-Megawatt-Windparks an der Buffalo Ridge im Südwesten Iowas. Die Anlage in Iowa ist darauf ausgelegt, etwa 50 000 Haushalte mit Strom zu versorgen. (Das Projekt in Minnesota ist die erste Bauphase einer 425-Megawatt-Anlage, die an verschiedene Firmen vergeben und im Jahr 2002 realisiert werden soll.)

Das Ineinanderfließen amerikanischer und europäischer Technologie und die zusätzliche staatliche Steuerbegünstigung in Höhe von eineinhalb Cent pro Kilowatt senkten die Kosten für die Produktion von Windenergie drastisch und führten zu einem in dieser Industrie bis dahin noch nie erlebten Aufschwung. 1994 war einem Bericht des National Renewable Energy Laboratory in Golden, Colorado, zu entnehmen, dass in Kalifornien 16 000 Windräder installiert wurden und durch Windkraft ausreichend Strom erzeugt wurde, um den normalen Bedarf von einer Million Menschen zu decken. Allerdings musste sich die Industrie nach wie vor mit einigen ungelösten Problemen auseinander setzen. Zum einen waren Umweltschützer in Sorge, in den Rotorblättern würden viele Vögel, darunter gefährdete Falken- und Adlerarten, umkommen. Zum anderen beklagten sich häufig Anwohner in der Nachbarschaft von Windkraftanlagen über den Lärm. Doch beide Probleme schienen sich lösen zu lassen, vorausgesetzt die Betreiber würden darauf achten, die Windparks in genügendem Abstand zu den wichtigsten Vogelflugrouten und zu Wohngebieten anzulegen. Die langjährigen Verfechter der Windenergie waren überschwänglich. Endlich schien diese Technologie die verdiente Anerkennung zu erhalten.

Und dann wurde ihr der Boden unter den Füßen weggezogen.

Der Kongress hob 1992 die staatliche Regulierung der Elektrizitätswirtschaft auf und stellte es damit den größten Stromabnehmern frei, Energie direkt von den günstigsten Anbietern zu beziehen. Bei Erdgas war dies schon früher erfolgt, und ein weltweites Überangebot hatte die Preise in den Keller fallen lassen. (Zwischen 1980 und 1996 konnten die Anbieter auf Grund der Liberalisierung und verbesserter Fördertechniken die Preise für Erdgas um 80 Prozent senken.) 1996 drängten die Abnehmer aus der Industrie auch auf eine Freigabe des Strommarktes.

Auf Grund der Turbulenzen in diesem Industriesektor wurde nicht weiter in die Windkraft investiert. Erneuerbare Energie war nach wie vor teurer in der Gewinnung als jene aus fossilen Brennstoffen und angesichts der drohenden Freigabe des Marktes trachteten die Versorgungsbetriebe danach, die Kosten so niedrig wie möglich zu halten. Parallel dazu liefen in Kalifornien nach und nach die Verträge aus, die die

Energieversorger verpflichtet hatten, Strom von unabhängigen Erzeugern zu festgesetzten Preisen abzunehmen. Aus Erdgas gewonnener Strom wurde für drei Cent und weniger verkauft, und die öffentlichen Versorger waren nicht mehr bereit, Windkraft für fünf Cent einzukaufen. Die kleinen Windkrafterzeuger schraubten einer nach dem anderen ihre Produktion herunter oder machten ganz dicht.

AM TAG VOR meinem Ausflug zum Altamont-Pass machte Wayne Hoffman, ein Mann um die fünfzig, der das Schrumpfen der Windkraftindustrie an vorderster Front miterlebte, eine Führung mit mir. Hoffman ging 1987 zu Kenetech Windpower, wechselte 1993 zur FloWind Corporation und wurde Ende 1995 entlassen. Eineinhalb Jahre später ist FloWind kaum noch zahlungsfähig. Hoffman arbeitet inzwischen bei der Bechtel Corporation im Bereich Marketing und Kommunikation.

Hoffmans erster Job bei Kenetech war die Suche geeigneter Standorte für Windparks. Die Platzierung von Windrädern kann eine diffizile Angelegenheit sein. Bei einer Verdoppelung der Windgeschwindigkeit erhöht sich die dabei wirkende Kraft und Energie um das Achtfache. Ein Grat mit einer durchschnittlichen Brise von 40 Stundenkilometern ist viel ergiebiger als einer mit einem Durchschnitt von 32 Stundenkilometern, und die einzelnen Firmen führen einen erbitterten Kampf um die Pachtrechte an den windträchtigsten Hügeln. In der Regel beginnen sich Rotoren erst ab einer Windgeschwindigkeit von 15 Stundenkilometern zu drehen, und viele schalten bei über 50 Stundenkilometer ab, um Schäden zu vermeiden. »Wenn man dies alles berücksichtigt«, erzählte mir Hoffman heute Morgen beim Frühstück, »gibt es nicht annähernd so viele gute Standorte für Windräder, wie man zunächst glaubt.«

Hoffman ist ein schlaksiger, aufgeschlossener Mann mit

klar geschnittenen, jungenhaften Gesichtszügen und lockigem, grauem Haar. Er beschrieb sich selbst als »Windwürstchen. So werden Leute wie ich von allen anderen im Stromgeschäft genannt«, erklärt er mir. »Öl und Gas sind ein viel chauvinistischeres Geschäft als Windenergie. Kraftwerke, die mit fossilen Brennstoffen arbeiten, brauchen Pipelines und jede Menge Infrastruktur, die erst einmal gebaut werden muss, und sie müssen mit Brennstoff versorgt werden. Das macht bei den Leuten Eindruck.«

»Windkraft geht dir in Fleisch und Blut über«, fügt er noch hinzu. »Für jene unter uns, die aus Umweltgründen in das Geschäft eingestiegen sind, waren das einige schwierige Jahre.«

Vom dunstigen Berkeley fuhren wir auf der Interstate 580 nach Osten und gelangten in die Sonne, als wir uns den samtigen, baumlosen Hügeln am Altamont-Pass näherten. Die Graslandschaft verlor allmählich das winterliche Grün und färbte sich stellenweise golden. Auf einem entfernten Grat tauchte eine Reihe gertenschlanker Windräder auf, die zunächst wie Phantasiegebilde wirkten, wie Strichmännchen am Himmel. Ihre Rotoren drehten sich, wenn auch langsam. »Nicht viel Wind heute«, bemerkte Hoffman.

Während der Fahrt erzählte er mir einiges, was ich schon von anderen Verfechtern der Windenergie gehört hatte. Es sei irreführend, über die niedrigen Kosten der Stromgewinnung aus fossilen Brennstoffen zu sprechen, sagt er, denn die Rechnung müsse die Umwelt bezahlen. Verschmutzung, saurer Regen, globale Erwärmung. »Wenn Sie all diese Faktoren einrechnen«, dabei lacht er zynisch, »werden Sie zu dem Schluss kommen, dass man sich Energie, die mit fossilen Brennstoffen erzeugt wird, in keiner Form leisten kann. Dann bleibt nur noch die Atomenergie.« Diesen Gedanken musste er nicht weiterführen.

Ich fragte Hoffman nach seiner Meinung über ein neues Konzept namens »Renewables Portfolio Standard« (RPS), demzufolge Stromerzeuger einen festen prozentualen Anteil ihres Stroms aus erneuerbaren Energien gewinnen sollten. Damit würde man sicherstellen, dass die Nachfrage nach erneuerbaren Energieformen weiter steigen würde. Der Vorschlag hat in einigen Staaten und im Kongress bereits gewisse Unterstützung gefunden. In Kalifornien hat sich die Legislative allerdings erst vor kurzem geweigert, ein solches Gesetz zu verabschieden, in erster Linie auf Grund der Proteste von Versorgungsbetrieben in San Diego, die über keinerlei Quellen erneuerbarer Energien verfügen. Stattdessen führte der Staat ein Subventionssystem ein, bei dem auf jede Stromrechnung einige Cent aufgeschlagen werden, um damit innerhalb von vier Jahren 540 Millionen Dollar für die Entwicklung erneuerbarer Energien bereitzustellen. »Das RPS hätte zwei- oder dreimal so viel eingebracht«, sagt Hoffman und macht aus seiner Ablehnung kein Hehl.

»Sehen Sie sich einmal an, was der Industriezweig, der mit fossilen Brennstoffen arbeitet, an Unterstützung von der Regierung und an Steuervergünstigungen erhält. Und für die Verschlimmerung des Treibhauseffekts werden keinerlei Strafen verhängt. Das sind einfach keine fairen Spielregeln.« Auch dieses Argument habe ich schon einmal gehört. Und die Kraftwerke, die fossile Brennstoffe verarbeiten, erhalten nicht nur großzügige Abschreibungsmöglichkeiten auf ihre Anlagen, sie müssen auch auf die Brennstoffe keine Steuern entrichten. Öl-, Erdgas- und Kohleunternehmen können oft zu günstigen Pachtkonditionen staatliche Ländereien und Gewässer ausbeuten. Kernkraftwerke müssen keine Versicherungsbeiträge entrichten, die Staatsregierung übernimmt die Policen dafür. Für die Betreiber von Windparks dagegen gelten sämtliche staatlichen und kommunalen Steuern, und sie tragen die gesamte Verantwortung selbst.

Wir bogen von der Interstate ab und fuhren auf kleinen Straßen durch die zerklüfteten, schattigen Hügel. Hier und da schmiegten sich gelbe Windblumen an die grasbewachsenen Hänge. Ich fragte mich, wo die Windräder waren. Mit Ausnahme einer Dreierreihe großer Turbinen auf dem westlichsten Grat waren die Hügel leer. »Ich fahre diesen Weg mit Ihnen aus einem ganz bestimmten Grund«, sagte Hoffman. »Sie werden sehen, der Ausblick ist es wert.« Wir fuhren um eine Kurve, über einen Hügel und hielten an.

Im Osten und Norden von uns standen, in willkürlichen Reihen über die Hügel arrangiert, einige tausend Windräder, die einen drehten sich, die anderen standen still. Es gab Gittertürme, einfache Betontürme oder Metalltürme. Es waren zu viele, um sie als einzelne Gebilde zu betrachten, sie alle zusammen bildeten einen Wald. Die Blätter waren durchweg strahlend weiß, doch bei einigen waren an den Spitzen grüne oder rote Bremsvorrichtungen angebracht, die horizontal ausklappten, wenn die Rotoren sich zu schnell zu drehen begannen.

Am Altamont-Pass herrschen dank seiner Lage zwischen dem kühlen, maritimen Klima San Franciscos und dem warmen, trockenen des Central Valley starke Westwinde, vor allem im Sommer. Aber mein Ausflug mit Hoffman fand an einem Frühlingstag mit leichter Brise statt. Die Windräder auf den Hügelkämmen ganz im Westen drehten sich langsam, die hinter ihnen dagegen standen völlig regungslos. Vor unseren Augen begannen sich über den ganzen Park hinweg Rotoren zu drehen, während ihre unmittelbaren Nachbarn sich nicht im Geringsten bewegten. Fast schien es, als würde es von ihrer jeweiligen Laune abhängen, ob sie sich drehten oder nicht. Wir verfolgten das Spiel des Windes in der hügeligen Landschaft.

»Man möchte annehmen, die am höchsten gelegenen würden sich als Erste drehen«, sagte Hoffman, »aber das trifft nicht immer zu. Die Windräder in der ersten Reihe nehmen die größte Energie des Windes auf. Hinter ihnen herrschen eine Menge Turbulenzen.«

Wir fuhren langsam durch den Park, dabei erklärte mir Hoffman Windräder unterschiedlichster Bauarten: amerikanische Windräder aus den frühen 80er-Jahren mit dünnen, zweiblätterigen Rotoren. Dreiblätterige dänische Windräder mit Namen wie Vestas und Bonus, beides Branchenführer. Archaische deutsche Windräder, ebenfalls aus den frühen 80er-Jahren, mit breiten Rotorblättern und Schweifen, die sie wie alte Farmwindräder aussehen ließen. Die Schweife sorgen dafür, dass sich die Windräder nach dem Wind ausrichten, bei den meisten modernen Geräten wird dies inzwischen mit komplizierter Elektronik gesteuert. Einige der alten deutschen Geräte geben ein rhythmisches Knarren von sich, wie eine Schaukel, die dringend geölt werden müsste. »Das ist ein typisches Problem«, sagte Hoffman. »Die neueren Anlagen sind wesentlich leiser.«

Während wir in Serpentinen die Hügel hinauffuhren, erhaschte ich einen Blick auf acht Geier, einen in der Luft gleitenden Rotfußfalken und einen Rotschwanzbussard, der sich auf einem Zaunpfosten niedergelassen hatte. Bei ihrem Anblick fühlte ich mich plötzlich unwohl, denn der Altamont-Windpark ist als Vogelkiller berüchtigt. Einer 1992 durchgeführten Studie der California Energy Commission zufolge kamen dort jedes Jahr 39 Steinadler um, weil sie entweder in die Rotoren flogen oder sich auf die nahe gelegenen Hochspannungsleitungen setzten. Auf diese Studie hin sahen sich einige Umweltschutzgruppierungen, darunter die mächtige kalifornische Sektion des Sierra Club, veranlasst, gegen einen weiteren Ausbau der Windenergie in diesem Staat vorzugehen. Später räumten die Autoren der Studie ein, sie würde eine Reihe weit hergeholter Annahmen enthalten, die ihre Ergebnisse möglicherweise einseitig beeinflussten. Wie dem auch sei, selbst die glühendsten Fürsprecher der Windenergie geben zu, dass man mit großer Sorgfalt darauf achten sollte, entlang der wichtigsten Flugrouten oder in Gebieten mit vielen Gleitvögeln keine Windparks anzulegen.

Auf einem weit entfernten Hügel entdeckte ich zwei Windräder, deren Blätter wie große, elliptische Reifen geformt waren, die an einem zentrierten Schaft saßen. Das waren Schneebesen- oder Darrius-Rotoren, eine Bauart, die in den 80er-Jahren gebräuchlich war und inzwischen wegen Problemen mit der Haltbarkeit weitgehend aufgegeben wurde. »Sehen Sie zu, wie die sich drehen«, sagte Hoffman, »sie wirken hypnotisierend.« Die Bewegung der einzelnen Rotorblätter erinnerte mich an ein langes, senkrecht schwingendes Sprungseil. Es war tatsächlich hypnotisierend, ihnen zuzusehen, doch die Masten, die die Rotoren aufrecht hielten, waren mit Rost überzogen, als wären sie nicht richtig gewartet worden. Finanzielle Engpässe waren bei vielen Firmen, die Windräder am Altamont-Pass unterhalten, der Grund für mangelnde Instandhaltung.

Es war Zeit, sich auf den Rückweg nach Berkeley zu machen. Als wir wieder auf die Interstate fuhren, drehte sich Hoffmann noch einmal um und warf einen letzten Blick auf die Windräder.

»Sie können sich gar nicht vorstellen, wie viele Menschen sie hässlich finden«, sagte er. »Der ästhetische Aspekt ist einer der großen Knackpunkte dieser Industrie. Die Leute wollen nicht, dass Windräder ihre Art, die Berge zu sehen, beeinträchtigen.« Er hob fragend die Schultern. »Aber ich denke, Schönheit liegt im Auge des Betrachters.«

Die Worte Hoffmans fallen mir wieder ein, als ich meine Jacke ausziehe, in meinen Mietwagen steige und vom Altamont-Pass weg nach Süden fahre, in die südkalifornische Stadt Tehachapi, zu einem Treffen mit leitenden Mitarbeitern der Enron Wind Corporation. Auf der Interstate 5 treffe ich auf eine lange Reihe riesiger Gittermasten, die sich Kilometer um Kilometer nach Süden fortsetzen und die Leitungen tragen, über die weit entfernte Städte mit Strom versorgt werden. Windparks sind vielleicht optisch störend, aber das

Gleiche gilt für Überlandleitungen. Strenge Energiesparmaß-
nahmen könnten den Bedarf an diesen hässlichen Gebilden
drastisch reduzieren und außerdem die Verschmutzung von
Luft und Wasser eindämmen. Doch ein aggressives Energie-
spargrogramm rangiert auf der nationalen Agenda im Augenblick nicht auf den oberen Plätzen. Ich fahre nach Süden, die
Hitze im Central Valley lässt auf meinen Armen Schweißper-
len hervortreten.

»UNSER GRUNDSATZ lautet«, sagt Robert Gates, »wir bauen,
was wir bezahlen können. Wir investieren in große Anlagen
mit Gegenwindscheren, einem bestimmten Design der Roto-
renblätter und großer Generatorkapazität, weil wir wissen,
dass diese Bauart funktionieren kann.«

Gates ist Mitglied der Geschäftsführung im Bereich Entwicklung bei Enron Wind, der ehemaligen Zond Corporation
und heute eines der größten Windenergieunternehmen der
Welt. Die Firma wurde vor kurzem von einem Erdgasprodu-
zenten mit Sitz in Texas übernommen. Wir sitzen in Gates'
Büro mit Ausblick auf die trockenen, mit Chaparral überzogenen Hänge der Tehachapi Mountains. Auf der anderen Seite
des Gebäudes, an den dürren Berghängen hinauf, liegt ein
Windkraftwerk, das über einige der größten und modernsten
Turbinen der Welt verfügt.

Gates und ich unterhalten uns darüber, wie sich der Strombedarf von Land zu Land unterscheidet. In Teilen Europas,
wo es weniger offenes Gelände gibt als in den Vereinigten
Staaten (und wo die Regierungen die Erzeuger von Windenergie großzügig unterstützen), sind Stromkooperativen dazu
übergegangen, zehn bis fünfzehn Windräder in Gruppen
zu installieren, um die Kunden in der unmittelbaren Umgebung zu bedienen. In Entwicklungsländern sind vor allem
kleine Windräder mit vielleicht 100 Kilowatt Leistung ge-
fragt, um isolierte Dörfer mit Strom zu versorgen. Mongoli-

sche Nomaden schaffen zerlegbare Turbinen mit 1, 8 Meter Rotordurchmesser von einem Lager zum nächsten, an windreichen Tagen erreichen diese eine Leistung von 50 bis 200 Watt.

In den Vereinigten Staaten, erklärt Gates, »ist der Markt viel preissensibler. Alles dreht sich um die Kosten. Das heißt, man muss absolut wirtschaflich arbeiten, also große Geräte einsetzen. Darum kommt man nicht herum«. Im Bereich der Windenergie fließt der Löwenanteil der Kosten in das Anlagevermögen, da für den Betrieb keine Brennstoffe erforderlich sind. Um Profit zu erwirtschaften, müssen die Firmen Windräder einsetzen, die effizient sind, aber auch robust genug, um die Belastung starker Turbulenzen und aufgewehten Sandes über Jahre hinweg mitzumachen.

Ich fragte Gates nach den Windkraftwerken, die Enron Wind in Kürze an der Buffalo Ridge in Minnesota und im Nordwesten Iowas errichten wird. Wie konnte die Firma die Konkurrenz aus dem Feld schlagen?

»Kosten«, sagt er schlicht und ergreifend. »Northern States Power in Minnesota setzte die Marke, nach der sich alle anderen Anbieter richten mussten, und bei 60 Prozent davon konnte man sich Chancen ausrechnen.«

»Welchen Preis haben Sie geboten?«

»Zwischen drei und dreieinhalb Cent pro Kilowatt. Im Durchschnitt.«

Einen Augenblick lang bin ich sprachlos. Der niedrigste Preis für Windenergie, der mir jemals zu Ohren kam, waren vier Cent, selbst wenn man die eineinhalb Cent Steuernachlass mit berücksichtigte. »Sind sie denn sicher, mit diesem Preis über die Runden zu kommen?«, frage ich.

»Ja. In Minnesota gibt es sehr viel Wind, wir haben da eine günstige Ausgangssituation mit einer durchschnittlichen Windgeschwindigkeit von 27 Stundenkilometern, daher gehen wir davon aus, dass der Energieaufwand geringer sein wird als in vielen anderen Gegenden. Bei drei oder dreieinhalb Cent machen wir noch ausreichend Gewinn.« Ich wünschte ihm, dass er Recht behält. Die 750-Kilowatt-Windräder, die das Unternehmen in den Windparks in Minnesota und Iowa aufstellen wird, sind ganz neu auf dem Markt. Ich will mir nicht ausmalen, was es für die Zukunft der Windenergie bedeuten würde, wenn dieses Projekt fehlschlagen sollte.

Es ist Zeit für eine Besichtigungstour der Anlagen von Enron Wind in den umliegenden Bergen. Ich bedanke mich bei Gates und gehe in die Eingangshalle, wo ich Jean-Pierre Bourgeacq treffe, der in leitender Position in der Projektenwicklung tätig ist. Zusammen mit Bourgeacq und seinem Kollegen Rafael Alcade-Navarro steige ich in einen Firmenbus. Außer uns kommen noch zwei potenzielle Kunden mit, die für eine Firma in Ontario arbeiten.

Wir kurven die dürren Hügel hinauf und durchqueren ein Feld mit Windrädern, das den namen Victory Garden trägt und laut Aussage von Bourgeacq als erster amerikanischer Windpark an ein kommerzielles Stromnetz angeschlossen wurde. Das kann ich mir kaum vorstellen, denn Zond wurde erst 1981 gegründet, aber Bourgeacq versichert mir, dass es tatsächlich stimmt. Ich erinnere mich an eine Bemerkung von Wayne Hoffman, dass sich kaum eine Technologie so schnell mit so geringen Problemen weiterentwickelt hätte. Dreiblätterige Windräder umgeben uns von allen Seiten, die meisten von ihnen sind an Gittertürmen befestigt. Der überwiegende Teil sind kleine 100-Kilowatt-Turbinen, die in den 80er-Jahren aufgestellt wurden. Eine Hand voll modernster Turbinen könnte sie leicht ersetzen, meint Bourgeacq.

Als wir höher fahren, gelangen wir in ein Areal voller Windräder, die das Logo von Vestas tragen und alle Anfang der 90er-Jahre errichtet wurden. Oben auf dem Grat hält Alcade-Navarro den Bus an, und wir steigen aus. Östlich von uns liegt ein diesiges Tal, das stellenweise mit runden Büschen bewachsen ist. An manchen Hügeln ist die Erde mattrot, an anderen eigenartig grün. Ein einzelner Gipfel aus blankem, rotem Fels ragt in der Mitte des Tals auf. Wir befinden uns am Rand der Mojave-Wüste.

Und wir sind fast auf gleicher Höhe mit den Spitzen dutzender Windräder, die ein lautes *Wup-Wup-Wup* von sich geben, ein nicht enden wollender Lärm. Ihre bloße Zahl – sind es tausende oder nur ein paar hundert? – übersteigt mein Schätzungsvermögen. Wohin ich auch blicke rotieren Blätter wie wild, ich fühle mich wie mitten in einem Heer aus Flugzeugen. Allmählich gewinne ich den Eindruck, dass ich nicht in der Nähe einer Windkraftanlage leben möchte.

Während die anderen wieder in den Bus steigen, hält Alcade-Navarro mich noch zurück. »Sehen Sie«, sagt er und deutet dabei nach Westen, in Richtung des Beckens, das den Wind über diesen Pass kanalisiert. Es ist breit, trocken und mäßig ansteigend, ohne jegliche größere Gebilde, die dem Wind im Wege stehen könnten – keine Bauwerke, keine Felsen, keine Bäume. »Man kann zusehen, wie der Wind sich hier durchbewegt – wie ein Fluss, der in seinem Bett dahinfließt. Er lässt nicht einmal zu, dass Bäume im Tal wachsen.«

»Ja«, antwortete ich, »er ist wie ein Fluss.«

Wir fahren knapp einen Kilometer nach Süden durch ein Feld dicht gedrängter Windräder zum Standort eines Bautyps mit der Bezeichnung Z-40. Im Gegensatz zu den meisten älteren Anlagen ist das Z-40-Modell an einen metallenen Röhrenturm montiert. Ich stehe daneben, lausche dem tiefen, hydraulischen Brummen des Generators, dem leisen *Swisch-Swisch-Swisch,* das die Blätter beim Durchschneiden der Luft erzeugen. Hier handelt es sich um eines der ausgeklügeltsten Windräder der Welt, das eine Leistung von 500 Kilowatt erbringt. Etwa hundert Meter entfernt steht das daraus entwickelte Nachfolgemodell, ein Z-46-Windrad mit einer Leistung von 750 Kilowatt. Beide Bautypen sind mit so großer Sorgfalt konstruiert, dass man sie durchaus als elegant bezeichnen kann, und beide verfügen über elektronisch gesteuerte Rotorblätter, die sich wie Segel nach dem Wind drehen können, um so, je nach Bedarf, mehr oder weniger Strom zu liefern. Aber während es sich beim Typ Z-40 um ein Windrad mit gleich bleibender Geschwindigkeit handelt, das auch die größere Belastung durch Böen aushalten muss, kann der Typ Z-46 die Drehgeschwindigkeit je nach Wind variieren. Auf Grund dieser Eigenschaft kann er Böen besser umsetzen und liefert Energie mit gleichmäßigerer Leistung, die von den Energieversorgern mehr honoriert wird. Größere Windräder mit variabler Drehgeschwindigkeit scheinen außerdem weniger gefährlich für Vögel zu sein.

Im Moment dreht sich das Modell Z-46 nicht. Ein paar Meter vom Sockel entfernt liegen zwei Rotorblätter aus Fiberglas, die von einem anderen Z-46-Windrad stammen. Sie sind strahlend weiß, unglaublich lang und wirken wie die Knochen eines Walfisches. Jedes wiegt über zwei Tonnen. Voller Bewunderung lasse ich die Hand über eins gleiten. Das ist also die Zukunft der Windenergie. Können Probleme wie Lärm, optische Verschandlung der Landschaft und Vogelsterben gelöst werden, wenn man nur ausreichend große Windräder baut? Von Prophezeiungen technischer Wunderleistungen lasse ich mich nicht allzu leicht verführen, und die Behauptung der Leute von Enron Wind klingen zu gut, um wahr zu sein. Nur allzu gerne würde ich ihnen glauben.

Heute Abend soll ich wieder in Berkeley sein, also verabschiede ich mich ganz schnell von Bourgeacq und Alcade-Navarro, nachdem sie uns in die Zentrale zurückgebracht haben. Auf der Fahrt nach Norden komme ich wieder an den riesigen Strommasten vorbei, an den Walnusshainen und den gelben, gegeneinander versetzten Hügeln, die mir den Blick auf die untergehende Sonne verbauen. Ich frage mich, wie es in 20 Jahren um die Windenergie bestellt sein wird, und hoffe, dann Windstrom auch für meine Inselbehausung beziehen zu können. Gerade zum Einbruch der Dunkelheit erreiche ich den Altamont-Pass, wo die Turbinen sich endlos, endlos drehen.

10.

Dem Wind trotzen

AN EINEM tosenden Frühlingstag fegt eine bodennahe Westwindströmung über einen brachliegenden Acker in Nebraska, hebt einzelne Krümel der Erde auf, trägt sie fort und schleudert sie am Morgen darauf gegen Hauswände im Zentrum von Iowa City. Als Nächstes zieht die Brise an den Schornsteinen der Kohlekraftwerke im Ohio Valley vorbei, sammelt eine Ladung Sulfate ein, befördert sie weiter und lässt sie schließlich über den Wäldern, Seen und Städten im Himmel über dem Osten niederregnen. Sie dringt bis an die Ränder des Kontinents vor, nach Philadelphia und New York, wo sie durch die Betonschluchten pfeift, Müll in den Rinnsteinen anhäuft, mit den Fußgängern ihr Spiel treibt und jene speziellen Dämpfer aktiviert, die in die Rahmen der Hochhäuser eingelassen sind, um zu starke Schwingungen zu verhindern.

Seit Entstehung der Erde vor ungefähr 4 Milliarden Jahren verhält sich der Wind immer nach den gleichen Grundregeln. Und wir Menschen haben im Großen und Ganzen gelernt, uns auf seine Kapriolen einzustellen. Wir bauen Boote, mit denen wir uns seine Launen nutzbar machen können, wir setzen ihn zum Hochpumpen von Wasser und zum Sägen von Holz ein. Wir haben den Wind in unsere Regionen integriert. Wir haben Gebetsfahnen genäht und im Wind flattern lassen.

Der Wind hat die Form unserer Behausungen und Siedlungen bestimmt. Im Pantheon in Rom wurde mitten in die

Kuppel eine Lüftungsöffnung eingesetzt, durch die Luft hoch-gesaugt und nach außen geleitet wird und die dadurch für einen konstanten Durchzug sorgt. Im ersten Jahrhundert nach Christus entwarf der römische Architekt Vitruv eine von Mauern umgebene Stadt, deren Straßen und Gassen in konzentrischen Achtecken angelegt waren und auf diese Weise die Fußgänger vor den damals als ungesund betrachteten Winden schützten.

Im heißen, sandigen Pakistan gaben die Stadtbewohner ihren Hausdächern die Form konkaver Mulden, die den Wind einfingen und nach innen lenkten. Auch im Iran bediente man sich eines raffinierten Systems, zu dem ein sechseckiger Turm mit kleinen Fenstern oder Schlitzen im obersten Bereich gehörte. Nachts, wenn kein Wind wehte, stieg die Luft nach oben und entwich durch die Öffnungen. Tagsüber drang der Wind von außen in den Turm ein und wanderte bis in den Keller des Hauses hinunter. Dabei strich er über befeuchtete Wände, vielleicht auch ein Wasserbecken, und durchströmte kühlend die Wohnbereiche. Solche Systeme wurden mit Sicherheit vor tausend, möglicherweise aber auch schon vor fünftausend Jahren eingesetzt. Mancherorts bedient man sich ihrer noch heute.

In den windreichen Prärielandschaften Amerikas errichteten die Siedler zum Schutz vor den starken Westwinden niedrige Hütten und bedeckten sie mit Grasnarben, oder sie gruben Höhlen in ostwärts gerichtete Berghänge. Hatte eine Familie genügend gespart, um ein richtiges Holzhaus zu bauen, wurden ringsum Bäume gepflanzt, die so angeordnet waren, dass sie die Prärietürme abhielten.

Im Süden Australiens, in den Wüsteneinöden von White Cliffs und Coober Pedy, verließen die Arbeiter in den Opalminen die heißen, staubigen Zelte und Baracken, die man ihnen zur Verfügung gestellt hatte, und gruben sich neue Behausungen in die weichen Sandstein- und Lehmschichten der umliegenden Felsen hinein. Die Ersten dieser *Dugouts*, wie die Unterkünfte heißen, entstanden zu Beginn des 20. Jahrhunderts. Im Inneren wurden lange Gänge und Lüftungsschächte angelegt, in denen beim Aufkommen von Wind die Luft zirkulieren konnte.

So vieles ist inzwischen in Vergessenheit geraten. Offensichtlich sind wir nun darauf versessen, Konstruktionen aus Holz, Beton und Stahl zu errichten, die dem Wind trotzen, die ihn fortwährend herausfordern: Komm doch, und bring sie zum Einstürzen, dieses Haus und auch jenes da drüben. Wir bauen ganze Städte an den Rändern sturmgepeitschter Ozeane und verbrannter Wüsten. Wir blasen Schadstoffe in die Luft und setzen darauf, dass der Wind sie schon verteilen wird.

Und mit ebensolcher Häufigkeit erinnern uns Katastrophen daran, wie arrogant und wie verwundbar wir doch sind. Unter den vielen Beispielen, die ich hierzu anfügen könnte, drängt sich eines ganz besonders auf, weil es einzig und allein auf menschliches Versagen zurückzuführen ist. Kein heftiges Unwetter, keinen dämonischen Sturm konnte man dafür verantwortlich machen. Es wehte lediglich ein kräftiger Winterwind.

1968 begannen die Arbeiten für ein Bauvorhaben, das ein urbanes Kunstwerk werden sollte, den 60-stöckigen John Hancock Tower im Zentrum Bostons. Die verspiegelte Fassade des Gebäudes setzte sich aus über 10 000 einzelnen Fenstern zusammen. Die Stadt liegt nahe am nordwestlichen Atlantik, in einer Region mit starken Winden. Als der Tower 1973 kurz vor seiner Fertigstellung stand, lösten sich plötzlich Fenster aus der Fassade und stürzten als Scherbenregen auf die Straßen der Stadt hinab.

Umfangreiche Tests ergaben, dass die Glas- und Chromschichten in den Fenstern nicht den Anforderungen entsprechend verbunden waren. Aber durch die abstürzenden Fenster wurden die Ingenieure noch auf ein ganz anderes, weitaus gravierenderes Problem aufmerksam. Der Tower bog und verwand sich so stark im Wind, dass Einsturzgefahr drohte. Zur Stabilisierung ließen die Ingenieure im 50. Stock abgestimmte Massendämpfer anbringen, die aus zwei jeweils 1,5 Tonnen schweren Bleiblöcken bestanden. Außerdem ließen sie neue Fenster einsetzen und den Stahlrahmen mit 300 L-Trägern verstärken. Die Nachbesserungen summierten sich auf 15 Millionen Dollar, ein Zehntel der gesamten Baukosten. Das ist das Strafmaß dafür, wenn man die Rechnung ohne den Wind macht.

DER JOHN HANCOCK Tower mit seinen starken Schwingungen war nicht der erste Fall, in dem der Wind Architekten und Ingenieure Bescheidenheit lehrte, und er wird nicht der letzte sein. Im 19. Jahrhundert, als Eisen im Brückenbau Einzug hielt, rissen in Europa eine ganze Reihe von Hängebrücken, weil sie der Kraft des Windes nicht gewachsen waren. Das schlimmste Unglück ereignete sich 1879, als in Schottland die Tay Bridge riss und dabei 75 Menschen umkamen. Das ausgehende 19. und das beginnende 20. Jahrhundert waren aufregende Zeiten für Bauingenieure. Als 1937 die Golden-Gate-Brücke in San Francisco fertig gestellt wurde – mit 1260 Meter Spannweite und in einer Region angesiedelt, die von Erdbeben, starken Winden und extremen Gezeiten geprägt ist –, schien es, als könne keine Aufgabe im Ingenieurwesen so kompliziert sein, als dass man sie nicht mit Ausdauer und Erfindungsgabe lösen könne.

1940 begannen die Bauarbeiten für eine 840 Meter lange Hängebrücke über die Tacoma Narrows, etwa 50 Kilometer südlich vom Zentrum Seattles gelegen. Die Brücke maß von Kante zu Kante nur 12 Meter und war damit ungewöhnlich schmal. Ungeachtet der schwer wiegenden Bedenken, die ein beratender Ingenieur in Bezug auf die Konstruktion angemeldet hatte, legten eine Reihe namhafter Ingenieurskollegen anhand von Berechnungen dar, dass die Brücke nicht nur ausgesprochen schön, sondern auch absolut sicher wäre.

»Sofort nach Eröffnung der Tacoma Narrows im Juli«, schrieb Henri Petroski in seinem Buch *Engineers of Dreams*, »fiel den Autofahrern auf, wie biegsam sie war, denn durch die Wellenbewegungen der Fahrbahn tauchten vorherfahrende Autos… abwechselnd auf und wieder ab, ganz nach den Hebungen und Senkungen der Straße.« Die Brücke war eine lokale Sehenswürdigkeit und die Gelegenheit zu einer kostenlosen Vergnügungsfahrt. Am 7. November sprangen bei Wind mit einer Geschwindigkeit von 65 Stundenkilometern die Klemmen auf, an denen eines der Tragkabel verankert war, und die Fahrbahn begann heftig hoch und nieder zu schaukeln. Wenige Minuten später riss die Brücke auseinander und stürzte ab. Die Fahrbahnfläche war einfach zu schmal gewesen, bei einer auffrischenden Brise besaß sie nicht einmal die Zugfestigkeit eines Spinnenfadens.

Dieser Fehler sollte sich so schnell nicht wiederholen, zumindest nicht so folgenschwer. Doch die Windberechnung steckte noch in den Kinderschuhen. Die auf geplante Gebäude und Brücken wirkende Windlast konnte man lediglich in Windkanälen messen, wie sie in der Luftfahrt eingesetzt wurden, um das Verhalten von Flugzeugen in großen Höhen zu testen. In diesen Kanälen strömt der Wind ganz gleichmäßig und ohne die in der atmosphärischen Grenzschicht üblichen Turbulenzen. Gegen Ende der 50er-Jahre baute ein Team an der Colorado State University auf Anregung eines jungen Ingenieurs namens Jack Cermak einen so genannten Grenzschicht-Windkanal, die erste Versuchseinrichtung, in der man die komplexen Böen und Wirbel simulieren konnte, die durch Luftströmungen über die Erde aufgerührt werden. Ende der 60er-Jahre entwickelte Alan Davenport von der University of Western Ontario eine Methode, um die auf Bauwerke wirkende Windlast anhand statischer Analysen festzustellen. Damit konnten Ingenieure die Winddruckmessungen, die sie an Hochhausmodellen durchgeführt hatten, besser interpretieren.

An einem Sommernachmittag des Jahres 1961 nahm Stu Miller, Aushilfspitcher in der National Baseball League, im Candlestick-Park-Stadion in San Francisco an der Abwurfstelle seine Position für das letzte *Inning* in der All-Star-Begegnung der Saison ein. Die National League führte 3:2, doch die American League hatte *Runner* an der ersten und zweiten *Base* stehen. Es war wie immer windig im Candlestick Park, Staub wirbelte quer über das Feld, reizte die Augen der Spieler und drang in ihre Münder. Miller setzte zu einem *Windup* an, doch der Wind drängte ihn von der Abwurfstelle weg. »*Balk!*«, ein vorgetäuschter Wurf, rief einer der Schiedsrichter, und die *Runner* begaben sich zur nächsten *Base*. Als das Spiel beendet war, verzeichnete man sieben solcher vorgetäuschten Würfe, die die Spieler alle auf den Wind schoben.

Die Probleme mit dem Stadion waren eine ausgesprochen peinliche Angelegenheit, sowohl für die San Francisco Giants wie auch für die Stadt selbst. Candlestick Park liegt zwar wunderschön auf einer Halbinsel, die sich in die Bucht von San Francisco erstreckt, ist aber im Volksmund als »Windhöhle« bekannt. 1963 ließ die Stadtverwaltung überprüfen, ob es möglich sei, eine Art Windschutz anzubringen. Als Berater zogen sie eine Gruppe von Meteorologen aus Palo Alto hinzu sowie das Fluid Dynamics and Diffusion Laboratory von Jack Cermak.

An einem Frühlingsmorgen besuchte ich Jack Cermak an der Colorado State University. Trotz seiner 71 Jahre hatte er kaum Falten im Gesicht, er gab sich elegant und auf altmodische Art zuvorkommend. Mit der stillen Freude eines Vaters, der sein Lieblingskind vorstellt, führte er mich zur Windforschungseinrichtung. 40 Jahre lang unternahm Cermak Windkanaltests an der Universität, er gilt also nicht von ungefähr als einer der Pioniere dieses Forschungsgebiets. Hier hat er auch mit einigen Kollegen ein maßstabgetreues Modell des Candlestick-Park-Stadions und des umliegenden Terrains gebaut und dabei festgestellt, dass das Spielfeld weitaus weniger vom Wind beeinträchtigt würde, wenn es nur hundert Meter weiter nördlich läge. »Die vorherrschenden Winde spalten sich im Bereich von Bayview Hill auf und vereinigen sich genau am Stadion wieder«, sagte er. Die Ingenieure schlugen verschiedene Lösungsmöglichkeiten vor, darunter auch die Errichtung einer Kuppel über der einen Stadionhälfte. Doch die Stadtverwaltung entschied sich lediglich für eine Erweiterung der obersten Sitzreihe um das ganze Feld herum, die den Wind zum Teil abhalten sollte. Die Anlage hat nach wie vor ihren Ruf als windigstes Stadion im Land beibehalten. »Diese Studie hat ganz klar aufgezeigt, dass man vor der Realisierung eines Bauvorhabens auch das Windverhalten untersuchen sollte«, erklärte Cermak. »Für uns war das damals auch die erste Gelegenheit, Testergebnisse mit realen Bedingungen zu vergleichen. Das gab uns eine Menge Vertrauen, mit unserer Arbeit weiterzumachen.«

Die Windforschungseinrichtung der Colorado State University liegt am westlichen Ortsrand von Fort Collins, am Fuße der Rocky Mountains. Als Cermak mich ins Innere führte, fiel merkwürdig gelb gefärbtes Licht von der niedrigen Decke herab. Unsere Stimmen hallten über dem Betonboden des lagerhausgroßen Gebäudes wider. Von einem weiter entfernt gelegenen Raum drang das monotone Brummen eines Ventilators an mein Ohr.

Gleich an der Tür stand ein Schaukasten mit den Modellen, die für die berühmtesten Untersuchungen in der Einrichtung benutzt worden waren, darunter ein Acrylmodell des New Yorker World Trade Center. 1964 wiesen Cermak und seine Kollegen nach, dass bei einem so genannten *Designwind* – darunter versteht man einen Wind, bei dem die Standsicherheit eines Gebäudes die absolute Grenze erreicht – die oberen Stockwerke der beiden Türme des World Trade Center sechs Meter hin und her schwanken würden. Daraufhin mussten 10 000 viskoelastische Dämpfer in die Rahmenkonstruktion beider Gebäude eingelassen werden, um diese Schwankungen zu unterbinden. Die Studie war ein Meilenstein.

»Dieses Modell benutzten wir für Druckmessungen, die zur Planung der Verglasungen und Beschichtungen benötigt wurden«, sagte Cermak. Die schlanken Türme wurden mit Drucksensoren versehen – etwa hundert an der Zahl, berichtete Cermak –, die wie winzige, silberne Lunten seitlich hineingetrieben wurden. Eine Veränderung des Luftdrucks an einem der Sensoren würde einen elektrischen Impuls auslösen, der wiederum an einen Computer weitergeleitet wird. »Nun sehen Sie sich das hier an«, sagte Cermak und deutete auf ein Modell des Sears Tower in Chicago. Das 1982 getestete Gebäude war mit Sensoren – insgesamt wohl an die zwölfhundert – übersät. Die dichte Streuung an den Kanten des Modells erinnerte an die Körner einer Schrotladung. »Wie Sie erkennen können, sind wir inzwischen etwas präziser geworden«, sagte Cermak.

Am Ende des Schaukastens hing die Schwarzweißfotografie eines Skifahrers in Rennhocke. »Mitte der 80er-Jahre kam die Skiolympiamannschaft in einen unserer Windkanäle, um feststellen zu lassen, wie sich Haltung, Kleidung und so weiter auf den Luftwiderstand auswirken«, erzählte Cermak. »Wir fanden heraus, dass der Rennläufer in der optimalen Position den Kopf so weit einziehen müsste, dass er nicht mehr nach vorne sehen kann.« Er hielt inne und grinste. »Wir mussten ein paar Abstriche machen.«

Als Nächstes zeigte mir Cermak einen einfachen Grenzschicht-Windkanal, der von der Seite wie eine lang gezogene, zwei Meter hohe und zwanzig Meter lange Kiste aussah. Er stand auf Pfeilern und war über die Länge des Testfeldes mit

Fenstern versehen. Im Inneren lagen mehrere Metallketten in sorgfältig abgemessenen Abständen quer über den Boden gebreitet, die mich an Sandrippeln am Strand erinnerten. Weitere Ketten waren an einem Ende des Raums zu konzentrischen Kreisen angeordnet, und auf einer Drehscheibe befand sich ein fünfzehn Zentimeter großes Gehäuse. Bewegte sich Luft über die Ketten hinweg, würde sie sich zu Wirbeln und Wellen verformen und damit das Verhalten von Wind zu unregelmäßigem Gelände nachahmen.

Dieser Kanal bildete ein geschlossenes System, in dem die Luft nicht von einer Seite einströmte, sondern ein Rechteck beschrieb, dessen eine Seite die Messstrecke bildete. In einem geschlossenen Windkanal können die Ingenieure die Luftströmungen bei geringen Geschwindigkeiten besser kontrollieren, aber auch thermische Inversionen, Luftschichten und andere atmosphärische Kapriolen erzeugen.

Windkanäle kann man wahlweise mit Ventilatoren betreiben, die Luft hineinblasen oder Luft ansaugen. Cermak bevorzugte eindeutig Ansaugkanäle, und die acht Anlagen im Labor waren entsprechend konstruiert. »Kanäle, in die Luft eingeblasen wird, sind sehr ineffizient«, erklärte er, »weil die Ventilatoren viele Turbulenzen erzeugen und man eine Menge Energie damit verliert, die Luftströmung zu begradigen.« Dann führte er mich zu seinem Sahnestück, einem geschlossenen atmosphärischen Windkanal, Baujahr 1963, der von einem mit Elektromotor angetriebenen, ausgemusterten B-39-Flugzeugpropeller gespeist wird.

Wir schlängelten uns unter dicken weißen Kühlschläuchen hindurch, die in alle Richtungen wegknickten. Über einige Treppen erreichten wir einen Absatz, von dem aus man die Messkammer des atmosphärischen Windkanals überblicken konnte. Sie war dreißig Meter lang, und in den Boden war eine zweieinhalb Meter dicke Eisenplatte eingelassen, die elektrisch aufgeheizt oder abgekühlt werden konnte. Die Wand hinter uns war mit Reglern und Messgeräten übersät. »Hier drinnen können wir beinahe alles nachmachen, was in der Atmosphäre passiert«, sagte Cermak voller Stolz.

Auf einer Drehscheibe stand das aeroelastische Modell eines fünfstöckigen Gebäudes mit Stahlrahmenkonstruktion, das in Taiwan gebaut werden sollte. Der Architekt hatte Cermak gebeten, die Stabilität des Bauwerks bei starken Winden und im Fall eines Erdbebens zu überprüfen. Er sollte herausfinden, welche Vibrationen auftreten, wenn es mit einem konventionellen Stahlrahmen gebaut wird oder alternativ mit speziellen Dämpfern zum Ausgleich von Schwingungen.

Er wies auf einen Turm von Verstärkern, unter denen sich einer mit einem kleinen Motor befand. »Die sind mit den Sensoren am Modell verbunden«, sagte er. »Sehen Sie auf den Monitor.« Er kletterte durch eine kleine Tür in die Teststrecke, bewegte sich vorsichtig auf das Modell zu und rüttelte vorsichtig daran. Sofort schlug die grüne Linie auf dem Monitor aus, bildete eine Reihe von Zacken und lief schließlich in immer kleiner werdenden Wellen aus.

Ich folgte ihm in den Windkanal. Das exakt nach Maßstab gefertigte Modell war sehr hübsch. Innen war es mit Leinen ausgeschlagen und mit dicken Messingböden ausgelegt. Und es hatte einen vernieteten Metallrahmen, der mich an einen Modellbausatz aus dem Spielwarenladen erinnerte. Ich warf einen Blick auf die Teststrecke, die so simpel wirkte. In diesem lang gezogenen, rechteckigen Raum haben also Ingenieure einige der Aufsehen erregendsten Windstudien der Welt durchgeführt, indem sie künstliche Stürme, Inversionen, Windscherungen und atmosphärische Schichtungen erzeugt haben.

WIR VERLIESSEN das Labor und machten einen Rundgang durch Cermak Peterka Petersen Inc. (CPP), eine Consulting-Firma, die Cermak 1981 zusammen mit einem anderen Ingenieur gegründet hat. Auf dem Weg zu den Büros erzählte mir Cermak, dass vor dem Bau des ersten Grenzschicht-Windkanals an der Colorado State University Anfang der 60er-Jahre viele Meteorologen bezweifelt hatten, man könne Wind exakt simulieren. »Sie glaubten nicht, dass es in *irgendeiner* Art von Tunnel möglich wäre«, erzählte Cermak. »Es dauerte Jahre, bis sie überzeugt waren.« *Computational Fluid Dynamics (CFD)* oder numerische Strömungssimulation, die man zur Nachahmung von Windströmungen einsetzt, ist inzwischen so hoch entwickelt, dass Ingenieure heute, unter Einsatz von Computern, bereits mit der numerischen Analyse von Winddruck experimentieren.

Im Vergleich zu der Testeinrichtung an der Colorado State University ist die Anlage von CPP klein und warm ausgeleuchtet. Auf der Messstrecke eines geschlossenen Grenzschicht-Windkanals kauerte Jon Peterka, Cermaks Kompagnon, über dem flachen Styropormodell eines neuen Terminals für den Flughafen in Portland, Oregon. Immer wieder führte er einen Messdraht in kleine Anhäufungen auf dem Dach des Gebäudes. Das Material sah aus wie braunes Sägemehl, es handelte sich aber um gemahlene Walnussschalen, mit denen sich nach Auskunft von Cermak die Verwehungs- und Gleiteigenschaften von Schnee exakt simulieren ließen. Ein ebenfalls anwesender Assistent zeichnete die Millimeterangaben auf, die Peterka ihm zurief.

Auf der anderen Seite des Gebäudes arrangierten Arbeiter mühevoll Klötze auf der Messstrecke eines offenen Kanals, um dadurch die Luftwirbel zu erzeugen, die eine Titan-IV-Rakete in Cape Canaveral, Florida, beim Start eventuell zu erwarten hat. Die NASA hatte bei den Ingenieuren angefragt, wie standsicher eine Rakete bei extremen Windverhältnissen sei. »Sie wollen wissen, was passiert, wenn sie eine startbereit haben und ein Hurrikan kommt«, sagte Cermak.

Überall an den Wänden befanden sich Regale mit Modellen

bereits ausgeführter Projekte. Das Disney-Dolphin-Hotel in Orlando. Das Hawaii-Prince-Hotel in Waikiki. Bürogebäude in Bangkok, Manila und Seoul. Da in den urbanen Zentren der Platz immer knapper wird, sind die Bauherren gezwungen, winzige Areale so hoch wie möglich zu bebauen. Gäbe es keine Erdbeben und keinen Wind, könnten sie theoretisch kilometerhohe Wolkenkratzer errichten.

CPP hat sich aber auch eingehend mit der Verteilung von Schadstoffen beschäftigt und Unternehmen unter anderem darin beraten, wie hoch sie ihre Schornsteine bauen müssen, damit sich die Abgaswolken nicht zu schnell niederschlagen oder wie man Abgase optimal aus Parkhäusern und Laboreinrichtungen ableitet. An jenem Tag interessierte ich mich jedoch hauptsächlich für das eigenartige Phänomen jener Winde, die in Augenhöhe der Fußgänger mit brutaler Gewalt durch die Häuserschluchten pfeifen. Ich habe eine Zeit lang in Boston gelebt, und wenn ich dort durch die Straßen in der Innenstadt ging, fiel der Wind von allen Seiten über mich her, teuflisch unberechenbar und schneidend kalt. Ich bog um eine Ecke und bewegte mich direkt in einen Sturm hinein, bog um die nächste Ecke, und wieder blies mir der Wind unmittelbar ins Gesicht. Ich wollte wissen, wie so etwas möglich ist.

Cermak grinste und führte mich zu einem gläsernen Wolkenkratzermodell. »Das ist einfach, auch wenn es zunächst nicht so aussieht«, sagte er. »Wenn ein Gebäude über die anderen hinausragt, prallt der Wind dagegen und fällt an der Fassade entlang nach unten. Dadurch bekommt man auf der Straße gewaltige Abwinde. Man kann dies abschwächen, indem man das Gebäude auf ein mehrere Stockwerke hohes Podest stellt, sodass der Wind nicht auf die Straße trifft, sondern auf das Podest.«

»Und nun überlegen Sie, was passiert, wenn starker Wind gegen eine Hausecke prallt.« Er nahm seine Hand und ließ sie über eine Seite des Wolkenkratzers gleiten, dann krümmte er sie schnell um die Frontseite des Gebäudes. »Das Bauwerk übt Druck auf den Wind aus. Wenn der Wind auf die Ecke trifft, entsteht eine Sogwirkung seitlich um das ganze Gebäude herum. Dabei entsteht ein Vakuum.« Die Luft wird um die Ecke in das Vakuum gezogen. »Daher bekommen die Fußgänger den Wind aus verschiedenen Richtungen zu spüren.«

Einige Städte haben inzwischen Vorschriften erlassen, bei der Planung neuer Gebäude darauf zu achten, dass die Winde in Fußgängerhöhe auf einem erträglichen Niveau bleiben. »Hartfort, Connecticut, gehörte zu den Vorreitern«, erzählt Cermak. »Ebenso Boston. Wir führten Windkanaluntersuchungen für das International Trade Center dort durch. Wir mussten diese drei Gebäude mehrmals umgruppieren, bis die Stadt mit der Windbelastung für die Fußgänger einverstanden war. Es war fast wie eine Schachpartie.«

Ich schlenderte mit Cermak zum Eingangsbereich seines Büros und bedankte mich, dass er sich so viel Zeit für mich genommen hatte. Er lächelte generös. »Man könnte eine Menge Probleme vermeiden, wenn die Menschen bei ihren Entscheidungen öfter daran dächten, was der Wind alles bewirken kann.«

STELLEN SIE SICH vor, Sie stehen in einem leeren Haus am Meer, und soeben schickt sich ein heftiger Sturm an, sagen wir ein Hurrikan mit Windgeschwindigkeiten bis zu 185 Stundenkilometern, es in Stücke zu reißen. Stellen Sie sich einen mächtigen Windstoß vor, der durch ein herausgebrochenes Fenster fegt, und das ständige Auf- und Zuschlagen einer kaputten Tür. Das Beben der Rahmenkonstruktion, wenn die stürmische Brandung gegen die Pfeiler donnert. Das Knarzen und Krachen, wenn das Dach abgehoben wird. Eines Nachmittags stand ich in der Stadt Kitty Hawk auf den Outer Banks in einem verlassenen Landhaus, während die Ausläufer eines Westwinds mit 32 Stundenkilometern über eine offen

stehende Tür eindrangen und durch das Wohnzimmer ächz-
ten. Ein nach Süden gelegenes Sonnendeck nahm bedenkliche
Schieflage ein, als würde es im nächsten Moment den Sprung
auf festen Boden wagen. Der Dachstuhl über mir, momentan
verborgen hinter einer aus optischen Gründen angebrachten
Zedernholzverkleidung, war als einfache *Toenail*-Konstruk-
tion erstellt worden, bei der jeder Dachbalken nur von drei
schräg eingeschlagenen Nägeln gehalten wird. Wie bei Millionen anderer Häuser an der Atlantikküste auch, hatte man
beim Bau dieses Hauses nicht mehr Gedanken auf Hurrikane
oder Nordoststürme verwendet als bei einem Bungalow in
Illinois. Noch ein paar Tage, und von dem Haus würde nichts
mehr übrig sein.

Es würde nichts mehr davon übrig sein, weil noch am gleichen Nachmittag eine Forschungsgruppe eintreffen und es,
bewaffnet mit hydraulischen Winden, Belastungsmessgeräten
und Elektrosägen, systematisch zerlegen würde.

Durch die Eingangstür sah ich den Atlantik, ein tanzen-
des Mosaik aus Steinchen in der Farbe des Himmels. Als jemand die Außentreppe hochkam, erzitterte das Haus. David
Rosowsky, Professor für Baustatik an der Clemson University,
kam in das Wohnzimmer und verdrehte viel sagend die Augen. »Wir müssen die Beplankung entfernen, die Dachschindeln abtragen, die Isolierungen aus den Wänden reißen…«
Seine Stimme ebbte ab. Wie ein Haus Schicht für Schicht aufgebaut wird, wird es auch Schicht für Schicht wieder abgetragen.

Rosowsky gehörte zu einer Hand voll Fakultätsangehöriger
der Clemson University, die eine gemeinsame Arbeitsgruppe
mit Blue Sky bildeten, einem Programm, dessen Aufgabe es
ist zu untersuchen, wie man Häuser an der Küste bauen oder
umbauen muss, um sie widerstandsfähiger gegen Winde und
Fluten zu machen. Das Projekt war im Ort Southern Shores
auf den Outer Banks angesiedelt, dort hatten Mitarbeiter auch

den Prototyp eines sturmsicheren Hauses gebaut. Wissenschaftler der Clemson University untersuchten die Windströmungen im Umfeld niedriger Gebäude und entwickelten Geräte zur Messung der Belastbarkeit von Fenstern und Wänden. Das alles geschah in der Absicht, Mittel und Wege zu finden, wie man der Zerstörung von Häusern durch Stürme vorbeugt.

Statiker achteten bis vor kurzem kaum darauf, wie Winde auf niedrige Gebäude einwirken, und setzten ihre Windkanäle in erster Linie für die Simulierung von Luftströmungen an urbanen Wolkenkratzern ein. Die Arbeit im Windkanal kann hohe Kosten verursachen, und für die Erforschung der Standsicherheit von Einfamilienhäusern standen keine Mittel zur Verfügung. Außerdem sind größere Gebäude weitaus anfälliger für starke Winde in den oberen Luftschichten als einfache zwei- oder dreistöckige Häuser. Doch nach einigen verheerenden Hurrikanen – speziell Hugo 1989 und Andrew 1992 – wuchs allmählich auch die Sorge um die Sicherheit von privaten Wohnhäusern. Einige größere Versicherungsgesellschaften kündigten nach diesen Stürmen alle Gebäudeversicherungen in den Küstenebenen im Südosten.

Cay Cross, die damalige Leiterin der Stadtverwaltung in Southern Shores, nahm aus Sorge um die Sturmanfälligkeit von Häusern auf den Outer Banks 1994 an einer nationalen Hurrikantagung in New Orleans teil. Auf der Tagung, so erzählt sie, »wurde mir klar, dass es technisch möglich ist, Häuser weitaus robuster zu bauen, als wir es tun«. In der Küstenregion werden die meisten Behausungen nach wie vor nach dem bisher üblichen Standard errichtet. Eine 25-jährige Hurrikanpause erweckte bei den Hausbesitzern den trügerischen Eindruck, solche Stürme seien selten. Und die Bevölkerung an der Atlantik- und Golfküste hat sich seit den 50er-Jahren mehr als verdoppelt.

In jenem Herbst unterbreitete Cross der Federal Emergency

Management Agency (FEMA) den Vorschlag für ein Programm, dessen Aufgabe es sein sollte, die Bauvorschriften in Hurrikanregionen zu überprüfen, Ausbildern im Bauwesen Grundkenntnisse der Windmechanik zu vermitteln und Baumeister in der Ausführung sturmsicherer Häuser zu schulen. Sie stelle sich Blue Sky als konzertierte Aktion von Regierungsvertretern, Ingenieuren, Baumeistern, Hausbesitzern und Versicherungsgesellschaften vor. »Wenn wir es nicht schaffen, gute Häuser zu vernünftigen Preisen zu bauen, und wenn wir es nicht schaffen, Vorschriften zu erstellen, die die Bauherren auch erfüllen können, wird sich unser Plan nicht durchsetzen«, sagte sie. Die FEMA stellte eine Million Dollar jährlich zur Verfügung, weitere 1,14 Millionen Dollar mussten von den Küstenstaaten und privaten Sponsoren wie Banken, Dachdeckern, Bauholzlieferanten sowie Fenster- und Türenherstellern bereitgestellt werden.

Wichtigstes Ziel des Projektes war es, Hausbesitzer zu ermutigen, ihre bereits bestehenden Häuser zu verstärken oder, im Fall von Neubauten, spezielle Konstruktionstechniken einzusetzen, die starken Winden besser standhalten. Ingenieure experimentierten mit verschiedensten Materialien und Baumethoden, die, so sagten sie, die Kosten für ein neues, von Blue Sky abgenommenes Haus im Vergleich zu einem herkömmlichen Haus um maximal 5 Prozent erhöhen würden. Ein hoch gestecktes Ziel. Viele ihrer Empfehlungen erforderten den Einsatz spezieller Materialien oder sehr aufwändiger Arbeitstechniken. Dachbalken mit Nuten zu versehen, sodass sie sich eng an die Ringbalken der Wände anpassen, ist zwar effektiv, aber auch kostspielig. Gleiches gilt für die Verstärkung von Konstruktionsteilen mit galvanisierten Stahlstreben. Aber das Projekt propagierte auch einige relativ geringfügige, kostengünstige Veränderungen in der Bauweise. Wenn zum Beispiel Dachschindeln nicht viel mehr als einen Zentimeter über die Dachkante hinausragen, anstatt der üblichen vier Zentimeter, besteht weitaus weniger Gefahr, dass sie abgehoben werden. Ein weiteres Vorhaben war die Entwicklung und Erprobung spezieller Stahlklammern und -bänder, die wie metallene Heftpflaster an Dach- und Wandkonstruktionen genagelt wurden.

Dave Rosowsky ist Spezialist in einem Bereich, der in der Ingenieursprache Windwiderstand heißt und sich auf die Standsicherheit eines Gebäudes bei starken Stürmen bezieht. Mit großer Begeisterung zerbricht er sich den Kopf darüber, warum das eine Haus bei starkem Wind auseinander fällt und das andere nicht. »Ich habe schon eine Menge Zeit damit verbracht, mir menschliche Fehleinschätzungen bei Planung und Bau von Häusern anzusehen«, erzählt er.

Im Frühjahr 1995 erfuhr Rosowsky, dass Blue Sky in Southern Shores ein Abrisshaus besaß. »Ich fragte, ob wir kommen und ein wenig damit spielen dürften.« Das Haus, eine einstöckige Holzrahmenkonstruktion auf einem Betonsockel, war um 1970 gebaut worden, also Jahre bevor man beim Bau von Privathäusern Faktoren wie die Hubkraft des Windes, mit der man bei Hurrikanen rechnen muss, berücksichtigte. Rosowsky und seine Kollegen nannten es wegen seiner grünen Aluminiumseitenwandung scherzhaft *Greenhouse.*

»Wir schoben und zogen, und es war unglaublich spannend für uns«, erzählt Rosowsky mit fast dämonischem Grinsen. »In erster Linie wollten wir unsere Ausrüstung erproben und herausfinden, wie genau wir den Windwiderstand messen und die Lastangriffe bestimmen können. Das ist alles ganz neu, und man bekommt nicht alle Tage ein Haus zum Abreißen. Wir konnten unsere Ergebnisse nun Schritt für Schritt in Ruhe überdenken.«

Der kritische Faktor, ob ein Haus bei einem Sturm hält oder nicht, ist die Verteilung der einwirkenden Windlast. In einem solide gebauten Haus wird die Last über stabile Stützen ins

Fundament abgeleitet. Der Wind kann das Haus nur zerstören, wenn er es mitsamt dem Fundament aushebt. Bei der üblichen Bauweise konzentriert sich die stärkste Belastung auf einen oder zwei Bereiche: den höchsten Punkt des Daches und eine Ecke, um die sich Fenster gruppieren. Ein schwaches Glied reicht, um die Standsicherheit des ganzen Hauses zu gefährden.

Rosowsky und seine Mitarbeiter versuchten, die Kraft des Windes so authentisch wie möglich zu simulieren und übten mittels hydraulischer Winden konstanten Druck gegen Wände und Dach des *Greenhouse* aus. Drei Tage lang brachen sie Fenster heraus und zertrümmerten Türen. Sie überprüften die Haltbarkeit der Verbindungen zwischen Dach und Wänden an einer Seite des Hauses, verstärkten eine andere Seite dann mit Hurrikanklemmen und -bändern und überprüften diese. Sie mieteten einen Kran, um einen Teil des spitz zulaufenden Daches abzuheben – jedoch ohne Erfolg. »Wir dachten, es wäre ganz einfach hochzuheben, es schien nicht allzu fest verankert zu sein«, sagte Rosowsky. »Aber es bewegte sich nicht.« Schließlich sägten sie das Dach mitsamt den intakt gebliebenen Verbindungen ab und transportierten es auf einem Lastwagen an die Clemson University, um es dort im Labor zu untersuchen. »Die Nägel waren viel größer als in den Bauvorschriften vorgesehen«, sagt Rosowsky. »Außerdem stellte sich heraus, dass die Holzteile den optimalen Trocknungsgrad besaßen, sodass die Verbindungen unglaublich fest ineinander griffen.«

»Wir wissen nun, dass es nicht ausreicht, ein Haus unmittelbar nach seiner Fertigstellung zu prüfen. Man muss es tatsächlich im Lauf der Zeit immer wieder begutachten, um zu sehen, ob es unter den realen Bedingungen stärker oder schwächer wird. Holz ist ein erstaunliches Material. Es verändert sich dauernd.«

AM TAG darauf ging ich wieder zu dem verlassenen Haus am Strand, dieses Mal wimmelte es von Technikern und Schaulustigen, die alle mit Schutzhelmen und Sicherheitsbrillen ausgestattet waren. Die Verkleidung der Wohnzimmerdecke war verschwunden, ebenso die Isolierung, die Stromkabel und die Dachschindeln. Helles Sonnenlicht drang durch die Ritzen in der Sperrholzbeplankung.

An einer Wand zog sich ein Strang glänzender, gelber Masse entlang, die in dicken Stalaktiten nach unten tropfte. Als ich sie berührte, war ich überrascht, wie fest sie war, wie eine Art Kunststoffkleber. »Das ist Polyurethanschaum«, erklärte mir Rosowksy, der auf einmal hinter meinem Rücken stand. »Man befestigt damit die Vertäfelung an Mobile Homes und Stoßstangen an Autos, es besitzt eine enorme Klebekraft. Wir hoffen, es zum Nachbessern von Häusern einsetzen zu können, vor allem bei jenen, die lange, bevor es vernünftige Vorschriften gab, gebaut wurden.«

Am anderen Ende des Wohnzimmers setzte ein Mitarbeiter des Polyurethanherstellers ein aus Tanks, Pumpen und Schläuchen bestehendes Spritzgerät in Betrieb. Als die Pumpen zu dröhnen begannen, stieg er eine Staffelei hoch und füllte eine Fuge zwischen Dachschalung und einem der Balken mit einer milchigen Flüssigkeit. Das Instrument, das er in der Hand hielt, sah wie die dickere Metallversion einer Wasserpistole aus, die an einen Feuerwehrschlauch angeschlossen war. Der Polyurethanschaum härtete schnell und färbte sich gelb. »Wie es aussieht, kann man das sehr einfach anbringen«, stellte ich fest.

»Das stimmt«, sagte Rosowsky. »Es wäre wirklich toll, wenn es sich für diesen Zweck eignen würde.«

Ich schlug mich bis zum verkleideten Sockel des Hauses durch, an dem ein Statiktest durchgeführt werden sollte. Als das Haus Mitte der 40er-Jahre gebaut wurde, stand es zunächst auf einem Betonfundament am Boden. Später ließen es die Eigentümer auf Pfeiler setzen und bauten das Sonnendeck an. Und schließlich zogen sie zwischen den Pfeilern Wände ein und gewannen damit eine weitere Etage im Erdgeschoss. Doch inzwischen hatte sich der Strand durch Erosion verändert, und das Haus wurde vom Meer unterspült. Vor kurzem gaben es seine Besitzer auf und überließen es Blue Sky.

In einem Zimmer an der Vorderseite des Hauses traf ich auf eine Gruppe von Ingenieuren, die eine hydraulische Winde untersuchten. Das Gerät war seitlich aufgebockt worden, sodass die Spindel horizontal gelagert war. Sie richtete sich gegen einen Pfeiler in der Mitte des Hauses und eine Außenwand. Um eine gleichmäßige Verteilung des Drucks über die gesamte Wand zu erzielen, hatte man mehrere lange Holzverstrebungen unter ein Fenster genagelt.

Spencer Rogers, der für diesen Test verantwortliche Wissenschaftler, kam nicht von der Clemson University, sondern arbeitete im Auftrag eines Küstenforschungsprogramms des Staates North Carolina mit dem Namen *Sea Grant*. Für heute hatte er sich vorgenommen, doppelt so viel Druck zu erzeugen als entstehen würde, wenn Wasser durch das Haus rauscht. »Eine Strömung mit sieben Stundenkilometern kann genauso viel Druck ausüben wie ein Wind mit 180 Stundenkilometern«, erklärte er. »Und dabei spreche ich nur von flachem Wasser. Kommt eine eineinhalb Meter hohe Welle herein, ist der Druck noch um einiges größer.«

Die Winde knatterte los. Ein Messgerät an der Seite zeigte den Druck in Kilogramm pro Quadratzentimeter an. »50«, rief Rogers. »65, 80.« Die Verstrebungen bogen sich allmählich nach außen. Bei hundert begann das Holz zu brechen.

Aus der Raummitte konnte man ein kratzendes Geräusch vernehmen. Ein Ingenieur, der an der Winde stand, blickte zu einem der tragenden Balken an der Decke zum Obergeschoss hoch. »Oha!«, rief er. Der Pfeiler, mit dem die Winde verstrebt war, und der Balken hatten sich um einige Zentimeter verkantet.

Rogers schaltete den Strom an der Winde aus. Ingenieure drängelten sich unter dem Balken und nahmen den Schaden in Augenschein. »Zeit für Plan B«, sagte jemand.

Rosowsky, der sich etwas abseits gehalten hatte, grinste breit. »Gut«, sagte er, »anstatt diese Wand einzudrücken, haben wir wohl die Quersteifigkeit der Stützen innen getestet.«

»ES IST INTERESSANT, aber auch ein wenig beängstigend, wenn man sieht, wie wenig man noch Anfang der 90er-Jahre über die Wirkung von Windlasten an niedrigen Gebäuden wusste«, meint Scott Schiff mit einer leichten Grimasse.

Schiff ist Professor an der Fakultät für Tiefbau an der Clemson University und koordiniert die Zusammenarbeit mit Blue Sky. Bis 1989 arbeitete er an der University of Illinois und beschäftigte sich dort in erster Linie mit den Möglichkeiten der Schadensbegrenzung an Gebäuden im Fall von Erdbeben. Dann wechselte er an die Clemson University, um sich dort mit Windlast und der Widerstandsfähigkeit von Gebäuden zu beschäftigen. Er kam dort kurz vor dem Hurrikan Hugo an, der an der Küste von South Carolina das Festland erreichte und bis zur Mitte des Staates landeinwärts zog.

Nach dem Sturm konnten Schiff und einige seiner Fakultätskollegen von der Clemson University FEMA-Beamte zur Finanzierung einer Studie überreden, die Möglichkeiten aufzeigen sollte, wie man niedrige Gebäude besser gegen Windschäden schützen kann. »Das waren zähe Verhandlungen«, erzählte er. »Bis dahin hatte noch niemand etwas Vergleichbares unternommen, man ging einfach davon aus, wenn sich jemand ein Haus in einer Hurrikanregion baut, muss er auch das Risiko dafür tragen.« Schließlich erhielt die Clemson University von der FEMA 700 000 Dollar für ein Forschungsprojekt, das Erkenntnisse darüber liefern sollte, wie Winde –

vor allem die aus allen Richtungen einwirkenden Hurrikanwinde – Gebäude beanspruchen, die weniger als drei Stockwerke hoch sind. Mit diesem Geld und weiteren 700 000 Dollar Anschlussmitteln baute die Universität eine Testeinrichtung für Windlasten, die einzige ihrer Art im ganzen Südwesten.

Zur Einrichtung gehörte auch ein Grenzschicht-Windkanal, der 1992 fertig gestellt wurde. »Sobald er stand und richtig funktionierte«, erzählt Schiff, »schickten wir drei Studenten an die Küste nach Folly Beach hinunter und ließen sie dort Häuser fotografieren. Als sie zurückkamen, bauten wir die Häuser, die sie dort vorgefunden hatten, als Modelle nach und stellten sie in den Windkanal.

Wir untersuchten die Windlast auf ein Haus, wenn es am Boden stand, dann postierten wir es auf zweieinhalb Meter hohe Pfeiler und stellten fest, dass sich die Last veränderte. Derart erhöht war es stärkeren Winden ausgesetzt. Das überraschte uns nicht besonders, aber wir begannen, uns Fragen zu stellen. Warum werden solche Aspekte nicht von Versicherungsgesellschaften oder in Bauvorschriften berücksichtigt?«

An der Clemson University waren die Forschungsarbeiten schon seit fast zwei Jahren in Gang, als Cay Cross der FEMA ihr finanzielles Hilfsangebot unterbreitete. Blue Sky war für die Ingenieure eine neue Finanzquelle, aber auch die Möglichkeit, ihre Grundlagenforschung in die Praxis umzusetzen. »Dahinter steht die Idee, über die Forschung bessere Bauvorschriften zu erstellen«, sagte Schiff. »Die sind momentan für Häuser in den Bergen und in den Küstenebenen mehr oder weniger gleich.

Bauvorschriften haben schon immer der Sicherheit gedient und sollen dafür sorgen, dass Ihr Haus nicht eines Tages über Ihnen zusammenstürzt. Wir führen das Ganze einen Schritt weiter. Wir wollen erreichen, dass das Haus auch nach einem

Sturm noch bewohnbar ist. Vielleicht ist der Teppich nass, die Stromversorgung unterbrochen, aber sie sollen es irgendwann wieder bewohnen können.«

Schiff hatte an diesem Tag Teilnehmer von Blue Sky zu einer Gesprächsrunde an die Universität eingeladen. Nach unserem Gespräch fuhr ich zur Testeinrichtung hinaus, die in einem hangarähnlichen Blechgebäude an einer unbefestigten Landstraße untergebracht war. In einem Raum an der Westseite des Gebäudes befand sich ein Windkanal, der von zwei großen Gebläsen gespeist wurde. Die Luft strömte durch vier Siebe, einen metallenen Wabenradiator und ein weiteres Sieb – sie sollten die Luftbewegung begradigen – und schließlich über Hindernisse in Form von aufragenden Sperrholzkeilen, die Rippeln und Wirbel hervorrufen sollten. Als Nächstes strömte sie über vier Bohlen, die in einem 45-Grad-Winkel aufgestellt waren, dann über Würfel mit etwa acht Zentimeter Seitenlänge, die in einem Schachbrettmuster angeordnet waren, und als Letztes über ein Gitter aus knapp vier Zentimeter hohen Würfeln auf eine Drehscheibe in dreihundert Meter Abstand zu den Gebläsen.

1987 hatten Ingenieure an der Texas Tech University in Lubbock auf offenem Gelände ein zweigeschossiges Gebäude aus Blech gebaut, um nachzuprüfen, ob die Ergebnisse aus dem Windkanal – Erkenntnisse, die in über zehn Jahren zusammengetragen worden waren und für praktisch unwiderlegbar galten – auch noch zutrafen, wenn ein echtes Gebäude echten Winden ausgesetzt war. Das Haus stand auf einer Drehscheibe und war an Wänden und Dachvorsprüngen mit Druckmessgeräten ausgestattet. Im Großen und Ganzen wurden die Werte, die vorher durch Versuche im Windkanal ermittelt worden waren, bestätigt: Winde mit x Stundenkilometer Geschwindigkeit übten Druck der Größe y auf das Gebäude aus. Doch an den Stellen, an denen Hausecken und Dach zusammentrafen, waren die Vorhersagen der Ingenieure in Besorgnis erregendem Maß unzutreffend. Die Forscher fanden in anschließenden Tests heraus, dass sich an den Ecken des Gebäudes kleine Wirbel bildeten. Bei kräftigem Wind entstanden kleine Tornados, die im Dachbereich die Windlast verdoppeln.

Im Labor der Clemson University trafen nach und nach Mitarbeiter von Blue Sky ein, um einer Reihe von Demonstrationen beizuwohnen. Ein Student stieg, ausgerüstet mit einem Atemgerät und einem langen, dünnen Stab, der wie ein riesiges Wattestäbchen aussah und eine weiße Rauchfahne ausstieß – es handelte sich dabei um Titan-(IV)-Chlorid, eine toxische Substanz, die man früher für Schriften am Himmel verwendete – in den Windkanal hinein. Er führte den Stab mit einer Bewegung wie beim Malern am Modell eines Bauernhauses entlang. Rauch strömte vom Dachgiebel weg und entfernte sich in Wirbeln von den Ecken, bildete lange, wellenförmige Stränge, eine Kreuzung aus Wasser und Wolken. Sichtbar gemachter Wind. An der Frontseite des Hauses formte der Rauch in Bodennähe eine lange, rotierende Spirale. »Achten Sie auf den Wirbel vorne«, rief jemand. »Der sieht aus wie ein hochkant gestellter Tornado.«

Ja, so sah er tatsächlich aus. Wer hätte gedacht, dass ein einfacher Wind zu so hübschen Drehungen und Salti im Stande ist?

Das war der einfachste Test im Windkanal. Die Gebläse arbeiteten auf niedrigster Geschwindigkeit, etwa acht Stundenkilometer, damit der Rauch nicht verweht wurde. Als der Student wieder aus dem Windkanal herauskletterte, stellte ein Mitarbeiter zum Spaß die Gebläse stärker ein. Zusammen mit einigen anderen stellte ich mich an das Ende des Kanals und ließ den Wind durch mein Haar fahren. Ich wechselte einen Blick mit einem Ingenieur, der neben mir stand, einem langjährigen Bewohner der Outer Banks, und lachte. Die Gebläse waren fast auf die Maximalgeschwindigkeit eingestellt, sie brummten laut und beschleunigten die Luft auf 55 Stunden-kilometer. Aber für uns war das nichts Besonderes. »Fühlt sich wie ein ganz normaler Frühlingstag an«, meinte der Ingenieur lachend.

Die Zuschauer gingen nach draußen auf einen Betonsockel, wo Scott Schiff und einige Studenten neben dem Modell einer halb fertigen Wand aus Sperrholzplatten und Holzverzapfungen standen. Oben auf der Wand befand sich ein Balken, der mit einem breiten Stahlträger vernietet war. Eine hydraulische Winde war auf den Balken gerichtet. Ein Student namens David Stricklin erklärte, dass man mit dem Schub der Winde die Kraft eines Windes simuliere, der unter die Dachvorsprünge fährt und das Dach abzuheben droht. »Wir haben auf diese Weise schon vierzig Wände untersucht«, sagte Stricklin, »zehn davon besaßen Öffnungen in Form von Fenstern oder Türen, die anderen nicht. Sehen wir mal, was sich nun tut.«

Die Winde erwachen zum Leben, ihre Ketten begannen zu knirschen. Doch selbst bei einer Last von 1200 *pounds* auf jedes der Sperrholzbretter hielt die Wand zusammen. Der Student erhöhte die Last: 1800 *pounds*, 2000 *pounds*. Das Holz knarzte, dann folgte ein einziges, unerwartetes *Plop*. Bei 2200 *pounds* sprang der obere Balken weg, und blanke Nägel kamen zum Vorschein.

Das hatte Stricklin nicht erwartet. »Wir hätten eigentlich gedacht, sie würde von unten eher einbrechen«, sagte er, weil wir für den oberen Balken Kiefern verwendet hatten und die eigentlich weichere Tanne für die Zapfen. Ich hätte schwören können, dass die Zapfen aus Tannenholz als Erstes nachgeben würden.«

Vermutlich ist ein Haus nie solchen Peinigungen ausgesetzt. Der angewandte Druck, erklärte Schiff, entsprach einem Wind, der mit einer Geschwindigkeit von 290 Stundenkilometern gegen ein zweistöckiges, auf Pfeilern erhöhtes Haus an der Küste donnert, bei dem keine Fenster oder Türen geöffnet sind. Die Wand war nach Bauvorschriften erstellt worden, die auf Winde bis zu 175 Stundenkilometern ausgelegt waren und einen großen Sicherheitsfaktor beinhalteten, der für fehlerhaftes Material oder mangelhafte Ausführung der Arbeiten Sorge tragen sollte. »Demnach«, sagte Schiff, »sollte Ihr Haus auch noch in Ordnung sein, wenn es einen Wind mit 190 oder 210 Stundenkilometern erlebt hat.«

Das war aber noch nicht die letzte Zerreißprobe für die Wand gewesen. Nun nagelten zwei Studenten eine zweite Sperrholzplatte dagegen und machten eine selbst gebaute »Kanone« einsatzbereit, ein seltsames Gerät, das aus einem Kompressor, einem Kunststoffrohr und einem leeren Bierfass gezimmert war. Durch das Rohr konnten in unterschiedlichen Geschwindigkeiten Holzteile abgefeuert werden. Mit einem lauten *Tack* spuckte die Kanone ein Holzscheit gegen die Wand. Es knallte mit großer Geschwindigkeit durch das Sperrholz – ein mit 55 Stundenkilometern abgefeuertes Wurfgeschoss. »Trümmer, die vom Wind umhergeschleudert werden, können großen Schaden anrichten«, sagte Schiff mit etwas besorgter Miene.

Ich zog an dem Scheit und versuchte es herauszubekommen. Es hatte sowohl die Sperrholzplatte als auch die ursprüngliche Wand durchbohrt und wollte sich keinen Zentimeter bewegen. Die meisten Inselbewohner in meinem Bekanntenkreis machten sich Sorgen, wie gut oder schlecht ihr eigenes Haus gegen Stürme gerüstet ist. Aber nur selten kommt ihnen der Gedanke, welcher Schaden entstehen kann, wenn das Haus des Nachbarn auseinander fliegt und sie mit den Trümmern bombardiert werden. Ein Grund mehr, dachte ich, sich allzeit gemäßigten Segelwind und eine ruhige See zu wünschen.

SIND DIE VORSTELLUNGEN der Blue-Sky-Mitarbeiter, die jedes Haus an der Küste hurrikansicher machen wollen, eigentlich realistisch? Nur, wenn man keine *mobile homes* mehr zulässt, die am meisten durch Windschäden gefährdet sind. Und häufig übersteigen die Kosten, die mit einer nachträglichen Anbringung von Hurrikanversteifungen und besseren Dächern an Skelettbauhäusern verbunden sind, die finanziellen Möglichkeiten der Hausbesitzer.

Kurz nach meinem Ausflug an die Clemson University traf ich zufällig den Ingenieur von den Outer Banks wieder, der bei Blue Sky als Berater tätig war. Ich erkundigte mich bei ihm, welche Kosten es verursache, einige der im Rahmen des Projekts erarbeiteten Empfehlungen umzusetzen. War die Rechnung realistisch, dass dies für maximal fünf Prozent der gesamten Bausumme möglich sei?

Der Fachmann grinste: »Es hängt davon ab, wer Ihr Haus baut«, antwortete er. »Wenn Sie eine Strandkabine ohne jegliche Kinkerlitzchen aufstellen und die Sorte von Bauarbeitern haben, die gerade mal zwei Latten zusammennageln können, sicher nicht. Doch wenn Sie für Qualitätsarbeit bezahlen und gute Materialien verwenden, dann würde ich sagen, ja, es ist möglich. Man ist noch nicht ganz am Ziel, aber nahe daran.«

Wie immer im Leben, bekommt man auch bei einem Haus exakt das, wofür man zu zahlen bereit ist. Zufrieden mit der Antwort des Ingenieurs ging ich nach Hause und zog mich mit einer Tasse Kaffee und der Zeitung zurück. Im Lokalteil stand ein Artikel über den Hurrikan Fran, der vor einigen Wochen die Küste von North Carolina heimgesucht hatte. Scott Schiff hatte mit seinem Team viele Häuser inspiziert, die nur noch in Fragmenten stehen geblieben waren. Der Titel lautete: »Schäden durch Fran wegen schlampiger Bauweise«. Das war eine Botschaft, die ich nicht länger ignorieren konnte. Ich ließ die Zeitung auf dem Küchentisch liegen und ging mit einer Taschenlampe nach oben, um die Verbindungen zwischen Dach und Wänden genauer zu untersuchen.

GEWISS, es sind die starken Stürme, die unseren Adrenalin-spiegel hochtreiben, die Gefahr für Leib und Leben bedeuten und für das Dach über unserem Kopf, doch sorgen andererseits die leichten Schönwetterwinde sehr wirkungsvoll dafür, dass die Gifte, die wir in den Himmel entsandt haben, wieder auf die Erde zurückkehren.

In einem kleinen Raum des Instituts für Strömungssimulation der nationalen Umweltschutzbehörde konnte ich zusehen, wie ein Techniker einen Laser auf ein rechteckiges, mit Wasser gefülltes Becken ausrichtete. Eineinhalb Stunden lang hatten winzige Heizgeräte die Wasserschichten auf genau festgelegte Temperaturen zwischen 25 bis 40 Grad Celsius erwärmt, um eine unnormal stabile Umgebung ohne Strömungen, ja sogar ohne jegliches Anzeichen einer vertikalen Wasserbewegung zu erzeugen. An der Oberfläche des Beckens ruhte über den kühleren Lagen eine dicke Schicht warmen Wassers, um eine bestimmte Inversionslage zu simulieren, wie sie zum Beispiel über der Prärielandschaft von Kansas an einem Hochsommertag herrscht.

Seit 1974 untersuchen Forscher am Institut für Strömungssimulation im Research Triangle Park in North Carolina den Wind, indem Sie Wasser beobachten. Sowohl im quadratischen Konvektionsbecken als auch in einem weiteren, etwa 130 Meter langen Becken können sie Inversionen simulieren, Turbulenzen oder Luftschichtungen, wie sie an jedem beliebigen Tag in der Atmosphäre entstehen können. Für heute haben sie sich vorgenommen, eine Schornsteinfahne an einem der schlimmsten – in diesem Fall einem der windigsten – Tage des Jahres zu simulieren.

Die Erkenntnisse der Wissenschaftler werden herangezogen, um die nationalen Grenzwerte für schädliche Emissionen festzulegen. »Gut, dass es den Wind gibt. Wir könnten sonst überhaupt keine Schadstoffe freisetzen«, erzählte mir William Snyder, der Leiter der Einrichtung.

Schon mehrmals haben Tests in diesen Labors zu einer Anhebung oder Lockerung der staatlich vorgegebenen Grenzwerte für Luftverunreinigung geführt. 1975 führte Snyder mit seinem Kollegen Robert Lawson jr. eine überraschende Studie durch, die ein lange Zeit geltendes Dogma in den Richtlinien für Schadstoffemissionen in Frage stellte. Eine Stromerzeugergenossenschaft auf dem Land hatte um eine Baugenehmigung für ein Braunkohle-Kraftwerk angefragt. Neben der Braunkohle-Verbrennungsanlage sollte ein zweites Gebäude für die Generatoren errichtet werden. Dieses angrenzende Gebäude würde den Wind zum Teil abschirmen und dazu führen, dass der Rauch aus dem Schornstein der Verbrennungsanlage langsamer verteilt würde. Bei mäßigem bis starkem Wind würde ein Teil der Schornsteinemissionen vielleicht sogar auf den Boden niedergehen. Um möglichen Problemen vorzubeugen, sah ein Bundesgesetz damals vor, dass die Schornsteine zweieinhalb mal so hoch wie das Gebäude sein müssten, in diesem konkreten Fall also 225 Meter. Ein Schornstein in dieser Höhe hätte 15 Millionen Dollar gekostet.

»Verantwortliche der Firma kamen zu uns und wollten wissen, ob sie ihn wirklich so hoch bauen müssten«, sagte Snyder. »Also führten wir einige Tests in unserem atmosphärischen Windkanal durch. Dabei stellten wir fest, dass das geplante Gebäude so schmal war, dass es nur minimale Abschirmwirkung aufwies und seitliche Winde zusätzlich die Verteilung der Rauchfahne begünstigen würden.« Die Genossenschaft musste auf Grund dieses Ergebnisses nur einen 135 Meter hohen Schornstein bauen, das entsprach der eineinhalbfachen Höhe des Gebäudes, und die Kosten reduzierten sich auf 5 Millionen Dollar. »Die herkömmlichen Maßstäbe stellten sich als falsch heraus«, sagte Snyder. »Durch einen einfachen Test wurden für die Verbraucher 10 Millionen Dollar eingespart.« Nachfolgende Studien zeigten, dass in vielen Fällen eine geringere Schornsteinhöhe ausreichend war. Als der amerikanische Kongress 1980 die Emissionsrichtlinien überarbeitete, wurden die Vorgaben für die Schornsteinhöhen entsprechend angeglichen.

Inzwischen wurden die Kenntnisse über das Strömungsverhalten von Winden enorm erweitert, und Windsimulationen können mit viel größerer Präzision durchgeführt werden. Vor meinem Besuch im Institut hatte ich mir ein Video angesehen, auf dem ein Test in einem Konvektionsbecken mit einer Seitenlänge von jeweils 1,20 Metern und einer Tiefe von vier Metern aufgezeichnet war. Dabei wurde eine Milchpfütze so lange erwärmt, bis einige Tropfen vom Boden aufstiegen, sich wie Samensprossen dünnhalsig nach oben streckten und in rauchigen Streifen auflösten. Damit wurde demonstriert, wie Luft über »einer Wärmeinsel, einer modernen Stadt«, aufsteigt, sagte Snyder, »irgendetwas Großes, wie New York«.

Das Experiment, dem ich beiwohnen wollte, gehörte zu einer langen Testreihe, in der Form und Verteilung einer schwimmenden Rauchwolke, wie sie zum Beispiel bei einem Kohlenfeuer entsteht, gemessen werden sollten. Ein Schornsteinmodell, das eine fluoreszierend gefärbte Flüssigkeit enthielt, sollte langsam durch das Wasser im Becken gezogen werden, um die Windströmung zu simulieren. »Es wäre ausgesprochen schwierig und teuer, für die Simulierung der Konvektion einen Wasserströmungskanal zu bauen und aufzuheizen«, sagte Snyder, »also bewegen wir statt des Wassers den Schornstein.

Die Temperaturen im Becken werden über einen Computer geregelt, wir starten einfach nur das Programm. So oft wir unter identischen Bedingungen einen Test durchführen, erhalten wir ein leicht verändertes Ergebnis. Turbulenzen sind chaotisch, also müssen wir viele Tests durchführen, um einen Durchschnitt zu ermitteln. Wir halten jeden Querschnitt der Fahne im Abstand von einer Sekunde auf Video fest. Auf dieser Basis entwerfen wir das Szenario, das bei einem bestimmten Wind am wahrscheinlichsten eintritt.«

Er reichte mir eine orangefarbene Schutzbrille und streifte sich selbst auch eine über. Für die Aufzeichnung der Flüssigkeitsfahne war vor dem Becken eine Videokamera aufgestellt. Daneben stand ein Kasten mit dem Laser, der die Fahne beleuchten sollte, sodass man sie im dunklen Wasser erkennen und später analysieren konnte. »Fertig?«, fragte Snyder.

Ein Assistent betätigte einen Schalter, und aus dem Schornstein begann orangefarbene Flüssigkeit zu entweichen.

»Sehen Sie genau hin«, sagte Snyder. »Diese Art von Fahne setzt sich in die stabile Schicht fort und hält sich dort auf, bis eine Vermengung stattfindet. Bis die Inversion aufbricht. Je nach atmosphärischen Bedingungen kann das eine Weile dauern.«

Ich sah gespannt zu. Diese grellorange Quelle, die durch das schwarze Wasser (die schwarze Luft) strudelte und blubberte, tanzte und sich zu Strängen drehte, dann ganz plötzlich gegen die Temperaturgrenzschichten stieß, war beste Hightechkunst. Orangefarbene Flüssigkeit verteilte sich wellenförmig vom Punkt des Widerstandes aus, blieb wie betäubt hängen, als wäre sie in eine Falle geraten – was ihr natürlich auch widerfahren war.

Auf der anderen Seite des Raumes entstanden in einem Computer Bilder der Fahne. »Ich finde es erstaunlich, wie schnell sich der Querschnitt verändert«, sagte Snyder. Und tatsächlich wechselten sich die Bilder auf dem Monitor verwirrend schnell ab. Erst war die Fahne prall und oben gerundet, dann wurde sie dünner, schließlich rundete sie sich erneut und wanderte in Wellen nach rechts. Die Profilaufnahmen schienen von mehreren Kameras zu stammen, die in allen nur denkbaren Positionen aufgestellt waren, aber es befand sich nur eine einzige Kamera im Raum.

»Das ist schön«, sagte ich, während ich zusah, wie sich die

Fahne im Becken ausweitete und in viele seidene Wirbel auf-
fächerte. In den daraufhin einsetzenden Momenten des
Schweigens wünschte ich mir zutiefst, so viel technische Raffinesse und Poesie würde noch für etwas anderes stehen als
für ein giftiges Gas, das sich an einem Sommernachmittag bei
leichtem Wind über den Himmel verteilt.

»WER HAT DEN WIND GESEHEN?«, schreibt Christina Rosetti
in ihrem berühmtesten Gedicht. Aber das trifft heute nicht
mehr ganz zu. Wer vom Abnehmen des Fischbestands in den
Seen des Nordostens Notiz genommen hat, wer durch einen
Hain voller sterbender Zedern an einem Berggipfel gewandert
ist oder die Pockennarben an den Dämonen der Kathedrale
von Notre-Dame gesehen hat, weiß, was der Wind mit sich
trägt, wenn nicht allein Wind.

»Nur weil am 26. April 1986 ein starker Wind [von Süden]
wehte, kam hier alles normale Leben zum Erliegen«, schreibt
Michael Specter in einem Sonderbericht für die *New York
Times*. »Die Menschen sind gelähmt vor Angst. Sie haben
Angst umzuziehen, zu heiraten, Familien zu gründen.« Specter schreibt von der Gegend um Gomel in Weißrussland, die
einstmals fruchtbares Ackerland war und unmittelbar nördlich des Atomkraftwerks Tschernobyl liegt. Noch zehn Jahre
nach dem katastrophalen Unfall dort galt ein Viertel der gesamten Fläche Weißrusslands als unbewohnbar. In den Bau-
ernhöfen und Häusern hingen die Mäntel noch in den Schrän-
ken, Spielsachen lagen in den Wohnungen verstreut. Fast
200 000 Menschen wurden in andere Landesteile umgesie-
delt, viele in enge Wohnungen in der Stadt Gomel. Durch die
Auflösung der Sowjetunion blieb Weißrussland »auf Schulden sitzen, mit denen es unmöglich fertig werden konnte«,
schrieb Specter weiter. »Ein Agrarland, das mit dem schlimmsten aller modernen Gifte verseucht ist, ist für kaum jemanden von Nutzen.« Die Bewohner leiden an Krebs und anderen

Erkrankungen, aber schlimmer noch ist wohl die Angst. Beim Lesen von Specters Artikel musste ich daran denken, dass vor hundert Jahren wohl niemand geahnt hätte, die Menschheit würde eines Tages eine so plötzliche und folgenschwere Nestbeschmutzung vollbringen. Und wer hätte es für möglich gehalten, dass der Wind, der wunderbare, reinigende Wind, eines Tages ein absolut verheerendes Gift so effektiv und schnell verteilen würde?

Viele der schlimmsten Umweltsünden auf der Erde werden in Gegenden begangen, in denen auf Grund von Inversionslagen und anderen atmosphärischen Anomalien kaum Wind weht. Los Angeles, Denver und Albuquerque – sie alle liegen am Fuß von Gebirgen – produzieren häufig größere Mengen an Schadstoffen, als der Wind vom Himmel über ihnen wegzuschaffen vermag, die Einwohner müssen permanent auf der Hut vor Smog sein. In anderen Teilen der Erde gehen Warnungen vor extremer Schadstoffbelastung in der Luft häufig mit Nebel einher. Im November 1953 legte sich über New York City ein Nebel, der stark mit Industrieabgasen versetzt war. Die Gesundheitsbehörde der Stadt schätzte, dass dadurch 250 Menschen starben, die meisten in Folge von Atembeschwerden. Allein bei diesem Vorfall fanden fast ebenso viele Menschen den Tod wie durch den Hurrikan Camille, seit den 30er-Jahren der heftigste Tropensturm, der die Vereinigten Staaten heimgesucht hat. In den modernen Industriezentren kann Wind, wenn er sich einfach nur legt, mindestens ebenso tödliche Wirkung besitzen wie durch ein wildes Um-sich-Schlagen.

Luftverschmutzung, die der Wind verbreitet, führt häufig zu einer schleichenden Zersetzung der Gesundheit, und zwar nicht nur des Menschen, sondern auch natürlicher Regionen und der Steinfassaden urbaner Bauten. In den 70er-Jahren bemerkten Biologen einen deutlichen Schwund von Fischpopulationen in den Seen Ostkanadas und New Englands und rückläufiges Wachstum der Nadelbäume in den hochgelegenen Regionen Vermonts und North Carolinas. Von ähnlichen Problemen hörte man aus Mitteleuropa. Und zeitgleich dazu traten an den Fassaden berühmter Bauwerke in Europa und Amerika merkwürdige Verunstaltungen zu Tage – eine Folge des sauren Regens, der vom Wind antransportiert wurde, nachdem dieser über Kohleverbrennungsanlagen und Schmelzöfen hinweggezogen war.

Saurer Regen besteht in erster Linie aus Schwefeldioxid, das sich innerhalb weniger Stunden nach seiner Freisetzung in Sulfate umwandelt, die dann unter Umständen tausende von Kilometern fortgetragen werden. Im September 1988 beförderten Wind und Regen eine wirkungsvolle Dosis korrodierender Substanzen aus Fabriken und Anlagen in Atlanta, St. Louis, dem Ohio Valley und Sudbury in Ontario, wo die International Nickel Company angesiedelt ist, in östliche Richtung. Wissenschaftler des North Carolina Supercomputing Center erstellten später ein Computermodell, das die Verteilung der Sulfate nachverfolgte. Dieses Modell ist in ein Videoband mit dem Titel *Ätzender Himmel* einmontiert.

Wenn Sulfate in die obere Troposphäre aufsteigen, treffen sie dort sehr bald auf eine atmosphärische Grenzschicht, die der Inversionsschicht, die ich in Bill Snyders Konvektionsbecken sah, sehr ähnlich ist. Die Troposphäre ist kein tiefer, sprudelnder Luftquell, sondern ein flacher Teich, der sich in etwa 12 000 Meter Höhe abzeichnet. Darüber liegt die Tropopause, eine Schicht sehr dicker Luftmassen, die das Ende der Stratosphäre bildet. Schadstoffe dringen normalerweise nicht in die Tropopause vor. Stattdessen breiten sie sich horizontal aus, bleiben in der Wettersphäre hängen, wandern mit den Wolken nach Osten und ziehen über weite Teile der Vereinigten Staaten.

Im Computermodell wurden Schwefeldioxidemissionen als rosafarbene Wolken dargestellt. Eine kurze Sequenz des Videos zeigte, wie sich diese Gase im Umkreis der Fabriken, aus denen sie stammten, ähnlich wie Treibsand schichtweise übereinander türmten. Dann wurde im Video simuliert, wie reines Schwefeldioxid und Schwefelverbindungen, dargestellt in Form hellblauer Wolken, nach Osten befördert werden. Zunächst strömten die Schwefeldioxidgase in rosafarbenen Fahnen von ihrem Entstehungsort weg, färbten sich aber sehr schnell blau, nachdem sie sich mit der Atmosphäre vermischt und in ihrer Zusammensetzung verändert hatten. Die blauen Wolken breiteten sich aus, wurden dünner, bis sie an lang gezogene Wassertropfen erinnerten. Von einem Sturm getrieben, bewegten sie sich rhythmisch pulsierend ostwärts. Am östlichen Rand des Kontinents wurden sie nochmals dünner und formten sich schließlich zu riesigen Blasen, die sich fest aneinander drückten, als würden sie verzweifelt versuchen, dem Regen zu entkommen, der bereits an ihnen nagte. Der Großteil der Gase wurde schließlich zu Boden gewaschen.

Mediziner und Umweltschützer sind seit langem in Sorge, die so gut dokumentierte Schadstoffverteilung durch den Wind, wie im Beispiel des sauren Regens, stelle möglicherweise nur eine kleine Facette eines viel größeren, globalen Problems dar. Ende 1996 empfahl die Umweltschutzbehörde der USA niedrigere Grenzwerte für die Emission von Kleinstpartikeln und Ozon, einer der Hauptkomponenten von Smog. Vertreter der Industrie übten sofort Kritik an den strengeren Richtwerten, einerseits wegen der hohen Kosten, die dadurch verursacht würden, zum anderen, weil damit die Schuld für Verschmutzungen in Luvrichtung der Winde den Orten zugewiesen würde, an denen sie freigesetzt werden. Zum ersten Mal sollten beispielsweise die Industriebetriebe im Ohio Valley für die Rauchschwaden und Giftstoffe zur Verantwortung gezogen werden, die sie mit dem Wind in die Städte des Nordostens entsandten.

Die Verteilung von Schadstoffen durch den Wind stellt immer häufiger ein Problem dar, von dem auch die entlegensten Winkel der Welt nicht verschont bleiben. Französische und deutsche Biologen entdeckten gegen Ende der 80er-Jahre in Afrika, dass saurer Regen die Regenwälder im Kongobecken zerstörte und sich saurer Nebel über weite Gebiete der Elfenbeinküste und Zaires legte. Die Naturwissenschaftler waren von dieser Entdeckung schockiert. Woher kam die giftige Luft? Die französischen und deutschen Forscher vermuteten einige Zeit später, sie sei durch das Abbrennen hunderttausender Quadratkilometer Ackerfläche in den Savannen West- und Zentralafrikas entstanden, das der Erhaltung von Weideflächen diente. Und die Hoffnung, man könne die Bauern und Viehhirten dazu überreden, auf die alljährlich gelegten Feuer zu verzichten, war äußerst gering.

1990 REISTEN Jeff und ich durch das scheinbar noch unberührte Costa Rica. Der nördliche Nachbar Panamas ist bekannt für seine vernünftige Umweltschutzpolitik, und so fiel uns, als wir uns durch das Land bewegten, nur ganz allmählich auf, dass ein großer Teil des Regenwaldes gerodet worden war, um Weideflächen zu schaffen. In Tilarán, einer Stadt am Fuße der Berge und am südwestlichen Ufer des Arenal-Sees, lernten wir zufällig einen jungen Mann namens Carlos kennen, der von Geburt an in dieser Gegend lebte. Der See, ein aufgestautes Wasserreservoir, war erst vor kurzem von amerikanischen und europäischen Windsurfern entdeckt worden. Wir witzelten mit Carlos darüber, dass die unspektakuläre Stadt, in der vorrangig Arbeiterfamilien wohnten, in Kürze von modisch gekleideten Windsurfern überrannt werden würde – vorausgesetzt, sie könnten den konstanten, stürmischen Aufwinden überhaupt die Stirn bieten. Der Wind blies brutal und ohne Unterlass. Wenn man sich auf der Straße unterhalten wollte, musste man sich in einen Hauseingang flüchten.

Carlos lachte über unsere Reaktion auf den Wind. »Wir haben mit dem Regenwald bezahlt, um das alles zu bekommen«, sagte er.

»Wie meinst du das?«, fragte ich.

»Es war hier früher längst nicht so windig«, antwortete er. »Das ist erst seit zehn oder zwölf Jahren so, seit so viele Bäume gerodet wurden.« Später unterhielt ich mich noch mit einigen älteren Bewohnern Tileráns, die alle Carlos' Beobachtungen bestätigten.

Mir sind keine Forschungsberichte bekannt, die den Zusammenhang zwischen der Zerstörung von Regenwäldern und Veränderungen der lokalen Regen- und Windsysteme dokumentieren würden. Doch Tropenbiologen haben das von Carlos beschriebene Phänomen auch schon in vielen anderen Ländern beobachtet. Wenn keine Bäume mehr da sind, die den Wind abschwächen, wird er immer stärker und zieht heulend über das Land. Dabei verursacht er die Erosion brachliegender Böden und die Austrocknung mit Mühe gedeihender Ernten. Denn er treibt die Regenwolken mit großer Geschwindigkeit über Gebiete, aus denen sie früher nur äußerst gemächlich abzogen.

Wir Menschen mit unserem großen Appetit nach natürlichen Ressourcen, unserer Reiselust und unserem unersättlichen Profitdenken verändern die Muster der atmosphärischen Zirkulation in einer Weise, die wir uns kaum vorstellen können. Nehmen wir nur einmal den Treibhauseffekt, den eventuell einsetzenden globalen Temperaturanstieg, der durch die Nutzung fossiler Brennstoffe und die Emission schädlicher Gase entsteht. Man kann nach wie vor nicht mit Sicherheit sagen, ob sich die Erde nun tatsächlich erwärmt, und einige Forscher vertreten die These, eine expandierende Wolkendecke über den Meeren könne als Thermostat dienen, der die Temperatur auf dem Planeten regelt. Doch was passiert mit den Winden auf der Erde, wenn doch eine Erwärmung eintritt?

Der Einflussbereich der vorherrschenden Westwinde wird abnehmen, und ihr Aktionsradius wird schrumpfen, die Rossbreiten werden sich in Richtung der Pole verlagern und die Voraussetzungen dafür schaffen, dass die großen Wüsten der Erde sich weiter ausdehnen. Die Monsunwinde werden stärker werden und mehr Regen mit sich führen, vielleicht doppelt so viel wie heute. Es wird häufiger Hurrikane geben, die möglicherweise auch größere Kraft entwickeln. Das ist nur ein Ausschnitt dessen, was Klimaforscher prophezeien. Doch selbst die fundiertesten Theorien der anerkanntesten Wissenschaftler auf der ganzen Welt sind nichts als intellektuelle Vermutungen. Aber wir können mit Gewissheit sagen, dass die Winde der Erde sich verändern werden. Wer von unseren Vorfahren hätte es wohl für möglich gehalten, dass wir eines Tages die Allmacht besitzen werden, den Atem Gottes neu zu formen?

Epilog

Eine Landschaft mit mächtigen Winden

ES IST SPÄTHERBST, und ich bin nach langer Abwesenheit auf dem Weg nach Hause. Heute Morgen hat mich in den Blue Ridge Mountains in Virginia ein sachtes Rascheln geweckt, das weiche Fallen von Blättern, das so gar nichts mit den tiefen, rauschenden Seufzern der Loblollykiefern auf den Outer Banks gemein hat. Durch das zarte, fremdartige Geräusch wurde mir urplötzlich klar, wie sehr ich für die Rückkehr in die Landschaft bereit bin, in die ich gehöre.

Ich fahre mit halb hinuntergekurbelten Fenstern und warte auf die ersten Anzeichen von Salz in der Luft. Die Gräser und Bäume an der Straße wiegen sich in einer gleichmäßigen Brise. Je näher ich an das Meer komme, umso stärker wird der Wind.

Knapp hundert Kilometer vor den Outer Banks fahre ich über einen Bach, der spärlich mit *Juncus roemerianus,* einer marinen Binsenart, gesäumt ist, die nur an der Küste vorkommt und mir den ersten Hinweis gibt, dass ich in die Natur meiner Heimat zurückkehre. Einige Minuten nach der Bachüberquerung legt mein Wagen eine gewisse Schwerfälligkeit an den Tag, und sobald ich vom Gas gehe, wird er abrupt langsamer. Ja natürlich, das ist kein normaler Wind. Ein Nordostwind baut sich auf, reinigt die Outer Banks von der Schwüle und setzt all die empfindsamen Seelen schachmatt, die hier fehl am Platz sind.

Ich fahre zügig durch die Stadt Edenton und weiter nach Süden über den Albemarle Sound. Schlickbeladene Wellen klimmen auf offener See hoch und klatschen gegen die Brückenpfeiler. Ich habe Mühe, dem Driften des Lasters nach rechts – nach Westen – entgegenzusteuern. Im Augenblick ist der Wind wie eine riesige Tür, die zufällt und allen Lebewesen den Weg abschneidet, die noch keine Nische auf den Inseln gefunden haben. Wenn es mir gelingt, unseren geschützten Flecken Küstenwald zu erreichen, bin ich in Sicherheit. Doch der Sturm hat etwas dagegen, er will mich und alles andere draußen halten. »Ich gehöre auf die Banks!«, rufe ich in die dünne Luft. »Ich bin es doch, lass mich hinein!« Ich stelle mir vor, wenn ich mich ganz klein mache und mich einfach dagegen stemme, könnte ich vielleicht durch die Ritze an der Türschwelle kriechen. Das könnte nur jemand, der den Wind liebt.

ICH LEBE in einer Landschaft mit mächtigen Winden und das prägt mich. Wann immer es möglich ist, suche ich ihn, wandere an den Stränden entlang, klettere auf hohe Dünen, um mich von ihm liebkosen zu lassen. Immer wieder staune ich über seine Wandlungsfähigkeit, über die vielen Personen, in die er schlüpft. Nichts auf der Welt reinigt meine Gedanken so sehr oder treibt mich so sehr an die Grenzen meiner Physis. Nichts macht mir Gott so gegenwärtig.

Einen Tag nach meiner Rückkehr aus Virginia wache ich mit einer schrecklichen Erkältung auf. Meine Gedanken fühlen sich an, als wären sie in einen kleinen, dunklen Schrank eingeschlossen, und mein Hals brüllt bei jeder Schluckbewegung vor Schmerz. Ich bleibe noch eine Stunde nach dem Weckerklingeln liegen, doch plötzlich fällt mir ein, dass heute Morgen ein Arbeitstrupp kommt, um unser Dach neu zu decken. Ich sollte mir besser einen anderen Platz zum Schlafen suchen.

Wo soll ich hin? Sicher würden mir eine ganze Reihe von Freunden ihr Haus anbieten, aber ich möchte keine Gesellschaft, und ich möchte auf keinen Fall jemanden mit dieser Krankheit anstecken. Ich ziehe mich in unseren Familienwagen zurück, ausgerüstet mit einer Decke, einem Kissen, einem Krug Eiswasser und mehreren Büchern. Ich habe Glück mit dem Wetter. Es ist ein strahlender, sonniger Tag mit einer lebhaften, doch warmen Brise. Für heute Nachmittag ist Sturmwarnung vorhergesagt, doch vielleicht bietet der Wagen ausreichend Schutz. Ich fahre nach Norden zur Inselspitze, an einen mit Sand überzogenen Parkplatz, von dem aus man auf einen kleinen, marschigen Tümpel und den breiten Croatan Sound blickt.

Ich stelle den Wagen im Schatten einer Föhre ab, kurble das Fenster nach unten und stelle den Sitz flach. Mein Kopf ruht auf dem Kissen, den Arm lege ich quer über die Augen. Lange Zeit verbringe ich halb wach, halb schlafend. Der Wind wird immer stärker, bis aus den sanften Wellen auf dem Sund allmählich einen halben Meter hohe, schäumende Brecher werden, die Wachsmyrtenbüsche knacken und ächzen und die Föhren singen. Der Wind nimmt fühlbare Gestalt an, ein Wesen, das in das Auto kriecht und weiß, was mir gut tut. Heute ist er kein Drache, sondern eine Person. Ein Mann. Wie war der Name, den ich einmal hörte? Dieser Wind ist der Harmattan, der Doktor, der Dienst habende Arzt. Er massiert mich, er reinigt meine Gedanken und atmet für mich. Sein Wohlwollen kennt keine Grenzen. Er geleitet die Wellen zum Ufer – wo sie in gleichmäßigem Rhythmus auf den schmalen Strand schlagen und sich auflösen – und lindert meine Schmerzen. Ich öffne die Augen lange genug, um zu erkennen, wie die Föhrennadeln wie Fäden gesponnenen Goldes aufscheinen. Ein Königsfischer erhebt sich mit rasselndem Schrei von einem Ast und fliegt davon.

ZU BEGINN seines Buches *A Story like the Wind* zitiert der südafrikanische Schriftsteller Laurens van der Post einen inhaftierten Buschmann, der in seiner Zelle auf den Wind wartet, um die Neuigkeiten aus seinem Dorf zu erfahren. »Ich höre nur zu«, sagt der Buschmann, »ich halte Ausschau nach einer Geschichte, die ich hören möchte, und warte, dass sie in mein Ohr fließt.« Auch die Völker Polynesiens glaubten, der Wind trage Geschichten fort, vor allem jene über die Naturgottheiten, die in der Inselwelt herrschten. Van der Post zeigt am Beispiel des Buschmannes, dass Geschichten elementare Bestandteile des Lebens sind. Der »lebendige Geist«, so schreibt er, »braucht die Geschichte zum Überleben und zur Erneuerung«. Ich erinnere mich an Zeiten, in denen mir Erzählungen in unterschiedlichsten Erscheinungsformen neuen Auftrieb gaben – ein Roman, ein Film, eine Parabel oder ein Gedicht, ein Märchen, das ein Freund mir erzählte –, und stimme von ganzem Herzen zu.

In unserer an Geschichten so armen Welt erzählt uns der Wind nichts mehr. Dafür bringt er Gift, Kälte, Zerstörung und Angst, aber auch frische Luft, Kühlung, Heilung und Hoffnung. Er trägt Samen und Wanderfalken, Sand und die Gischt des Meeres mit sich. In meiner Gedankenwelt existiert ein Bild des Windes als organische Kraft, die die ganze Menschheit zusammenhält. Und ich trage die Hoffnung in mir, dass ich mit dieser Version nicht alleine bin.

Wenn ich an meinen eigenen Wind denke, die kräftige Brise der Outer Banks, stelle ich ihn mir oft als Drache vor, als schnaufendes Wesen, das bis zu einem bestimmten Punkt einzuschätzen ist, sich aber wie ein Tier jederzeit zu Temperamentsausbrüchen hinreißen lässt. Wenn ich mir die globalen Winde vorstelle, das Luftband, das die ganze Erde umschließt, ist das etwas Komplexeres, wohl aber einzigartig und in sich geschlossen. Der Wind ist eine Membrane, die pulsiert, die immer in Bewegung ist und uns in einem lebenserhalten-

den Gefäß birgt. Der Wind ist ein Händepaar, das uns um-
fasst, uns massiert, uns tröstet und uns fest an unser Heim
bindet. Wir sind ein Volk, das von einer doppelten Schutz-
schicht umgeben ist: von der bewegten Luft, die uns so gut vor
der dunklen Leere des Weltraums abschirmt, aber auch von
dem, was die Hebräer unter *Ruwach*, die Griechen unter
Pneuma verstehen. Dem *Nilch'i* der Navajo, dem *Gäoh* der
Iroquois und dem *Ruh* der Araber. Von Wind, Atem, Geist.
Sie alle bedeuten in jeder Nuance das Gleiche.

DANKSAGUNG

Mein Dank gilt vielen Personen, die mir auf unterschiedlichste Weise geholfen haben. Im Laufe meiner Nachforschungen haben mir zahlreiche Menschen erzählt, wie der Wind ihr Leben oder das Leben von Menschen, die sie kennen, verändert hat. Ohne diese Fundstücke wäre mein Buch weitaus ärmer an Material und besäße nicht eine solche Bandbreite. Bei ihnen allen möchte ich mich bedanken.

Die in diesem Buch erwähnten Wissenschaftler leisteten mir alle große Hilfe. Drei von ihnen stellten mir ihre Zeit so großzügig zur Verfügung, dass sie ganz besondere Erwähnung verdienen: Karen Havholm von der University of Wisconsin in Eau Claire, die eine großartige Lehrerin ist, Bob Rice vom Weather Window in Wolfeboro, New Hampshire, und Steven Vogel von der Duke University in Durham, North Carolina. Des weiteren bedanke ich mich bei den Mitarbeitern in der Außenstelle der Dare County Library in Manteo, insbesondere bei Veronica McMurran Brickhouse.

Mein Vorhaben, ein Buch über den Wind zu schreiben, war äußerst vage, bis Lizzie Grossman, damals Mitarbeiterin bei Sterling Lord Literistic, mir den entscheidenden Anstoß gab. Dafür möchte ich mich bei ihr bedanken. Mein Lektor Harry Foster und meine Textredakteurin Peg Anderson beim Verlagshaus Houghton Mifflin haben mich – sanft aber bestimmt – immer wieder neu motiviert.

Die Arbeit an einem Buch kann ein gleichermaßen emotionales wie intellektuelles Unterfangen sein. Ich danke Steve Brumfield, Marcia Lyons, Nancy Cowal, Shay Clanton, Beth und Patrick Martin, Janet Walsh, Sharon LaPalme, Jim Fineman, Maria Merritt und Stuart Chaitkin für ihre dauerhafte Unterstützung, aber auch für ihre fachkundige Beratung bei den verschiedensten Problemen.

Als ich mit meinem Mann Jeff an einem warmen Frühlingstag am Strand saß, fragte er mich ganz unerwartet: »Warum schreibst du nicht ein Buch über den Wind?« Mit dieser simplen Frage gab er die Bahn vor, in der mein Leben die nächsten paar Jahre lang verlaufen sollte. Ihm gebührt der Dank für die Idee zu diesem Buch und dafür, dass er mich so lange Zeit als Mentor unterstützt hat. Unser Sohn Reid teilte mich großzügig mit der Arbeit ein, von der er weiß, dass sie mir so viel bedeutet. Meine Eltern Helen und Ivan DeBlieu boten mir unermüdlich ihre Liebe und Unterstützung an. Diese letztgenannten vier Menschen sind meine kardinalen Winde.

QUELLEN UND LITERATURHINWEISE

Beim Verfassen dieses Buches griff ich auf die Werke vieler hervorragender Wissenschaftler zurück. Die nachstehende Auflistung enthält die Quellen, die mir in ganz besonderem Maße hilfreich waren.

2. Die erste Nahrung der Schöpfung

Seite 26–28: Hier beziehe ich mich auf die 1976 erschienene Ausgabe von *Strong's Exhaustive Concordance of the Bible* (Grand Rapids Guardian Press, Grand Rapids, Michigan). Die historischen Anmerkungen über den Wind im Heiligen Land stammen aus *Anchor Bible Dictionary*, Band 5 (Doubleday, New York 1992). Des Weiteren zog ich *Harper's Bible Dictionary* zu Rate (Harper San Francisco, San Francisco 1985).

Seite 37–39: Die verwendete Version von *Enuma elisch* erschien in *Ancient Near Eastern Texts Relating to the Old Testament*, 3. Auflage, herausgegeben von James B. Pritchard (Princeton University Press, Princeton 1969). Bei James L. Crenshaw von der Duke University bedanke ich mich für seinen Hinweis auf die Ähnlichkeiten der babylonischen und jüdischen Schöpfungsmythen.

Seite 39–45: Um die in diesem Kapitel enthaltenen Verweise auf den Wind zu sammeln, konsultierte ich mehrere dutzend Bücher über die Religionen der Welt. Im Folgenden sind nur einige meiner Quellen genannt: *Aeolus Displayed* von Xan Fielding (Typographeum, Francestown, New Hampshire, 1991 – daraus stammt die Geschichte über die Dsungarische Pforte), *Primitive Culture* von Edward B. Tylor (Brentano, New York 1924), *The Eskimo about Bering Strait* von Edward William Nelson (Erstveröffentlichung 1899; Nachdruck durch Smithsonian Institution Press, Washington 1983), *Shamanism: Archaic Techniques of Ecstasy* von Mircea Eliade in der Übersetzung von Willard R. Trask (Pantheon Books, New York 1964) und *The Masks of God: Primitive Mythologies* von Joseph Campbell (Viking Press, New York 1969). Durch *Heaven's Breath: A Natural History of the Wind* von Lyall Watson (William Morrow, New York 1984) kam ich auf viele der Mythen und Quellen, die in dieses Kapitel eingegangen sind.

Seite 45: Holy Wind in Navajo Philosophy von James Kale McNeley erschien 1981 (University of Arizone Press, Tucson).

Seite 50: Frühe Theorien der Griechen über die Entstehung von Wind sind nachzulesen in *The Encyclopedia of Philosophy* (Macmillan, New York 1967). Die Geschichte der Erforschung des Windes ist auch dokumentiert in *Wind in Architectural and Environmental Design* von Michele Melaragno (Van Nostrand Reinhold, New York 1982).

Seite 52: Die eloquenten Schriften der Hildegard von Bingen über den Wind sind in großem Umfang enthalten in *Raising the Wind: The Legends of Lapland and Finland Wizards in Literature* von Ernest J. Moyne (University of Delaware Press, Newark, Delaware 1981). *Buying the wind* von Richard M. Dorson erschien 1964 (University of Chicago Press, Chicago).

Seite 58: Der palästinensische Mythos des rachsüchtigen

Windes stammt aus *The Yellow Wind* von David Grossman, in der Übersetzung von Haim Watzman (Farrar, Straus & Giroux, New York 1988). Die Geschichte der Jungfrau Mayahuel wird erwähnt in *Mexican and Central American Mythology* von Irene Nicholson (Peter Bedrick Books, New York 1967).

3. Den Lauf der Geschichte lenken

Eine fundierte Darstellung, wie, wo und warum Winde entstehen, bietet *USA Today's Weather Book* von Jack Williams (Vintage Books, New York 1992).

Seite 65: Als Quelle für Informationen über prähistorische Winde diente mir ein persönliches Gespräch mit Robert H. Dott jr., Klimatologe an der University of Wisconsin in Madison, sowie seine Abhandlung »Paleolatitude and Paleoclimate«, erschienen in *Wisconsin Academy of Sciences, Arts, and Letters* 67 (1979).

Seite 65–68: Eine Abhandlung über prähistorische Winde auf der südlichen Halbkugel fand ich in *The Crystal Desert: Summers in Antarctica* (Houghton Mifflin, Boston 1992). Auf der Suche nach Informationen darüber, welche Rolle veränderte Windsysteme bei der Entstehung der Artenvielfalt in den Tropen spielten, verwies mich Dr. Campbell freundlicherweise auf *Biogeography and Quarternary History in Tropical America*, herausgegeben von T. C. Whitmore und G. T. Prance (Clarendon Press, Oxford/Großbritannien 1987).

Seite 68–74: Die Berichte darüber, in welcher Weise Veränderungen der atmosphärischen Zirkulation die Lebensbedingungen in bestimmten Teilen der Erde beeinflussten, stammen aus zwei Büchern von Hubert H. Lamb, *Climate, History and the Modern World* (Methuen, London 1982, 1995) und *Climate: Present, Past and Future* (Methuen, London 1972), sowie aus zahlreichen Schriften von Reid A. Bryson, vor allem *Climates of Hunger: Mankind and the World's Changing Weather* (zusammen mit Thomas J. Murray; University of Wisconsin Press, Madison 1977) und »Chinook Climates and Plains Peoples«, erschienen in *Great Plains Quarterly 1*, Nr. 1 (Winter 1981), Seite 5–15.

Seite 75–77: Meine Version der Geschichte über Englands verlorene Kolonie in Amerika stammt aus *The Outer Banks of North Carolina* von David Stick (University of North Carolina Press, Chapel Hill 1958).

Seite 77–78: Die Informationen über die historischen Anfänge des Segelns stammen aus *The New Encyclopaedia Britannica, 15th ed.* (Encyclopedia Britannica, Chicago 1991) und aus *Early Man and the Ocean* von Thor Heyerdahl (George Allen & Unwin, London 1978).

Seite 78–80: Das Material über die Entdeckung der Welt durch Segelschiffe stammt zum großen Teil aus *To the Ends of the Earth: The Great Travel and Trade Routes of Human History* von Irene M. Franck und David M. Brownstone (Facts on File Books, New York 1984). Die Informationen über die Entdeckungs- und Handelsreisen der Chinesen fand ich in *When China Ruled the Seas: The Treasure Fleet of the Dragon Throne, 1405–1433* von Louise Levathes (Simon & Schuster, New York 1994).

Seite 80–81: Für Argumente gegen Heyerdahls Theorie über den Aktionsradius der Polynesier gibt es eine Menge Quellen, darunter »Voyaging« von Ben R. Finney, erschienen in *The Prehistory of Polynesia*, herausgegeben von Jesse D. Jennings (Harvard University Press, Cambridge, Massachusetts, 1979).

Seite 82: We the Navigators: The Ancient Art of Landfinding in the Pacific von David Lewis erschien 1972 (Australian National University Press, Canberra).

Seite 84–86: Eine detaillierte und spannende Schilderung,

wie die Griechen die Seestreitmacht der Perser vernichtend schlugen, enthält *Xerxes at Salamis* von Peter Green (Praeger, New York 1970).

Seite 88–90: Eine Beschreibung der nordafrikanischen Winde, mit denen Truppen im Zweiten Weltkrieg konfrontiert waren, beinhaltet *The War in the Desert* (Time Life Books, New York 1972). Die Informationen über die fehlgeschlagene amerikanische Invasion im Iran stammen aus diversen, damals erschienenen Nachrichtenmagazinen sowie aus dem Buch *All Fall Down: America's Tragic Encounter with Iran* von Gary Sick (Random House, New York 1985).

Seite 92–97: Informationen darüber, wie sich die Erforschung des Windes auf wissenschaftlicher Ebene entwickelte, fand ich in einer Reihe von Publikationen, darunter die *Encyclopaedia Britannica* (siehe oben), *Meteorology: A Historical Survey*, Band 1, von A. Kh. Khrigian (Gimiz, Leningrad 1959), *A Popular Treatise on the Winds* von William Ferrel (John Wiley & Sons, New York 1889), *The Thermal Theory of Cyclones: A History of Meteorological Thought in the Nineteenth Century* von Gisela Kutzbach (American Meteorological Society, New York 1979) und *Appropriating the Weather: Vilhelm Bjerknes and the Construction of a Modern Meteorology* von Robert Marc Friedman (Cornell University Press, Ithaca, New York, 1979).

Seite 98: Wie die Japaner versuchten, Bomben per Ballon nach Amerika treiben zu lassen, beschreiben Elmer R. Reiter in »Rapid Rivers of Air«, erschienen in *Natural History* 84, Nr. 3 (März 1975), Seite 46–51 und John McPhee in »Annals of Crime: The Gravel Page«, erschienen in *New Yorker*, 26. Januar 1996.

Seite 100: Eine interessante Darstellung der Wolken und Wolkenbeobachtung enthält »Up in the Sky There's a Good Time to Be Had Everywhere, Always, for Free«, erschienen in *Smithsonian* 25 (April 1994), Seite 36–43.

Seite 105: Mit der faszinierenden Arbeit der Hurrikanvorhersage beschäftigen sich mehrere Abhandlungen von William M. Gray und Christopher W. Landsea, darunter ein gut verständlicher Bericht mit dem Titel »Seasonal Forecasting of Atlantic Hurricane Activity« von Landsea, Gray, Paul W. Mielke jr. und Kenneth J. Berry, erschienen in *Weather* 49 (August 1994). Fachspezifischer setzen sich die gleichen Autoren mit dem Thema auseinander in »Predicting Atlantic Seasonal Hurricane Activity 6–11 Months in Advance«, erschienen in *Weather and Forecasting 7*, Nr. 3 (September 1992). Zusätzliche Informationen lieferte mir ein Gespräch mit John A. Knaff, der bei Gray studiert.

4. Die Meister der Brise

Seite 114–120: Über die Bedeutung des Windes für Zugvögel gibt es eine Vielzahl an wissenschaftlichen Abhandlungen und Büchern. Ich verwendete vor allem Artikel von Sidney A. Gauthreaux jr., darunter »The Flight Behaviour of Migrating Birds in Changing Wind Fields: Radar and Visual Analyses«, erschienen in *American Zoology* 31 (1991), Seite 187–204; *Animal Migration, Orientation, and Navigation*, herausgegeben von Gauthreaux (Academic Press, New York 1980); Artikel von W. John Richardson, unter anderem »Timing and Amount of Bird Migration in Relation to Weather: A Review«, erschienen in *Oikos* 30 (1978), Seite 224–272 und »Wind and Orientation of Migrating Birds: A Review«, erschienen in *Orientation in Birds*, herausgegeben von P. Berthold (Birkhauser Verlag, Basel 1991). Ebenfalls informativ sind *Flight Strategies of Migrating Hawks* von Paul Kerlinger (University of Chicago Press, Chicago 1989), *Weather and Bird Behaviour* von Norman Elkins (Academic Press, New York 1988) sowie »Olfactory Orientation by Birds« von Jerry A. Waldvogel, erschienen in *Current Ornithology*, herausgegeben von Dennis M. Power (Plenum Press, New York 1989).

Seite 122: Die verwendete Ausgabe von *The Life of the Spider* von J. Henri Fabre, erstmals erschienen 1913, wurde von Alexander Teixeira de Mattos übersetzt (Horizon Press, New York 1971).

Seite 125: Der Bericht über die Blattläuse, die mitten in der Mojave-Wüste Alfalfatöpfe fanden, stammt von R. C. Dickson und ist unter dem Titel »Aphid Dispersal over Southern California Deserts« erschienen in *Annals of the Entomological Society of America 52* (1959), Seite 368–372.

Seite 126–128: Perry A. Glick beschreibt seine Arbeit in *The Distribution of Insects, Spiders, and Mites in the Air* in Technical Bulletin No. 673 (U. S. Department of Agriculture, Washington, Mai 1939) sowie in *Collecting Insects by Airplane in South Texas* in Technical Bulletin No. 1158 (U. S. Department of Agriculture, Washington 1957).

Seite 129–131: Meine Informationen über die Freisetzung von Pheromonen stammen aus »Odor Plumes and How Insects Use Them« von John Murlis, Joseph S. Elkington und Ring T. Carde, erschienen in *American Review of Entomology 37* (1992), Seite 505–532, sowie aus Beiträgen von Thomas C. Baker und Neil J. Vickers, darunter »Reiterative Responses to Single Strands of Odoer Promote Sustained Upwind Flight and Odor Source Location by Moths«, erschienen in *Proceedings of the National Academy of Sciences USA: Neurobiology* 91 (Juni 1994), Seite 575–660 und aus Gesprächen mit Dr. Allard Cossé von der Iowa State University.

Seite 131–135: Beschreibungen der faszinierenden Forschungsarbeiten von Lawrence W. Swan über die äolische Zone enthalten »Aeolian Zone«, erschienen in *Science* 140, Nr. 5 (April 1963), Seite 7778, und »The Aeolian Biome: Ecosystems of the Earth's Extremes«, erschienen in *BioScience* 42, Nr. 4 (April 1992), Seite 262–270.

Seite 137–139: Über die Forschungsarbeiten von Steven Vogel, in welcher Weise Tiere den Wind nutzen, gibt es zahlreiche Veröffentlichungen. Besonders hinweisen möchte ich auf sein Buch *Life in Moving Fluids: The Physical Biology of Flow* (Princeton University Press, Princeton 1981, überarbeitete Ausgabe 1996) und »Organisms That Capture Currents«, erschienen in *Scientific American* 239, Nr. 2 (August 1978), Seite 128–135.

5. Die Stimmen der Bäume

Seite 141–143: In *Journal of Coastal Research*, Sonderheft Nr. 21 (Frühjahr 1995), erschienen eine Reihe von Beiträgen über die Schäden, die Hurrikan Andrew in Ökosystemen Südfloridas verursachte. Insbesondere sei hier verwiesen auf »Effects of Hurricane Andrew on Coastal and Interior Forests of Southern Florida: Overview and Synthesis« von T. V. Armentano und anderen. Hintergrundinformationen über die kiefernbewachsenen Felsregionen und die Miami Rock Ridge bezog ich aus dem *Restoration Plan for Dade County's Pine Rockland Forests Following Hurricane Andrew* von Joe Maguire (Dade County Department of Environmental Resource Management, August 1995).

Seite 145–147: Die allgemeinen Informationen über Pflanzen in diesem Kapitel stammen zu einem großen Teil aus *Biology of Plants*, 4. Auflage, von Peter H. Raven, Ry F. Evert und Susan E. Eichhorn (Worth Publishers, New York 1986). Das Zitat von Thoreau stammt aus »The Dispersion of Seeds«, einem unvollendeten Manuskript von Thoreau, das von Bradley P. Dean zusammengestellt wurde und in *Faith in a Seed* erschien (Island Press, Washington 1993).

Seite 149–152: Robert Doren vom Everglades National Park half mir freundlicherweise beim Auffinden von Informationen über die Wiederherstellung des Hole in the Donut und lieferte eine kurz gefasste Erklärung, warum Kiefernarten im Park den Hurrikan überstanden, jene außerhalb des Parks jedoch nicht. Detailliertere Informationen zu diesem Thema enthält der Beitrag »Restoration of Former Wetlands within the Hole-in-the-Donut in Everglades National Park« von Doren und anderen, veröffentlicht in *Proceedings of the Seventeenth Annual Conference on Wetlands Restoration and Creation*, herausgegeben von Frederick J. Webb (Hillsborough Community College, Plant City, Florida, 1990).

Seite 160: Eine interessante Beschreibung von Mikroklimaten bietet der Artikel »If You Don't Like the Climate, Just Walk a Few Yards« von Jay Stuller, aus *Smithsonian* 20, Nr. 9 (Dezember 1995).

Seite 161–165: Die Informationen über Turbulenzen und ihre Zirkulation innerhalb von Pflanzenbaldachinen stammen aus der Dissertation von Paul Sheldon Conklin mit dem Titel »Turbulent Wind and Pressure in a Mature Hardwood Canopy« (Duke University, 1994) und einer Reihe von Beiträgen aus *Wind in Trees*, herausgegeben von M. P. Coutts und J. Grace (Cambridge University Press, Cambridge, England, 1995). Eine hervorragende Beschreibung des Balanceakts, den Bäume im Wind vollführen müssen, enthält Steven Vogels bekanntes Buch *Life in Moving Fluids: The Physical Biology of Flow* (Princeton University Press, Princeton 1981; überarbeitete Ausgabe 1996). Siehe dazu auch *Plant Responses to Wind* von J. Grace (Academic Press, London 1977).

Seite 162: Die Beschreibung der Eigenbestäubung von Pflanzen in windstillen Regenwäldern stammt aus *Tropical Nature: Life and Death in the Rain Forests of Central and South America* von Adrian Forsyth und Ken Miyata (Scribner's, New York 1984).

Seite 163: Das Zitat von Xan Fielding entstammt seinem

Buch *Aeolus Displayed* (Typographeum, Francestown, New Hampshire, 1991).

Seite 165–167: Steven Vogel hat zahlreiche Arbeiten und Artikel über die Auswirkungen des Windes auf Bäume und Pflanzen veröffentlicht. Sein Beitrag in *Natural History* erschien im September 1993. Auf wissenschaftlicherer Ebene wird das Thema behandelt in »Drag and Reconfiguration of Broad Leaves in High Winds«, erschienen in *Journal of Experimental Botany* 40, Nr. 217 (August 1989), Seite 951–948. Ebenfalls interessant sind folgende Studien von Vogel: »Convective Cooling at Low Airspeeds and the Shapes of Broad Leaves«, erschienen in *Journal of Experimental Botany* 21, Nr. 66 (Februar 1970), Seite 91101 und »Twist-to-Bend Rations of Woody Structures«, erschienen in *Journal of Experimental Botany* 46, Nr. 289 (August 1995), Seite 981–985.

Seite 176: Ann H. Zwinger verfasste ihr Buch *Land above the Trees* gemeinsam mit Beatrice E. Willard (Harper & Row, New York 1972). Aus diesem exzellenten Band bezog ich wesentliche Informationen über Gebirgspflanzen.

6. Die Tänze von Wind und Sand

Über Kreuzschichtungen in äolischen Sedimentgesteinen gibt es zahlreiche gute Quellen. Grundlegende Informationen zu diesem Thema bezog ich aus dem Buch *Aeolian Sand and Sand Dunes* von Kenneth Pye und Haim Tsoar (Unwin Hyman, London 1990).

Seite 188: Die Ausgabe von Ralph A. Bagnolds Buch *The Physics of Blown Sand and Desert Dunes* wurde 1965 veröffentlicht (Methuen & Co., London, Erstausgabe 1941). Weitere Informationen stammen aus *Libyan Sands: Travel in a Dead World*, ebenfalls von Bagnold (Hodder & Stoughton, London 1935).

Seite 191: Eine ganze Reihe amerikanischer Forscher haben beispielhafte Arbeit in der Deutung früher äolischer Sedimentgesteine geleistet. Ralph E. Hunter vom U. S. Geological Survey in Menlo Park, Kalifornien, veröffentlichte unter dem Titel »Basic Types of Stratification in Small Eolian Dunes« eine grundlegende Abhandlung in *Sedimentology* 24 (1977). Zusammen mit David M. Rubin, einem Kollegen am Geological Survey in Menlo Park, veröffentlichte Hunter weitere Studien über Schichtungen in Dünen. Rubin hat detaillierte Computermodelle über die Gesteinsschichten in äolischen Formationen entwickelt. Weitere namhafte Forscher, die sich intensiv mit äolischen Gesteinsschichten im Colorado Plateau auseinander gesetzt haben, sind Ronald C. Blakey von der Northern Arizona University in Flagstaff und Fred Peterson vom U. S. Geological Survey in Denver.

Seite 201–205: Eine Zusammenfassung der Forschungsergebnisse von Gary Kocurek und Karen Havholm enthält der Beitrag »Eolian Sequence Stratigraphy«, herausgegeben von P. Weimer und H. W. Posamentier, *American Association of Petroleum Geologists Memoir* Nr. 58 (1993). Eine detaillierte Interpretation der Schichtungen in Julia's Knob enthält ein Beitrag von Gary Kocurek, Julia Knight und Karen Havholm, der unter dem Titel »Outcrop and Semi-Regional Three-Dimensional Architecture and Reconstruction of a Portion of the Eolian Page Sandstone (Jurassic)« erschien in *The Three-Dimensional Facies Architecture of Terrigenous Clastic Sediments and Its Implications for Hydrocarbon Discovery and Recovery*, herausgegeben von Andrew D. Miall und Noel Tyler, Band 3 von SEPM (Society for Sedimentar Geology) *Concepts in Sedimentology and Paleontology* (1991), Seite 25–43.

7. Uns umgeben zwei Meere

Einen Überblick über ozeanografische Vorgänge und die Rolle des Windes bietet *An Introduction to the World's Oceans* von Alyn C. Duxbury und Alison Duxbury (Addison-Wesley, Reading, Massachusetts, 1984).

Seite 215: Die Informationen über die Auswirkungen der westlichen (oder nördlichen) Wand des Golfstroms auf die regionalen Winde stammen aus Interviews mit Mitarbeitern des U. S. Naval Atlantic Meteorology and Oceanography Center in Norfolk und aus dem Artikel »Up Against the Wall«, erschienen in der Marine-Zeitschrift *Surface Warfare* (Dezember 1978).

Seite 219–220: Doron Nof und Nathan Paldor beschrieben ihre Studien über die Teilung des Golf von Suez in folgenden Artikeln: »Are There Oceanographic Explanations for the Israelite's Crossing of the Red Sea?«, erschienen in *Bulletin of the American Meteorological Society* 73, Nr. 3 (März 1992), Seite 305–314 und »Statistics of Wind over the Red Sea with Application to the Exodus Question«, erschienen in *Journal of Applied Meteorology* 33, Nr. 8 (August 1994), Seite 1017–1025.

Seite 221: Die Erforschung der meteorologischen *Bomben* durch Mitarbeiter des Massachusetts Institute of Technology dokumentiert der Beitrag »Synoptic-Dynamic Climatology of the ›Bomb‹«, erschienen in *Monthly Weather Review of the American Meteorological Society* 108 (Oktober 1980), Seite 1589–1606.

Seite 222, Seite 225–230: Vincent J. Cardone von Oceanweather Inc. bin ich zu Dank verpflichtet, weil er mir die Zusammenhänge von Wind und Wellenbildung so anschaulich erläuterte. Dr. Cardone und einige andere Forscher haben eine Reihe faszinierender Arbeiten über Bomben und die nachträgliche Analyse von Wellen veröffentlicht, unter anderem »Evaluation of Contemporary Ocean Wave Models in Rare Extreme Events: The ›Halloween Storm‹ of October 1991 and the ›Storm of the Century‹ of March 1993«, erschienen in *Atmosphere and Ocean Technology* 13, Nr. 1 (Februar 1996), Seite 198–230.

Seite 224–225: The Perfect Storm: A True Story of Men against the Sea von Sebastian Junger erschien 1997 (W. W. Norton, New York).

Seite 226–227: V. R. Swail vom kanadischen Climate and Atmospheric Research Directorate in Ontario half mir mit der Zusendung unveröffentlichter Schautafeln und Tagesberichte über Hurrikan Luis.

Seite 231–232: Die Portugiesische Galeere und ihre Segelrichtung wurde in erster Linie von A.H. Woodcock von der Woods Hole Oceanographic Institution erforscht. Material darüber enthält unter anderem der Beitrag »Dimorphism in the Portuguese Man-of-War«, erschienen in *Nature* (4. August 1956), Seite 253–255.

Seite 232: Die Experimente über die Navigation der Unechten Karettschildkröte beschreibt der Beitrag »How Sea Turtles Navigate«, erschienen in *Scientific American* (January 1992).

Seite 233: Die Forschungsarbeiten über die Ernährung von Seevögeln und die Verbreitung von Gerüchen durch den Wind beschreibt Les Line in einem Artikel in der *New York Times* vom 29. August 1995.

Seite 234: Meine Informationen über Albatrosse stammen aus der *Audubon Society Encyclopedia of North American Birds* von John K. Terres (Knopf, New York 1982) und *The Crystal Desert: Summers in Antarctica* von David G. Campbell (Houghton Mifflin, Boston 1992).

Seite 236–238: Steven J. Lentz von der Woods Hole Institution stellte mir freundlicherweise einige Arbeiten über den Auftrieb vor der kalifornischen Küste und an anderen Orten zur Verfügung. Einen guten Überblick bietet sein Beitrag

»U. S. Contribution to the Physical Oceanography of Continental Shelves in the Early 1990s«, erschienen in *U. S. National Report to International Union of Geodesy and Geophysics 1991–1994, Review of Geophysics, Supplement* (Juli 1995), Seite 1225–1236.

Seite 239–241: Eine leicht verständliche Beschreibung der Experimente von Cheryl Ann Butman bietet der Beitrag »Measuring Diversity of Planktonic Larvae«, erschienen in *Oceanus* 39, Nr. 1 (Frühjahr/Sommer 1996), Seite 12. Auf wissenschaftlicher Ebene, wenn auch nicht mehr ganz aktuell, wird das Thema behandelt in »CoOP: Coastal Ocean Processes Study«, erschienen in *Sea Technology* (Januar 1994), Seite 44–49.

Seite 241–243: Die Forschungen von Curtis C. Ebbesmeyer und W. James Ingraham jr. dokumentieren die Artikel »Shoe Spill in the North Pacific«, erschienen in *Eos, Transactions, American Geophysical Union* 73, Nr. 34 (25. August 1992), Seite 361 und 365 sowie »Pacific Toy Spill Fuels Ocean Current Pathway Research«, erschienen in *Eos* 75, Nr. 37 (13. September 1994), Seite 425, 427 und 428.

Seite 243–244: Leonard J. Pietrafesa sandte mir zahlreiche Arbeiten über den Transport von Fischlaich zu, darunter zwei erst vor kurzem fertig gestellte Manuskripte: »The Hydrodynamics and Volumetric Flux through Oregon Inlet, NC« von C. Reid Nichols und Pietrafesa, Juni 1997, zur Veröffentlichung vorgesehen in *Journal of Coastal Research* sowie »Physical Oceanographic Processes Affecting Larval Recruitment of Estuarine Dependent Finfish via Beaufort Inlet« von D. G. Logan, Pietrafesa und anderen, unveröffentlichte Dokumentation, März 1997.

8. Von Körper und Geist

In diesem Kapitel geht es um verschiedene regionale Winde, die für ihre heilende oder schädliche Wirkung bekannt sind. Ein großer Teil meiner Informationen stammt aus *World of the Wind* von Slater Brown (Bobbs-Merrill, New York 1961), *Weathering* von Stephen Rosen (M. Evans, New York 1979) und *Heaven's Breath* von Lyall Watson (William Morrow, New York 1984).

Seite 249, Seite 254–255: Die Beschreibung der medizinischen Klimatologie als unpräzise Wissenschaft stammt aus dem Beitrag »Weather and Human Mortality: An Evaluation of Demographic and Interregional Responses in the United States« von Laurence S. Kalkstein und Robert E. Davis, erschienen in *Annals of the Association of American Geographers* 79, Nr. 1 (1989), Seite 44–64.

Seite 251–252: Die Informationen über die körperliche Beeinträchtigung von Menschen durch den Wind sind mehreren Artikeln aus *Medical Climatology* entnommen, herausgegeben von Sidney Licht (Elizabeth Licht, New Haven 1964). In dieser Sammlung medizinischer Essays ist das Kapitel »Effects of Wind on Man« von Jozef Jankowiak besonders aufschlussreich.

Seite 253: Die Studie, in welcher Weise Wind kleinere Kinder aufwühlt, beschreiben Eva L. Essa, Jeanne M. Hilton und Colleen I. Murphy in ihrem Beitrag »The Relationship between Weather and Preschoolers' Behavior«, erschienen in *Children's Environmental Quarterly* 7, Nr. 3 (1990), Seite 32–36.

Seite 253–256: Die Studie an Arthritispatienten in Chicago und North Dakota erläutern Joyce M. Laborde, William A. Dando und Marjorie J. Powers in »Influence of Weather on Osteoarthritics«, erschienen in *Social Science and Medicine* 23, Nr. 6 (1986), Seite 459–554.

Seite 258: Das Gedicht »The Prairie Pioneers« von C. L. Edson entdeckte ich in *The Kansas Experience in Poetry* (University of Kansas Press, Lawrence 1986). Ich bedanke mich bei Thomas Fox Averill, der mir dieses und weitere Gedichte zusandte.

Seite 259–261: Dorothy Scarboroughs Roman *The Wind* wurde 1925 unter Pseudonym erstmals veröffentlicht und rief sehr kontroverse Reaktionen hervor (Harper & Brothers, New York). Ich verwendete eine Ausgabe von 1979 (University of Texas Press, Austin).

Seite 262: Die Zitate von John Calderazzo stammen aus seinem wundervollen Essay »Sailing Through the Night«, erschienen in *Orion* (Winter 1995).

Seite 264: Joan Didions Reflexionen über den Wind in Los Angeles stammen aus »Los Angeles Notebook«, erschienen in *Slouching Toward Bethlehem* (Farrar, Straus & Giroux, New York 1990).

Seite 271, Seite 289–290: Die Angaben über die Eigenheiten von Hurrikanen und Tornados bezog ich aus Gesprächen mit Wissenschaftlern und aus *USA Today's Weather Book* von Jack Williams (Vintage Publishers, New York 1992). Dieses Buch ist eine unterhaltsame Lektüre für jeden, der Interesse am Wettergeschehen hat.

Seite 275: Out of this World: A Journal of Healing von Mary Swander erschien 1995 (Viking Penguin, New York).

Seite 296: Den Versuch von Wissenschaftlern, zwei Hurrikane künstlich aufzulösen, dokumentieren R. H. Simpson und Joanne S. Malkus in ihrem Beitrag »Experiments in Hurricane Modification«, erschienen in *Scientific American* (Dezember 1964) und in »The Enigma of Weather«, *Scientific American,* 1994.

9. Die Kraft des Windes

Seite 298: Die Legende von Minamoto-No-Tametomo fand ich in *The Penguin Book of Kites* von David Pelham (Penguin Books, New York 1976).

Seite 307: Für die Geschichte der Äolsharfe benutzte ich verschiedene Quellen, der Großteil stammt aber aus dem Beiheft für Roger Winfields CD *Windsongs* (Wotton-Under-Edge; in England: Saydisc Records 1991).

Seite 307–308: Die Informationen über die Schmelzöfen in Sri Lanka stammen aus einem Artikel von John Noble Wilford in der *New York Times* vom 6. Februar 1996.

Seite 308–311: Als wichtigste Quellen für die Geschichte der Windmühle dienten mir: *Power from Wind: A History of Windmill Technology* von Richard L. Hills (Cambridge University Press, Cambridge, England, 1995) sowie *Medieval Religion and Technology: Collected Essays* von Lynn White jr. (University of California Press, Berkeley 1978).

Seite 311–313: Die Zitate aus *Wind, Sand and Stars* von Antoine de Saint-Exupéry stammen aus einer Ausgabe von 1940 (Harcourt, Brace & World, New York).

Seite 313–314: Von Problemen mit Clear-Air-Turbulenzen auf Flügen über die Colorado Rockies erfuhr ich aus dem *Wall Street Journal* vom 28. März 1997, über dem Nordpazifik aus dem *Norfolk Virginian Pilot* vom 29. Dezember 1997. Die Informationen über Warnsysteme bei Windscherungen stammen aus einem Artikel im *Virginian Pilot* vom 3. Dezember 1994 und aus Gesprächen mit Ingenieuren im Forschungszentrum der NASA in Langley.

Seite 318–325: Die Informationen über den Ballon *Dymocks Flyer* und die Raumkapsel stammen aus Veröffentlichungen des Teams und aus Interviews. Berichte über Weltumrundungsversuche anderer Teams sind Zeitungsartikeln und Interviews entnommen. Die Beschreibung der Windströmungen in der Stratosphäre bezog ich aus Gesprächen mit Forschern der National Ballon Facility in Palestine, Texas.

Seite 326: Einen Überblick über die Geschichte der Windenergie bietet *Wind Energy Comes of Age* von Paul Gipe (John Wiley & Sons, New York 1996).

Seite 326–344: Die statistischen Daten über Produktion und Möglichkeiten der Windenergie in den Vereinigten Staaten und anderen Ländern stammt aus Unterlagen, die mir freundlicherweise von der Bibliothek des National Wind Technology Center in Golden, Colorado (eine Abteilung des amerikanischen Energieministeriums), und von Angestellten der American Wind Energy Association AWEA sowie der California Public Utility Commission CPUC zur Verfügung gestellt wurden. Besonderen Dank schulde ich Nancy Radar vom Büro der AWEA in Berkeley und Stuart Chaitkin von der CPUC. Das National Wind Coordinationg Committee gibt eine Reihe informativer Lageberichte heraus, in denen die Vor- und Nachteile der Windenergie detailliert dargestellt werden. Eine interessante Auseinandersetzung mit dem »Renewables Portfolio Standard« bietet der Artikel »Efficiency and Sustainability in Restructured Electric Markets: The Renewables Portfolio Standard« von Nancy A. Radar und Richard B. Norgaard in *Electricity Journal*, Ausgabe Juli 1996, Seite 37–49.

10. Dem Wind trotzen

Seite 346–347: Die Beschreibung der Luftströmungen durch den Pantheon und Informationen über das Werk Vitruvius' stammen aus *Wind in Architectural and Environmental Design* (Van Nostrand Reinhold, New York 1982).

Seite 347–348: Eine interessante Abhandlung über die Nutzung von Windströmungen enthält der Beitrag »Passive

408

Cooling Systems in Iranian Architecture«, erschienen in *Scientific American* 238, Nr. 2 (Februar 1978). Die unveröffentlichte Studie »The Dugout Dwellings of an Outback Opal Mining Town in Australia« von Sydney A. Bagg erhielt ich über Steven Vogel von der Duke University.

Seite 348–349: Die Beschreibung der Probleme mit dem John-Hancock-Tower in Boston stammt aus Beiträgen im *Boston Globe* vom 9. April 1988 und 3. März 1995.

Seite 349–356: Berichte über Brückeneinstürze im 19. und 20. Jahrhundert sind nachzulesen im oben erwähnten Buch von Michele Melaragno und in *Engineers of Dreams: Great Brigde Builders and the Spanning of America* von Henry Petroski (Knopf, New York 1995).

Seite 351: Die Mühen des Pitchers Stu Miller im All Star Game von 1961 schildert Jack E. Cermak in »Tanning the Winds«, erschienen in *Science Year: The World Book Science Annual* (Field Enterprises Educational Corporation, New York 1977). Einen ausführlichen historischen Abriss über die Erforschung der Windenergie liefert der gleiche Autor in »Applications of Fluid Mechanics to Wind Engineering – A Freeman Scholar Lecture«, erschienen in *Journal of Fluids Engineering* 97 (März 1975).

Seite 357–385: Eine gut verständliche Beschreibung der Windströmungen um Hochhäuser sowie eine Reihe sehr anschaulicher Diagramme finden sich in »Technics: Structuring Tall Buildings«, von Richard Rush, erschienen in *Progressive Architecture* (Dezember 1980).

Seite 377–378: Michael Specters Artikel über die Nachwirkungen des Reaktorunfalls in Tschernobyl erschien in der *New York Times* vom 31. März 1996.

Seite 378: Eine Darstellung der ersten Probleme durch Umweltverschmutzung enthalten das oben erwähnte Buch von Michele Melaragno sowie der Beitrag »Air Pollution and Community Health« von Richard A. Prindle, erschienen in *Medi-*

cal Climatology, Hrsg. Sidney Licht (Elizabeth Licht, New Haven 1964).

Seite 381: Berichte über schädliche Auswirkungen des sauren Regens im afrikanischen Regenwald enthält *Sowing the Wind* von Louise B. Young (siehe oben).

EPILOG: Eine Landschaft mit mächtigen Winden

Seite 387: Für das Zitat aus *A Story Like the Wind* von Laurens van der Post verwendete ich die Ausgabe aus dem Jahr 1972 (William Morrow, New York).

FOLGENDE DEUTSCHE AUSGABEN WURDEN BEI DER BEARBEITUNG HERANGEZOGEN:

Joseph Conrad: *Taifun* (Deutsch von Elise Eckert), Philipp Reclam jun., Stuttgart 1989.

Bibel – Jerusalemer Bibel, herausgegeben von Diego Arnhoevel, Alfons Deissler und Anton Vögtle, Herder, Freiburg 1968.

Gabriel García Márquez: »Tramontana aus: *Zwölf Geschichten aus der Fremde*, Kiepenheuer & Witsch, Köln 1993.

Lambert, Wilfried G.: *Texte aus der Umwelt des Alten Testaments*, Band III, Weisheitstexte, Mythen und Epen. Lieferung 4, Mythen und Epen. Gütersloher Verlagshaus, Gütersloh 1994.

Aristoteles: *Meteorologie*, herausgegeben und übertragen von Dr. Paul Gohlke, Verlag Ferdinand Schöningh, Paderborn 1955.

Aischylos: *Die Perser*, nach der klassischen Übersetzung von Johann Gustav Droysen, Hamburger Lesehefte Verlag.

Sebastian Junger: *Der Sturm – Die letzte Fahrt der Andrea Gail* (Deutsch von Eckhard Kiehl), Diana Verlag, München 1999.

Joan Didion: *Stunde der Bestie* (Essays), (Deutsch von Eike Schönfeld), Rowohlt Taschenbuch Verlag, Reinbek bei Hamburg 1996.

Antoine de Saint-Exupéry: *Wind, Sand und Sterne*, erschienen in: Romane, Dokumente, Karl Rauch Verlag, Düsseldorf 1966.

Hippocrates: *Abhandlung von der Luft, den Wässern und den Gegenden* (De aere, aquis et locis), nach der französischen Bearbeitung des Dr. Coray von Georg von Högelmüller, Wien 1804.

E. B. White: *Wilbur und Charlotte*, Diogenes 2000.

James Hamilton-Paterson
Seestücke
380 Seiten
btb 72157

James Hamilton-Paterson

Ein Meeresmosaik zum Staunen: Historie, Mythologie, Literatur, Zoologie und Exkurse über die Absurditäten internationaler Fischfangabkommen vereinen sich mit ganz persönlichen Erlebnissen des Autors zu einem Netz lebenspraller Geschichten. »Unbedingt lesens- und verschenkenswert. Kaum ein Buch hat uns das unergründliche Meer so nahegebracht.«
Rheinischer Merkur

———————— ❧ ————————

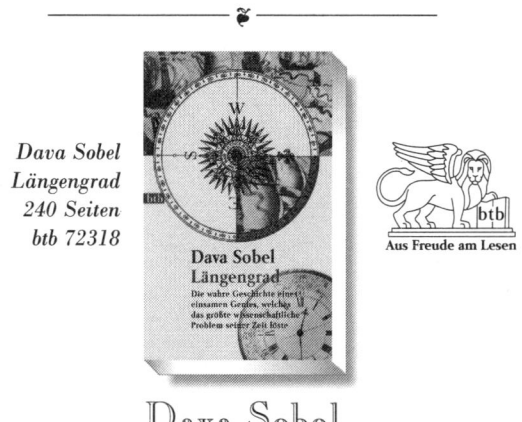

Dava Sobel
Längengrad
240 Seiten
btb 72318

Dava Sobel

Dem unbekannten schottischen Uhrmacher John Harrison gelang im 18. Jahrhundert die Lösung des Längengrad-Problems. Trotz aller Intrigen - große Astronome wie Galileo, Newton und Halley suchten den Schlüssel zu dieser damals schwierigsten nautischen Frage in den Gestirnen - setzte sich seine geniale Erfindung durch. »Ein großer Wurf, den man in einem Rutsch verschlingt.« *Die Welt*

Hanna Krall

Hanna Krall, 1937 in Warschau geboren, arbeitet seit
1957 als Reporterin und Schriftstellerin. Ihre beiden
Berufe prägen ihre Arbeit, die dokumentarische
Exaktheit mit literarischem Gespür verbindet. Vielfach
ausgezeichnet, gilt Hanna Krall heute als eine der wichtigsten polnischen Schriftstellerinnen der Gegenwart.

220 Seiten
btb 72181

Zugleich einfühlsam und distanziert, hartnäckig und
abwartend erzählt Hanna Krall starke legendenhafte
Geschichten – fast immer im Stil einer Reportage
und doch eindrucksvoll wie dichteste, intensivste
Literatur. »Literarische Reportagen oder wahre
Geschichten oder vorläufige Berichte aus der
Wirklichkeit ... sie sind herzzerreißend, merkwürdig und
schrecklich. Und großartig erzählt.« *Die Zeit*